高等职业教育"十二五"规划教材

教育部高等学校高职高专汽车类专业教学指导委员会推荐精品课程教材

# 汽车电气系统的检测与维修

## （理实一体化教程）

主编　闫忠孝

上海交通大学出版社

## 内 容 提 要

本书以高职高专《汽车电气系统的检测与维修》课程工作过程中的典型工作任务为"主题"，注重针对性和实用性，着重介绍了充电指示灯常亮故障检修、起动系统工作异常故障检修、照明与信号灯故障检修、组合仪表工作异常故障检修、风窗刮水清洗系统故障检修、电动车窗操作故障检修、电动座椅故障检修、中空门锁故障检修等 8 个学习情景，穿插了实用案例剖析、拓展学习。本书教学目标明确，检修步骤简单明了，并在每个学习任务后配有思考与练习。

本书可作高职高专汽车检测与维修技术专业、汽车运用技术专业、汽车电子技术专业、汽车技术服务与营销专业的教材，也可供相关行业技术人员阅读参考，或作为相关行业职业技能培训教材。

**图书在版编目(CIP)数据**

汽车电气系统的检测与维修/闫忠孝主编. —上海：
上海交通大学出版社，2013
**理实一体化教程**
ISBN 978 - 7 - 313 - 08591 - 7

Ⅰ. ①汽…　Ⅱ. ①闫…　Ⅲ. ①汽车－电气系统－故障检测－教材②汽车－电气系统－车辆修理－教材　Ⅳ. ①U472.41

中国版本图书馆 CIP 数据核字(2012)第 112579 号

**汽车电气系统的检测与维修**
（理实一体化教程）
闫忠孝　主编
上海交通大学出版社出版发行
（上海市番禺路 951 号　邮政编码 200030）
电话：64071208　出版人：韩建民
常熟市文化印刷有限公司印刷　全国新华书店经销
开本：787 mm×1 092 mm　1/16　印张：18.75　字数：460 千字
2013 年 1 月第 1 版　2013 年 1 月第 1 次印刷
印数：1～2 030
ISBN 978 - 7 - 313 - 08591 - 7/U　定价：39.00 元

高等职业教育"十二五"规划教材
教育部高等学校高职高专汽车类专业教学指导委员会推荐精品课程教材

**顾问**

陈　宇　中国就业促进会副会长、北京大学中国职业研究所所长、教授、博导
王建平　中国人才交流协会汽车人力资源分会常务副会长、秘书长
余卓平　中国汽车工程学会常务理事、同济大学汽车学院院长、教授、博导
王优强　教育部高等学校高职高专汽车类专业教学指导委员会秘书长、教授、博导
陈关龙　上海交通大学汽车工程学院常务副院长、教授、博导
荀逸中　上汽集团华域汽车有限公司副总经理
任　勇　东风日产乘用车公司副总经理
阮少宁　广州元丰汽车销售服务有限公司董事长

**委员**

尹万建　王秀贞　牟盛勇　宋麓明　董继明　曹景升　李　英　许崇霞　陈昌建　王忠良
于万渔　王大鹏　赵树国　闫忠孝　孙　雷　苗全生　谢忠辉　宁建华　汤　勇　李　杰
张国新　刘学明　孙　玥　梁新培　周建军　李云飞　贾桂玲　姬　虹　李美丽　台晓虹
彭　云　宋　炯　张嘉智　张　志　孔春花

**本书编写委员会**

主　　编　闫忠孝
参编人员　钟彦雄　张嘉智　鹿宏成　金会林　吴先伦

# 序

我国作为世界汽车生产和消费大国,汽车产业的高速发展和汽车消费的持续增长,为国民经济的增长产生了巨大拉动作用。近年来,我国汽车专业职业教育事业取得了长足发展,为汽车行业输送了大量的人才。随着汽车产业的迅猛发展,社会对汽车专业人才提出了更高的要求。进一步深化人才培养模式、课程体系和教学内容的改革,提高办学质量,培养更多的适应新时代需要的具有创新能力的高技能、高素质人才,是汽车专业教育的当务之急。

作为汽车专业教育的重要环节,教材建设肩负着重要使命,新的形势要求教材建设适应新的教学要求。职业教育教材应针对学生自身特点,按照技能人才培养模式和培养目标,以应用性职业岗位需求为中心,以素质教育、创新教育为基础,以学生能力培养、技能实训为本位,使职业资格认证内容和教材内容有机衔接,全面构建适应 21 世纪人才培养需求的汽车类专业教材体系。

本书作者既有来自汽车专业教学一线的老师,也有来自行业和企业的专家,他们根据自己长期从事实际工作的经验,对人才培养模式和教学方法进行了新的探索和总结,并形成这一系列特点明显的创新教材。我觉得该系列教材有以下两个值得关注的亮点:

一是教材编写形式新颖。该系列教材按照理实一体化教学模式进行编写,在整个教学环节中,理论和实践交替进行,让学生在学中练、练中学,在学练中理解理论知识、掌握技能,达到学以致用的效果。

二是教材内容生动活泼。书中提供了大量详细、实用的案例,也穿插讲述了相关知识和技巧,引导学生积极参与教和学的过程,激发学生学习的热忱,增强学生学习的兴趣。

我衷心希望通过本系列教材的出版为我国高等职业教育汽车类专业教材的编写探索一个新的模式,也期待本系列教材的出版为我国汽车类专业人才培养和教育教学改革起到积极的推动作用。

北京大学中国职业研究所所长
中国就业促进会副会长
中华职业教育社专家委员会副主任
中国就业培训技术指导中心学术委员会主任

陈 宇

（教授,博导）

2012 年 6 月

# 前　言

本书以工作过程中的典型工作任务为"主题",依据"主题"设计学习情境、学习任务,以基于工作过程的模式进行编写,共设计了 8 个学习情境,分别是情境 1——充电指示灯常亮故障的检修、情境 2——起动系统工作异常故障的检修、情境 3——照明与信号灯故障的检修、情境 4——组合仪表工作异常故障的检修、情境 5——风窗刮水清洗系统不工作故障的检修、情境 6——电动车窗操作失灵故障的检修、情境 7——电动座椅无法调节故障的检修、情境 8——中控门锁工作异常故障的检修。全书在内容上加强了针对性和实用性,内容选择适当,理论与实际相结合,穿插实用案例剖析、拓展学习。本书教学目标明确,检修步骤简单明了,图文并茂,通俗易懂,并在每个学习任务之后列出思考与练习,以有利于学生学习和教师教学。

本书可作为高职院校汽车检测与维修技术专业、汽车运用技术专业、汽车电子技术专业、汽车技术服务与营销专业的教材,也可作为从事汽车检测、维修等相关行业的专业技术人员学习,还可作为学习汽车电气设备构造与维修的培训教材。

本书由云南交通职业技术学院闫忠孝主编(编写了本书的学习情境 1),参加编写的教师还有云南交通职业技术学院钟彦雄(编写了学习情境 2)、张嘉智(编写了学习情境 8)、鹿宏成(编写了学习情境 6)、吴先伦(编写了学习情境 3)、云南林业职业技术学院金会林(编写了学习情境 4、5、7)等。

本书在编写过程中参阅了大量公开出版的教材和文献,在此表示衷心的感谢! 限于编者经历和水平,书中不妥和错误之处,恳请读者批评指正。

编　者

# 目　　录

# ➡ 学习情境 1

# 充电指示灯常亮故障的检修

## 学习任务 1.1 充电系统故障的诊断

### 学习目标

1. 了解电路基础知识。
2. 能正确使用万用表。
3. 了解汽车电路特点。
4. 熟悉蓄电池的基本结构和型号，掌握基本的工作原理、工作特性。
5. 掌握发电机的基本结构、主要部件的功能及基本的工作原理。
6. 了解电压调节器的类型及基本工作原理。
7. 能用正确的诊断方法解决电源系统常见故障。

### 学习时间

6 学时

### 学习情境描述

红旗 CA7220 轿车，蓄电池总亏电，起动机运转无力，充电指示灯没有点亮，车主更换新蓄电池后，新蓄电池又亏电。

### 一、相关知识

（一）电路基础知识

1. 电阻

电阻外形如图 1 - 1 - 1 所示，在物理学中，用电阻来表示导体对电流阻碍作用的大小。导体的电阻越大，表示导体对电流的阻碍作用越大。电阻元件是对电流呈现阻碍作用的耗能元件，电阻是所有电子电路中使用最多的元件。

电阻主要职能就是阻碍电流流过，应用于限流、分流、降压、分压、负载与电容配合作滤波器电阻匹

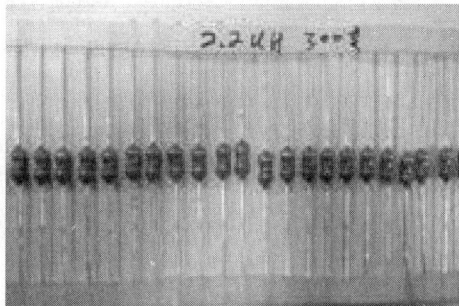

图 1 - 1 - 1　电阻

配等。

电阻计算的公式

串联：　　　　　　　　　　$R = R_1 + R_2 + R_3 + \cdots + R_n$

并联：　　　　　　　　　　$1/R = 1/R_1 + 1/R_2 + \cdots + 1/R_n$

定义式：　　　　　　　　　　$R = U/I$

决定式：　　　　　　　　　　$R = \rho L/S$

式中：$\rho$ 表示电阻的电阻率，由其本身性质决定；$L$ 表示电阻的长度；$S$ 表示电阻的横截面积。

电阻元件的电阻值大小一般与温度有关，还与导体长度、粗细、材料有关。多数(金属)的电阻随温度的升高而升高，一些半导体却相反，如玻璃、碳等。

导体的电阻通常用字母 $R$ 表示，电阻的单位是欧姆，简称欧，符号是 $\Omega$(希腊字母)，比较大的单位有千欧(kΩ)、兆欧(MΩ)，它们的换算关系是：$1\,\text{MΩ} = 1\,000\,\text{kΩ}$；$1\,\text{kΩ} = 1\,000\,\Omega$。

敏感电阻器主要有热敏电阻、光敏电阻、压敏电阻。

(1) 热敏电阻：是一种对温度极为敏感的电阻器，分为正温度系数和负温度系数电阻器。选用时不仅要注意其额定功率、最大工作电压、标称阻值，更要注意最高工作温度和电阻温度系数等参数，并注意阻值变化方向。

(2) 光敏电阻：硫化镉等材质，阻值随着光线的强弱而发生变化的电阻器，分为可见光光敏电阻、红外光光敏电阻、紫外光光敏电阻。选用时先确定电路的光谱特性。

(3) 压敏电阻：是对电压变化很敏感的非线性电阻器。当电阻器上的电压在标称值内时，电阻器上的阻值呈无穷大状态；当电压略高于标称电压时，其阻值很快下降，使电阻器处于导通状态；当电压减小到标称电压以下时，其阻值又开始增加。

压敏电阻可分为无极性(对称型)和有极性(非对称型)压敏电阻。选用时，压敏电阻器的标称电压值应是加在压敏电阻器两端电压的2~2.5倍。

2. 电流

(1) 定义：电流，是指电荷的定向移动。电源的电动势形成了电压，继而产生了电场力，在电场力的作用下，处于电场内的电荷发生定向移动，形成了电流。电流的大小称为电流强度(简称电流，符号为 $I$)，是指单位时间内通过导线某一截面的电荷量，每秒通过1库仑的电量称为1[安培](A)。安培是国际单位制中所有电性的基本单位。除了安培(A)，常用的单位有毫安(mA)、微安(μA)。电流分为交流电流和直流电流。

(2) 电流方向：物理上规定电流的方向，是正电荷定向移动的方向。

电荷指的是自由电荷，在金属导体中的电子是自由电子，在酸、碱、盐的水溶液中是正、负离子。

在电源外部，电流沿着正电荷移动的方向流动，在电源内部由负极流回正极。

(3) 电流形成的原因：因为有电压(电势差)的存在，所以产生了电力场强，使电路中的电荷受到电场力的作用而产生定向移动，从而形成了电路中的电流。

(4) 电流产生的条件：① 必须具有能够自由移动的电荷(金属中只有负电荷移动，电解液中为正负离子同时移动)。② 导体两端存在电压差(要使闭合回路中得到持续电流，必须要有电源)。③ 电路必须为通路。

　　(5) 电流的测量：测量仪器——电流表，指针式电流表如图 1-1-2 所示。

　　电流表的使用方法：

　　① 电流表要串联在电路中。

　　② 正负接线柱的接法要正确：电流从正接线柱流入，从负接线柱流出。

　　③ 被测电流不要超过电流表的量程。

　　④ 因为电流表内阻太小(相当于导线)，所以绝对不允许不经过用电器而把电流表直接连到电源的两极上。

图 1-1-2　电流表

　　⑤ 确认目前使用的电流表的量程。

　　⑥ 确认每个大格和每个小格所代表的电流值。

　　(6) 三大效应：

　　① 热效应：导体通电时会发热，把这种现象叫做电流热效应。

　　② 磁效应：奥斯特发现：任何通有电流的导线，都可以在其周围产生磁场的现象，称为电流的磁效应。

　　③ 化学效应：电的化学效应主要是电流中的带电粒子(电子或离子)参与而使得物质发生了化学变化。化学中的电解水或电镀等都是电流的化学效应。

　　(7) 电流对人体的伤害因素：

　　① 通过人体电流的大小。根据电击事故分析得出：当工频电流为 $0.5 \sim 1\ mA$ 时，人就有手指、手腕麻或痛的感觉；当电流增至 $8 \sim 10\ mA$ 时，针刺感、疼痛感增强发生痉挛而抓紧带电体，但终能摆脱带电体；当接触电流达到 $20 \sim 30\ mA$ 时，会使人迅速麻痹不能摆脱带电体，而且血压升高，呼吸困难；电流为 $50\ mA$ 时，就会使人呼吸麻痹，心脏开始颤动，数秒钟后就可致命。通过人体电流越大，人体生理反应越强烈，病理状态越严重，致命的时间就越短。

　　② 通电时间的长短。电流通过人体的时间越长后果越严重。这是因为时间越长，人体的电阻就会降低，电流就会增大。同时，人的心脏每收缩、扩张一次，中间有 $0.1\ s$ 的时间间隙期。在这个间隙期内，人体对电流作用最敏感。所以，触电时间越长，与这个间隙期重合的次数就越多，从而造成的危险也就越大。

　　③ 电流通过人体的途径。当电流通过人体的内部重要器官时，后果就严重。例如通过头部，会破坏脑神经，使人死亡；通过脊髓，会破坏中枢神经，使人瘫痪；通过肺部会使人呼吸困难；通过心脏，会引起心脏颤动或停止跳动而死亡。这几种伤害中，以心脏伤害最为严重。根据事故统计得出：通过人体途径最危险的是从手到脚，其次是从手到手，危险最小的是从脚到脚，但可能导致二次事故的发生。

　　④ 电流的种类。电流可分为直流电、交流电。交流电可分为工频电和高频电。这些电流对人体都有伤害，但伤害程度不同。人体忍受直流电、高频电的能力比工频电强。所以，工频电对人体的危害最大。

　　⑤ 触电者的健康状况。电击的后果与触电者的健康状况有关。根据资料统计，肌肉发达者、成年人比儿童摆脱电流的能力强，男性比女性摆脱电流的能力强。电击对患有心脏病、肺病、内分泌失调及精神病等患者最危险。他们的触电死亡率最高。另外，对触电有心理准备的，触电伤害轻。

**3. 电位、电压、电动势**

(1) 电位:电场力将单位正电荷从某点移到参考点(零电位点)所做的功称为该点的电位。在电路中,电位是以任选一点作为零电位,其他点以此为标准确定电位,在同一个电路中,零电位是唯一的,所有点的电位只能相对于同一零电位计算。电位的单位为 V,伏[特]。

在现代汽车的电路中,通常为负极搭铁,即车身或车架与蓄电池负极连接,作为电位的参考点,把车身或车架的电位规定为零电位,通常用"⊥"表示。

电位没有方向性,是标量,通常用字母 V 加下标表示某点的电位,例如 $V_c = 2\text{ V}$。

(2) 电压:在电路中,由于电源的作用,电场力把正电荷从 $a$ 点移动到 $b$ 点所做的功 $W_{ab}$ 与被移动的电量 $Q$ 的比值称为这两点间的电压,用字母 $U$ 表示,单位为 V。

由上述定义可知,电压即为两点间的电位之差,所以电压也称电位差。电压是衡量电场力做功能力大小的物理量。电压越高,电场力做功的能力越大。

电压是矢量,既有大小也有方向。电压的大小取决于电路中两点的选择。电压的正方向规定为从高电位指向低电位,即电压降低的方向。对负载来说,电流的流进端为高电位端,电流的流出端为低电位端,所以负载中的电压方向和电流方向是一致的。

**注意:**电位和电压是有区别的。电位是标量、是相对值,与参考点的选择有关;而电压则是矢量、是绝对值,与参考点的选择无关。

(3) 电动势:即电路中两点之间的电位差,不过电动势通常是对电源内部而言的,它用来表示其他形式的能量转换为电能的能力,用字母 $E$ 表示,单位为 V。

电动势的方向规定为从电源的负极指向正极,即电位升高的方向。电动势的方向与电压的方向相反。

目前,汽车用蓄电池的电动势主要有 12 V 和 24 V 两种。

**4. 二极管**

二极管又称晶体二极管,简称二极管,它是一种具有单向传导电流的电子器件。它只允许电流以一个方向流动,即从二极管的正极流向负极。一块 P 型半导体和一块 N 型半导体有机地结合在一起,形成一个 PN 结,用两块金属导体将这块半导体分别引出,用绝缘物质封装起来就构成一个二极管,如图 1-1-3 所示,实物图如图 1-1-4 所示。

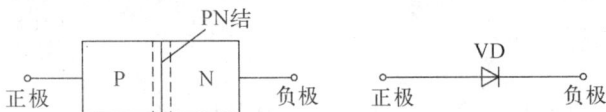

图 1-1-3　二极管的结构、符号　　　　图 1-1-4　二极管实物图

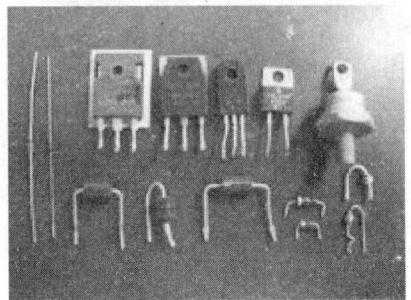

(1) 类型。

按照材料,二极管可分为硅二极管(Si)、锗二极管(Ge)。硅二极管允许工作温度高,可制成中、大功率二极管;锗二极管允许工作温度低,一般用于中、小功率二极管。

笔记

按照用途,可分为整流二极管、开关二极管、稳压二极管和检波二极管等。

整流二极管利用二极管单向导电性,可以把方向交替变化的交流电变换成单一方向的脉动直流电。

开关二极管在正向电压作用下电阻很小,处于导通状态,相当于一只接通的开关;在反向电压作用下,电阻很大,处于截止状态,如同一只断开的开关。利用二极管的开关特性,可以组成各种逻辑电路。

(2)二极管的伏安特性:

流过二极管的电流随着加在二极管上电压的变化而变化的性质称为二极管的伏安特性。图 1-1-5 所示为二极管的伏安特性曲线。

正向特性:如图 1-1-5 所示,当在二极管上施加的正向电压小于某一数值 $U_{th}$ 时,正向电流很小,几乎为零,二极管呈现出较大的电阻,这段区域称为"死区"。$U_{th}$ 叫作死区电压或门槛电压。硅管的 $U_{th} = 0.5$ V,锗管的 $U_{th} = 0.1$ V。当正向电压超过 $U_{th}$ 后,正向电流按指数规律增长,二极管处于导通状态。硅管的导通压降为 0.7 V,锗管的导通压降为 0.3 V。

反向特性:当二极管被加上反向电压时,在一定的电压范围内,流过二极管的电流很

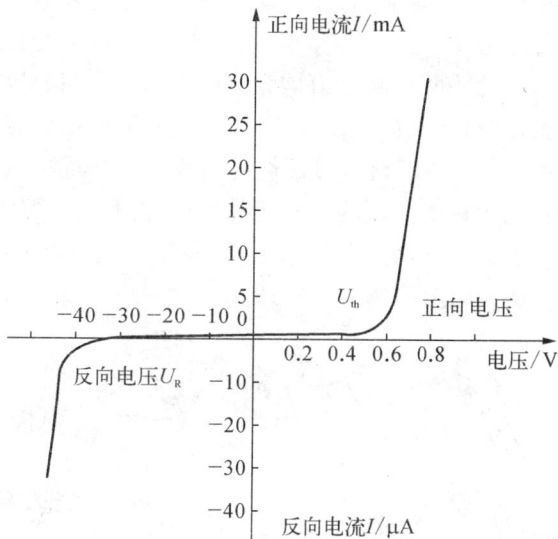

图 1-1-5　二极管的伏安特性

小,称为反向饱和电流 $I_s$ 或漏电流 $I_s$,二极管的反向饱和电流受温度影响很大。硅管的 $I_s$ 小于 0.1 $\mu$A,锗管的 $I_s$ 为几十微安,此时二极管呈现很大的反向电阻而处于截止状态。

反向击穿特性:当外加反向电压超过某一数值 $U_R$ 时,反向电流会突然增大,这种现象称为电击穿。引起电击穿的临界电压称为二极管反向击穿电压。电击穿时二极管失去单向导电性。因而使用时应避免二极管外加的反向电压过高。

(3)二极管的主要参数。

最大电流 $I_F$:最大电流是指二极管长期工作时,允许通过的最大正向平均电流。实际使用时的工作电流应小于 $I_F$,如果超过此值,将引起 PN 结过热而烧坏。

最高反向电压 $U_{RM}$:最高反向电压是指二极管工作时两端所允许施加的最大反向电压。通常 $U_{RM}$ 约为反向击穿电压 $U_R$ 的一半,以保证二极管安全工作,防止击穿。

(4)二极管的简易测试。

① 用指针式万用表测试:晶体二极管有正、负两个电极,且正向电阻小,反向电阻大。利用这一特性,可用万用表的欧姆档大致测出二极管的好坏和极性。

a. 好坏的判别。把万用表欧姆档的量程拨到 $R \times 100$ 或 $R \times 1$ k 档,用红、黑两根表棒分别正接和反接测量二极管的两端,测出大、小两阻值,其中大的是反向电阻,小的是正向电阻。如果测出正向电阻是几百欧,反向电阻是几百千欧,二极管的正、反向电阻相差越大,表明管子单向导电性越好。如果正、反向电阻值相近,表示管子已坏;若正、反向电阻都很小或为零,则表示管子已被击穿,两电极已短路;若正、反向电阻都很大,则说明管子内部已断路,也不能使用。

b. 极性的判别。当测得阻值较小时,红表棒与之相接的电极就是二极管的负极,黑表棒与之相接的电极即为二极管的正极。

② 用数字万用表测试:

a. 二极管好坏的判断:把万用表的量程拨到"二极管测试"档,将红、黑两支表笔分别正接和反接在被测二极管的两端,正常情况下可以测得大小两个值,如果小的测量值为 0.5 或 0.3 左右(硅二极管为 0.5,锗二极管为 0.3),大的测量值为无穷大,说明二极管的单向导通特性良好。

如果两次测量值均为无穷大,说明二极管断路;如果两次测量值均很小或为零,则说明二极管短路,无论是出现断路还是短路情况,都说明二极管已经损坏,不能使用。

b. 二极管正、负极性的判断:在上面的测量过程当中,当测量值为 0.5 或 0.3 左右时,红表笔所接的一端为二极管的正极,黑色表笔所接的一端为二极管的负极。这是因为数字式万用表的"二极管测试"档中,红表笔与表内电池的正极相连,黑表笔与表内电池的负极相连。

### 5. 三极管

(1) 基本结构及分类。三极管也称为晶体三极管,简称晶体管。从外形来看,晶体三极管都有三个电极,常见的三极管外形如图 1-1-6 所示。

三极管的内部结构为三个导电区域和两个 PN 结,三个导电区域分别引出一个电极。根据这三个导电区域三层半导体排列方式的不同,三极管可分 NPN 型和 PNP 型两种类型。图 1-1-7 是三极管

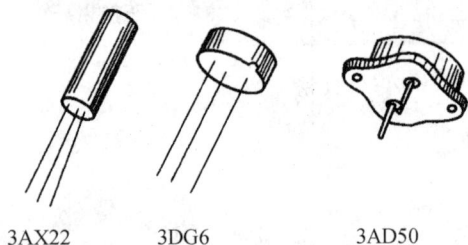

3AX22　　3DG6　　3AD50

图 1-1-6　三极管外形

结构示意图及其图形符号,在三层半导体中,位于中间的一层称为基区,基区两侧分别是发射区和集电区,而引出的电极分别称为基极(B)、发射极(E)、集电极(C)。在制造工艺上,基区做得很薄,集电区面积大且掺杂浓度较低,而发射区掺杂浓度很高。发射区和基区之间的 PN 结称为发射结,集电区和基区之间的 PN 结称为集电结。

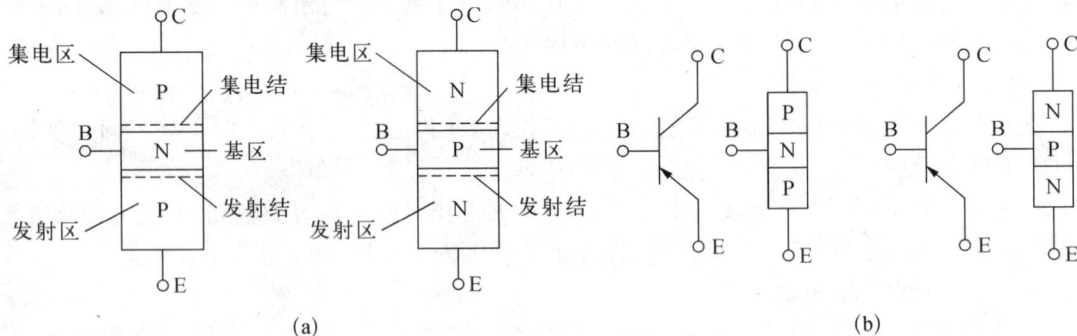

(a)　　　　　　　　　　　　　　(b)

图 1-1-7　晶体管的结构示意图及图形符号

(a) 示意图;(b) 图形符号

三极管按所选用的材料不同可分为硅管和锗管两种。

(2) 三极管的基本参数:三极管的性能可以用参数来进行描述,三极管参数是工程实践中选用管子的主要依据,各种参数均可在三极管手册中查到。

① 电流放大倍数 $\beta$:三极管在有输入信号的情况下,输出信号的电流变化与输入信号的

电流变化之比,称为电流放大倍数,也就是一般简称的三极管放大倍数。电流放大倍数决定了三极管的基本放大能力。

② 穿透电流 $I_{CEO}$:当基极 B 开路时,集电极 C、发射极 E 之间加上一定电压时,CE 之间并不是没有电流流过,只是流过的电流很小,称为穿透电流 $I_{CEO}$。三极管的穿透电流越小,管子的质量越好。

③ 极限参数:使三极管得到充分利用而又安全可靠工作的参数,称为极限参数。

a. 集电极最大允许电流 $I_{CM}$:集电极电流的上升会引起电流放大倍数的下降,通常将 $\beta$ 值下降到正常值的 2/3 时所对应的集电极电流称为集电极最大允许电流 $I_{CM}$。$I_c$ 超过 $I_{CM}$ 时,三极管不一定损坏,但放大能力会下降。

b. 集电极最大允许耗散功率 $P_{CM}$:指集电极流过的电流与加载的电压的乘积。当集电极耗散功率上升时,三极管发热,温度上升,管子性能下降,甚至损坏。$P_{CM}$ 是指集电极温度不超过允许值时,集电极所允许的最大功耗。

c. 反向击穿电压 $U_{(BR)CEO}$:指基极开路时,集电极与发射极之间的击穿电压值。

三极管工作时,加在任何两个电极之间的反向电压超过一定值时,都会产生很大电流,从而导致管子损坏。

(3) 三极管的三种工作状态:

① 截止状态:如图 1-1-8(a)所示,当 NPN 型三极管的基极 B 与发射极 E 电位差小于 0.7 V,这种情况称为基极加了反向偏压。在这种状态下,三极管不导通,没有电流流动,称为三极管的截止状态。如果把 CE 间看作一个开关的两端,截止状态相当于开关断开。

如图 1-1-8(b)所示,对于 PNP 型三极管,发射极 E 与基极 B 电位差小于 0.3 V,这种情况称为基极加了反向偏压,PNP 三极管截止。

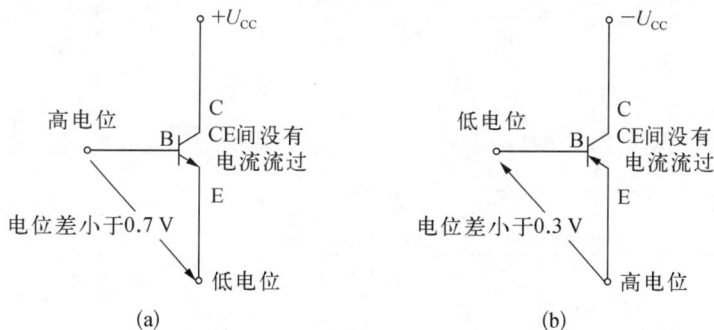

图 1-1-8 三极管的截止状态
(a) NPN 型三极管;(b) PNP 型三极管

② 放大状态:如图 1-1-9(a)所示,当 NPN 管的基极 B 与发射极 E 电位差大于 0.7 V,这种情况叫作基极加了正向偏压。在这种状态下,三极管导通,集电极 C 向发射极 E 有电流,并且流过的电流的大小与基极 B 流入的电流成正比,称为三极管的放大状态。

对于 PNP 管,放大状态的条件是基极 B 的电位比发射极 E 的电位低 0.3 V 以上,如图 1-1-9(b)所示。

③ 饱和状态:在放大状态,三极管集电极 C 与发射极 E 之间的电流是随着基极 B 的电流增大而增大的。但是,当三极管的基极电流增加到一定值时,再增大正向偏压,加大基极电流,

CE 之间的电流将维持在一个最大值而不再增大了,这种状态称为三极管的饱和状态。在饱和状态,三极管 CE 之间的电位差很小,几乎为零,相当于一个开关的两端闭合。

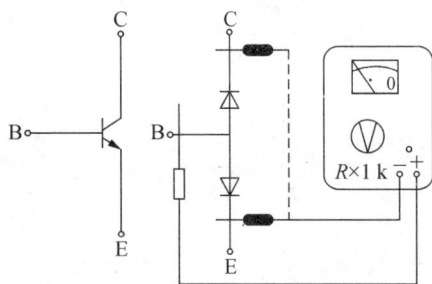

图 1-1-9　三极管的放大状态

(a) NPN 三极管;(b) PNP 三极管

(4) 三极管的检测:

① 管型与管脚的判别:根据 PN 结的正向电阻小、反向电阻大的特点,用指针式万用表的欧姆挡($R \times 100$ 或 $R \times 1$ k)来判断。

首先,任意假设一个极为基极,用万用表任一表笔与假设的基极相连,另一表笔分别与其余两个电极依次相接,如图 1-1-10 所示。如果测得的电阻都很大(或都很小),再将两表笔对调测量,如果测得的电阻都很小(或都很大),则上述假设的基极是正确的。如果测得的电阻一大一小,说明假设的基极不对,需要再假设另外一个管脚为基极,按上述方法进行测试,直到满足上述的结果为止。

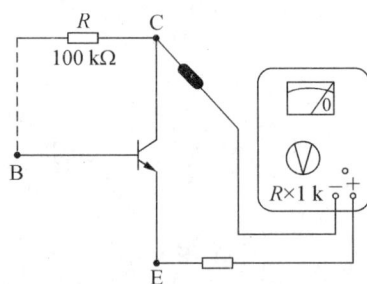

图 1-1-10　基极的判别

图 1-1-11　集电极和发射极的判别

② 三极管类型的判别:当基极确定之后,用指针式万用表的黑表笔接基极,红表笔分别和另外两个电极相接,若测得电阻都很小,则该三极管为 NPN 型;如果测得电阻都很大,则为 PNP 型三极管。如果使用数字式万用表测量,结果正好相反。

③ 集电极和发射极的判别:

a. 对于 NPN 型三极管,当基极确定之后,在剩下的电极中假设一个管脚是集电极,用指针式万用表的黑表笔与假设的集电极相接,同时用手捏住黑表笔与基极(但不能使黑表笔与基极接触),用万用表的红表笔与另一管脚相接,如图 1-1-11 所示,观察电阻值;然后再假设另一个管脚为集电极,按上述方法重测一次,最后比较两次测得的电阻值,以电阻值较小的一次为准,此时黑表笔所接的管脚是集电极,红表笔所接的管脚是发射极。

b. 对于 PNP 型三极管,仍以测量电阻小的一次为准,此时红表笔接的是集电极,黑表笔接的是发射极。

(5) 三极管好坏的判别:根据三极管内 PN 结的单向导电特性,可用万用表欧姆档($R\times100$ 或 $R\times1$ k)分别测量 B、E 极间和 B、C 极间 PN 结的正、反向电阻。如果测得正、反向电阻相差较大,说明三极管的两个 PN 结基本上是好的;如果测得正、反向电阻都很大,说明三极管内部断路;如果测得正、反向电阻都很小或为零,则说明三极管极间短路或击穿。

再用万用表欧姆档($R\times1$ k)测 C、E 间的正、反向电阻,如果测得正、反向电阻都很大,说明三极管 C、E 间未漏电;如果测得正、反向电阻都很小或为零,则说明三极管极间短路或击穿。

(二) 万用表的使用

万用表能够测量多种电量和电参数,并且测量量程多、操作简单、携带方便。目前,广泛使用的万用表有三种:一种是普通指针式万用表,一种是数字式万用表,另一种是汽车专用万用表。指针式万用表能够测量直流电流、直流电压、交流电压、直流电阻以及音频电平,有的还可以测量电容、电感以及晶体管放大系数。数字式万用表的功能更多一些,除了具有以上功能外,还可以测量频率、周期、时间间隔等参数。汽车专用万用表除了具备普通数字万用表所有的功能外,还具有汽车专用项目的测试功能,还可以测量发动机转速、各控制元件的动作频率、占空比等。

1. 指针式万用表

指针式万用表是以指针的偏转来指示被测量的大小,如图 1 - 1 - 12 所示。它主要由磁电式测量机构(俗称表头)、测量线路和转换开关三部分组成。测量时,通过切换转换开关,选择相应的测量线路,将被测量转换成可由磁电式表头直接接收的电流。磁电式表头满偏电流小、灵敏度高;仪表外配高压探头,电压量程可扩大至 25 kV;内电路中串接 0.5 A 熔丝进行保护。

(1) 直流电流和电压的测量:在测量直流电流或直流电压时,首先将转换开关旋至相应被测量的范围内,选好量程,再将表笔串入(测电流)或并入(测电压)被测电路中进行测量。

图 1 - 1 - 12　指针式万用表

注意:红表笔应接在被测电路的正极"+"孔中,黑表笔应接在被测电路的负极"-"孔中。

(2) 交流电压的测量:交流电压的测量方法与直流电压的测量方法相同。

(3) 电阻的测量:指针式万用表按设计不同,其电阻档的量程设置也不同,通常具有三、四或五个量程。所有量程共用一条刻度线。由于量程之间是 10 倍关系,为保证测量准确,每次测量前首先要选好量程,然后必须调零,其方法是:将红、黑表笔短接,旋动调零旋钮,直到指针指示"0"为止。万用表的指针转角与被测电阻一一对应,电阻刻度为非均匀刻度。

指针式万用表使用注意事项:

① 万用表在测试时,严禁旋转开关。

② 当被测元件不能确定其数字时,应将量程转换开关旋到最大量程位置上,做初步检测再选择适当的量程,使指针得到最大的偏转。

③ 测量直流电流时,万用表应该与被测电路串联,禁止将仪表直接跨接在被测电路的两端,以防止万用表过载而损坏。

④ 测量电路中的电阻时,应将被测电路的电源断开,拆下元器件与电路连接;测线路时,也应将导线两端的接线拆下,切勿在电路带电情况下测量电阻。

⑤ 为了确保安全,测量交直流 2 500 V 量程时,应将测试表笔一端固定在电路零线(接地)上,将测试表笔的另一端去接触被测高压电源。测试过程中,应严格执行高压操作规程,双手必须带高压绝缘橡胶手套,地板上应铺置高压绝缘橡胶板,测试时应谨慎从事。

⑥ 万用表不使用时应旋到电压档,这样可节约电池的电能;还应经常保持清洁和干燥,以免影响准确和造成损坏。

2. 数字式万用表

数字式万用表,顾名思义,其工作原理主要以数字电路为基础来检测和分析信号,然后通过模数转换器提供 LCD 显示出来。

数字式万用表主要由数字电压表、测量电路、量程转换开关等组成。其中测量电路能将待测电量和电参量转换为毫伏级的直流电压,供数字电压表显示待测量。当量程转换开关置于不同的位置时,可组成不同的测量电路。图 1-1-13 所示为数字式万用表面板。前面板装有液晶显示屏、量程转换开关、输入插口、hFE 插口及电源开关,后面板附有电池盆。对于数字式万用表的使用操作,首先应注意检查 9 V 电池,开启万用表,如果电池电量不足,则显示屏左上方会出现符号,还要注意测试笔插孔旁边的符号,这是警告要留意测试电压和电流不要超出指示数字。此外,在使用前要先将量程放置在你想测量的档位上。

(1) 电压测量:

① 将黑表笔插入 COM 插孔,红表笔插入 VΩHz 插孔。

图 1-1-13　数字式万用表

② 测直流电压(DCV)时,将功能开关置于 DCV 量程范围[测交流电压(ACV)时则应置于 ACV 量程范围]并将测试表笔并接到被测负载或信号源上,在显示电压读数时,同时会指示出红表笔的极性。

(2) 电流测量:

① 将黑表笔插入 COM 插孔,当被测电流在 200 mA 以下时,红表笔插 mA 插孔;如被测电流在 200 mA~2 A 之间,则红表笔移至 10 A 插孔(具体插孔符号标识因表而异)。

② 将功能开关置于直流电流(DCA)或交流电流(ACA)量程范围,把表笔串入被测电路中。

(3) 电阻测量:

① 将黑表笔插入 COM 插孔,红表笔插入 VΩHz 插孔。

② 将功能开关置于所需 Ω 量程上,将红黑表笔跨接在被测电阻上。

**注意:**

a. 当输入断路时,会显示过量程状态“1”。

b. 如果被测电阻超过所用量程,则会指示出过量程状态“1”,必须换用高档量程。当被测电阻在 1 MΩ 以上时,需数秒后才能稳定读数,对于高电阻测量这是正常的。

c. 检测在线电阻时,必须确认被测电路已关断电源后,方能进行测量。

(4)通断蜂鸣测试。通断蜂鸣测试可以用来检查线路或开关的通断情况,具体操作:

① 将黑表笔插入 COM 插孔,红表笔插入 VΩHz 插孔。

② 将量程开关置于"二极管"档位。

③ 将表笔跨接在欲测线路之两端,当两点之间的电阻值小于 50 Ω 时,蜂鸣器便会发出声响。

**注意:**通断测试时需要切断被测器件的电源,以免测试结果不准确或损坏仪表保护电路。

(5)电容测量。测量电容可用表笔,也可用专用电容插孔。当把测量电容连接到电容输入插孔时,有必要注意极性连接。

**注意:**

① 测试单个电容器时,把管脚插进位于面板上的两个电容测试专用插孔中(插进测试孔之前电容器务必放尽电,以免损坏仪表)。

② 测试大电容时,注意在最后指示之前会存在一定的滞后时间。

③ 单位:1 μF=1 000 nF;1 nF=1 000 pF。

④ 不要把一个外部电压或已充好电的电容器(特别是大电容器)连接到测试端。

(6)音频电信号测量:

① 将黑表笔插入 COM 插孔,红表笔插入 VΩHz 插孔。

② 将功能开关置于音频(Hz)量程,将表笔接入被测电路,读取显示值。

**注意:**一般仪表的频率测量功能只适用于测试低压频率(如音频信号),测试输入灵敏度均在 mV 级电压;如果被测频率信号电压过高。除测试结果不准确以外,还会导致仪表保护电路损坏。

(7)二极管测量:

① 将黑表笔插入 COM 插孔,红表笔插入 VΩHz 插孔。

② 将功能开关置于"二极管"档,将测试笔跨接在被测二极管上,显示为正向电压降伏特值,当二极管反接时,显示为过量程状态。输入端开路时,显示为过量程状态,即最高位显示"1"。

**注意:**正向直流电流约 1 mA,反向直流电压约 3 V。

(8)晶体管的测量:

① 将功能开关置于 hFE 档上。

② 确认晶体管是 NPN 型还是 PNP 型,然后将晶体管三管脚分别插入测试插座 E、B、C 插孔中。

③ 显示读数为晶体管的 hFE 近似值,测试条件:基极电流 10 μA,电压 $U_{CE}$ 约3 V。

(9)测试数据保持:按下保持开关,显示"H"符号,显示数字保持测量数据,恢复保持开关符号"H"消失,显示数字为测量状态。

3. 汽车专用万用表

汽车专用万用表是一种具有特殊用途的专用型数字万用表,如图 1-1-14 所示,它除了具备普通数字万用表所有的功能外,

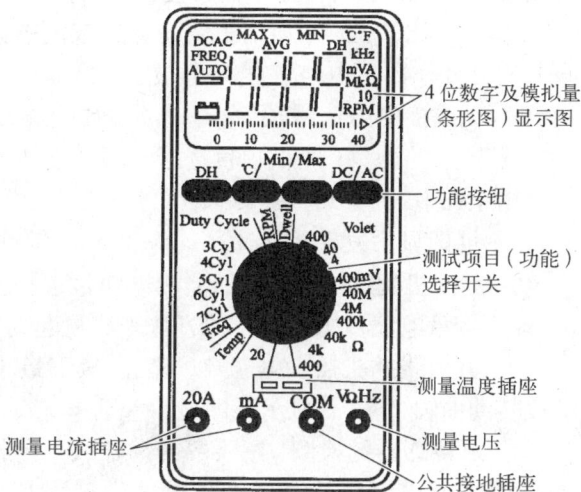

图 1-1-14　汽车专用数字万用表

笔记

还具有汽车专用项目的测试功能,是检测汽车计算机控制系统的智能化专业仪表。

(1) 汽车专用万用表的功能:

① 检测交/直流电压、频率、百分比(占空比)。

② 检测发电机最大、最小输出电压、电流(配合±400 A电流钳)。

③ 电器元件消耗电流检测。

④ 检测各类传感器:节气门位置传感器(TPS)、进气歧管绝对压力传感器(MAP)、空气流量传感器(MAF)、冷却液温度传感器(ECT)、车速传感器(VSS)、曲轴位置传感器(CKP)、爆燃传感器(KNK)、氧传感器($O_2S$)、凸轮轴位置传感器(CMP)、ABS轮速传感器等。

⑤ 各类液体、气体温度测量:空调空气出口温度、发动机排气温度、发动机进气温度、发动机冷却液温度、发动机机油温度、自动变速器油温度等。

⑥ 点火触发脉冲信号检测。

⑦ 喷油器触发信号,喷油时间(ms)的测试。

⑧ 发动机转速测试。

⑨ 检测各控制元件的动作频率、占空比(百分比)、动作时间(ms)。如点火功率放大器、怠速控制电动机、自动变速器压力电磁阀、ABS控制电磁阀、电动汽油泵、冷起动喷油器、电液压力调节器、喷油器、废气再循环电磁阀、点火系统触发器等。

⑩ 检测起动机起动电压、电流(配合±400 A电流钳)。

⑪ 点火闭合角测试。

(2) 汽车专用万用表使用方法:

① 信号频率的检测:将功能选择开关转至频率档(Freq),把插座COM的(黑色)表笔接地,将VΩHz插座的(红色)表笔接被测的信号线,此时在显示器上即可读取被测信号的频率。

② 温度的检测:将功能选择开关置于温度档(Temp),把温度探针插入温度检测插座,按动温度测量单位选择钮℃/℉(选择不同的温度单位),再把温度探针接触所测物体的表面,显示器即显示出所测的温度。

③ 闭合角的检测:测试项目选择开关置于闭合角(Dwell)档,黑线搭铁,红线接点火线圈负接线柱,发动机运转,显示器即能显示出点火线圈初级电流增长的时间(即闭合角)。

④ 占空比的检测:所谓占空比是指被测电路一个工作循环(周期)中脉冲信号所保持时间的相对百分数。占空比也叫频宽比,检测时将功能选择开关转至占空比测量位置(Duty Cycle),红线接电路信号,黑线搭铁,发动机运转,显示屏即显示脉冲信号的占空比。

⑤ 转速的测量:测试项目选择开关置于转速(RPM)档,转速测量专用插头插入搭铁座孔与公用座孔中,感应式转速传感器(汽车万用表附件)夹在某一缸高压点火线上,在发动机工作时,显示屏即显示发动机转速。

⑥ 起动机起动电流的检查:测试项目选择开关置于400 mV档(1 mV相当于1 A的电流,即用测量电流传感器电压的方法来测量起动机起动电流),把霍尔式电流传感夹夹到蓄电池线上,其引线插头插入电流测量座孔,按下最小/最大功能按钮,然后拆下点火高压线,用起动机转动曲轴2~3 s,显示屏即显示起动电流。

⑦ 氧传感器的检测:拆下氧传感器线束连接器,将测试项目选择开关置于"4 V"档,按下DC功能按钮,使显示屏显示"DC",再按下最小/最大功能按钮,将黑线搭铁,红线与氧传感器相连;然后以快怠速(2 000 r/min)运转发动机,使氧传感器工作温度达360℃以上。此时,如

混合气浓,氧传感器输出电压约为 0.8 V;如混合气稀,氧传感器输出电压为 0.1～0.2 V。当氧传感器工作温度低于 360℃时(发动机处于开环工作状态),氧传感器无电压输出。

⑧ 喷油器喷油脉宽的测量先将功能选择开关转至占空比(Duty Cycle)位置。测量出喷油器喷油的占空比后,再将功能选择开关置于频率档(Freq),测量出喷油器的工作频率。按照下列公式即可计算出喷油器喷油的脉冲宽度(即喷油时间):

$$S_p = \eta / f_p$$

式中:$S_p$为喷油脉冲宽度(s);$\eta$为频宽比(%);$f_p$为喷油频率(Hz)。

**(三)汽车电气设备概述**

**1. 汽车电气设备的组成**

现代汽车的电气设备种类和数量都很多,但总的来说,可以大致分为三大部分,即电源、用电设备和配电装置及全车电路。

(1)电源——汽车电源有 2 个:蓄电池、发电机及调节器。

(2)用电设备的系统组成:起动系统、点火系统、照明系统、信号装置、仪表及报警装置、辅助电器、汽车电子控制系统。

(3)全车电路及配电装置:包括中央接线盒、保险装置、继电器、电线束及插接件、电路开关等,使全车电路构成一个统一的整体。

**2. 汽车电气设备的特点**

(1)低压电源。汽车电气设备常见电压有 12 V 和 24 V 两种。现在逐渐发展到 42 V,有的混合动力车辆电池电压有 200 V。

(2)直流电源。汽车上的电源之一是蓄电池,属于直流电源。

(3)单线制。用电设备与电源相连需要用两根导线才能形成回路,一条为火线,另一条为零线。汽车上所有用电设备都是并联的,从理论上讲需要有一根共用的火线和一根共用的零线。汽车的底盘和发动机都是金属制造的,具有良好的导电性,可以将其作为共用零线使用。电源到用电设备就只需用一根导线连接,称为单线制。

(4)负极搭铁。采用单线制时,蓄电池一个电极须接至车架上,称"搭铁"。若蓄电池的负极接车架就称"负极搭铁",反之则称为"正极搭铁"。

**3. 汽车电源系统的作用、组成及要求**

(1)电源系统的作用:给全车电气系统供电;给蓄电池充电。

(2)汽车电源系的组成:汽车电源系统由蓄电池、发电机及调节器(有些装在发电机内)、充电指示灯和点火开关等组成,如图 1-1-15 所示。汽车电源有 2 个:蓄电池、发电机及调节器。发动机不工作时由蓄电池供电,发动机达到某一转速后,由发电机供电。在发电机向

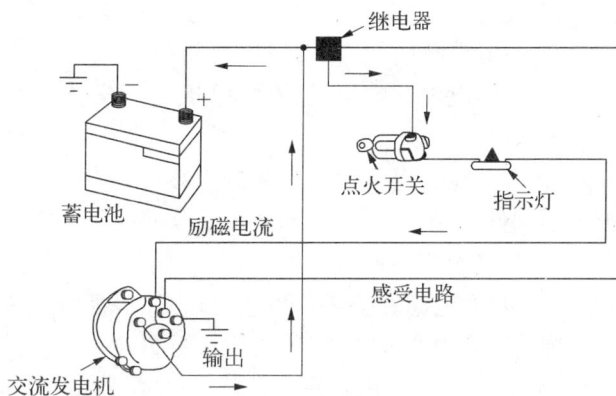

图 1-1-15　电源系的组成

用电设备供电的同时,也给蓄电池充电。调节器的作用是在发电机工作时,保持其输出电压的稳定。

(3) 对汽车电源系的要求:

① 蓄电池必须满足发动机起动的需要。为此,蓄电池内阻要小,大电流输出时的电压稳定,以保证发动机良好的起动性能;此外要求发电机充电性能良好,维护方便或少维护,以满足汽车的使用性能要求,使用寿命长。

② 发电机应能满足用电设备用电的需求。因此,要求发电机在发动机转速变化范围内,能正常发电且电压稳定;此外,要求发电机体积小、重量轻、发电效率高、故障率低、使用寿命长等,以确保汽车使用性能要求。

在现代的汽车上,所有的用电设备所需的电能,都是由蓄电池和发电机两个电源供给。蓄电池是一种可逆的化学电源,既能向用电设备供电,也能在充电时将电源的电能转变成化学能储存起来。发电机、蓄电池和全车所有用电设备均为并联连接,其电路如图1-1-16所示。

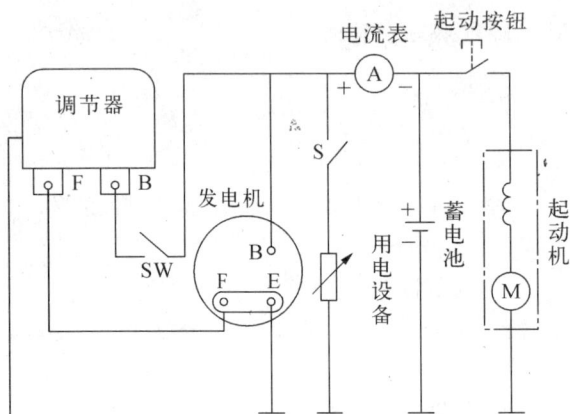

图1-1-16 电源系电路图

(四) 蓄电池

1. 蓄电池的种类、作用及要求

(1) 蓄电池的种类:常见的蓄电池主要有碱性蓄电池和酸性蓄电池两类。

汽车上一般采用铅酸蓄电池,铅酸蓄电池包含有普通蓄电池、免维护蓄电池、干荷电蓄电池及胶体电解质蓄电池等几种类型。其主要目的是起动发动机。车用蓄电池可分为以下4种:湿荷电蓄电池、干荷电蓄电池、少维护蓄电池和免维护蓄电池。现在汽车上逐渐采用镍氢电池、锂离子电池和铁电池。

(2) 蓄电池的作用:

① 发动机起动时,蓄电池向起动机和点火系统供电。

② 发电机电压低于蓄电池电动势时,蓄电池向用电设备供电并向交流发电机磁场绕组供电。

③ 当电器负荷较大,即发电机超载时,蓄电池协助发电机共同向用电设备供电。

④ 当蓄电池存电不足,而发电机负荷又较小时,可将发电机剩余电能转换为化学能储存起来,即蓄电池充电。

⑤ 蓄电池相当于一个较大的电容器,能吸收电路中出现的瞬时过电压,稳定电网电压,保护电子元件不被损坏。

⑥ 对电子控制系统来说,蓄电池也是电子控制装置内存的不间断闪存电源。

(3) 对蓄电池的要求:起动发动机时,蓄电池在短时间(5~10 s)内能向起动机连续供给强大电流。汽油发动机汽车一般需要200~600 A;柴油发动机汽车一般需要500~1 000 A,甚至更大。所以,对汽车用蓄电池的基本要求是容量大、内阻小,以保证蓄电池具有足够的起动能力。

起动型铅蓄电池的突出特点是内阻小、起动性能好、电压稳定,此外还有成本低、原料丰富等优点,所以在汽车上得到广泛应用。

2. 铅蓄电池的结构

蓄电池一般由 6 个(或 3 个)单格串联而成。每个单格电池的电压为 2 V 左右,6 个单格串联后对外输出标称电压为 12 V 左右。

蓄电池主要由极板、隔板、电解液和容器 4 部分组成,其构造如图 1-1-17 所示。

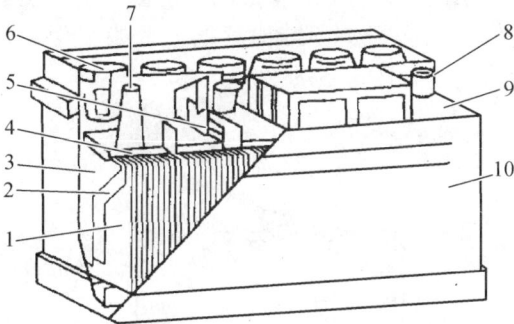

图 1-1-17　蓄电池构造

1—正极板;2—隔板;3—负极板;4—汇流条;
5—穿壁联条;6—加液口螺塞;7—负极柱;
8—正极柱;9—电池盖;10—壳体

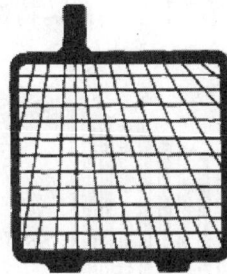

图 1-1-18　蓄电池栅架结构

(1) 极板与极板组:极板是蓄电池的核心部件,由栅架与活性物质组成;栅架由铅锑合金或铅钙锡合金浇铸或液体压铸而成,形状如图 1-1-18 所示。在栅架中加锑的目的是改善浇铸性能,并提高机械强度。现在有的蓄电池采用辐射状栅架,电阻较低,与常规蓄电池的非辐射状栅架比,可以更快地提供更多电流。

活性物质是指极板上参与化学反应的工作物质主要由铅粉与一定相对密度的稀硫酸混合而成。

蓄电池极板分正、负极板,由栅架和活性物质组成。活性物质填充在铅锑合金铸成的栅架上,正极板上的活性物质是褐色的二氧化铅($PbO_2$),负极板上的活性物质是青灰色海绵状铅(Pb)。为了增大蓄电池容量,正极板焊接在一起为正极板组,负极板焊接在一起为负极板组,如图1-1-19 所示。正、负极板组交叉组装在一起,正、负极板间用隔板隔开。由于正极板更

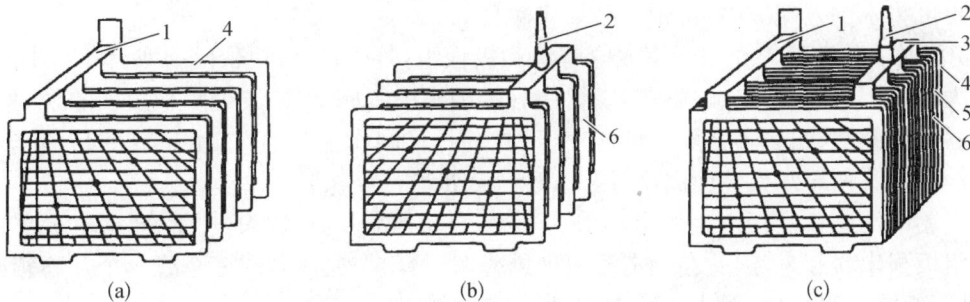

图 1-1-19　蓄电池极板组结构

(a) 负极板组;(b) 正极板组;(c) 极板组嵌和情况

1、3—汇流条;2—极柱;4—负极板;5—隔板;6—正极板

易损坏,所以正极板比负极板厚,负极板厚度一般为正极板的70%～80%。负极板比正极板多一片,使得每片正极板均处于两片负极板之间,可使正极板两侧放电均匀,防止极板拱曲,活性物质脱落。

(2)隔板:为避免正、负两极板彼此接触而导致短路,正负极板间用绝缘的隔板隔开。隔板具有多孔性,以利电解液渗透,减小蓄电池内阻。此外,其化学稳定性要好,具有耐酸和抗氧化性。

常用隔板的材料有微孔橡胶、微孔塑料(聚氯乙烯、酚醛树脂)、木质、玻璃纤维等,隔板厚度为1 mm左右。微孔橡胶与微孔塑料的结构如图1-1-20(a)所示,一些蓄电池在正极板和隔离板之间使用玻璃纤维,以减少栅板上活性材料的损失。免维护蓄电池普遍采用聚氯乙烯袋式隔板,避免活性物质脱落,防止极板间短路,结构如图1-1-20(b)所示。

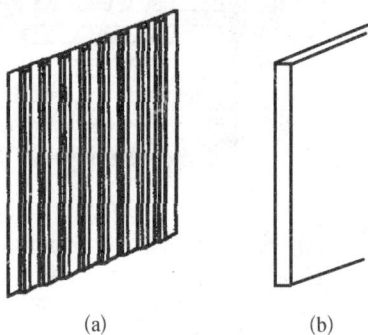

图1-1-20  蓄电池隔板结构
(a)塑料或橡胶隔板;(b)袋式橡胶隔板

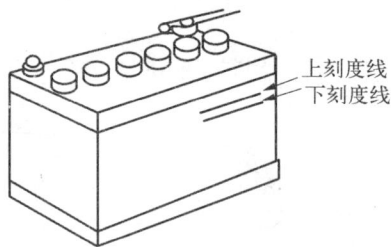

图1-1-21  液面高度指示线

隔板安装时,带槽的一面应面向正极板,且沟槽必须与外壳底部垂直。因为正极板在充、放电过程中化学反应剧烈,沟槽既能使电解液上下流通,也能使气泡沿槽上升,还能使脱落的活性物质沿槽下沉。

(3)电解液:电解液的作用是与极板上的活性物质发生电化学反应,进行电能和化学能的相互转换。由密度为1.84 g/cm³的化学纯硫酸和密度为1 g/cm³的蒸馏水按一定比例配制而成。

电解液的密度一般为1.24～1.30 g/cm³,使用时密度应根据地区、气候条件和制造厂的要求而定。电解液必须保持高出极板10～15 mm,高度不足时,添加蒸馏水至外壳标示的最高线,如图1-1-21所示。配制电解液必须穿着防护器具,将稀硫酸慢慢倒入水中,且均匀搅拌。绝不可将水倒入硫酸中,否则硫酸会飞溅伤人。

(4)壳体:蓄电池外壳用于盛放电解液和极板组,外壳结构如图1-8所示。早期生产的蓄电池大都采用耐酸、耐热、耐震、绝缘性能好的硬橡胶制成,但由于近年来发展的聚丙烯塑料其韧性、强度、耐酸、耐热等方面的性能优于硬橡胶,且制作工艺简单,生产效率高,外形美观、透明、成本低,又便于观察液面高度,因此,现已逐步取代硬橡胶。

一组蓄电池正负极板产生的电动势为2 V,为获得6 V或12 V电动势,蓄电池需要将三组或六组极板串联起来,因此在制造蓄电池外壳时,将整个壳体制成三个或六个互不相通的单格,安装三组或六组极板,形成6 V或12 V的蓄电池。

(5)蓄电池盖:以硬橡胶或塑胶制成,嵌入外壳后以封口胶完全密封,使电解液不能流到外部或邻近的分电池。现代汽车用蓄电池常用整体式的盖板将六个分电池一起罩住,如图

1-1-22所示。

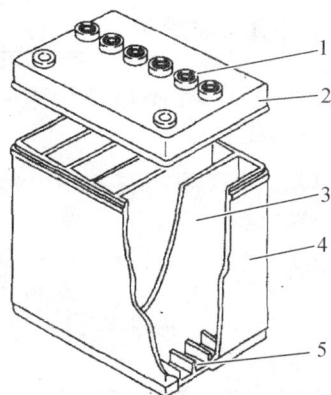

图 1-1-22  蓄电池外壳
1—注入口；2—盖；3—隔板；
4—壳体；5—肋条

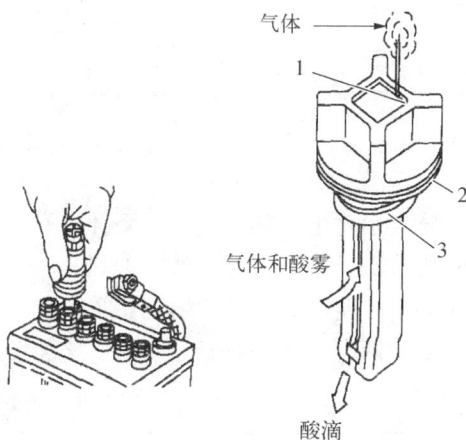

图 1-1-23  蓄电池加液孔
1—通气孔；2—密封垫；3—螺纹

旧型蓄电池每一分电池的中央均有一个加水通气盖，使用螺牙装在盖板上，上有通气孔，构造如图 1-1-23 所示，其功用如下：

a. 供添加蒸馏水或供检验电解液用。

b. 在充电时，使产生的氢及氧能逸出，以防聚积过多气体而发生爆炸。

现代汽车用蓄电池多为免维护蓄电池，其盖板上无加水通气盖，但仍有部分免维护蓄电池设有加水盖，其盖顶部与蓄电池盖板表面平齐，或有的装在盖板表面以下。

（6）联条：用于连接蓄电池各单格。传统的联条安装在蓄电池外壳之外，不仅浪费材料、容易损坏，还导致蓄电池自放电，所以这种连接方式正被穿壁式联条所取代。采用穿壁式联条连接单格电池时，所用联条尺寸很小，并设在蓄电池内部。

（7）极桩：蓄电池各单格电池串联后，两端的正负极桩穿出电池盖，用于连接外电路。

正极桩标"＋"号或涂红色，负极桩标"－"号或涂蓝色、绿色等。蓄电池极桩用铅锑合金浇铸。

（8）蓄电池观察窗：免维护蓄电池在盖板上均设有密度与液面观察窗，俗称电眼，以显示蓄电池的充电情况及电解液液面是否过低。

如图 1-1-24 所示，当蓄电池液面及充电正常时，绿色浮球在中央最高点，从视窗中在黑色区可看到绿色圆圈，如图 1-1-24（a）所示；当蓄电池液面正常，但充电不足时，绿色浮球在球室下方，从视窗中看不到绿色圆圈，整个是黑色，如图 1-1-24（b）所示；当蓄电池液面过低时，视窗中看到的是透明色，表示蓄电池需换新，如图 1-1-24（c）所示。

3. 蓄电池的型号

根据 JB2599—85《起动型铅蓄电池标准》规

图 1-1-24  观察窗的作用

定,国产蓄电池的型号共分为 3 段 5 部分,其排列及含义如下:

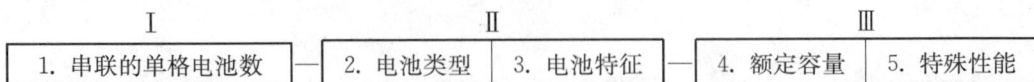

| I | II | | III | |
|---|---|---|---|---|
| 1. 串联的单格电池数 | 2. 电池类型 | 3. 电池特征 | 4. 额定容量 | 5. 特殊性能 |

第 1 部分表示串联的单格电池数,用阿拉伯数字表示。3 表示 3 个单格,额定电压为 6 V;6 表示 6 个单格,额定电压为 12 V。

第 2 部分表示蓄电池的类型,用汉语拼音字母表示。Q 表示起动用蓄电池;M'表示摩托车用铅蓄电池;JC 表示舰船用铅蓄电池;HK 表示航空用铅蓄电池。

第 3 部分表示蓄电池特征,用汉语拼音字母表示(无字为干封普通极板铅蓄电池)。有两种特征时顺序将两个代号并列标示,各代号含义见表 1-1-1。

表 1-1-1 铅蓄电池特征代号

| 特征代号 | 蓄电池特征 | 特征代号 | 蓄电池特征 | 特征代号 | 蓄电池特征 |
|---|---|---|---|---|---|
| A | 干荷电 | J | 胶体电解液 | D | 带液式 |
| H | 湿荷电 | M | 密封式 | Y | 液密式 |
| W | 免维护 | B | 半密封式 | Q | 气密式 |
| S | 少维护 | F | 防酸式 | I | 激活式 |

第 4 部分表示蓄电池的额定容量,我国目前规定采用 20 h 放电率的额定容量,不带容量单位。

第 5 部分表示蓄电池的特殊性能,用汉语拼音字母表示。G 表示高起动率;S 表示塑料槽;D 表示低温起动性好。

4. 蓄电池的工作原理

蓄电池向起动机及其他用电设备供电,称为蓄电池的放电过程;同时又能在发动机高速运转时储存发电机的部分电能,称为蓄电池的充电过程。

蓄电池充、放电过程是由蓄电池内部正、负极板的活性物质与电解液之间的电化学反应来完成的。根据双硫化理论,蓄电池充、放电过程是一个可逆的电化学反应过程,其方程式是:

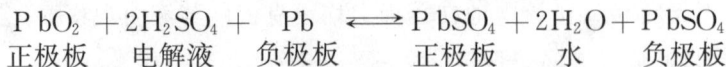

$$PbO_2 + 2H_2SO_4 + Pb \rightleftharpoons PbSO_4 + 2H_2O + PbSO_4$$
$$\text{正极板} \quad \text{电解液} \quad \text{负极板} \quad \text{正极板} \quad \text{水} \quad \text{负极板}$$

由上式可知,在接通用电设备时,蓄电池作为外电源向外供电,在放电过程中,正极板上的活性物质由深褐色的 $PbO_2$ 转变为浅褐色的 $PbSO_4$,负极板上的活性物质由深灰色的海绵状纯铅 Pb 转为灰色的 $PbSO_4$,将内部的化学能转变为电能,电解液中的 $H_2SO_4$ 转变为 $H_2O$,充电过程中物质的变化与放电过程相反。在正常使用条件下,国产蓄电池的充放电循环寿命为 250~500 次。实际上,极板上的活性物质仅有 20%~30%参加反应,大部分活性物质由于充、放电条件的限制未能进行电化学反应。因此,为提高活性物质的利用率,可采用薄极板蓄电池。

蓄电池充、放电过程中,由于电解液中的部分水($H_2O$)变为硫酸($H_2SO_4$)或硫酸变为水($H_2O$),所以电解液的相对密度将上升或下降。因此,可以通过测量电解液相对密度的方法来判断蓄电池的充、放电程度。

5. 蓄电池的工作特性

蓄电池的工作特性主要是指蓄电池的静止电动势、端电压、内阻、电解液密度等在充、放电过程中的变化规律。

（1）蓄电池的静止电动势 $E_j$：蓄电池在静止状态（不充电也不放电）下，正、负极板之间的电位差称为静止电动势，用 $E_j$ 表示。它的大小与电解液的相对密度和温度有关，在相对密度为 $1.050 \sim 1.300$ g/cm³ 时的范围内，可由下述经验公式计算其近似值：

$$E_j = 0.85 + \rho_{25℃}$$

式中：$\rho_{25℃}$ 为 25℃时的电解液相对密度。

实测所得的电解液相对密度应按下式换算成 25℃时的相对密度：

$$\rho_{25℃} = \rho_{t℃} + \beta(t - 25)$$

式中：$\rho_{t℃}$ 为实际测得的电解液密度；$t$ 为实际测得的电解液温度；$\beta$ 为密度温度系数，$\beta = 0.000\,75$，即温度每升高 1 K，相对密度下降 $0.000\,75$。

蓄电池的电解液相对密度在充电时增高，放电时下降，一般在 $1.13 \sim 1.29$ g/cm³ 之间波动，因此，蓄电池静止电动势相应地在 $1.97 \sim 2.15$ V 之间变化。

（2）内电阻 $R_0$：蓄电池内阻为极板电阻、电解液电阻、隔板电阻、铅连接条和极柱电阻的总和，用 $R_0$ 表示。蓄电池的电阻大小反映了蓄电池带负荷的能力。在相同的条件下，内阻越愈小，输出电流愈大，带负荷能力愈强。一般来说，起动型铅蓄电池的内阻很小，如美国标准SAEJ546 明确规定，12 V 蓄电池在标准负荷时的内阻为 0.014 Ω。如内阻过大，则会引起蓄电池端电压大幅度下降而影响起动性能。适当提高电解液的温度和密度可以减少内阻。极桩脏污会使电阻增大，所以应保持极桩的清洁。

在温度为 20℃时，蓄电池完全充足电的内阻 $R_0$，可按下列经验公式计算其近似值：

$$R_0 = \frac{U_e}{1.71 Q_{20}}$$

式中：$U_e$ 为蓄电池额定电压（V）；$Q_{20}$ 为蓄电池额定容量（A·h）。

（3）蓄电池的放电特性：指蓄电池在规定的条件下，恒流放电过程中，端电压、静止电动势和电解液密度随着放电时间而变化的关系。

电解液相对密度随放电时间的延长按直线规律减小。因为在恒流放电中，单位时间内的硫酸消耗量是一个定值。铅蓄电池的放电程度和电解液相对密度减小值成正比。

在放电过程中，蓄电池端电压 $U_C$ 的变化规律如图 1-1-25 所示，变化规律可分为以下 4 个阶段：一是放电开始时，端电压由 2.14 V 迅速下降到 2.1 V 左右，这是因为放电前渗入极板活性物质孔隙内部的硫酸迅速反应变为水，而极板外部的硫酸还来不及向极板孔隙内渗透，极板内部电解液相对密度迅速下降，端电

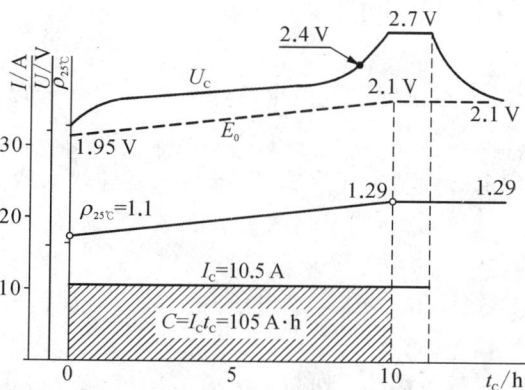

图 1-1-25　蓄电池放电特性

压迅速下降;二是端电压由 2.1 V 呈直线规律缓慢下降到 1.85 V,这是因为该阶段单位时间极板孔隙内部消耗的硫酸量与孔隙外部向极板孔隙内部渗透补充的硫酸量相等,处于一种动态平衡状态的缘故;三是放电接近终了时,端电压迅速下降到 1.75 V,因为极板表面已形成大量硫酸铅,堵塞了孔隙,渗透能力下降;同时单位时间的渗透量小于极板内硫酸的消耗量,极板内的电解液相对密度迅速下降,此时应停止放电,如果继续放电,端电压在短时间内将急剧下降到零,致使蓄电池过度放电,导致蓄电池产生硫化故障,缩短其使用寿命;四是蓄电池放电终止时,由于电解液渗透的结果,实际极板孔隙内外的电解液趋于平衡,电池的端电压会有所回升,单格电池电动势回升到 1.95 V。

由上述可知,蓄电池放电终了的特征是:单格电池电压下降到放电终止电压(以 20 h 放电率放电时终止电压为 1.75 V);电解液相对密度下降到最小值 $1.10\sim1.12$ g/$cm^3$。

(4) 蓄电池的充电特性:指蓄电池在规定的条件下,恒流充电过程中,端电压、静止电动势和电解液密度随着放电时间而变化的关系。

充电时,电源电压必须克服蓄电池的电动势 $E$ 及蓄电池内部的压降,因此充电过程中蓄电池的端电压总是大于电动势。

在充电过程中,蓄电池端电压 $U_c$ 的变化规律如图 1-1-26 所示,可分为 5 个阶段。

第一阶段:充电初期,充电时极板上的活性物质和电解液的化学反应首先在极板孔隙内进行,极板孔隙中生成的硫酸来不及向极板外扩散,使孔隙中的电解液相对密度迅速增大,端电压由 1.95 V 迅速上升至 2.10 V 左右。

第二阶段:从 2.10 V 升至 2.40 V 左右,此阶段电压稳定上升。随着充电的进行,新生成的硫酸不断向周围扩散,使孔隙中生成的硫酸来不及向极外扩散,当充电至极板孔隙中生成硫酸的速度和向外扩散的速度基本处于动态平衡时,蓄电池端电压的上升速度较稳定,而且随着蓄电池容器内电解液相对密度的上升相应增高。

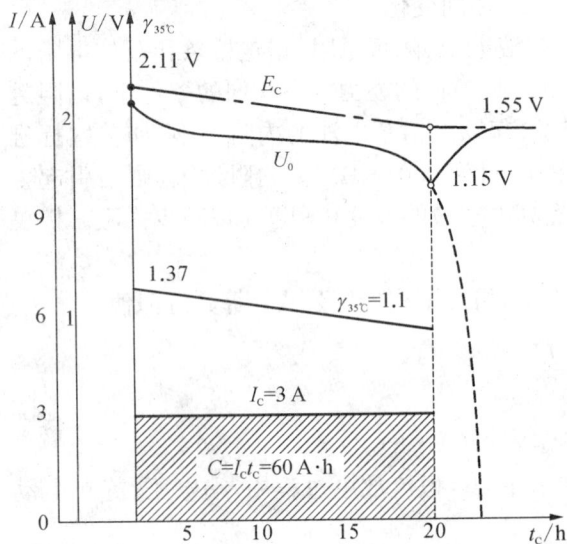

图 1-1-26　蓄电池充电特性

第三阶段:由 2.40 V 左右上升至 2.70 V,这时的充电电流除一部分使尚未转变的硫酸铅继续转变外,其余的电流用于电解水,产生氢气和氧气,以气泡的形式放出,形成"沸腾"现象。在此过程中,带正电的氢离子和负极板上电子结合比较缓慢,来不及立即改变成氢气放出,于是在负极板周围便积存了大量的带正电的氢离子,使电解液与负极板之间产生约 0.33 V 的附加电位差,从而使蓄电池的端电压由 2.40 V 增至 2.7 V 左右。

第四阶段:当端电压升至 2.7 V 保持电压不变时,即为过充电阶段,一般为 $2\sim3$ h,以保证蓄电池充足电。

第五阶段:切断充电电源后,极板外部的电解液逐渐向极板内部渗透,极板内外电解液相对密度达到平稳平衡,同时附加电压消失,所以端电压又下降至 2.1 V 左右稳定下来。

由上述可知,蓄电池充电终了的特征是:蓄电池内产生大量气泡,端电压上升至 2.7 V 左右,电解液相对密度上升至最大值,并在 2～3 h 内不再增加。

6. 蓄电池的容量及其影响因素分析

(1) 蓄电池的容量:指在规定的放电条件下,完全充足电的蓄电池所能提供的电量,用 $C$ 表示。蓄电池的容量是衡量蓄电池对外放电能力、质量优劣以及选用蓄电池的最重要指标。

蓄电池的容量等于放电电流与持续放电时间的乘积,用下式表示:

$$C = I_f t_f$$

式中:$C$ 为蓄电池容量(A·h);$I_f$ 为放电电流(A);$t_f$ 为放电持续时间(h)。

蓄电池的容量与放电电流、放电持续时间及电解液温度有关。因此,蓄电池出厂时规定的额定容量是在一定的放电电流、一定的终止电压和一定的电解液温度下取得的。我国国家标准 GB 5008.1—91《起动用铅酸蓄电池技术要求和试验方法》规定以 20 h 放电率额定容量,作为起动型蓄电池的额定容量。

20 h 放电率额定容量:指完全充足电的蓄电池,在电解液温度为 25℃时,以 20 h 放电率的电流连续放电到 6 V 蓄电池端电压降到 5.25 V±0.02 V、12 V 蓄电池端电压降到 10.50 V±0.05 V 时所输出的电量,用 $C_{20}$ 表示。

例如,6-Q-105 型蓄电池,在电解液平均温度为 25℃时,以 5.25 A 的电流连续放电 20 h 后,端电压降至 10.50 V,其 20 h 率额定容量则为:$C = 5.25 \times 20 h = 105$(A·h)。

储备容量:由国际蓄电池协会和美国汽车工程师协会(SAE)规定了另外一种蓄电池容量表示法,即储备容量表示法,我国 GB 5008.1—1991 标准也对储备容量的定义和试验方法做了有关规定。

蓄电池的额定储备容量是指完全充足电的蓄电池,在电解液温度为 25℃±2℃时,以 25 A 电流放电至 6 V 蓄电池端电压达 5.25 V±0.02 V、12 V 蓄电池端电压达 10.50 V±0.05 V 时,放电所持续的时间,用 $C_{r.n}$ 表示,单位为 min。它说明当汽车充电系统失效时,汽车尚能持续提供 25 A 电流的能力。

储备容量与 20 h 率容量之间的换算关系可按下式进行:

$$C_{20} = \sqrt{17\,778 + 208.3 C_{r.n}} - 133.3$$

式中:$C_{20}$ 为 20 h 率容量,A·h;$C_{r.n}$ 为储备容量(min)。

当 $C_{r.n} \geqslant 480$ min 或 $C_{20} > 200$ A·h 时,上式不适用。

起动容量:表示蓄电池在发动机电力起动时的供电能力,用倍率和持续时间表示。起动容量有两种规定:常温起动容量和低温起动容量。

第一,常温起动容量。常温起动容量为电解液初始温度 25℃时,以 5 min 放电率的电流放电,放电 5 min 至单格电池电压降至 1.5 V 时所输出的电量。5 min 放电率的电流在数值上约为其额定容量的 3 倍。

例如,6-Q-100 型蓄电池,其 $C_{20} = 100$ A·h,在电解液初始温度为 25℃时,以 $3C_{20} = 3 \times 100 = 300$ A 的电流放电 5 min,单格电池电压下降至 1.5 V,其起动容量为(300 × 5/60)A·h = 25 A·h。

第二,低温起动容量。低温起动容量为电解液初始温度为 -18℃时,以 5 min 放电率的电流放电,放电 2.5 min 至单格电池电压下降至 1 V 时所输出的电量。

(2)影响蓄电池容量的因素。

第一,结构因素的影响。

① 极板上活性物质的数量。从理论上讲,活性物质越多,则容量应越大。要得到 1 A·h 的电量,负极板上要有 3.866 g 铅,正极板上要有 4.463 g 的二氧化铅,电解液中要有 3.66 g 硫酸。实际上,正负极板上只有大约 55%～60% 的活性物质参加反应,当活性物质的数量确定后,其他因素对容量的影响就是对活性物质的利用率的影响。极板面积越大,片数越多,则同时和硫酸起化学反应的活性物质就越多,容量就越大。国产蓄电池极板面积已统一,每对极板面的容量为 75 A·h。所以,极板数量与容量的关系可用下式进行计算:

$$C_{20} = 75(N - l)$$

式中:$C_{20}$ 为额定容量(A·h);$N$ 为正负极板的总片数。

② 极板的厚度。极板越厚,电解液向极板深处的扩散越困难,活性物质越不易参与反应。因此,减小极板厚度可以提高活性物质的利用率。例如,采用厚度为 1.7 mm 的薄型极板,则蓄电池在相同体积的情况下,容量可提高 40% 左右。

③ 活性物质的孔率。孔率即活性物质的孔隙多少,孔率越大,硫酸溶液扩散渗透越容易,则容量可相应提高。但如果孔率过大,则活性物质的数量要减少,容量却反而会下降。

④ 活性物质的真实表面积。活性物质的真实表面积包括活性物质与电解液直接接触的表面积和细孔内的表面积。极板的真实表面积要比极板的几何尺寸计算面积大得多(几百倍),真实表面积大,扩散面积和反应面积都增加,容量可相应提高。

⑤ 极板中心距。极板中心距小,可以减小蓄电池的内电阻,所以,在保证有足够的硫酸量的前提下,缩小极板中心距可以提高蓄电池的容量。

第二,使用条件对蓄电池容量的影响。

① 放电电流的大小。放电电流越大,蓄电池容量越低。因为大电流放电时,单位时间内所消耗的硫酸越多,极板表面活性物质的孔隙会很快被生成的硫酸铅所堵塞,使极板内层的活性物质不能参加化学反应,因此放电电流增大,蓄电池的容量减小。

② 电解液的温度。温度降低则容量减小,这是由于温度降低时,电解液的粘度增加,渗入极板内部困难,造成容量降低;同时,温度越低,电解液的溶解与电离度也降低,加剧了容量的下降。温度每下降 1℃,容量下降约 1%(小电流放电)或 2%(大电流放电)。因此,适当提高蓄电池温度(<40℃),将有利于提高蓄电池的容量及起动性能。

不同温度下的蓄电池容量与 25℃ 时的蓄电池容量可用下式进行计算:

$$C_{25℃} = C_t[1 - 0.01(t - 25)]$$

式中:$C_{25℃}$ 为换算为 25℃ 时的容量(A·h);$C_t$ 为电解液为 $t$℃ 时的实际容量(A·h);$t$ 为放电终了时单格电池的电解液温度(℃);0.01 为换算系数。

③ 电解液的密度。适当增加电解液的相对密度,可以提高电解液的渗透速度和蓄电池的电动势,并减小内阻,使蓄电池的容量增大。但相对密度超过某一数值时,由于电解液粘度增大使渗透速度减低,内阻和极板硫化增加,又会使蓄电池的容量减小。当电解液相对密度为 1.26～1.29 时蓄电池的容量最大。

（五）交流发电机的基本结构

汽车上虽装有蓄电池,但蓄电池储存的电能有限,并且它在放电以后必须进行补充充电。因此,汽车上除装有蓄电池外,还必须装有充电系统。充电系统由发电机、调节器和充电状态指示装置组成。

发电机作为汽车运行中的主要电源,担负着向起动系以外所有用电设备供电的任务,并向蓄电池充电。汽车用发电机有直流发电机和交流发电机两种,目前大多采用交流发电机。交流发电机主要由三相同步交流发电机和二极管整流器组成,一般称为硅整流交流发电机(简称交流发电机)。由于现代汽车的各种功能越来越完善,自动化程度越来越高,导致用电设备的数量越来越多。因此,要求发电机应具有较大的输出功率。传统的整流子换向式的直流发电机因发电量小、体积大等原因,已基本被交流发电机所取代。

1. 交流发电机的优点

（1）体积小、质量轻。如汽车用 220 W 的 112 型直流发电机,其质量为 10 kg;而 350 W 的 JF132 型交流发电机,其质量只有 4.5 kg。

（2）结构简单、故障少、维修方便、使用寿命长。交流发电机的转子结构简单,滑环与电刷的耐磨性好,维护周期长,二极管的寿命可达 10 000 多个小时。

（3）输出功率大、低速充电性能好。交流发电机开始发电时采用蓄电池供给的磁场电流,此时的磁场强。由于发动机与发电机的转速比大,在发动机低速运转时,发电机已达到一定的发电电压,即可向蓄电池充电。

（4）配用的调节器结构简单。交流发电机只采用一组电压调节器,因此结构简单,维修方便。

（5）无整流火花,对无线电干扰小。交流发电机的滑环与电刷没有换向火花,对无线电的干扰要小得多。

2. 交流发电机的类型与型号

车用交流发电机按总体结构形式可分为普通式(发电机与电压调节器独立)、整体式(电压调节器装在发电机内)、带真空泵式、无刷式、永磁式等;按励磁绕组的搭铁方式可分为内搭铁式和外搭铁式两种;按整流器的形式可分为 6 管整流、8 管整流、9 管整流、11 管整流等几种。

车用交流发电机的型号根据各国家或地区的规定各有不同,我国根据《QC/T73—93 汽车电气设备产品型号编制方法》的规定,汽车交流发电机的型号如下:

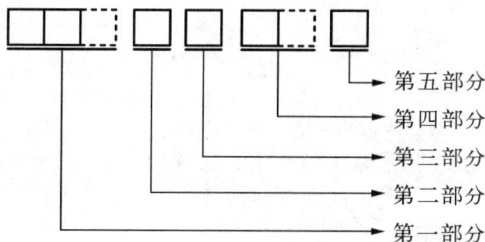

第一部分为产品代号。交流发电机的产品代号有 JF、JFZ、JFB、JFW 四种,分别表示交流发电机、整体式交流发电机、带真空泵交流发电机和无刷交流发电机。

第二部分为电压等级代号。用 1 位阿拉伯数字表示,1~12 V;2~24 V;6~6 V。

第三部分为电流等级代号。用1位阿拉伯数字表示,其含义如表1-1-2所示。

表1-1-2  车用交流发电机的电流等级代号

| 电流等级代号 | 1 | 2 | 3 | 4 | 5 | 6 | 7 | 8 | 9 |
|---|---|---|---|---|---|---|---|---|---|
| 电流(A) | ≤19 | 20~29 | 30~39 | 40~49 | 50~59 | 60~69 | 70~79 | 80~89 | ≥90 |

第四部分为设计序号。按产品的先后顺序,用阿拉伯数字表示。

第五部分为变型代号。交流发电机以调整臂的位置作为变型代号。从驱动端看,Y—右边;Z—左边;没有变型代号则表示无调整臂或调整臂处于中间位置;如若发电机被驱动的旋转方向为逆时针旋转方向,则最后一个字母为N。

3. 交流发电机的结构

车用交流发电机多采用三相同步交流发电机,其结构按其类型的不同而异,普通式与整体式的车用交流发电机在结构上大同小异,而与无刷式、永磁式在结构上有较大的差异。

(1) 整体式交流发电机的结构如图1-1-27所示,它主要由定子、转子、电刷、整流器、前后端盖、风扇及带轮等组成(电压调节器装在交流发电机后端的防护罩内,但不是交流发电机的组成部分)。

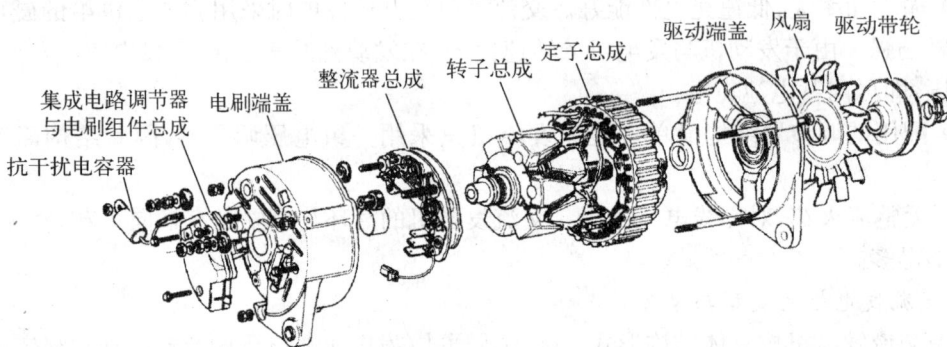

图1-1-27  交流发电机结构

① 定子总成:是产生和输出交流电的部件,又称为电枢,由定子铁芯和定子绕组组成,如图1-1-28所示。

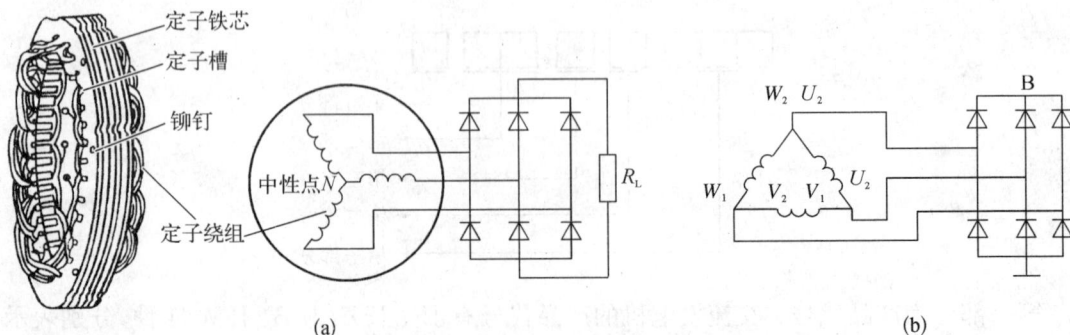

(a)                                    (b)

图1-1-28  定子示意图

(a) 星形连接;(b) 三角形连接

　　定子铁芯由相互绝缘的内圆带槽的环状硅钢片叠成。定子槽内置有三相对称绕组,三相绕组大多数采用 Y 形(星形)连接,也有用△形连接的。星形接法是每相绕组的一根线头都接至公共接点,如图 1-1-28(a)所示,另外三根线头分叉成 Y 形。所以星形接法又称 Y 形接法。在中心接点的输出电流是发电机额定输出电流的一半。一些发电机的制造商利用 Y 形的中心电压控制充电指示灯,电压调节器也可利用该电压控制转子励磁电流。同时,星形接法有低速发电性能好的优点,所以目前车用发电机多采用星形接法。三角形接法是三相绕组的首尾线头彼此相接,就像三角形,所以称为三角形接法,如图 1-1-28(b)所示。三角形接法的优点是发电机内部损失小,在高转速时能产生较大的输出电流,比星形接法定子的发电机多输出 73%。因而,三角形接法主要用在高转速时要求有高输出功率的交流发电机上,如神龙富康轿车等。三角形接法的缺点是低转速时输出电压较低。

　　② 转子总成:是发电机的励磁部分,它主要由两块爪极、磁场绕组、滑环及轴等组成,如图 1-1-29 所示。两块爪极被压装在转轴上,且内腔装有磁轭,并绕有励磁绕组。绕组两端的引线分别焊在与轴绝缘的两个滑环上。两个电刷装在与端盖绝缘的电刷架内,通过弹簧力使其与滑环保持接触。当发电机工作时,两电刷与直流电源连通,可为磁场绕组提供定向电流并产生轴向磁通。使两块爪极被分别磁化为 N 极和 S 极,从而形成犬牙交错的 6 对磁极,并沿圆周方向均匀分布。转子每转一周,定子的每相绕组上就能产生周期个数等于磁极对数的交流电动势。

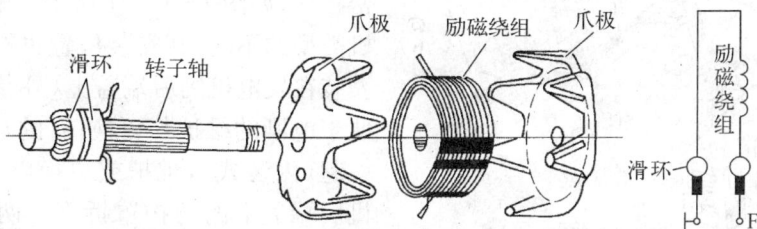

图 1-1-29　转子示意图

　　③ 整流器总成:如图 1-1-30(a)所示,整流器由正整流板和负整流板组成,如图 1-1-30(b)所示。其作用是将三相定子绕组输出的交流电通过三相桥式整流变成直流电输出。

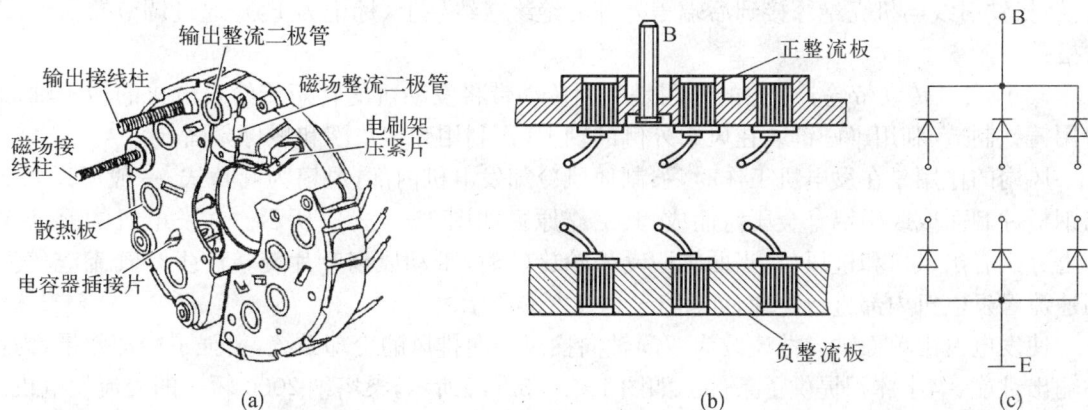

图 1-1-30　整流板

(a)整流板总成;(b)正、负整流板;(c)整流二极管安装电路

交流发电机的整流器大多由 6 只硅二极管组成。另外还有 8 管、9 管、11 管组成的整流板。外壳为正极、中心引线为负极的二极管，称为负极管，管壳底上注有黑色标记；外壳为负极、中心引线为正极的二极管，称为正极管，管壳底上有红色标记。

安装二极管的散热板称为整流板（也称元件板），如图 1-1-30(b)所示，通常用合金制成以利散热。现代汽车用交流发电机都有两块整流板，安装三只正二极管的整流板（装在外侧）称为正整流板，安装三只负二极管的整流板（装在内侧）称为负整流板（也有个别发电机将三只负二极管安装在后端盖上），两块板绝缘地安装在一起，它与后端盖用尼龙或其他绝缘材料制成的垫片隔开且固定在后端盖上。

安装在正整流板上并与之绝缘的三个接线柱分别固定正、负极管子的引线和来自三相绕组某一相的端头。与正整流板连接在一起的螺栓引至后端盖外部作为发电机的电源输出端，并标记为"B"（"+"、"A"或"电枢"）。如图 1-1-30(c)所示，为 6 只二极管的安装电路图，此种接法构成一个三相桥式整流电路。

④ 端盖与电刷：前后端盖的作用是支撑转子总成并封闭内部构造。它由铝合金制成，具有轻便、阻磁（减少漏磁）、散热性能好等特征。

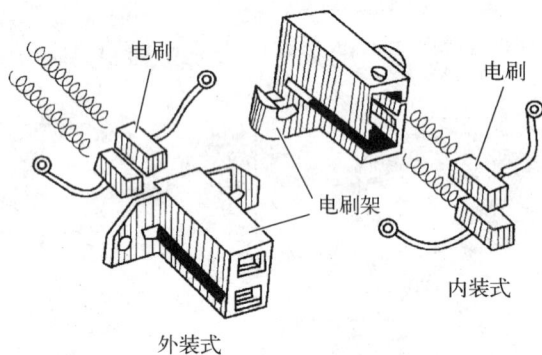

图 1-1-31　电刷与电刷架

电刷是通过滑环给励磁绕组提供电流的元件。电刷装在电刷架内，通过弹簧与滑环紧密接触，如图 1-1-31 所示。电刷架根据发电机类型的不同，其安装位置也有所不同。有的安装在发电机的后端盖上（外装式），这种结构便于电刷的维护与更换；有的与整流器安装在一起（内装式），维护或更换电刷时，需将发电机后端盖上的防护罩拆下。两个电刷中一个与外壳绝缘的称为绝缘电刷，其引线接到发电机后端盖外部的接线柱"F"上，成为发电机的磁场接柱。另一个电刷是搭铁的，称为搭铁电刷。搭铁电刷的搭铁方式有两种：引线用螺钉固定在后端盖上（标记为"—"）直接搭铁，即内搭铁；搭铁引线与机壳绝缘接到后端盖外部的绝缘接线柱上（标记为 $F_2$），通过调节器搭铁，即外搭铁。

⑤ 风扇及传动带轮：带轮的作用是利用传动带将发动机的转矩传给发电机的转子轴，通常用铸铁制造，利用半圆键装在风扇外侧的轴上，再利用弹簧垫圈和螺母紧固。

风扇的作用是在发电机工作时，强制通风冷却发电机内部，风扇为叶片式，一般用1.5 mm的钢板冲制而成或用铝合金压铸而成，其工作原理如图 1-1-32 所示。在发电机的前、后端盖上分别有出风口和进风口，当曲轴驱动带轮旋转时，带动风扇叶片旋转产生空气流，空气流高速流经发电机内部进行冷却，如图 1-1-32(a)所示。

使发电机由单面轴向抽风改为双向轴向抽风径向排风的冷却系统，增强了冷却效果，为提高输出性能、缩小体积提供了条件。如图 1-1-32(b)所示，桑塔纳 2000 轿车的交流发电机即采用此种结构。

(2) 无刷交流发电机的结构。车用无刷交流发电机是指没有滑环、电刷与电刷架装置的交流发电机。它不会因为电刷和滑环的磨损或接触不良造成励磁不稳定或发电机不发电等故

障;也不会产生火花,从而减少了无线电干扰。具有结构新颖、性能优良、工作稳定、故障少等
优点。但与有刷发电机相比,在相同体积条件下,其设计功率将有所下降。

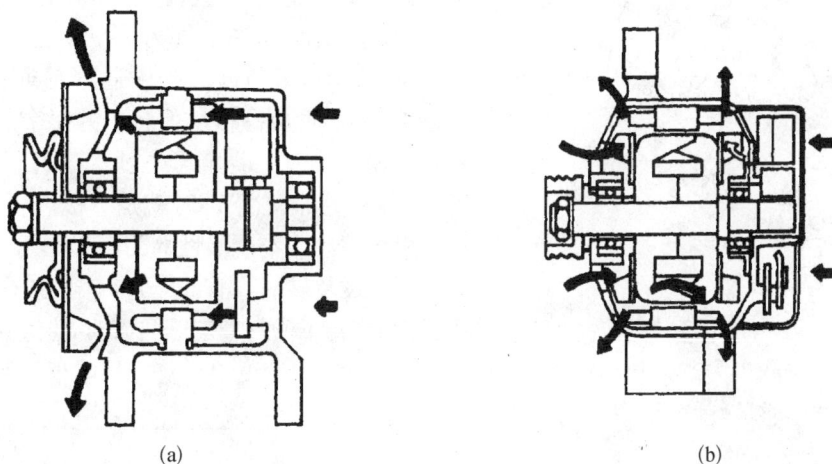

(a)　　　　　　　　　　　(b)

图 1 - 1 - 32　发电机的通风

无刷交流发电机有爪极式、励磁机式、永磁式和感应式四种,其中爪极式和感应式比较
常见。

① 爪极式无刷交流发电机的结构:爪极式无刷交流发电机的结构与一般交流发电机大
致相同,只不过其励磁绕组是静止的,不随转子转动,所以绕组两端可直接引出,不需要滑环和
电刷。

爪板式无刷交流发电机的
结构如图 1 - 1 - 33 所示。励磁
绕组装在发电机中部的磁轭托
架上,磁轭托架用螺栓固定在端
盖上。爪极用非导磁材料固定
成整体(固定两爪极的常用方法
有非导磁连接环固定法和铜焊
接法),再固定在转子轴上,并随
转子轴一起旋转。

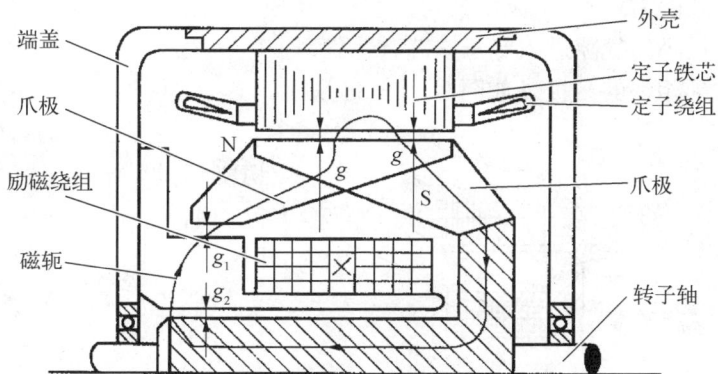

图 1 - 1 - 33　爪极式无刷交流发电机的结构

爪极与轴之间有一空腔,磁
轭托架由此伸入爪极的腔室内,
磁轭托架与爪极、转子磁轭之间均需留出附加间隙 $g_1$ 和 $g_2$ 以便转子转动。

当励磁绕组通过电流时,其主要磁通路由转子磁轭出发,经附加间隙 $g_2$→磁轭托
架→附加间隙 $g_1$→左边爪极→主气隙 $g$→定子铁芯→主气隙 $g$→右边爪极→转子磁
轭,形成闭合回路。当转子旋转时,磁力线切割定子绕组,在三相绕组中产生三相交变
电动势。

② 感应式无刷交流发电机:感应式无刷交流发电机由定子、转子、整流器和机壳组成。
它的转子由齿轮状硅钢片铆成,其上有若干个沿圆周均匀分布的齿形凸极,而没有励磁绕组。

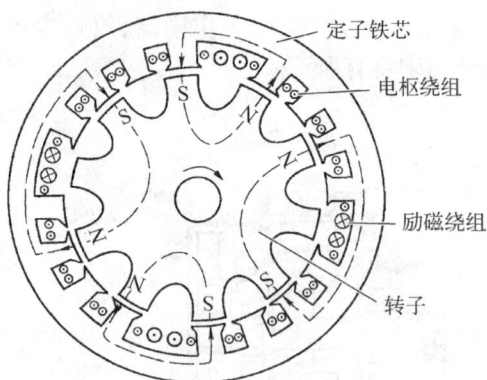

图 1-1-34 感应式无刷交流发电机

励磁绕组和电枢绕组均安放在定子槽内,发电机内没有滑环和电刷,如图 1-1-34 所示。

当励磁绕组通入直流电后,在定子铁芯中产生固定磁场(右上部、左下部为 N 极,左上部、右下部为 S 极)。由于转子凸齿部分磁通容易通过,磁感应强度最大,从而形成磁极。但转子的每个凸齿是没有固定极性的,当它对着定子右上部、左下部时就是 N 极,对着左上部、右下部时就是 S 极。可见,定子上的每个电枢绕组只与同极性的凸齿起作用。转子在不运动的磁场内旋转时,当转子凸齿对着定子凸齿时,磁通量最大,当转子槽对着定子凸齿时,磁通量最小。因此转子旋转时,定子凸齿内产生脉动磁通,在定子绕组中感应出交变电动势。将电枢绕组以一定的方式连接起来,并经整流,就可得到直流电。

4. 交流发电机的工作原理

(1) 交流电动势的产生:交流发电机电动势产生的过程如图 1-1-35 所示。交流发电机定子的三相绕组(AX、BY、CZ)按一定的规律排列在发电机的定子槽内,各相相差 120°电角度。当将磁场绕组接通直流电源时即被激励,转子的爪极被磁化为数对 N 极和 S 极。其磁力线由 N 极出发,穿过转子与定子之间很小的气隙进入定子铁芯,最后又通过气隙回到相邻的 S 极。如图 1-1-36 所示。

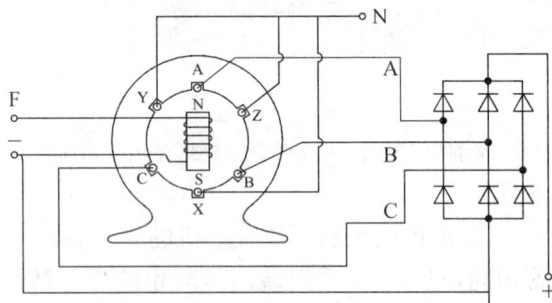

图 1-1-35 电动势产生原理

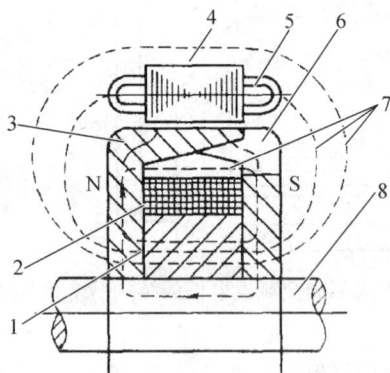

图 1-1-36 交流发电机的导磁回路

当转子旋转时,由于定子绕组与磁力线有相对的切割运动,所以在三相绕组中产生频率相同、幅值相等、相位相差 120°电角度的正弦电动势 $e_A$、$e_B$、$e_C$,如图 1-1-37(a)所示,其波形如图 1-1-37(b)所示。三相绕组所产生的感应电动势可用下列公式表示:

$$e_A = E_m \sin \omega t = \sqrt{2} E_\Phi \sin \omega t$$

$$e_B = E_m \sin(\omega t - 120°) = \sqrt{2} E_\Phi \sin(\omega t - 120°)$$

$$e_C = E_m \sin(\omega t + 120°) = \sqrt{2} E_\Phi \sin(\omega t - 240°)$$

式中:$E_m$ 为相电动势的最大值;$E_\Phi$ 为相电动势的有效值;$\omega$ 为电角速度($\omega = 2\pi f$)。

发电机每相绕组所产生的电动势的有效值(单位:V)为

$$E_\Phi = 4.44 K f N \Phi$$

式中:$K$ 为定子绕组系数,一般小于 1;$f$ 为感应电动势的频率(单位:Hz),$f = Pn/60$[$P$ 为磁极对数,$n$ 为转速];$N$ 为每相绕组的匝数;$\Phi$ 为磁极的磁通(单位:Wb)。

由此可见,交流发电机的输出电压与频率、定子绕组的匝数及励磁绕组的磁通量成正比。

（2）整流过程：以六管构成的三相桥式整流电路为例，如图 1-1-37(a) 所示。3 个负二极管 $VD_2$、$VD_4$、$VD_6$ 的阳极并接在负极板上，3 个正二极管 $VD_1$、$VD_3$、$VD_5$ 的阴极并接在正极板上。每个时刻有 2 个二极管同时导通，同时导通的两个管子总是将发电机的电压加在负荷的两端，见图 1-1-37(b)。

当 $t=0$ 时，$C$ 相电位最高，而 $B$ 相电位最低，所对应的二极管 $VD_5$、$VD_4$ 均处于正向导通。电流从绕组 $C$ 出发，经 $VD_5 \rightarrow$ 负载 $R_L \rightarrow VD_4 \rightarrow$ 绕组 $B$ 构成回路。由于二极管的内阻很小，所以此时发电机的输出电压可视为 $B$、$C$ 绕组之间的线电压。

在 $t_1 \sim t_2$ 时间内，$A$ 相的电位最高，而 $B$ 相电位最低，故对应 $VD_1$、$VD_4$ 处于正向导通。同理，交流发动机的输出电压可视为 $A$、$B$ 绕组之间的线电压。

在 $t_2 \sim t_3$ 时间内，$A$ 相电位最高，而 $C$ 相电位最低，故 $VD_1$、$VD_6$ 处于正向导通。同理，交流发动机的输出电压可视为 $A$、$C$ 绕组之间的线电压。

图 1-1-37 三相桥式整流电路的
整流过程

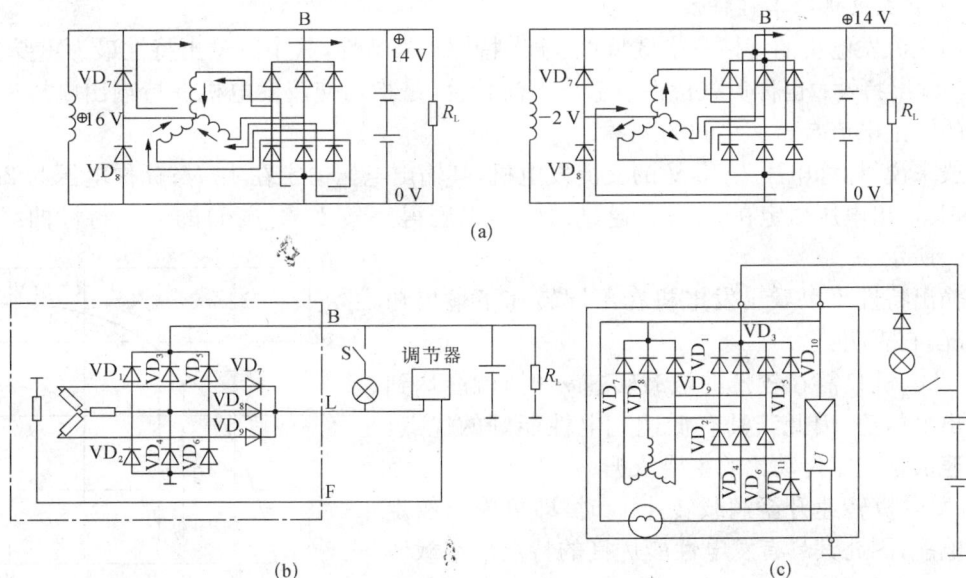

以此类推，周而复始，在负载上便可获得一个比较平稳的直流脉动电压。交流发动机输出电压的平均值为

$$U_{av} = 2.34 U_{\Phi}$$

式中：$U_{av}$ 为输出直流电压平均值（单位：V）；$U_{\Phi}$ 为发电机相电压的有效值（单位：V）。

除了部分交流发电机采用六管构成的三相桥式整流电路外，还有部分交流发电机采用了八管、九管甚至是十一管构成的整流电路，如图 1-1-38 所示，其整流过程基本相似。

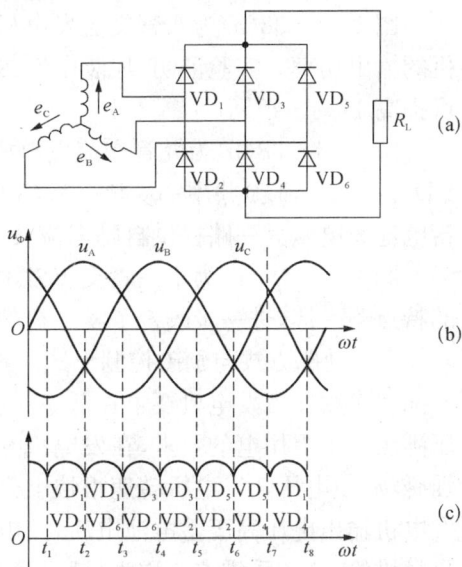

图 1-1-38 多管交流发电机的整流电路
(a) 八管交流发电机的整流电路；(b) 九管交流发电机的整流电路；(c) 十一管交流发电机的整流电路

图 1-1-38(a)为八管交流发电机的整流电路,其特点是利用是中性点的输出来提高发电机的输出功率。实验证明,加装中性二极管后,在发电机转速超过 2 000 r/min 时,其输出功率可提高 11%~15%。

图 1-1-38(b)为九管交流发电机的整流电路,其特点是两块正极板(VD$_1$、VD$_3$、VD$_5$ 与 VD$_7$、VD$_8$、VD$_9$)共用一块负极板(VD$_2$、VD$_4$、VD$_6$)形成两路输出,一路给负载供电(包括给蓄电池充电),另一路提供自励电流及控制充电指示灯。

图 1-1-38(c)为十一管交流发电机的整流电路,综合了八管与九管交流发电机整流电路的特点于一体,进一步改善了发电机的性能。

(3) 励磁方式与励磁控制形式。汽车用交流发电机的励磁方法与一般工业用交流发电机不同。车用交流发电机要求在低速时能快速发电。为了使交流发电机在低速运转时的输出电压满足汽车上用电的要求,在发电机开始发电时,采用他励方式,即由蓄电池提供励磁电流,增强磁场,使电压随发电机转速很快上升。这就是交流发电机低速充电性能好的主要原因。当发电机输出电压高于蓄电池电压(发电机的转速达到 1 000 r/min 左右),励磁电流便由发电机自身供给,这种励磁方式称为自励。由此可见,汽车交流发电机在输出电压建立前后分别采用他励和自励两种不同的励磁方式。

车用交流发电机励磁电流的控制形式有两种:一种是控制励磁电流的火线,其搭铁可以通过发电机本体直接搭铁,通常称之为内搭铁(或内搭铁交流发电机),如图 1-1-39(a)所示;另一种控制方式是控制励磁电流的搭铁,通常称之为外搭铁(或外搭铁交流发电机),如图 1-1-39(b)所示。

图 1-1-39　励磁电流的控制形式
(a) 内搭铁控制形式;(b) 外搭铁控制形式

5. 交流发电机的工作特性

车用交流发电机的特性有空载特性、输出特性和外特性,其中以输出特性最为重要。

(1) 输出特性:也称负载特性或输出电流特性,是指当交流发电机保持输出电压一定时,发电机的输出电流与转速之间的关系。

一般来说,标称电压为 12 V 的交流发电机,其输出电压恒定在 14 V;标称电压为 24 V 的发电机,其输出电压恒定在 28 V。通过试验可以测得一条 $I = f(n)$ 的输出特性曲线,如图 1-1-40 所示。

由输出特性可以看出发电机在不同转速下输出功率的情况,它表明:

① 发电机只需在较低的空载转速 $n_1$ 时,就能达到额定输出电压值,因此其具有低速充电性能好的优点。空载转速值是选定传动比的主要依据。

② 发电机转速升至满载转速 $n_2$ 时,即可输出额定功率的电能,因此其具有发电性能优良的特点。空载转速值和满载转速值是使用中判断发电机技术性能优劣的重要指标,发电机出厂技术说明书中均有规定。使用

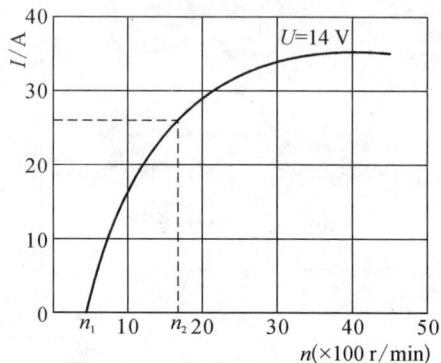

图 1-1-40　交流发电机的输出特性

中,只要测得这两个数据,与规定值相比即可判断发电机性能是否良好。

③ 当电机转速升到某一定值以后,其输出电流就不再随转速的升高和负荷的增多而继续增大,因此其具有自身控制输出电流的功能,不再需要限流器。交流发电机的最大输出电流约为额定电流的 1.5 倍。

交流发电机能自动限制最大输出电流的原因如下:

① 交流发电机定子绕组的阻抗 $Z$ 随发电机转速的升高而增加。阻抗越大,电源的内阻越大,输出电流下降。

② 随着发电机输出电流增大,电枢反应加强,磁场减弱,可使定子绕组中的感应电动势下降。

两者共同作用导致发电机的转速升高且输出电流达到一定值时,增加转速,发电机的输出电流不再增加。

(2) 空载特性:指无负荷时,发电机端电压与转速的变化规律,即 $U = f(n)$ 的空载特性曲线,如图 1-1-41 所示。

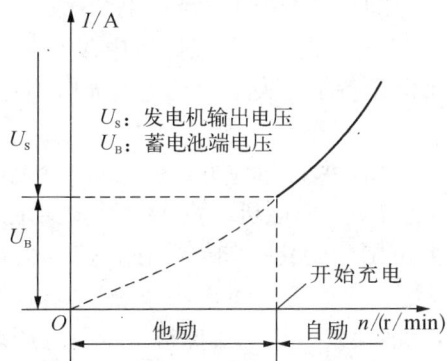

图 1-1-41　交流发电机的空载特性

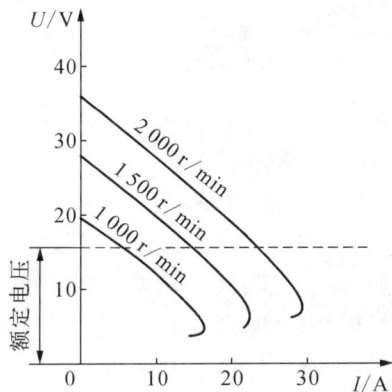

图 1-1-42　交流发电机的外特性

从曲线可以看出,随着转速的升高,端电压上升较快。由他励转入自励发电时,即能向蓄电池进行补充充电。这进一步证实了交流发电机低速充电性能好的优点。空载特性是判定交流发电机充电性能是否良好的重要依据。

(3) 外特性:指发电机转速保持一定时,发电机的端电压与输出电流的关系。

在经不同恒定转速的试验后,可以绘出一组相似的 $U = f(I)$ 外特性曲线,如图 1-1-42 所示。由此可见:

① 发电机的转速越高,在相同电压下其输出电流越大或相同电流下其输出电压越高。

② 当保持在某一转速时,端电压均随输出电流的增大而相应下降得较快,原因是:

a. 发电机的输出电流增大,随着电枢反应增强,导致定子绕组中的感应电动势下降,引起端电压的下降。

b. 发电机的输出电流增加,使得发电机内压降增大,引起端电压下降。

c. 当端电压下降较多时导致励磁电流减小,引起磁场减弱,从而导致发电机端电压进一步下降。

此外,发电机输出电流随负载增加到一定值时,若再继续增加负载,输出电流不再增加,反

**笔记**

而同端电压一起下降。

### （六）交流发电机的电压调节器

发电机在汽车上是按固定的传动比驱动旋转的，其转速 $n$ 随发动机转速变化而在很大范围内变化。根据电磁感应原理，交流发电机发出的电压随发电机速度和负荷（输出电流）而变化。由于发动机的转速不断变化，交流发电机转速很难保持不变。因此，为了使发电机能提供固定不变的电压，必须采用调节器来控制电压。一般的充电系统使用发电机的电压调节器来保持系统的电压稳定。电压调节器位置如图 1-1-43 所示。

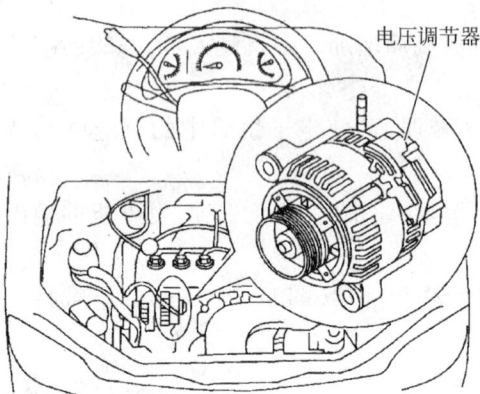

图 1-1-43　交流发电机电压调节器

1. 调节器作用

调节器是把发电机输出电压控制在规定范围内的调节装置，其功用是：在发电机转速和发电机负荷发生变化时自动控制发电机电压，使其保持恒定，防止发电机电压过高而烧坏用电设备和导致蓄电池过量充电，同时也防止发电机电压过低而导致用电设备工作失常和蓄电池充电不足。

2. 调节器调节原理

根据电磁感应原理，发电机的感应电动势为 $E_\Phi = Cln\Phi$，即感应电动势 $E_\Phi$ 与发电机转速 $n$ 和磁通 $\Phi$ 成正比；当发电机的空载电压 $U = E_\Phi = Cln\Phi$ 时，发电机在汽车上是按固定的传动比驱动旋转的，其转速 $n$ 随发动机转速变化而在很大范围内变化。如果要在转速 $n$ 变化时维持发电机电压恒定，就必须相应地改变磁极磁通 $\Phi$。因为磁极磁通 $\Phi$ 取决于磁场电流的大小，所以在发电机转速变化时，只要自动调节磁场电流，就能使发电机电压保持恒定。电压调节器就是利用自动调节磁场电流使磁极磁通改变这一原理来调节发电机电压的。

3. 电压调节器的分类

电压调节器的类型较多，按元器件的性质来分，可分为触点式（也称电磁振动式）和电子式两大类。其中，触点式按触点的数目又分单级触点式和双级触点式两种，按是否与其他继电器联动可分为单联式、双联式甚至是三联式；电子式又分晶体管式、集成电路式和可控硅式三种。按搭铁形式分，可分为内搭铁式（与内搭铁式交流发电机配套使用）和外搭铁式（与外搭铁式交流发电机配套使用）。

4. 电压调节器的型号

汽车电压调节器的型号编制根据中华人民共和国行业标准 QT/T73—93《汽车电气设备产品型号编制规则方法》的规定，由五部分组成：

| 1 | 2 | 3 | 4 | 5 |
|---|---|---|---|---|
|   |   |   |   |   |

1——产品代号，用 2~3 个汉语大写拼音字母表示，有 FT、FDT 两种，分别表示有触点的电磁振动式调节器和无触点的电子调节器。

2——电压等级代号，用 1 位阿拉伯数字表示：1~12 V；2~24 V；6~6 V。

3——结构形式代号，用 1 位阿拉伯数字表示，其含义见表 1-1-3 所示。

笔记

表 1-1-3　结构形式代号

| 结构形式代号 | 1 | 2 | 3 | 4 | 5 |
|---|---|---|---|---|---|
| 有触点电压调节器 | 单联 | 双联 | 三联 | | |
| 无触点电压调节器 | | | | 晶体管 | 集成电路 |

4——设计序号,按产品的先后顺序,用 1～2 位阿拉伯数字表示。

5——变型代号,用汉语拼音大写字母 A、B、C……顺序表示(不能用 0 和 1)。

例如:FT126C 表示 12 V 电磁振动式电压调节器,第 6 次设计,第 3 次变型;FDT125 表示 12 V 集成电路调节器,第 5 次设计。

5. 电压调节器的工作原理

由交流发电机的工作原理可知,对于某一发电机而言,要实现对其电压的调节,只能通过改变发电机的转速和磁通量的大小来达到目的。而磁通量的大小又是由励磁绕组中电流的大小来决定的,因此,发电机的电压调节一般是通过控制励磁电流的大小来实现的。

(1) 晶体管式调节器的工作原理:晶体管调节器一般都是由 2～4 个三极管,1～2 个稳压管和一些电阻、电容、二极管等组成,再由印刷电路板连接成电路,然后用轻而薄的铝合金外壳将其封闭。与机械式电压调节器相比,晶体管式调节器具有体积小、重量轻、调节反应敏捷、无触点烧蚀触、使用寿命长等优点。

晶体管式调节器与内或外搭铁形式的发电机配套使用,也有内、外搭铁的区别,使用前一定要判断其搭铁形式,并与发电机相应的接柱正确连接。

内搭铁型晶体管调节器工作原理:内搭铁型晶体管调节器如图 1-1-44 所示。电路由三只电阻 $R_1$、$R_2$、$R_3$,二只三极管 $VT_1$、$VT_2$,一只稳压管 VS 和一只二极管 VD 组成。

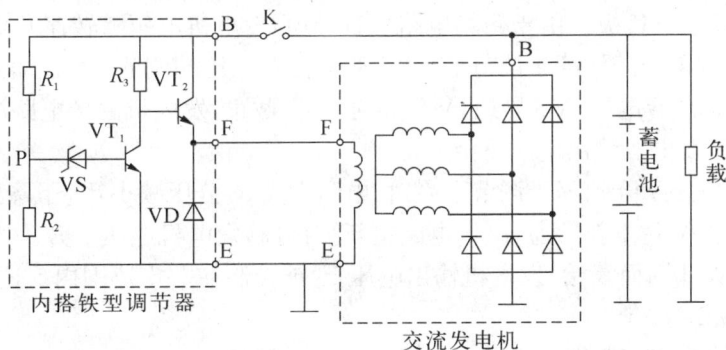

图 1-1-44　内搭铁型晶体管调节器电路原理图

电阻 $R_1$ 和 $R_2$ 串联组成一个分压器,接在发电机输出端 B+ 与搭铁端 E 之间,直接监测发电机的输出电压 $U_B$,分压电阻 $R_2$ 两端的电压 $U_P$ 为:

$$U_P = \frac{R_2}{R_1 + R_2} \cdot U_{BE}$$

由上式可见,当发电机电压 $U_B$ 升高时,分压电阻 $R_2$ 上的电压 $U_P$ 也升高;反之 $U_B$ 下降,$U_P$ 也下降。也就是说电阻 $R_2$ 两端的电压可完全反映发电机输出电压 $U_B$ 的变化。

电阻 $R_3$ 既是 $VT_1$ 的分压电阻,又是 $VT_2$ 的偏置电阻。

$VT_2$ 为大功率三极管,和发电机的励磁绕组串联,工作在开关状态,用来接通与切断发电机的励磁电路。

$VT_1$ 为小功率三极管,用来放大控制信号。

稳压管 VS 是感受组件,串联在 $VT_1$ 的基极电路中,并通过 $VT_1$ 的发射结并联于分压电阻 $R_2$ 的两端,以感受发电机输出电压 $U_B$ 的变化。

电路设计思路是:当发电机输出电压 $U_B$ 升高到调节电压上限时,分压电阻 $R_2$ 两端的电压 $U_P$ 加在稳压管 VS 和 $VT_1$ 的基极上,恰好能使稳压管 VS 反向击穿,为 $VT_1$ 提供基极电流,使 $VT_1$ 导通。当发电机输出电压 $U_B$ 下降到调节电压下限时,$U_P$ 不能使稳压管 VS 反向击穿,而使 $VT_1$ 无基极电流而截止。

VD 是续流二极管,励磁绕组由接通变为断开状态时,产生的自感电动势(E 端高电位,B 端低电位)经二极管 VD 构成放电回路,防止三极管 $VT_2$ 被击穿损坏。

电路工作原理:

① 点火开关 K 刚接通时,发动机不转,发电机不发电,蓄电池电压加在分压器 $R_1$、$R_2$ 上,此时因 $U_P$ 较低不能使稳压管 VS 反向击穿,$VT_1$ 截止。此时,由于 $R_3$ 的分压作用,使得 $VT_2$ 导通,发电机磁场电路接通(他励完成),此时由蓄电池供给磁场电流,电路为:蓄电池正极→点火开关 K→调节器 B 接柱→三极管 $VT_2$→调节器 F 接柱→发电机 F 接柱→励磁绕组→发动机 E 接柱→搭铁→蓄电池负极。随着发动机的起动,发电机转速升高,发电机他励发电,电压上升。

② 当发电机电压升高到稍高于蓄电池电压时(发电机转速大约在 900 r/min 左右时),发电机自励发电并开始对蓄电池充电,如果此时发电机输出电压 $U_B$ 小于调节器调节电压上限,$VT_1$ 继续截止,$VT_2$ 继续导通,但此时的磁场电流由发电机供给,通路为:发电机正极→点火开关 K→调节器 B 接柱→三极管 $VT_2$→调节器 F 接柱→发电机 F 接柱→励磁绕组→发动机 E 接柱→搭铁→发电机负极。由于磁场电路一直导通,发电机电压随转速升高迅速升高。

③ 当发电机电压升高到等于调节上限时,调节器对电压的调节开始。此时电阻 $R_1$、$R_2$ 上的分压 $U_P$ 达到 VS 击穿电压,VS 导通,$VT_1$ 导通,$VT_2$ 截止,发电机磁场电路被切断,由于磁场被断路,磁通下降,发电机输出电压下降。

④ 当发电机电压下降到等于调节下限时,电阻 $R_1$、$R_2$ 分压减小,$U_P$ 下降到 VS 截止电压,VS 截止,$VT_1$ 截止,$VT_2$ 重新导通,磁场电路重新被接通,发电机电压上升。

重复③、④ 如此周而复始,发电机输出电压 $U_B$ 被控制在一定范围内。这就是内搭铁型电子调节器的工作原理。

外搭铁型晶体管调节器如图 1-1-45 所示。

该电路的特点是 B 和 F 之间,与内搭铁型晶体管调节器显著不同,电路工作原理和结构与前述内搭铁型晶体管调节器类似,故不再赘述。

(2)集成电路电压调节器的工作原理:集成电路电压调节器又称 IC 电压调节器。与分立元器件的晶体管电压调节器一样。所不同的是,在集成电路电压调节器上,所有的晶体管都集成在一块基片上,实现了调节器的小型化,并可将其装在发电机内部,减少了外部线,缩小了整个充电系统的体积。

集成电路调节器可分为全集成电路调节器和混合集成电路调节器。目前国内外生产的集成电路调节器的结构大多采用混合式,即由混合电路加集成电路组成,并没有完全集成化,一

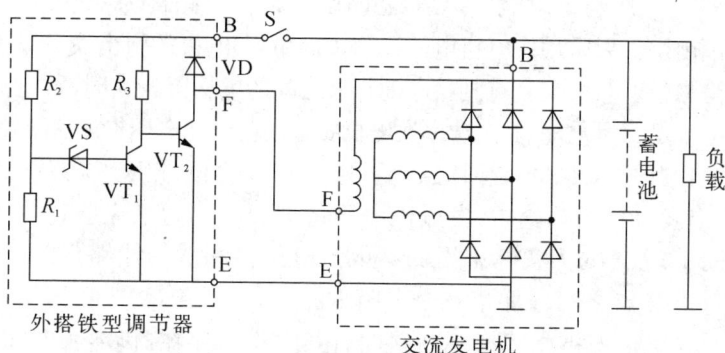

图 1-1-45　外搭铁型晶体管调节器电路原理图

般由一个集成块、一个三极管、一个稳压管、一个续流二极管和几个电阻等部分构成。例如,上海桑塔纳轿车采用的发电机调节器应用了混合电路加集成电路技术,集成电路和保护电阻共同贴在一块陶瓷基片上,封装在一个金属盒中,并和电刷架连成一体,便于安装和维修。

① 集成电路调节器的特点:

a. 一般采用树脂封装,能防潮及泥土、油污等溅污,并能在 130℃ 的高温环境下正常工作。

b. 由于内部元器件固化,能承受较大的振动和冲击。

c. 体积小,重量轻,可作为一个标准件装到发电机内,省去外部接线,还可减少线路损失,无须保养,性能十分可靠。

d. 电压调节精度高,在调节转速范围内电压波动不大于 0.1 V。

e. 使用方便,工作可靠稳定,使用寿命长。

② 集成电路电压调节器电压检测方法:

集成电路电压调节器电压检测方法分为发电机电压检测法和蓄电池电压检测法两种:一是发电机电压检测法。发电机电压检测法的原理电路如图 1-1-46 所示。加在分压器 $R_1$、$R_2$ 上的电压是发电机励磁输出端 L 的电压 $U_L$,而发电机输出电压为 $U_B$。因为 $U_L = U_B$,因此,调节器检测点 P 的电压加到稳压管 $DW_1$ 上,其电压 $U_P$ 与发电机的端电压 $U_B$ 成正比,所以该线路称为发电机电压检测法线路。二是蓄电池电压检测法。蓄电池电压检测法的原理电路如图 1-1-47 所示。加在分压器 $R_1$、$R_2$ 上的电压为蓄电池端电压,由于通过检测点 P 加到

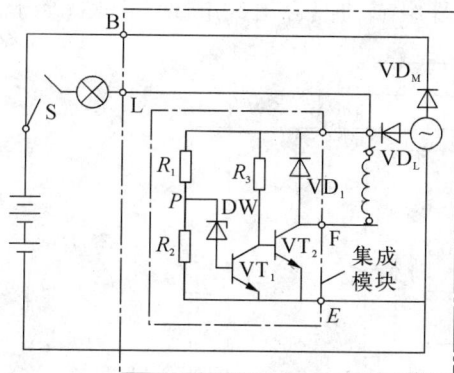

图 1-1-46　发电机电压检测原理电路

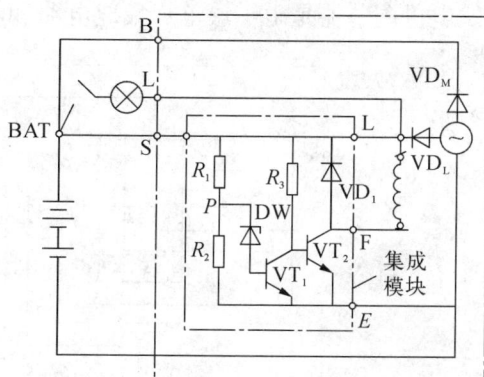

图 1-1-47　蓄电池电压检测原理电路

稳压管 $DW_1$ 上的反向电压与蓄电池端电压成正比,所以该线路称为蓄电池电压检测法线路。

两种基本电路相比,如果采用发电机电压检测法线路,发电机的引出线可以少一根。不足之处在于,发电机电压检测原理电路中 B 点到蓄电池正极之间的电压降较大时,蓄电池的充电电压将会偏低,使蓄电池充电不足。因此,一般大功率发电机要采用蓄电池电压检测法线路的调节器。

在采用蓄电池电压检测法时,当 B 点与蓄电池正极之间或 S 点与蓄电池正极之间断路时,由于不能检测出发电机的端电压,发电机电压将会失控。为了克服这一不足,线路上应采取一定的措施。图1-1-48为实际采用的蓄电池电压检测法的线路,在这个线路中,在调节器的分压器与发电机 B 点之间增加了一个电阻 $R_4$ 和一个二极管 $VD_2$,这样,当 B 点与蓄电池正极之间或 S 点与蓄电池正极之间出现断路时,由于 $R_4$ 的存在,仍能检测出发电机的端电压 $U_B$,使调节器正常工作,可以防止发电机电压过高的现象。

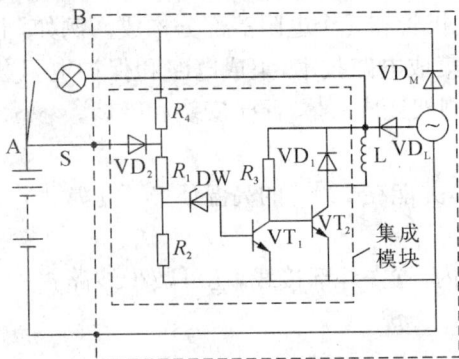

图1-1-48　具有保护作用的蓄电池
电压检测法原理电路

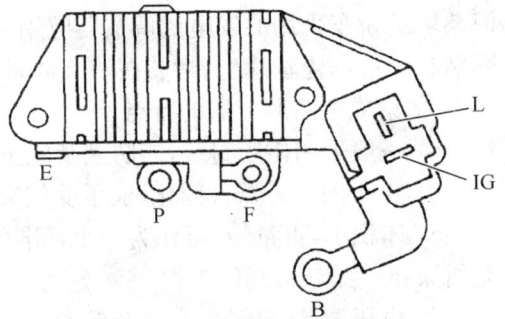

图1-1-49　夏利轿车发电机集成
电路调节器外形图

(3) 集成电路电压调节器实例:

① 外形结构:夏利轿车发电机内装集成电路调节器外形结构如图1-1-49所示,该调节器有6个接线柱,其中 B、F、P、E 四个接线柱用螺钉直接与发电机对应点相连接,调节器接线插座内的 IG、L 两个接线柱用导线引出。该调节器具有控制发电机电压充电指示灯、发电机故障检测等两种功能,并在发电机输出端与蓄电池正极连线断开时,能起保护作用,不致造成电压失控。

② 工作过程:夏利汽车发电机内装集成电路调节器及充电系统电路如图1-1-50所示。该发电机调节器是由一块单片集成电路和晶体管等元件组成的混合集成电路调节器,装于发

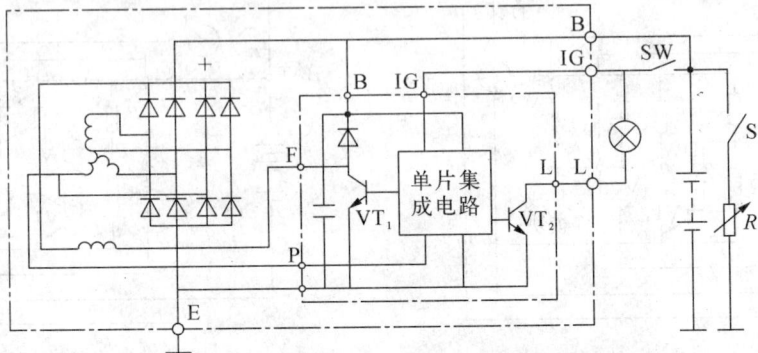

图1-1-50　夏利轿车用集成电路调节器原理电路

电机内部,构成整体式交流发电机。

调节器工作过程如下:

① 点火开关接通且发电机未转动时,蓄电池端电压经接线柱 IG 输入单片集成电路,使三极管 $VT_1$、$VT_2$ 均有基极电流流过,于是 $VT_1$、$VT_2$ 同时导通。$VT_1$ 导通,发电机励磁电流由蓄电池提供(他励),励磁电路为:蓄电池正极→接线柱 B→励磁绕组→$VT_1$→搭铁→蓄电池负极;$VT_2$ 导通时,充电指示灯亮,表示发电机不发电。

② 发电机转速较低,其端电压高于蓄电池端电压而小于调节电压时,$VT_1$ 仍导通,但发电机由他励转为自励,并向蓄电池充电。同时,由于 P 点电压输入单片集成电路使 $VT_2$ 截止,故充电指示灯会熄灭,表示发电机工作正常。

③ 当发电机转速较高,其输出电压升高到调节电压时,单片集成电路检测出该电压,于是 $VT_1$ 由导通变为截止,励磁绕组中电流中断,发电机电压下降。当电压下降到略低于调节电压时,单片集成电路使 $VT_1$ 又导通,如此反复,发电机输出电压将被稳定在调节电压范围内。

磁场电路断路时,P 点电压信号异常,单片集成电路检测到后,控制 $VT_2$ 导通,点亮充电指示灯,以示异常。

当发电机的输出端 B 断线时,发电机无输出,导致 IG 点电位降低。当单片集成电路检测到 IG 点电位低于 13 V 时,令 $VT_2$ 导通,点亮充电指示灯,以示异常。

**6. 计算机调压电路**

现在越来越多的汽车已经取消了分立式的电压调节器,取而代之的是将电压调节器电路接在汽车上的电子控制模块或组件中,如图 1-1-51 所示,其中模块式计算机用于控制通过转子中磁场绕组的电流。

这种系统不是利用类似可变电阻的作用来控制通过转子的磁场绕组中的电流,而是由计算机以每秒 400 个脉冲固定频率向磁场提供电流脉冲,通过改变开与关的时间,就得到了正确的励

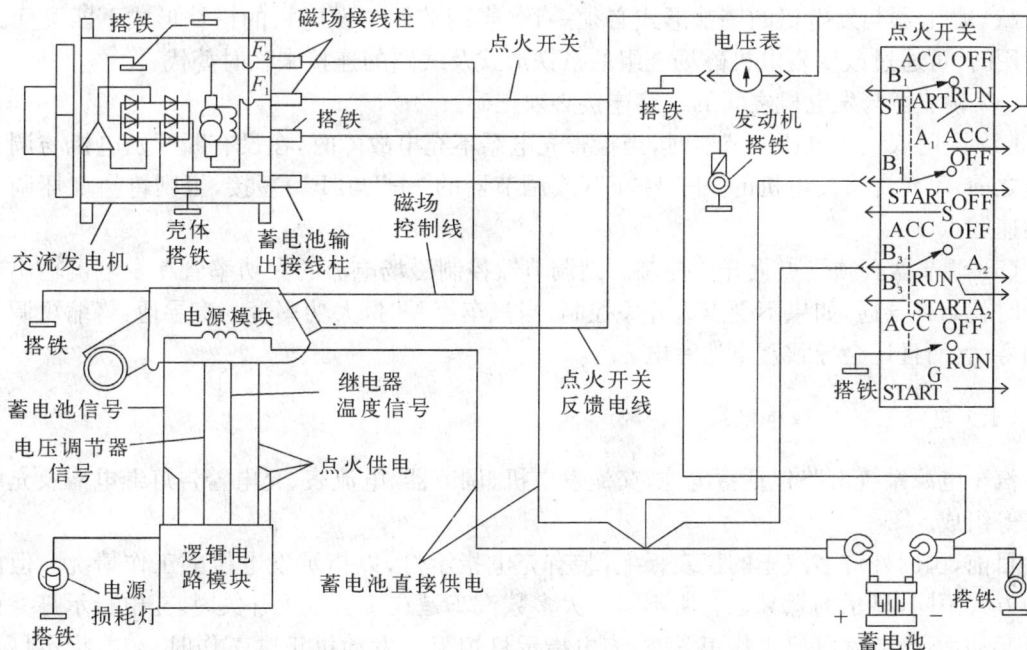

图 1-1-51　计算机调压电路

磁电流平均值,从而使发电机发出适当的输出电压。在发动机高速运转而电路系统低负荷时,磁场电路的接通时间也许只占10%。而在发动机低速运转且电路系统高负荷时,计算机会使电路的接通时间提高到75%或更高,以增加通过磁场电路的平均电流且满足输出的要求。

这种系统的显著特点就是能根据车辆的需求和环境温度的变化而改变输出电压。这种精确的控制使得车辆可以采用小一些、轻一些的蓄电池。这种系统还能减少磁性阻力,能增加发动机几个马力的功率输出。由于能精确地处理充电速率,所以能增加单位油量的行驶距离,消除潜在的由低怠速时的附加电压降引起的怠速粗暴问题。更为重要的是,这种系统能发挥计算机的诊断能力,用于诊断充电系统中诸如低输出电压或高输出电压之类的故障。

计算机控制的充电系统有以下的优点:

(1) 计算机控制的发电机,能最大效率地接通和断开磁场,从而节约效率。

(2) 在带有电气负荷时,如空调系统,与突然起动发电机相比,通过逐渐加载能更好地改善发动机的空转状态。

(3) 如果电气负荷大于充电系统的输出功率,大多数计算机能够通过降低风扇速度和关掉后窗玻璃的除雾器以减少电气系统的电气负荷,或者可以通过提高发动机转速增大发电机的输出电流。

(4) 计算机能够监控充电系统,可以在检测到故障时显示出故障代码。

(5) 由于充电系统是通过计算机控制的,因此可以使用解码器进行检测。一些汽车允许使用解码器来激活发电机磁场,然后监控输出以便检测出故障位置。检测步骤应遵循汽车制造商的诊断程序。

7. 调节器使用时应注意的问题

调节器在使用过程中应注意如下几个问题:

(1) 调节器与发电机的电压等级必须一致,否则充电系不会正常工作。

(2) 调节器与发电机的搭铁形式必须一致,当调节器与发电机的搭铁形式不匹配而又急于使用时,可通过改变发电机磁场绕组的搭铁形式及线路的连接来临时替代。

(3) 调节器与发电机之间的线路连接必须正确。

(4) 配用双级式电压调节器时,当检查充电系不充电故障时,在没有断开发电机与调节器接线之前,不允许将发电机的"+"与"F"(或调节器的"+"与"F")短接,否则将会烧坏调节器的高速触点。

(5) 调节器必须受点火开关控制。因调节器控制磁场电流的大功率管在发电机输出电压较低时就始终导通,如果不受点火开关控制,当汽车停驶时,大功率管一直导通,将缩短调节器使用寿命,而且还会导致蓄电池亏电。

(七) 电源系统的基本电路

汽车电源系统电路包括蓄电池、交流发电机、调节器、电流表、充电警告灯继电器及充电警告灯等组成。

目前,国内外许多汽车的仪表板上,装有充电指示灯,以指示发电机的工作情况。但由于控制方式不同,显示的意义也有所不同。大多数汽车是在接通点火开关时,充电指示灯亮而发动机起动后,交流发电机工作正常时,充电指示灯熄灭。发动机正常工作时,充电指示灯不熄灭或突然发亮,则表示充电系统有故障。控制充电指示灯的方法有3种:一是利用交流发电机中性点电压,通过继电器或电子控制器进行控制;二是利用交流发电机输出端电压,通过电子控制器进行控制;三是利用九管交流发电机进行控制。

带有集成电路调节器的整体式交流发电机与外部(蓄电池、线束)连接端子通常用"B+"(或"+B"、"BATT")、"IG"、"L"、"S"、(或"R")和"E"(或"-")等符号表示,这些符号通常在发电机端盖上标出,其代表的含义如下:

"B+"(或"+B"、"BATT")为发电机输出端子,用一根粗导线连接至蓄电池正极或起动机上。

"IG"通过线束连接至点火开关,在有的发电机上无此端子。

"L"为充电警告灯连接端子,通过线束接充电警告灯或充电指示继电器。

"S"(或"R")为调节器的电压检测端子,通过导线直接连接蓄电池的正极。

"E"为发电机和调节器的搭铁端子。

1. 充电警告灯控制电路

(1) 利用中性点电压,通过起动充电指示灯继电器控制。如图 1-1-52 所示为带有充电指示灯继电器的电源电路。

① 电路特点:发电机有中点接线柱,其电压为发电机输出电压的 1/2,它连接充电指示灯继电器线圈,用来控制充电指示灯继电器。

充电指示灯继电器为常闭触点,串联在充电指示灯电路中,当发电机正常发电时,继电器线圈产生的磁力能将触点分离,使充电指示灯断电熄灭。

② 电路原理:

a. 发动机不工作时,蓄电池与发电机并联相接,此时如果接通用电设备,由蓄电池向外输出电流。如果接通点火开关(未起动发动机),充电指示灯电路接通(蓄电池正极→点火开关→充电指示灯→充电指示灯继电器触点→搭铁),充电指示灯亮。

这时发电机励磁绕组也形成通路。内搭铁发电机的励磁电流通路为:蓄电池正极→点火开关→调节器 B 接线柱→调节器 F 接线柱→发电机 F 接线柱→发电机励磁绕组→搭铁。

外搭铁发电机的励磁电流通路为:蓄电池正极→点火开关→发电机 F 正极接线柱→发电机励磁绕组→发电机 F 负极接线柱→调节器 F 接线柱→调节器 E 接线柱→搭铁。

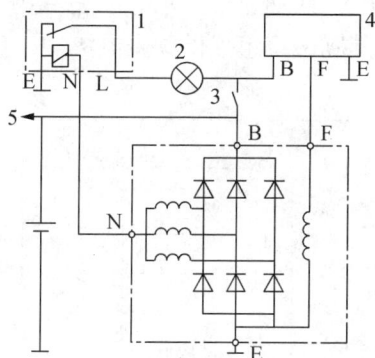

图 1-1-52　带充电指示灯继电器的电源电路

1—充电指示灯继电器;2—充电指示灯;
3—点火开关;4—调节器;5—接用电设备

b. 发动机工作,发电机正常发电时,发电机中点电压使充电指示灯继电器线圈通电,产生磁力将触点断开,充电指示灯熄灭,指示发电机工作正常;发电机励磁绕组的励磁电流受电压调节器控制,使发电机的输出电压保持稳定;发电机通过电枢接线柱向蓄电池充电、向用电设备供电。

c. 发动机工作,发电机不能正常发电时充电指示灯继电器线圈失去电流或电流过小,其触点不能断开(持续闭合),充电指示灯亮起,指示充电电路有故障。

(2) 九管整流发电机的充电电路。典型的九管整流发电机充电电路如图 1-1-53 所示。

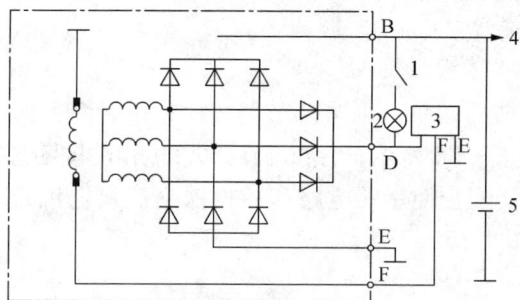

图 1-1-53　九管整流发电机的充电电路

1—点火开关;2—充电指示灯;3—调节器;
4—接用电设备;5—蓄电池

笔记

① 电路特点：九管整流发电机的接线柱 B、D 在工作时输出相同的电压，充电指示灯连接在发电机 D、B 两接线柱之间的电路上。这样，充电指示灯由发电机的输出电压直接控制。

充电指示灯、调节器及发电机励磁绕组成串联关系。因此，三者有一个发生断路故障，就会出现充电指示灯不亮，同时发电机不发电的故障现象。

② 电路原理：

a. 发动机不工作时接通点火开关，充电指示灯及发电机励磁绕组通电，其电流通路为：蓄电池正极→点火开关→充电指示灯→调节器 B 接线柱→调节器 F 接线柱→发电机 F 接线柱→发电机励磁绕组→搭铁，这时，充电指示灯亮起。

b. 发电机正常发电时发电机 B、D 两接线柱的电压相同，使充电指示灯两端的电压为 0 V，因而充电指示灯熄灭，指示发电机正常工作。这时，发电机通过 D 接线柱并经调节器向其励磁绕组提供励磁电流，发电机通过 B 接线柱向蓄电池充电，同时向用电设备供电。

c. 发电机出现不发电故障时发电机的 B、D 接线柱均无电压输出，充电指示灯连接发电机 B 接线柱端为蓄电池电压，另一端通过调节器、发电机励磁绕组与搭铁相通，因而充电指示灯又有电流通过而亮起，指示充电电路出现了不充电故障。

(3) 整体式发电机的充电电路，如图 1-1-54 所示。

① 电路特点：整体式发电机将发电机的电压调节器置于发电机内，发电机无励磁接线柱，但有一个充电指示灯接线柱 L。由于调节器及相应的电路都在发电机内部，因而其电源电路相对比较简单。

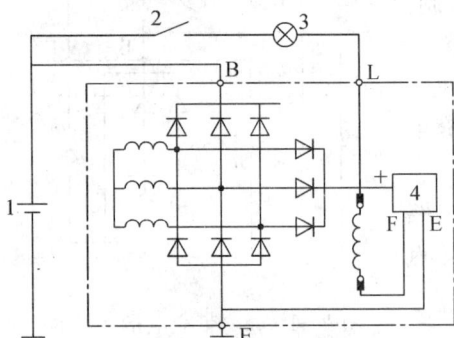

图 1-1-54    整体式发电机的充电电路
1—电源；2—点火开关；3—充电指示灯；
4—电压调节器

L 接线柱在发电机内部连接提供励磁电流的整流器输出端。因此，当发电机正常发电时，L 接线柱的电压与 B 接线柱相同。

② 电路原理：

a. 发动机不工作时，这时接通点火开关，充电指示灯及发电机励磁绕组通电，其电流通路为：蓄电池正极→点火开关→充电指示灯→发电机 L 接线柱→发电机励磁绕组→调节器 F 端子→调节器 E 端子→搭铁。这时，充电指示灯亮起。

b. 发动机工作，发电机正常发电时，发电机 B、L 两接线柱的电压都升高，使充电指示灯两端的电压为 0，因而充电指示灯熄灭，指示发电机正常工作。

2. 电源系统电路的一般形式

目前汽车充电系统电路有内装调节器和外装调节器两种。内装调节器式的充电有两种形式：即 3 接柱式和 4 接柱式，如图 1-1-55 和图 1-1-56 所示；外装调节器式的充电电路也存在两种形式：即内搭铁交流发电机与内搭铁调节器配合使用的电路和外搭铁交流发电机与外搭铁调节器配合使用的电路，电路和接线形式如图 1-1-57 所示。

3. 常见汽车电源系统电路

(1) 丰田轿车电源系统电路。图 1-1-58 为丰田威驰汽车电源系统电路图。内装集成电路调节器（检测蓄电池电压）整体式交流发电机，其与外部电路连接说明如下：

发电机 B 插接器的 3 个端子分别是：1 号端子 L 从点火开关 IG2 端子开始，经组合仪表

图 1 - 1 - 55　内装调节器 3 接柱充电系电路原理图

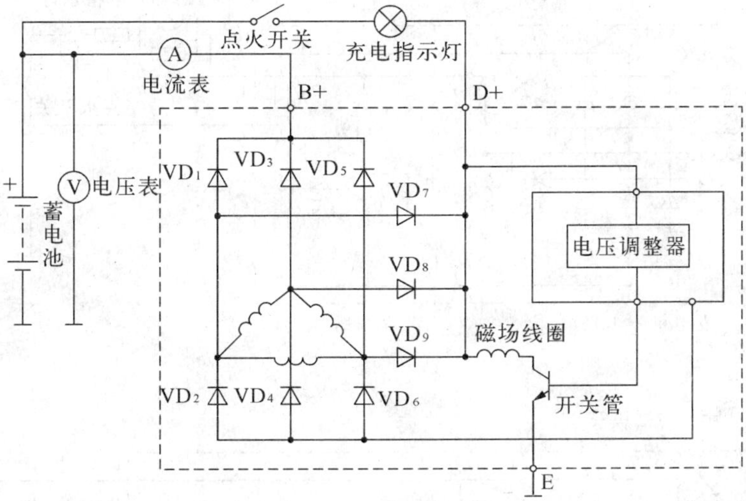

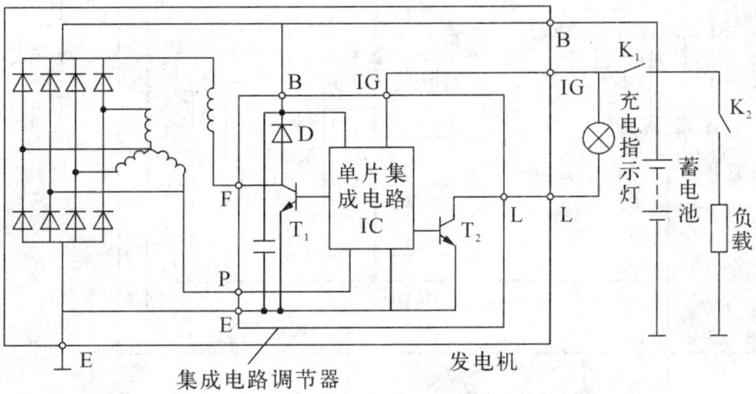

(a) 富康轿车电源电路原理图；(b) 夏利轿车电源电路原理图

充电指示灯过来，控制充电指示灯的亮与灭；2 号端子 IG 从点火开关的 IG1 端子，经 10 A 的保险过来，给集成电路调节器提供工作电压；3 号端子 S 经 7.5 A 和 60 A 两个保险，检测蓄电池端电压。

发电机 A 插接器是交流发电机的输出，并经过 100 A 的保险，给其他用电设备供电和给蓄电池充电。

(2) 桑塔纳 2000 轿车电源系电路。桑塔纳轿车采用内装集成电路调节器（发电机电压检测法）的整体式交流发电机，其电源系统电路如图 1 - 1 - 59 所示。

交流发电机 3 只正二极管与 3 只负二极管组成一个三相桥式整流电路作为发电机输出，3 只磁场二极管与 3 只负二极管也组成一个三相桥式整流电路，给励磁绕组提供励磁电流，其输出端"D+"用蓝色导线经蓄电池旁边的单端子插接器 T1 后，与中央配电盒（也成为中央线路板）D 插座的 4 端子连接，再经中央配电盒内部线路与 A 插座的 16 号端子相连。点火开关30号

笔记

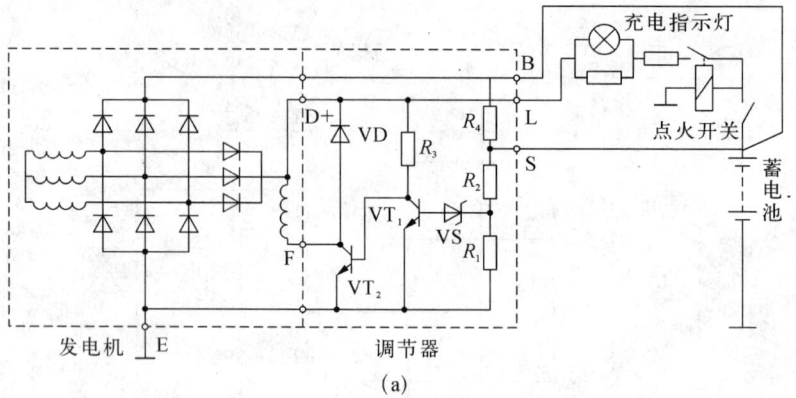

(a)

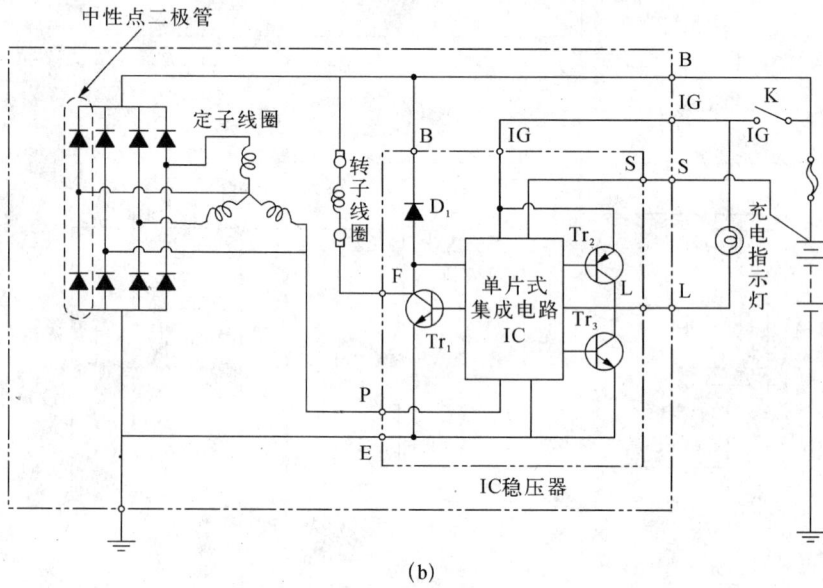

(b)

图 1-1-56　内装调节器 4 接柱充电系电路原理图
(a) 蓝鸟轿车电源电路原理图；(b) 丰田轿车电源电路原理图

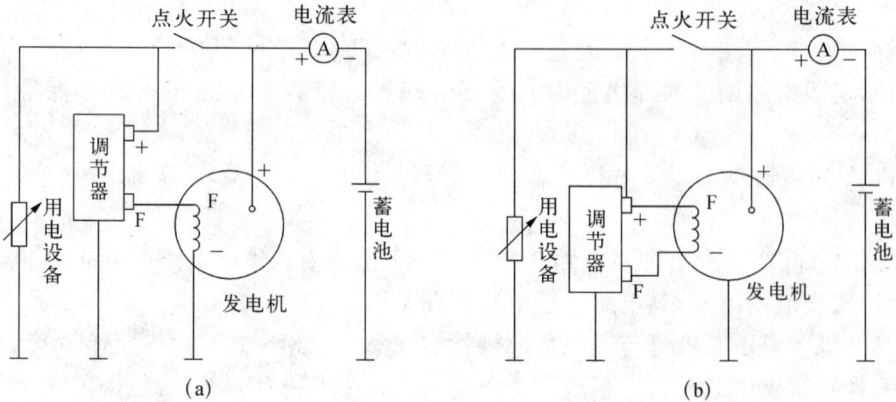

图 1-1-57　两种调节器外装式充电电路原理图
(a) 内搭铁式电源电路；(b) 外搭铁式电源电路

笔记

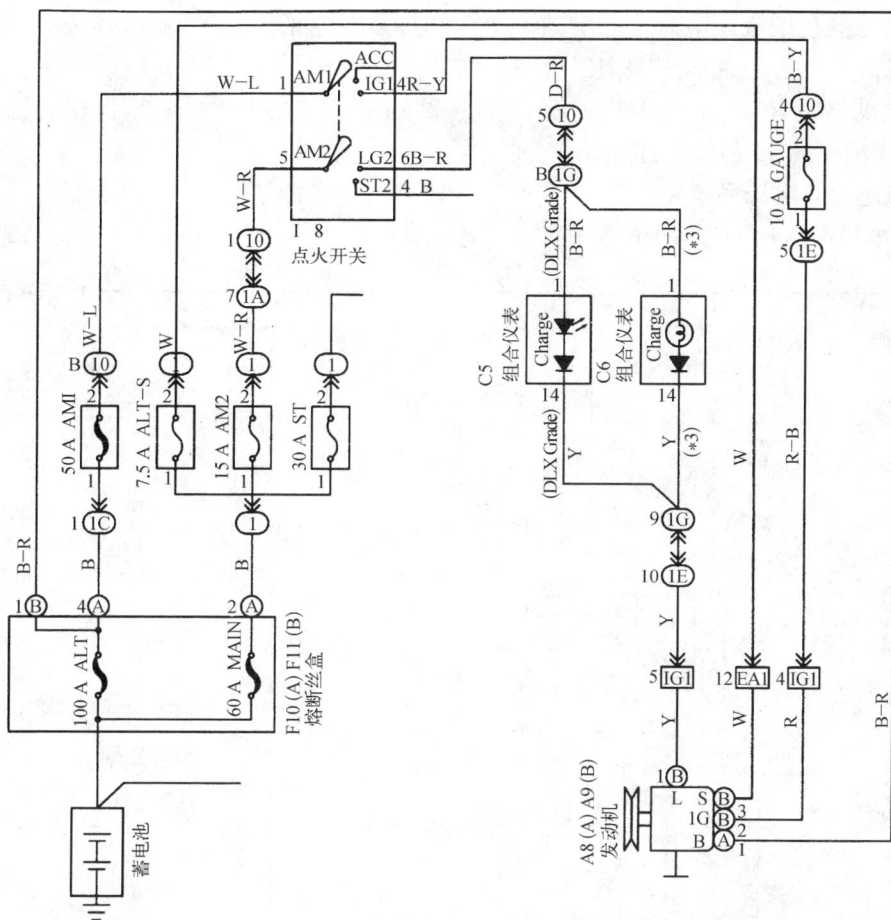

图 1-1-58　丰田威驰汽车电源系电路图

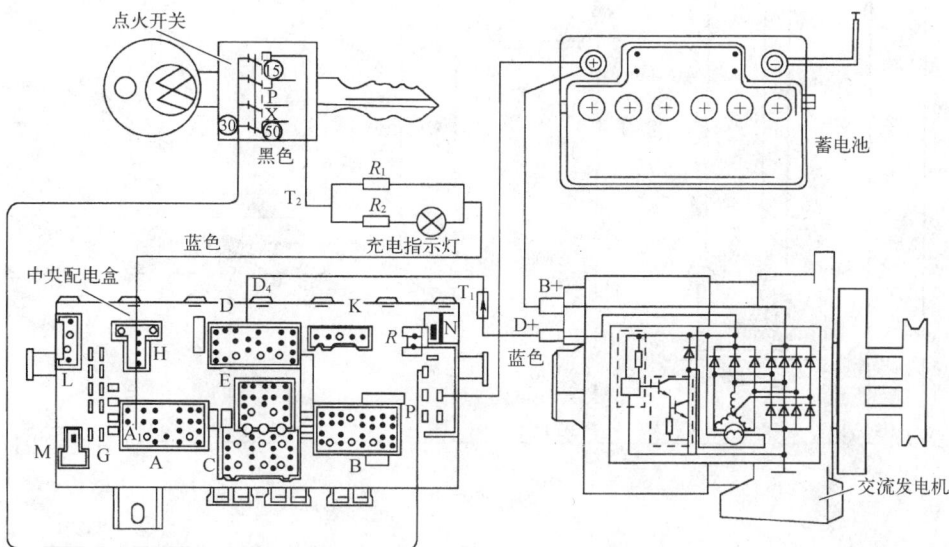

图 1-1-59　桑塔纳 2000 汽车电源系电路图

端子用红色导线经中央配电盒上的单端子插座 P 与蓄电池正极连接,点火开关 15# 端子用黑色导线与仪表盘下方黑色插座的端子 14 号连接(图中未画出,而是用 $T_2$ 端子代替),经仪表盘印刷电路上的电阻 $R_1$、$R_2$ 和充电指示灯 LED 接回到黑色插座 10 号端子,再用蓝色导线与中央配电盒 A 插座的 16 号端子连接。

(3)凯越轿车电源系电路。图 1-1-60 为凯越汽车电源系电路图,也采用内装集成电路调节器(发电机电压检测法)的整体式交流发电机。

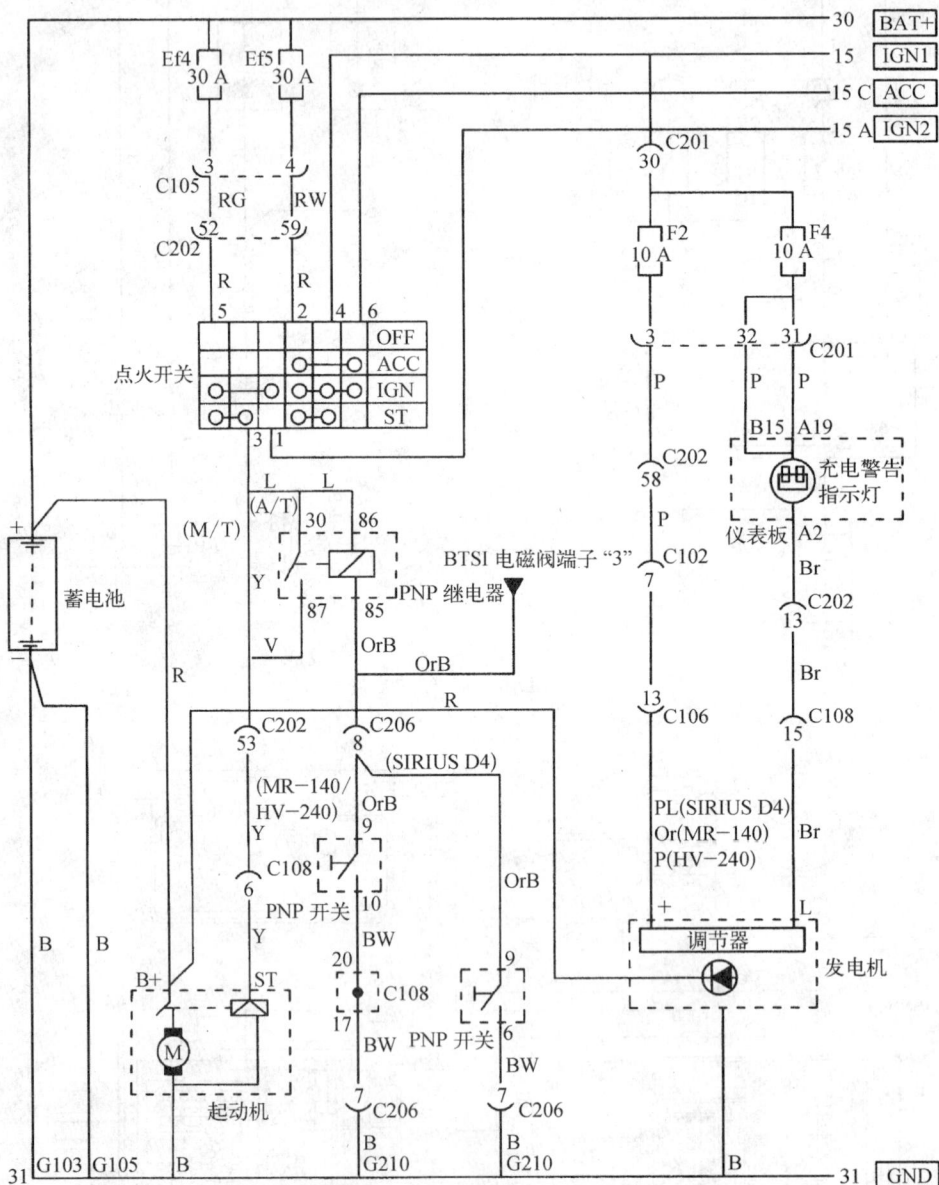

图 1-1-60　凯越汽车电源系统电路图

发电机输出 B 通过起动机主接柱给用电设备供电和给蓄电池充电,"＋"接柱接点火开关"IG"档的 15 号端子,"L"接柱从仪表的充电指示灯来,控制充电指示灯的亮与灭。

## 二、相关技能

（一）蓄电池常见故障的诊断与排除

1. 自行放电

完全充足电的蓄电池，停放一个月，若每昼夜放电能自行损失平均大于 $0.7\%$ 的额定容量，称为自行放电。

故障原因有：

（1）蓄电池外壳、顶盖上有溅漏的电解液，将正负极接线柱连通而放电。

（2）极板活性物质脱落，沉积物造成极板短路。

（3）蓄电极隔板腐蚀穿孔、损坏，或正、负极板下的沉积物过多，这时正、负极板便直接连通而短路，引起蓄电池内部自行放电。

（4）电解液不纯，含有杂质，或添加的不是蒸馏水，这时电解液中的杂质随电解液的流动附着于极板上，各杂质之间形成一定的电位差，便会在蓄电池内部形成许多自成通路的微小电池，使蓄电池常处于短路状态。试验表明，电解液中若含有 $1\%$ 的铁，蓄电池充足电后会在24 h之内将电能全部放完。

（5）蓄电池极板本身不纯，含杂质较多，也会形成许多微小电池而自行放电。

（6）蓄电池存放过久，电解液中的水与硫酸因比重不同而分层，使电解液密度上小下大，形成电位差而自行放电。

为了减少自行放电，应保持蓄电池表面清洁干燥，保证电解液的纯度。

蓄电池有自行放电故障时，可将蓄电池完全放电或过充电，使极板上的杂质进入电解液中，然后倒掉原电解液。用蒸馏水倒入各单格电池内，反复清洗，最后加入新的电解液进行充电。

2. 极板活性物质脱落

活性物质脱落，主要是指正极板上的 $PbO_2$ 脱落，电解液变为褐色。充电时电压上升过快，沸腾过早，密度达不到规定值；放电时电压下降过快，容量下降。

故障原因有：

（1）充电电流过大或长期过充电，大量水被电解，产生大量气体，极板活性物质孔隙中气压过高，电液温度过高，极板变形，造成活性物质脱落。

（2）长时间大电流放电，尤其是低温时大电流放电，硫酸铅急剧形成，体积严重膨胀，使活性物质脱落。

（3）蓄电池极板组松旷，或蓄电池在车上安装不牢，由震动而使活性物质早期脱落。活性物质脱落不严重的蓄电池，可清洗更换电解液后继续使用，严重时应更换极板。

3. 极板硫化

极板硫化是指由于种种原因使极板上产生白色、坚硬、大颗粒、不易溶解的硫酸铅。极板硫化的蓄电池充电时，电解液温度过高，电压上升过快、沸腾过早、电解液密度达不到规定值。放电时，容量下降。

故障原因有：

（1）蓄电池长期处在充不足电状态下工作，当温度变化时，极板上已存在硫酸铅便产生再结晶。当蓄电池长期处于放电状态时，极板上的硫酸铅将部分溶解到电解液中，温度越高，溶解度越大;当温度降低时,溶解度减小,出现饱和现象,这时有部分硫酸铅就会从电解液中析出,再次结晶生成大晶粒硫酸铅附着在极板表面上,产生极板硫化。

(2) 蓄电池过度放电或小电流深度放电,便在极板孔隙的细小孔隙内层生成硫酸铅;平时充电时不易恢复,久而久之也将导致硫化。

(3) 电解液不纯,蓄电池存在自行放电故障,也是造成极板硫化的主要原因。电解液中的有害杂质吸附在硫酸铅表面,将使硫酸铅溶解变慢,限制了在充电时铅离子的阴极还原,使充电不能正常进行,产生硫化。

(4) 电解液液面长期过低,使极板上部与空气接触而强烈氧化,尤其是负极板。在汽车行驶的过程中,电解液上下波动与极板的氧化部分接触,生成大晶粒的硫酸铅硬层,使极板上部硫化。

极板硫化较轻的蓄电池,可用 2~3 A 的小电流长时间充电,即过充电,或用全放、全充的充放电循环的方法使活性物质还原。硫化严重的蓄电池,可用去硫充电的方法消除硫化。硫化严重不易恢复只能报废。

4. 蓄电池电解液损耗过快

故障原因有:

(1) 电池壳体破裂。

(2) 蓄电池过充电或充电电流过大,加速电解液中水质的消耗。

(3) 蓄电池极板硫化或短路。

5. 蓄电池存电量不足

现象:起动机运转无力,喇叭声低,灯光暗。

故障原因有:

(1) 新电池充电未进行充放电锻炼,长期存放。

(2) 长时间使用起动机,造成大电流放电而使电池极板损坏。

(3) 电解液密度低于规定值。

(4) 电解液密度过高,液面过低,或以电解液代替蒸馏水加入。

(5) 调节器的电压调整偏低。

(6) 充电电流过大而导致电池极板上活性物质脱落。

(二) 电源系统的故障诊断与排除

电源系统的工作情况,可根据车上充电指示灯情况来及时地发现,也可通过外接电压表进行检查。电源系统有故障时,应及时加以诊断并排除,绝不能勉强行驶,以免造成更大损失。

电源系统工作正常时具有如下特征:

(1) 点火开关接通后,充电指示灯点亮。

(2) 发动机起动后,充电指示灯熄灭。

(3) 发电机无异响。

如果电源系统工作情况与上述特征不完全相符,表明电源系统有故障。

电源系统常见故障有不充电、充电电流过小、充电电流过大等。

电源系统故障原因可能是风扇皮带打滑、发电机故障、调节器故障、电源系统各连接线路有断路或短路,以及蓄电池、电流表、充电指示灯、点火开关等有故障。

诊断电源系统故障时,应综合考虑整个系统各部分之间的关系,仔细阅读说明书和线路图,按照一定的检查步骤逐步缩小范围,最后找出故障所在。

下面以桑塔纳 2000 型汽车充电系统电路故障为例,介绍其检测流程。桑塔纳 2000 型汽车充电系统电路如图 1-1-59 所示。

1. 充电指示灯常亮故障检修

(1) 现象:发动机起动后,充电指示灯仍然保持点亮状态(即所谓的不充电故障)。

(2) 故障所在部位、原因及排除方法如表 1-1-4 所示。

表 1-1-4　充电指示灯常亮故障部位、原因及排除方法

| 故障部位 | | 故 障 原 因 | 排 除 方 法 |
|---|---|---|---|
| 风扇皮带 | | 过松或断裂 | 更换 |
| 充电指示灯 | | 损坏 | 更换 |
| 发电机 | 定子绕组 | 断路或搭铁 | 建议更换发电机总成 |
| | 励磁绕组 | 断路或搭铁 | 建议更换发电机总成 |
| | 滑环或炭刷 | 滑环严重烧蚀、脏污或有裂纹,电刷过度磨损、卡滞 | 可通过焊接、机加工修复,或更换电刷 |
| | 整流器 | 二极管烧坏、脱焊 | 脱焊的可以补焊,或更换整流器总成 |
| 调 节 器 | | 调节器损坏 | 更换调节器总成 |
| 外部线路 | | 断路或接柱松脱 | 接能电路、拧紧接柱 |

(3) 故障诊断与排除步骤可按图 1-1-61 所示顺序进行。

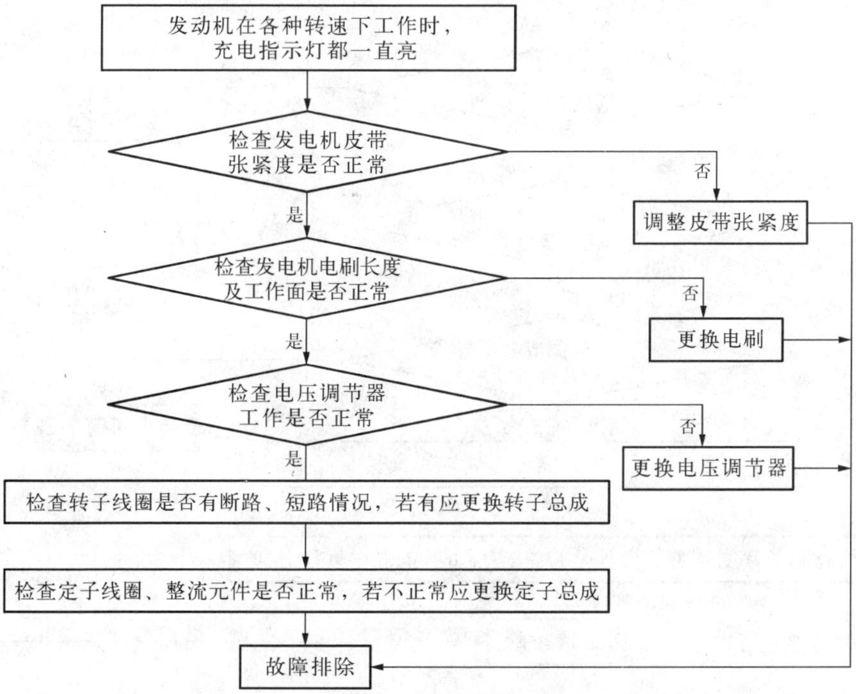

图 1-1-61　充电指示灯常亮故障诊断与排除

**2. 充电量过小的诊断与排除**

（1）现象：发动机起动后或发动机低速运转时充电指示灯亮，而发动机高速运转时，充电指示灯熄灭。

（2）故障部位、原因及排除方法见表 1-1-5 所示。

表 1-1-5　充电量过小的故障部位、原因及排除方法

| 故障部位 | | 故　障　原　因 | 排　除　方　法 |
|---|---|---|---|
| 风扇皮带 | | 张紧不够 | 按要求张紧 |
| 发电机 | 定子绕组 | 匝间短路 | 建议更换发电机总成 |
| | 励磁绕组 | 匝间短路 | 建议更换发电机总成 |
| | 滑环或电刷 | 滑环轻度烧蚀、脏污，电刷磨损不均、接触不良 | 可用细砂纸打磨滑环，更换电刷及电刷弹簧 |
| | 整流器 | 个别二极管损坏 | 对于压装（静配合）的二极管可以个别更换，否则更换整流器总成 |
| 调 节 器 | | 调节器调节电压过低 | 更换调节器总成 |
| 外部线路 | | 接柱松动或接触不良 | 拧紧接柱 |

（3）故障诊断与排除步骤可按图 1-1-62 所示顺序进行。

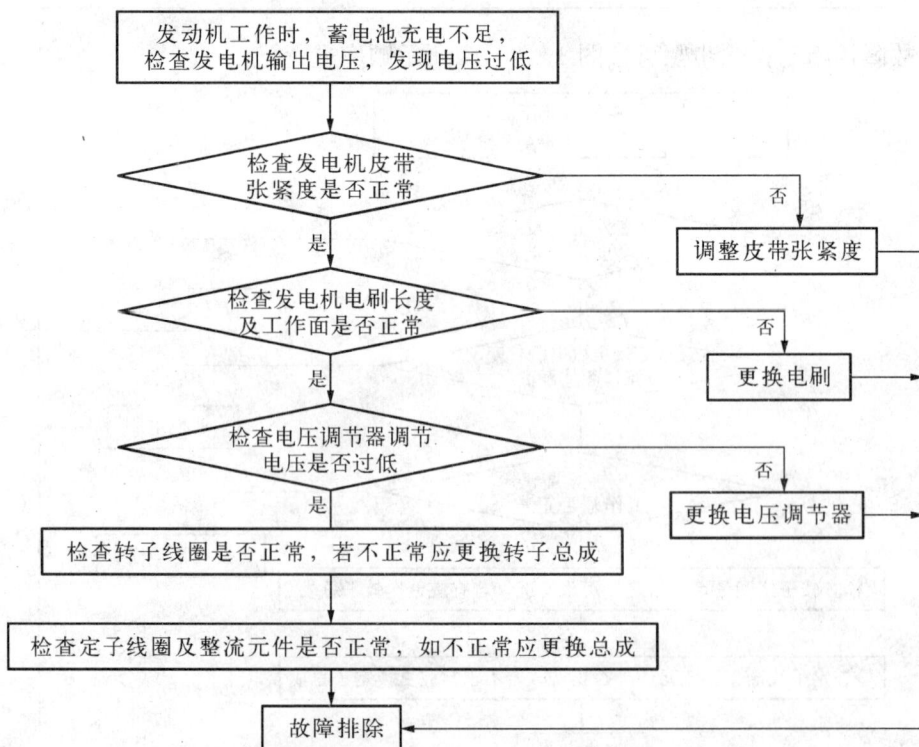

图 1-1-62　故障的诊断与排除

3. 充电过高故障诊断与排除

(1) 现象：发动机工作时，经常烧灯泡、熔丝及各种开关等电气设备，蓄电池电解液消耗过快且有气味，点火线圈过热等。

(2) 原因：电压调节器故障。

(3) 检测流程，如图 1-1-63 所示。

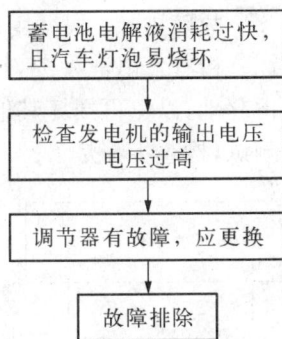

### 三、案例剖析

1. 红旗车蓄电池亏电，充电指示灯不亮的故障排除

**故障现象：** 红旗 CA7220 型轿车，蓄电池总亏电，起动机运转无力，充电指示灯没有点亮，车主更换新蓄电池后，新蓄电池又亏电。

**故障排除：** 打开点火开关但不起动发动机，观察此车仪表板上充电指示灯不亮，说明发电机没有初始"他励"电流，造成发电机不发电。红旗轿车充电指示系统电路如图 1-1-64 所示。

其励磁及指示灯电路工作过程是：

打开点火开关，15 号电路经 26 号熔丝、仪表板上充电指示灯 L→二极管 VD_{52}→发电机"D+"接线柱（进入发电机，然后分为两路）：

(1) 调节器"+"接线柱→调节器内部电路→搭铁。

(2) 励磁线圈 F→调节器"F"接线柱→调节器内大功率晶体管→搭铁，然后构成回路。此时充电指示灯点亮，指示发电机不发电或被励磁。当发动机工作时，发电机 D+ 接线柱电压为 12 V，指示灯 L 因端电压相等而熄灭。

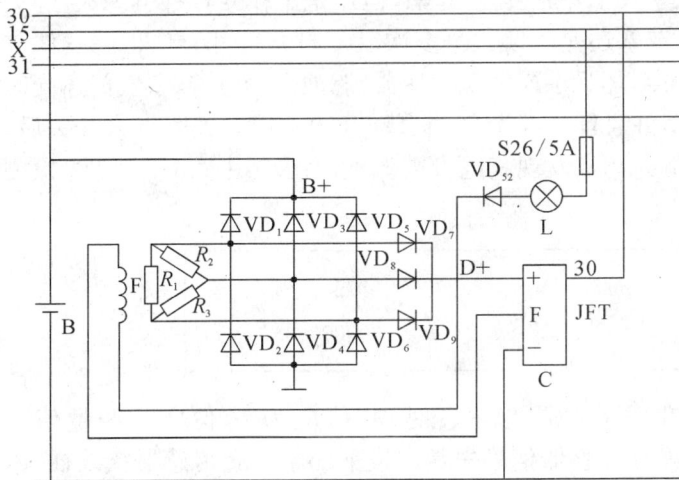

图 1-1-63 充电过高故障检测流程

图 1-1-64　红旗轿车充电指示灯电路图
C—发电机；JFT—调节器；B—蓄电池；F—励磁绕组；VD_{52}—二极管；L—充电指示灯；$R_1/R_2/R_3$—定子绕组；VD_1~VD_9—整流二极管

根据以上原理分析，检查如下：打开点火开关，拆下发电机"D+"接线柱的蓝色线并直接搭铁，观察充电指示灯不亮，用万用表测量其电压为 12 V，用万用表电流档串接于发电机"D+"接线柱和蓝色线之间，发现电流表读数仅 122 mA，而正常值为 170 mA 左右。测量励磁电路有电压但电流不足，说明回路中有接触不良之处，所测 12 V 电压是"虚电"。检查蓝色线与线尾的连接端子严重腐蚀，接触不良，剪掉一截导线，重新做一个接线端子，发电机工作恢复正常。

**总结：** 修理实践中，"D"接线柱的蓝色线尾接触不良是造成发电机不发电且指示灯不亮的一个常见故障。

2. 红旗车发动机突然熄火，熄火后全车无电的故障排除

**故障现象：** 红旗 CA220E 型车高速行车时，车内先是闻到一股异味，再行驶一段里程，随即发动机熄火，再次起动时，起动机不转，检查蓄电池亏电并且发热严重。

　　**故障排除**：根据用户所述情况，我们认为可能是发电机发电电压过高，造成了多个部件损坏。检查蓄电池发现，其内电解液干涸，极板翘曲变形，在没有确认发电机正常的情况下，不应再起动，以免再损坏其他部件，对于电喷车应更加慎重。首先拆下原车发电机调节器进行检查测试，检查步骤是：

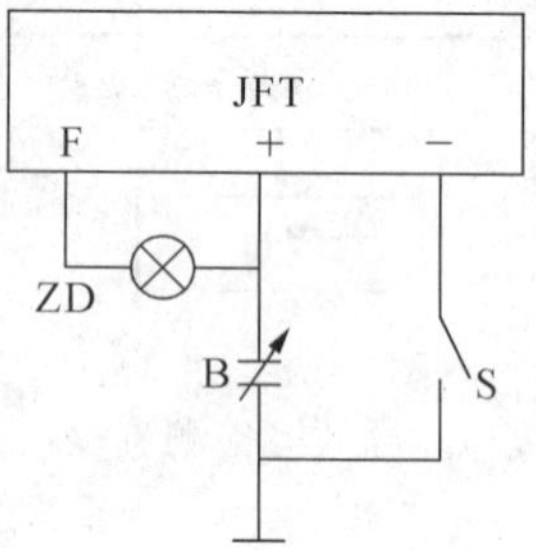

图 1-1-65　电压调节器
测试电路
JFT—电子电压调节器；
ZD—12 V/5 W 灯泡；
B—30 V 可调电源；
S—开关

　　电路连接如图 1-1-65 所示，图中 B 为 0～33 V、3～5 A 可调直流电源（以备检查 24 V 调节器）。接通 S，调节直流电源电压在 0～14 V 之间变化，提示灯泡应亮，并且亮度随电压的高低而变化；调节电压在 14～15.5 V 以上时，指示灯泡熄灭，证明调节器良好。经对此车调节器检测发现，当电压调到 14 V 以上达到 18 V 时，指示灯仍不熄灭，证明其已短路失效，这样的调节器装到车上会出现发电机电压过高、发电量失控的故障。

　　更换调节器和蓄电池后，我们试着起动发动机，发动机起动只工作了几秒钟又熄火了，马上再次起动，但还是工作几秒钟就熄火，熄火后马上起动火花塞还是不跳火。多次反复打开、关闭点火开关，偶尔能听到"咔哒"声，耳听手摸发现喷油器、燃油泵继电器、节气门体同时发现"咔哒"声，并且能看见节气门自动开闭不停。关闭点火开关后，异响停止，拆下火花塞发现其电极被汽油浸湿。用 V. A. G1552 检测发动机数据流，发现转速信号有如下异常：

| Read | measuring | block 1 |
|---|---|---|
| 700 r/min 30℃ | −1.73 V | 00000010 |

　　显示区 1 是发动机转速信号，在发动机没有运转时，其值应为 0，但实际测量值在 700 r/min 之间变化不停，这说明曲轴位置传感器信号失常。拔下曲轴位置传感器接线插头，"咔哒"声立即停止，更换一个新曲轴位置传感器后，发动机顺利起动，运转正常。

　　**总结**：本车发电机调节器短路失效后，发电电压失控，过高的电压分解了蓄电池内的电解液，电解液干涸后，发电机失去了主要负载，输出电压急升，造成曲轴位置传感器损坏，发动机熄火，严重者还可能造成发动机电控单元损坏。

　　3. 一辆马自达 3 轿车发电机充电指示灯常亮的故障排除

　　**故障现象**：该车用高压水冲洗发动机后，发电机充电指示灯常亮。

　　**故障排除**：发电机充电指示灯常亮的原因有：保险丝烧断，发电机皮带断或松动，发电机线路故障，发电机电压调节器故障，发电机内部故障。先检查保险丝、发电机皮带、线路，正常。用万用表测量点火开关关闭时蓄电池正、负极间电压，为 12 V。起动发动机，测量蓄电池正、负极间电压，仍为 12 V，说明发电机不发电了。将发电机拆下并解体，发现转子绕组已变成黑色，显然转子绕组烧毁了。因转子绕组没有单独配件，所以更换发电机，并重新对发电机线路进行检查后，试车，发电机充电指示灯熄灭。用万用表测量蓄电池正、负极间电压，约为 14 V，正常。

　　**总结**：清洗车辆时，千万不能用高压水冲洗发动机上的电气设备，否则可能造成电气元器件内部短路而损坏。

笔记

拓展学习

（一）新型电池

1. 新型酸性蓄电池

（1）干荷电蓄电池。极板处于干燥的已充电状态和无电解液储存的蓄电池称为干荷电蓄电池。

干荷电蓄电池与普通型蓄电池的主要区别是负极板具有较强的荷电能力。正极板上的活性物质二氧化铅，其化学活性比较稳定，荷电性能可以较长期地保持。而负极板上的活性物质海绵状的铅，由于表面积大，化学活性高，容易氧化，所以要在负极板的铅膏中加入松香、油酸、硬脂酸等抗氧化剂；并且在化成过程中，有一次深放电循环或进行反复地充电、放电，使活性物质达到深化。化成后的负极板，先用清水冲洗后，再放入防氧化剂溶液中进行浸渍处理，让负极板表面生成一层保护膜，并采用特殊干燥工艺，而制成干荷电极板。目前该电池均采用穿壁式链条整体塑料结构，现已基本取代普通蓄电池。

干荷电铅蓄电池的极板在干燥状态下，能够长期保存其化学过程中所得到的电量，使用前只要把符合规定的电解液注入电池后、静止 $20\sim30$ min，然后测量温度上升不到 $6℃$、相对密度下降不到 $0.01$ g/cm³，即可使用。而普通蓄电池在开始使用之前，必须进行 $60\sim70$ h 初充电，甚至还需要更长时间的充、放电循环。

该蓄电池正常保存期一般为 2 年，从出厂之日算起如果超过 2 年，会使极板部分氧化，因此在使用前应进行补充充电 $5\sim10$ h 后再用。干荷电蓄电池装到车上正常使用后，平常的使用与维护与普通型蓄电池相同。

（2）湿荷电蓄电池。它采用极板群组化成，化成后将极板浸入相对密度为 $1.35$ g/cm³，内含 $0.5\%$（重量比）硫酸钠的稀硫酸溶液里浸渍 10 min（硫酸钠在负极板活性物质表面起抗氧化作用），离心沥酸后，不经干燥即进行组装密封成为湿荷电蓄电池。其极板和隔板仍带有部分的电解液，蓄电池内部是湿润的，故而得名为湿荷蓄电池。

自出厂之日算起，湿荷电蓄电池可允许储存 6 个月。在储存期内如需使用，只需加入规定密度的电解液 20 min 后，测量温度及密度符合规定即可使用。其首次容量可达额定容量的 $80\%$。超过 6 个月的湿荷电蓄电池，则需经过短时间的补充充电方可正常使用。

（3）免维护蓄电池。简称 MF 蓄电池，其结构与普通蓄电池相比，具有的特点是：

① 极板栅架采用铅钙锡合金、铅钙合金或低锑合金等材料制成高强度低阻值薄型栅架，析气量少、耗水量少、使自放电及热破坏程度大大减少。

② 采用密封外形结构，袋式微孔聚氯乙烯隔板，将正极板装在袋内，即能避免活物质脱落，又能防止极板短路。

③ 壳体用聚丙塑料热压而成，槽底取消筋条，极板组直接安放在壳底部，使极板上部电解液存储量增多。

④ 加液口旋塞上设置安全通气装置，内装有氧化铝过滤器和催化剂。过滤器能阻止水蒸气和气体通过，避免与外部火花接触而发生爆炸。催化剂能促使氢氧离子结合产生水再回到电池内以减少水的消耗，并使顶部和接线柱保持清洁，并减少腐蚀。

免维护蓄电池使用中不需加注蒸馏水或很少加注蒸馏水。由于该蓄电池采用低锑多元合金或铅钙合金做为栅架材料,使其耐过充电能力增强,从而使充电末期水的电解量大大减少,从而使免维护蓄电池水的消耗量约为普通蓄电池的 1/10。

由于免维护蓄电池的极板制作材料纯度较高,栅架含锑量低甚至不含锑,与普通型蓄电池相比,其自放电量要少得多,可在较长的时间(一般在 2 年以上)湿式储存。一般免维护蓄电池的使用寿命在 4 年左右。

免维护蓄电池一般每年或汽车每行驶 3 万 km,就应检查电解液液面高度,并测量电解液相对密度和蓄电池开路电压。液面下降时应按厂家要求加注蒸馏水。经常保持蓄电池清洁和干燥。每半年进行一次补充充电,以保护蓄电池的容量。

(4) 少维护蓄电池。少维护蓄电池是铅酸蓄电池的一次革命标志,将栅架合金铅中锑的含量由 6%～8%降低到 3%以下,聚丙烯工程塑料电池槽替代黑色橡胶电池槽,电池槽与电池盖的密封用热封代替沥青胶封闭,单格间采用穿壁焊连接顶部裸露式连接,同时实现了蓄电池的少维护。

(5) 阀控式铅酸蓄电池。它诞生于 20 世纪 70 年代,到 1975 年时,在一些发达国家已经形成了相当的生产规模,很快就形成了产业化并大量投放市场。这种电池虽然也是铅酸蓄电池,但是它与原来的铅酸蓄电池相比具有很多优点,且备受用户欢迎,特别是让那些需要将电池配套设备安装在一起(或一个工作间)的用户,例如 UPS、电信设备、移动通信设备、计算机、摩托车等。这是因为 VRLA 电池是全密封的,不会漏酸,而且在充放电时不会像老式铅酸蓄电池那样会有酸雾放出来而腐蚀设备、污染环境,所以从结构特性上,人们把 VRLA 电池又称为密闭(封)铅酸蓄电池。为了区分,把老式铅酸蓄电池称为开口铅酸蓄电池。由于 VRLA 电池从结构上来看,它不但是全密封的,而且还有一个可以控制电池内部气体压力的阀,所以 VRLA 铅酸蓄电池的全称便成了"阀控式铅酸蓄电池"。

阀控式铅酸(VRLA)电池也称为阀控式密封铅酸(SVR)蓄电池或者密封铅酸(SLA)蓄电池,它有两种基本的类型。这种蓄电池使用低压透气系统将过多的气体排放出去,或者在过充电造成气体累积时自动将其排出。两种基本的阀控式铅酸蓄电池分别介绍如下。

一是吸附式玻璃纤维蓄电池。吸附式玻璃纤维(AGM)蓄电池中,电解液完全被吸收进隔板内,使得电池具有防泄漏、防溢出特性。单元电池在被压缩大约 20%的体积后装入电池箱中。压缩单元电池有助于减少由于振动造成的损伤,也有助于保持电解液与极板之间紧密接触。蓄电池的密封式免维护设计为每个单元都设置了安全阀。与被称为单元浸注式的常规蓄电池不同的是,这种蓄电池在充电过程中产生的氢气和氧气仍然保留在电池内部。电解液在玻璃纤维隔板中的饱和度只有 90%～95%,因而留出了一部分空间来容纳气体。这些空间为氢气和氧气安全而迅速地重新化合提供了通道。因为电解液完全吸收进玻璃纤维隔板中,所以 AGM 蓄电池可以按任意方向进行安装。AGM 蓄电池也具有更长的寿命,通常可服务 7～10 年。

二是螺旋状极板胶体型免维护电池。螺旋状极板的胶体型免维护电池具有如下特点:

(1) 蓄电池极板及隔板呈螺旋紧密捆绑状,使得同样容积极板反应面积增大。

(2) 胶体状电解液黏附于极薄的纤维隔板网材料上,-313 K 度低温也不会结冰,高温 338 K 不会泄漏,可以以任何角度固定蓄电池。同时胶体电解质,可保护活性物质使其不易脱落,因此蓄电池的使用寿命可延长约 20%左右。

(3) 自放电极少。它可以在不使用情况下放置 10 个月以上,放置 250 天后应能维持 50%以上的容量。

(4) 过充电性能好。能在 1 h 内以 100 A 的大充电电流应急充足。

（5）使用中只需要加蒸馏水，不需调整密度，使用方便。

（6）胶体电解质的电阻比硫酸电解液大，使蓄电池内电阻增大，容量有所降低。

这两种阀控式铅酸蓄电池都属于重化合式设计。重化合式蓄电池中，正极板上产生的氧气穿过稠密的电解质到达负极时，与铅进行反应，在消耗掉氧气的同时也抑制了氢气形成。因为有了氧气的重新化合使得蓄电池中不需要使用水。

2. 新型碱性蓄电池

铅蓄电池有良好的起动性能，用于汽车发动机起动，能以 3～5 倍率放电，有的放电倍率可以达到 9～10 倍，而且价格低廉，高温性能优良，在汽车上作为起动电源使用十分广泛。但是，与碱性蓄电池相比较也还存在一些不足之处，主要是使用寿命短、比能量较低、极板容易硫化等。

碱性蓄电池是以氢氧化钾或氢氧化钠溶液为电解液的一大类蓄电池的总称。其中，以氢氧化钾溶液作为电解液的应用最为普遍。氢氧化钾的容易吸收空气中的水分和二氧化碳，溶于水和乙醇，是腐蚀性物品。

（1）镍-镉蓄电池。是一种碱性电池，是 EV（电动汽车）、FCEV（燃料电池电动车）和 HEV（混合动力电动车）首选电池之一。镍-镉电池的比能量可达到 55(W·h)/kg，比功率可超过 225 W/kg。极板强度高，工作电压平稳，能够带电充电，并可以快速充电。镍-镉电池过充电和过放电性能好，有高倍率的放电特性，瞬时脉冲放电率很大，深度放电性能也好。循环寿命达 2 000 次，使用寿命 10～20 年，在所有蓄电池中是寿命最长的。采用全封闭外壳，可以在真空环境中正常工作。低温性能较好，能够长时间存放。

镍-镉蓄电池电解液是密度为 1.20～1.27 g/cm³ 的氢氧化钾溶液，KOH 只作电流的传导，其浓度基本不变，因而不能根据电解液的密度大小来判断其充放电程度。镍-镉电池的工作电压较低，单体电池的标称电压为 12 V。循环使用寿命达 2 000 次以上。深放电达 100%，自放电率低于 0.5%/d。可以在 233～353 K 的环境温度条件下正常工作。快速充电能力强，8 min 即可从 40% 达到 80%。充电 15 min 可恢复 50% 的容量，1 h 可恢复 100% 的容量，但一般情况下完全充电需要 6 h。镍-镉电池有记忆效应，镍-镉电池中采用的镉是一种有害的重金属，在电池报废后必须进行有效的回收，这点在国外已能实现。镍-镉电池的成本约为铅酸电池的 4～5 倍，初始购置费用较高，但镍-镉电池的比能量和循环使用寿命，都大大地高于铅酸电池，因此，在电动汽车实际使用时，总的费用不会超过铅酸电池的费用。

（2）镍-氢电池。也是一种碱性电池，镍-氢电池的标称电压为 1.2 V，比能量可达到 70～80(W·h)/kg，有利于延长 EV 的行驶里程；比功率可达到 200 W/kg，是铅酸电池的 2 倍，能够提高车辆的起动性能和加速性能；有高倍率的放电特性，瞬时脉冲放电率很大。

镍-氢电池的过充电和过放电性能好，能够带电充电，并可以快速充电，在 15 min 内可充 60% 的能容量，1 h 内可以完全充满，应急补充充电的时间短。在 80% 的放电深度下循环寿命可达到 1 000 次以上，是铅酸电池的 3 倍。采用全封闭外壳，可以在真空环境中正常工作。低温性能较好，能够长时间存放。镍-氢电池中没有 Pb 和 Cd 等重金属元素，不会对环造成污染。镍-氢电池可以随充随放，不会出现镍-镉电池在没有放完电后即充电而产生的"记忆效应"。

镍-氢电池正极是活性物质氢氧化镍 $Ni(OH)_2$；负极是储氢合金，用氢氧化钾作为电解质，在正负极之间有隔膜，共同组成镍-氢单格电池。在金属铂的催化作用下，完成充电和放电的可逆反应。镍-氢电池的特性与镍-镉电池基本相同，但氢气是没有毒性的物质，无污染，安全可靠，使用寿命长，而且不需要补充水分。

　　镍-氢电池的极板有发泡体和烧结体两种,发泡体极板的镍-氢电池在出厂前必须进行预充电,且放电电压不能低于 0.9 V,工作电压也不太稳定,特别是在存放一段时间后,会有近 20%的电荷流失,老化现象比较严重,为避免发泡镍-氢电池老化所造成的内阻增高,镍-氢电池在出厂前必须进行预充电。经过改进的烧结体极板的镍-氢电池,其烧结体极板本身就是活性物质,不需要进行活性处理,也不需要进行预充电,电压平衡、稳定,具有低温放电性能好、不易老化和寿命长的优点。通常镍-氢电池的外形有方形和圆形两种形状。

　　(3) 锌-空气电池。其比能量可达 150~400(W·h)/kg,正极板由金属网集电器、活性层等组成的薄空气电极;负极板是纯锌,电解液为氢氧化钾水溶液。锌-空气电池具有放电电压稳定、没有污染等特点。但工作时要消耗一定的能量用于清除空气中的 $CO_2$、滤清、通风等。另外要限制放电电压等缺点,尚需进一步解决。

　　美国加州劳伦斯-利莫费尔国立实验室开发的锌电池,是将直径 1 mm 的锌粒置于电池上方的一个料斗中,借助本身的质量通过狭长的通道落入电池内,锌与电解液作用而产生电能。该电池提供的电能大约为铅蓄电池的 5 倍,而且充电方便,只要在车库中停留 10 min 补充锌粒和新电解液即可。50 kg 的锌粒加上 180 L 的电解液,足可以让汽车行驶 10 h 之久。

　　(4) 锂离子电池和锂聚合物电池。锂离子(LiI)磁和锂聚合物(LiP)电池是最新技术的电池,锂电池的化学过程涉及有机电解液中锂离子在插入碳中的锂金属负极和锂化合物正极之间的运行。所开发的 LiI 电池,正极用锂钴氧($LiC_oO$),负极为高容量硬炭精系炭素材料,形成圆筒单体电池后,由 8 只串联,组成一标准组件,重量为 29 kg,电压 28.8 V,容量 100 A·h,比能量高达 100(W·h)/kg。单体电池的充电电压为 4.2 V,全充电时间为 2.5 h,功率密度达 300 W/kg,约为镍-氢电池的 2 倍。表 1-1-6 为几种电池一些数据的比较。

表 1-1-6　几种电池的比较

| 性　能 | 铅　酸 | 镍-镉 | 镍-氢 | 锂离子 |
|---|---|---|---|---|
| 质量能量/w·h/kg | 32~35<br>(一般) | 46<br>(好) | 64~80<br>(很好) | 130<br>(较好) |
| 质量功率/W/kg | 230~811<br>(极好) | (一般) | 200~280<br>(极好) | 375<br>(极好) |
| 寿命/年 | 2~8<br>(差) | (好) | 7~8<br>(很好) | (很好) |
| 工作温度/℃成本 | -35~70<br>(好) | (一般) | -10~50<br>(一般) | (差) |
| 一次充电行驶路程 | 1 | | 2 | |
| 安全性<br>体积和质量 | (极好)<br>1 | (极好) | (极好)<br>1 | (差) |

注:性能比较有数据的则用数据表示,或也用定性表示;无数据的用定性表示,一次充电行驶路程、体积和质量批标,以铅酸电池为当量"1"。

　　3. 燃料电池

　　燃料电池(Fuel Cell)是一种将存在于燃料与氧化剂中的化学能直接转化为电能的发电装

置。燃料和空气分别送进燃料电池,电就被奇妙地生产出来。它从外表上看有正负极和电解质等,像一个蓄电池,但实质上它不能"储电"而是一个"发电厂"。

1839 年,英国物理学家威廉·格拉夫爵士就在实验室成功地实现了电解水的逆反应,产生了电流。20 世纪 60 年代,美国开始将燃料电池用于"双子星"号和"阿波罗"号航天飞机上,进入 20 世纪 80 年代以来,燃料电池逐渐应用到潜艇上作为动力源,此后才向 EV(电动汽车)方向发展。根据传统的习惯,把燃料氧化的化学能直接转换为电能的"发电装置"仍然称为燃料"电池",但其与一般的化学电池是完全不同的工作原理。

燃料电池的能量转换方式是燃料的化学能直接转变为电能,燃料电池能够使用多种燃料,可以是石油燃料也可以是有机燃料,并可以使用包括再生燃料在内的几乎所有的含氢元素的燃料。燃料经过转化成为氢后,以氢作为燃料电池的燃料,燃料电池在运行的过程中没有复杂的机械传动装置,不需要润滑剂,没有振动与噪声。

燃料电池是由电池负极一侧的氢极输入氢气,在正极侧的氧化极输入空气或氧气。在正极与负极之间为电解质,有酸性、碱性、熔融盐类或固体电解质。在能量转化过程中,经过电化学反应生成电能和水,因此,不会产生氮氧化物和碳氢化合物等对大气环境造成污染的气体排放。

（二）发电机的控制系统

1. 充电控制系统的功能及系统结构原理

由发动机 ECU 介入的充电控制系统如图 1-1-66 所示,目前在日系和欧美车系中有一些车型获有此配置。它由发动机 ECU 接收汽车行驶工况、发动机负荷状况等相关传感信号和蓄电池充放电状态信号,通过多路通信控制器局域网络 CAN 使用串行通信,向发电机内置的 IC 调节器发出激磁控制指令,从而在确保蓄电池正常充电需要的前提下,在一些特定工况,减小甚至截断激磁电流,达到降低能量消耗和燃油浪费,提高汽车整车动力性的积极效果。

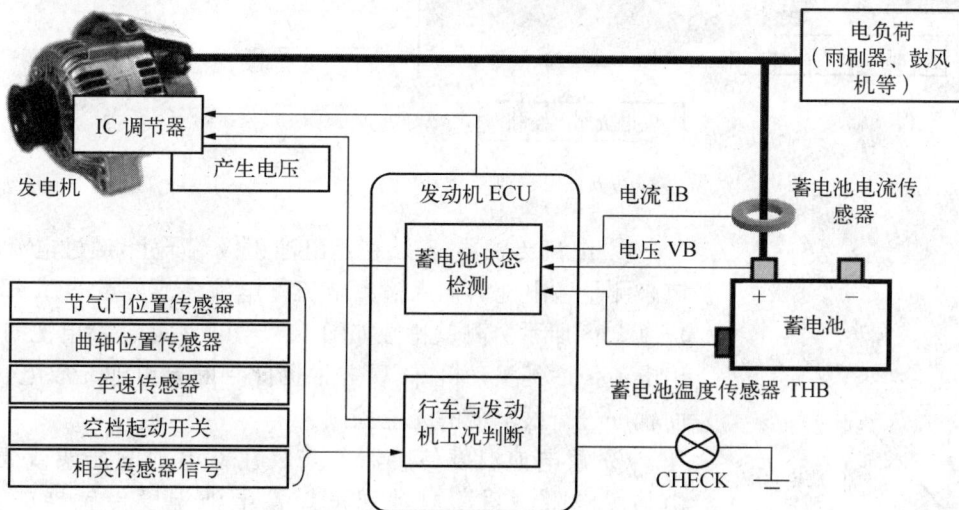

图 1-1-66　充电控制系统的组成

（1）汽车行驶工况与发动机负荷状况的判断:由车速传感信号 SPD、制动信号 STP、巡航传感与执行信号 CCS、加速踏板位置信号 VPA、节气门位置信号 VTA、档位开关信号 N、D 等完成。

① 车速传感器。用于检测汽车及时行驶速度。SPD 信号主要用于发动机怠速和汽车加减速时的空燃比控制外,还用于辅助控制交流发电机的励磁电路。其结构形式有舌簧开关型和光电耦合型两种。

② 制动信号 STP。由总泵压力传感器和制动踏板行程传感器共同提供,发动机 ECU 和制动防滑控制 ECU 均能根据制动踏板作用的速度和程度,判断驾驶员制动的意图和要求,进而辅助发动机喷油、交流发电机的励磁电路和制动控制系统的工作。

③ 电子节气门智能控制系统。由加速踏板位置传感器、节气门、节气门位置传感器、发动机 ECU、节气门控制电机等组成,如图 1-1-67 所示。使最佳的节气门开度和交流发电机的励磁电流的大小要根据加速踏板的作用力和发动机及车辆的行驶速度状况(含巡航传感器与执行器 CCS)共同决定。

④ 档位开关信号 N/D 等,除了用于起动机的运转控制和发动机怠速控制外,还用于参与汽车行驶状况的判断,进而辅助交流发电机的充电控制。

(2) 蓄电池充放电状态的判断:由电流传感信号 IB、电压传感信号 VB 和蓄电池温度传感信号 THB 完成。

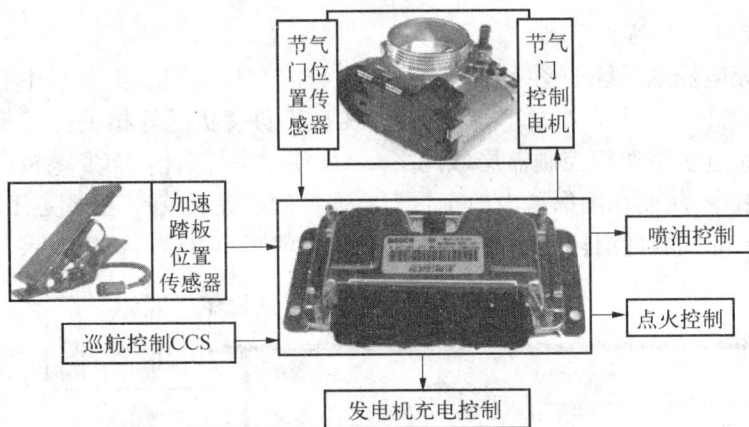

图 1-1-67　发电机充电控制系统

图 1-1-68　电流传感器

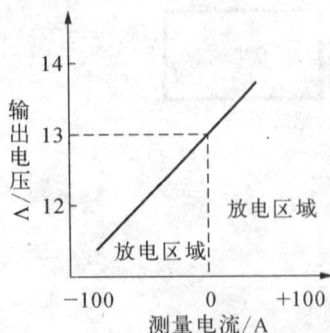

图 1-1-69　电流传感器的测量特性

① 电流传感器,安装在蓄电池正极端子上,通过电流的磁效应来测量蓄电池的输入输出电流。电流传感器的表示符号如图 1-1-68 所示。测量特性如图 1-1-69 所示。蓄电池的输入输出电流传递到发动机 ECU 并根据此判断蓄电池充放电状态,进而辅助进行蓄电池的充电控制。

② 蓄电池温度传感器。安装在蓄电池的托架或壳体上,由热敏电阻测量蓄电池温度。蓄电池温度传感器的表示符号和特性如图 1-1-70 和图 1-1-71 所示。热敏电阻是一个对温度敏感的负温度系数电阻,随着温度的改变其电阻值也随之有规律地变化。汽车上蓄电池正常工作温度一般在 35～55℃,而蓄电池在工作中较长时间温度偏高或偏低,均

说明蓄电池的充放电状况、容量和活性有问题,进而及时向发动机 ECU 反映出蓄电池的技术状况,再通过由 ECU 的充电控制来最大限度地确保蓄电池的良好状态并延长其使用寿命。

笔记

图 1-1-70    蓄电池温度传感器

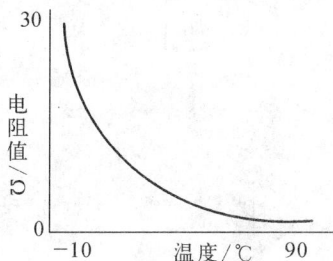

图 1-1-71    蓄电池温度传感器的特性

(3)充电控制操作,如图 1-1-72 所示。IC 调节器对发电机充电过程的控制,由发动机 ECU 根据蓄电池状况和汽车行驶工况直接通过串行通信发出激磁控制指令完成。具体如下:

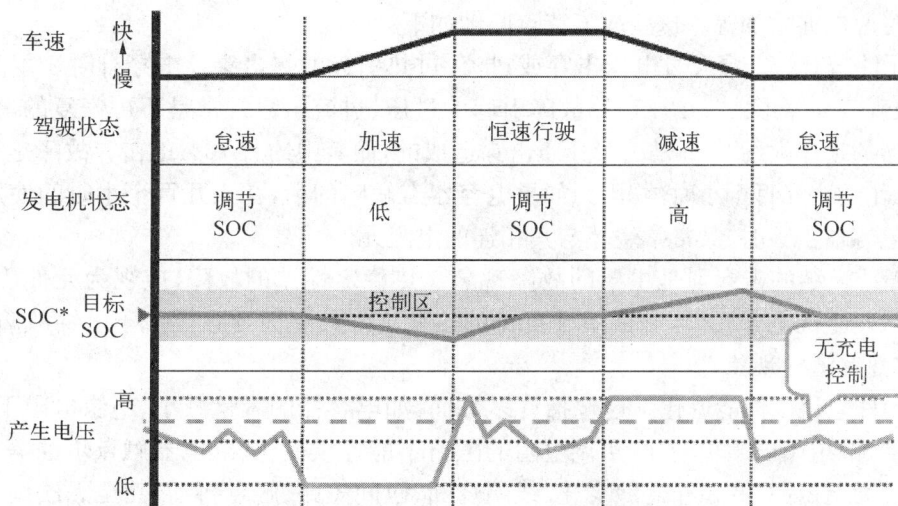

图 1-1-72    发动机 ECU 充电控制操作

① 在加速、大负荷行车等工况时,发动机 ECU 截断激磁电路,发电机没有负荷使发动机产生的有效功率充分用于克服行车阻力,提高整车动力性。

② 在制动减速、强制怠速滑行等工况时,发动机 ECU 控制产生较高激磁电流,充分利用汽车动能使发电机发电并给蓄电池充电。

③ 结合蓄电池充放点状态的判断(如:上长坡),对蓄电池进行临时性充电控制。

④ 在空档滑行行车与怠速等工况,截断或减小激磁电流,达到省油的效果。

**2. 失效保护**

当出现如图 1-1-73 所示状况时,发动机 ECU 停止充电控制,实行常规控制。

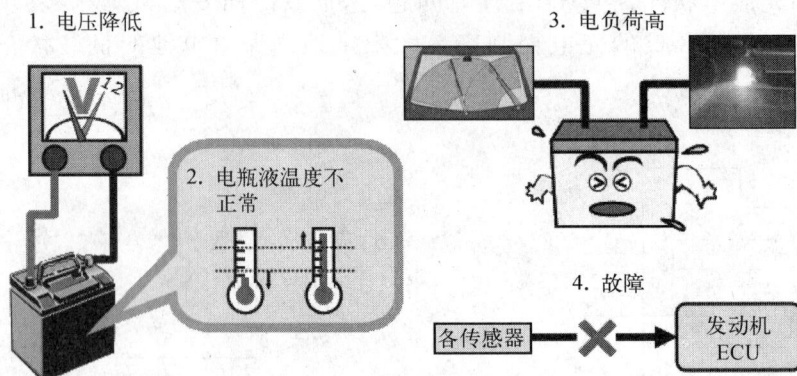

图 1-1-73　失效保护

**（三）汽车电路故障的诊断知识**

**1. 汽车电气设备故障特点**

一般电子元件对过电压、温度十分敏感，例如晶体管的 PN 结易过压击穿，电解电容器在温度升高时漏电亦增加等。这些故障特点归纳如下：

（1）元件击穿。击穿有过电压击穿或过流、过热引起的热击穿。击穿有时表现为短路形式，有时表现为断路形式。由于电路故障引起的过压、过流击穿常常是不可恢复的。据统计，汽车电容器的损坏大约 85% 是由于介质击穿造成的，而其中约有 70% 的击穿故障是发生在新车上，即工作的头几百个小时内，因为如果电容器有缺陷的话，在头几百个小时的使用中就会被击穿。电容器击穿时，又常常烧坏与其相连的电阻元件。

晶体管 PN 结的击穿则是主要的故障现象。热稳定性差的故障，应视为元件质量问题。有些进口汽车上的电子元件，常常由于自身的热稳定性较差而导致类似于击穿故障的"热短路"（或称"热穿透"）现象。

（2）元件老化或性能退化。这包括许多方面，如电容器的容量减小、绝缘电阻下降、晶体管的漏电增加、电阻的阻值变化、可调电阻的阻值不能连续变化、继电器触点烧蚀等。像继电器这类元件，往往还存在由于绝缘老化、线圈烧断、匝间短路、触点抖动，甚至无法调整初始动作电流的故障。

（3）线路故障。这类故障包括接线松脱，接触不良，潮湿、腐蚀等导致的绝缘不良、短路、旁路等。这类故障一般与元器件无关。

**2. 汽车电气设备故障诊断的一般程序**

检修故障时，可以采用下面介绍的"五步法"：

第一步，验证用户的反映。将有问题线路中的各个元件都通上电试一试，看用户的反映是否属实，同时注意观察通电后的种种现象。在动手拆卸或测试之前，应尽量缩小事故原因的设定范围。

第二步，分析线路原理图。在线路图上画出有问题的线路，弄清线路的工作原理，如果对线路原理还不太清楚，应仔细看电路说明及相关资料，直至弄清为止。

第三步，检查问题集中的线路/部件。故障检修的快慢、成功与否关键在于排障程序简单、明了而有理，将系统故障诊断表中最有可能的原因凸现出来，先加以测试，且先测试最容易测

笔记

试的地方。

第四步,进行修理。问题一经查明,便可着手进行必要的修理。

第五步,验证线路是否恢复正常。对线路再进行一次系统检查,看问题是否已经解决。如果故障是保险熔断,应对使用该保险的每条线路都要测试。

**3. 汽车电气设备检修的注意事项**

维修电气系统的原则之一是不要随意更换电线或电气设备,这种操作有可能损坏汽车或因短路、过载而引起火灾。同时还应注意以下各项:

(1) 拆卸蓄电池时,总是最先拆下负极(一)电缆;装上蓄电池时,总是最后连接负极(一)电缆。

(2) 更换烧坏的保险时,应使用相同规格的保险。使用比规定容量大的保险会导致电气元件损坏或产生火灾。

(3) 拆下或装上蓄电池电缆时,应确保点火开关或其他开关都已断开,否则会导致半导体元器件的损坏。

(4) 靠近振动部件(如发动机)的线束部分应用卡子固定,将松弛部分拉紧,以免由于振动造成线束与其他部件接触。

(5) 不要粗暴地对待电气元件,也不能随意乱扔。无论好坏器件,都应轻拿轻放。

(6) 与尖锐边缘磨碰的线束部分应用胶带缠起来,以免损坏。

(7) 安装固定零件时,应确保线束不要被夹住或被破坏。

(8) 安装时,应确保接插头接插牢固。

(9) 进行保养时,若温度超过 80℃(如进行焊接时),应先拆下对温度敏感的零件(如继电器和 ECU)。

思考与练习

**一、填空题**

1. 敏感电阻器主要有_____、_____、_____。

2. 常见的蓄电池主要有_____蓄电池和_____蓄电池两类。

3. 内装调节器式的充电有两种形式:即_____接柱式和_____接柱式,外装调节器式的充电电路有_____种形式。

4. 转子总成是发电机的励磁部分,它主要由_____、_____、_____及轴等组成。

5. 电位和电压是有区别的。电位是_____、是相对值,与_____的选择有关;而电压则是_____、是绝对值,与_____的选择无关。

6. 汽车电源系统由_____、_____、_____和点火开关等组成。

7. 按照材料,二极管可分为_____、_____。

8. 蓄电池主要由_____、_____、_____和_____四部分组成。

9. 蓄电池的极板分为_____和_____。

10. 蓄电池放电终了特征是:单格电池电压下降到放电终止电压_____V;电解液相对密度下降到最小值_____g/cm³。

**二、判断题**

1. 二极管是一种具有单向传导电流的电子器件。它只允许电流以一个方向流动,即从二

笔记

极管的负极流向正极。（　　　）

2. 定子槽内置有三相对称绕组，三相绕组大多数采用"△"形连接。（　　　）

3. 负极板比正极板少一片，使得每片正极板均处于两片负极板之间，可使正极板两侧放电均匀，防止极板拱曲，活性物质脱落。（　　　）

4. 电场力将单位正电荷从某点移到参考点（零电位点）所做的功称为该点的电压。（　　　）

5. 电压的大小取决于电路中两点的选择。（　　　）

6. 正极板上的活性物质是褐色的二氧化铅（$PbO_2$），负极板上的活性物质是青灰色海绵状铅（$Pb$）。（　　　）

7. 电解液的密度一般为 $1.24\sim1.30\ g/cm^3$。（　　　）

8. 电压的正方向规定为从高电位指向低电位，即电压降低的方向。（　　　）

9. 电解液高度不足时，添加蒸馏水至外壳标示的最高线。（　　　）

10. 配制电解液必须穿着防护器具，将稀硫酸慢慢倒入水中，且均匀搅拌。（　　　）

三、选择题

1. 电解液必须保持高出极板（　　　）mm。

A. 10～12 　　　　B. 10～20 　　　　C. 15～20 　　　　D. 10～15

2. 蓄电池与发电机两者之间在汽车上的连接方法是（　　　）。

A. 串联连接 　　　B. 并联连接 　　　C. 各自独立 　　　D. 以上都不对

3. 发动机起动后或发动机低速运转时充电指示灯亮，而发动机高速运转时，充电指示灯熄灭。该故障为（　　　）。

A. 不充电故障 　　B. 充电电流过小 　C. 充电过高 　　　D. 充电不稳

4. 发动机工作时，经常烧灯泡、熔丝及各种开关等电气设备，蓄电池电解液消耗过快且有气味，点火线圈过热等。该故障为（　　　）。

A. 不充电故障 　　B. 充电电流过小 　C. 充电过高 　　　D. 充电不稳

5. 发动机起动后，充电指示灯仍然保持点亮状态。甲说该故障为不充电故障；乙说是充电指示灯线路故障，（　　　）。

A. 甲对 　　　　　B. 乙对 　　　　　C. 甲、乙都对 　　D. 甲、乙都不对

6. 蓄电池充足电时，正极板上的活性物质是（　　　）。

A. 硫酸 　　　　　B. 纯铅 　　　　　C. 二氧化铅 　　　D. 硫酸铅

7. 蓄电池在汽车上的主要作用是（　　　）。

A. 用来充电 　　　　　　　　　　　B. 用来吸收发动机的过电压，保护电子元件

C. 用来给起动机供电，起动发动机 　　D. 做备用电源

8. 蓄电池使用的电解液的密度是（　　　）。

A. 越大越好 　　　　　　　　　　　B. 越小越好

C. 密度没有要求，而纯度有要求 　　　D. 在保证不结冰的前提下，密度适当偏小

9. 下列说法中错误的是（　　　）。

A. 干荷蓄电池在使用之前不需要初充电

B. 普通蓄电池的轻微自放电是正常的现象

C. 免维护蓄电池在使用中不需补加蒸馏水

D. 选择蓄电池时,主要是按照汽车的瓶架,根据蓄电池的外形尺寸来选

10. 九管发动机中,多增加的 3 个二极管的作用是(　　)。

A. 提高发电机的功率　　　　　　　　B. 引出中性点接线柱

C. 用来控制充电指示灯　　　　　　　D. 用来调节输出电压,使输出电压保持恒定

**四、简答题**

1. 简述充电指示灯常亮故障的检修方法。

2. 简述极板硫化的现象及原因。

3. 简述极板活性物质脱落的现象及原因。

4. 简述调节器的调节原理。

5. 简述八管式、九管式、十一管式交流发电机的电路特点异同。

6. 简述影响蓄电池容量的因素有哪些。

7. 简述蓄电池充电终了的特征。

# 学习任务 1.2　蓄电池检测与维护

## 学习目标

1. 掌握蓄电池的充电方法;

2. 掌握蓄电池的充电种类;

3. 掌握蓄电池的使用与维护方法;

4. 能对蓄电池技术状况进行检测;

5. 能按操作规程对蓄电池进行充电。

## 学习时间

4 学时

## 学习情境描述

一辆上汽奇瑞 SQR7160 基本型轿车,在行驶 4 700 km 后,出现停置一段时间蓄电池就亏电故障,在蓄电池电量充足前提下,停置数小时后,蓄电池又出现亏电,甚至全车无电现象。

**一、相关知识**

(一)蓄电池的充电

1. 充电方法

蓄电池的充电方法有常规充电和快速充电法两种。常规充电方法有定电压充电和定电流充电两种。

(1)定电压充电,指在充电过程中,加在蓄电池两端的充电电压保持恒定不变的充电方法,如图 1-2-1 所示。

汽车上的蓄电池与发电机为并联,这时对蓄电池的充电即为定电压充电。其特点是充电

**笔记**

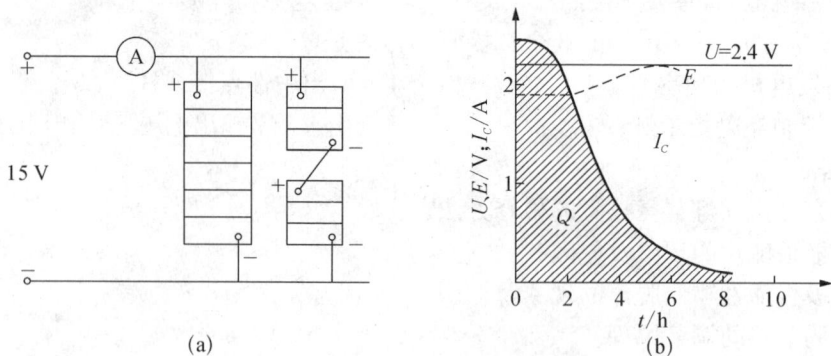

图 1-2-1 定电压充电
(a) 蓄电池连接方式；(b) 充电特性曲线

开始，充电电流很大，随着蓄电池电动势的不断提高，充电电流逐渐减小。充电终了，充电电流将自动减小到零，因而不需要人照管。同时由于定电压法充电速度快，4～5 h 内蓄电池就可获得本身容量的 90%～95%，比定电流充电时间大大缩短。所以特别适合对具有不同容量的蓄电池进行充电。其主要缺点是不能调整充电电流，因而不能保证蓄电池彻底充足电。不适合初充电和去硫化充电。

图 1-2-2 蓄电池并联充电示意图

定电压充电时，被充蓄电池常采用并联连接法，如图 1-2-2 所示。要求各并联支路的单格电压总数相等，但各蓄电池的型号、容量以及放电程度则可不同。

**注意：** 并联蓄电池的数目必须按充电设备的最大输出电流来决定。定电压充电电源电压调在蓄电池的总单格数乘 2.5(V) 为宜。

(2) 定电流充电，指蓄电池在充电过程中，其充电电流保持恒定不变，随着蓄电池电动势的逐步提高，逐步增加充电电压的充电方法，如图 1-2-3 所示。定电流充电当充到蓄电池单格电压升到 2.4 V(电解液开始冒气泡)时，再将充电电流减小一半后保持恒定，直至蓄电池完全充足。

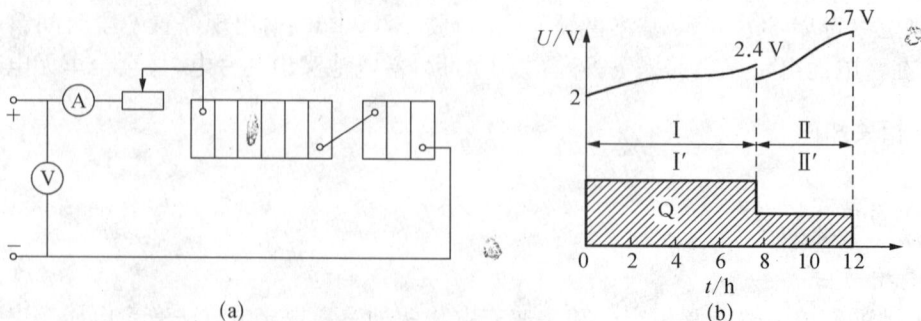

图 1-2-3 定电流充电
(a) 蓄电池连接方式；(b) 充电特性曲线

在充电工作间使用充电机对蓄电池进行充电时，常采用这种定电流充电法。因为它具有较大适用性，可任意选择和调整电流，适用各种不同条件(新蓄电池的初充电，使用中的蓄电池补充充电以及去硫化充电等)下的蓄电池充电,其主要缺点是充电时间长,需经常人工调节充电电流。

定电流充电时,被充蓄电池常采用串联法,如图1-2-4所示,即把同容量的蓄电池串联起来接入充电电源。

连接后,由于充电时每个单格电池充足电需要提供2.7～2.8 V电压,故可按下列公式计算出串联的蓄电池单格总数和电池只数,即

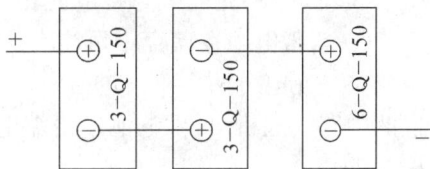

图 1-2-4 蓄电池串联充电示意图

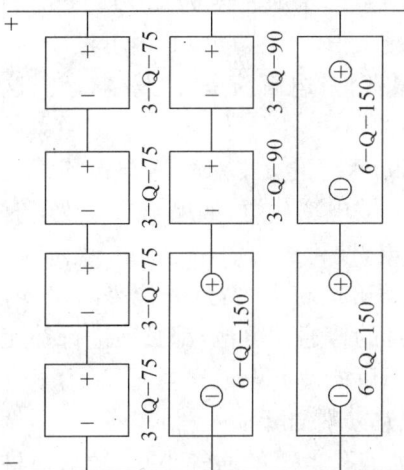

$$蓄电池总单格数 = 充电机的额定电压(V)/2.7(V)$$

$$蓄电池的总数 = 蓄电池总单格数/(6 V蓄电池单格总数 + 12 V蓄电池单格总数)$$

如果被充蓄电池的容量大小不等,可按图1-2-5所示的混联方法连接蓄电池,也就是在接线前先把被充电的蓄电池按容量与放电程度分组,将额定容量相同且放电程度相同的电池串联起来,并使各串联组内单格电池数相等,然后将各串联组并连接到充电电源上去。所有各串联支路的蓄电池,其容量最好相同,否则电流必须按容量最小的蓄电池来选定,而容量大的蓄电池则不容易充足或充得太慢。

(3) 脉冲快速充电法。充电初期采用大电流,使电池在较短的时间内达到额定容量的60%左右,当单格电压上升到2.4 V,电解液开始分解冒出气泡时,由于控制电路作用,停止大电流充电。

脉冲期,先停充24～40 ms,接着再放电或反充,使电池反向通过一个较大的脉冲电流,以消除浓差极化和极板

图 1-2-5 蓄电池混联充电示意图

孔隙形成的气泡,然后停放25 ms。最后按脉冲期循环充电直到充足。

该充电方法显著的特点是充电速度快,即充电时间大大缩短。补充充电仅需1 h。采用这种方法充电的缺点是由于充电速度快,析出的气体总量虽减少,但出气率高,对极板活性物质的冲刷力强,故使活性物质易脱落,因而对极板的使用寿命有一定影响。下列蓄电池不能进行快速脉冲充电:未经使用过的新蓄电池;液面高度不正确的蓄电池;各单格电解液密度不均匀的蓄电池,各单格电压差大于0.2 V;电解液混浊并带褐色(极板活性物质脱落)的蓄电池;极板硫化的蓄电池;充电时电解液温度超过50℃的蓄电池。

2. 充电种类

(1) 初充电。新蓄电池或修复后的蓄电池(更换极板)在使用之前的首次充电为初充电。操作步骤如下:

① 检查蓄电池外壳有无破裂,拧下加液口盖的螺塞,检查通气孔是否畅通。

② 根据不同季节和气温选择电解液密度,将适当密度温度低于30℃的电解液从加液孔处缓缓加入蓄电池内,液面要高出极板上缘10～15 mm。

③ 蓄电池加入电解液后,要静止3～6 h,让电解液充分浸渍极板。电解液充分渗透到极

板内部后电解液有所减少,液面下降,应再加入电解液把液面调整到规定值。待蓄电池内温度低于30℃时,将充电机与蓄电池相连,准备充电。

④ 新蓄电池在储存中可能有一部分极板硫化,充电时容易过热,所以初充电的电流选用得较小。充电分两个阶段进行:第一阶段的充电电流约为蓄电池额定容量的1/15,充电至电解液中有气泡析出,蓄电池单格端电压达到2.4 V;第二阶段充电电流约为蓄电池额定容量的1/30。

充电过程中,应经常测量电解液的密度和温度。充电初期密度会有降低情况,不需要调整它,当液面高度低于规定值时,用相同密度的电解液调至规定值。如果充电时电解液的温度上升到40℃时,则应停止充电或将充电电流减半。如果温度继续上升到45℃时,则应停止充电,采用水冷或风冷的办法实行人工降温,待冷至35℃以下时再继续充电。整个初充电大约需60 h,初充电过程中,如减少充电电流则应适当延长充电时间。

⑤ 初充电接近终了时,如果电解液密度不符合规定,应用蒸馏水或密度为1.40 g/cm³的稀硫酸进行调整,再充电2 h,直至蓄电池单格端电压上升到最大值,并在2~3 h内不再增加。电解液密度上升到最大值,也在2~3 h不再增加,并产生大量气泡,电解液呈"沸腾"状态。这时蓄电池已充满电,应切断电源,以免过充电。

⑥ 新蓄电池充满电后,应以20 h放电率放电,如3-Q-90型蓄电池以4.5 A电流连续放电至单格电压1.75 V,再按补充充电的电流值充足,又以20 h放电率放电,如果第二次放电时蓄电池容量不小于额定容量的90%,即可进行一次最后的充电,便可送出使用。

(2) 蓄电池的补充充电。蓄电池在使用中,如果发现起动机运转无力,灯光比平时暗淡,冬季放电超过25%、夏季放电超过50%,储存不用已近一个月的普通蓄电池,都必须进行补充充电。另外由于汽车上使用的蓄电池进行的是定电压充电,不可能使蓄电池充电充足,为了有效防止硫化,最好2~3个月进行一次补充充电。补充充电具体步骤如下:

① 从汽车上拆下蓄电池,清除蓄电池盖上的脏污,疏通加液孔盖上的通气小孔,清除极桩和导线接头上的氧化物。

② 旋下加液孔盖,检查电解液的液面高度,如果高度不符合规定要求,应添加蒸馏水,但如果确定是电解液逸出导致液面下降,则应用密度为1.40 g/cm³的稀硫酸调配,电解液液面高出极板上缘10~15 mm。

③ 用高率放电计检查各单格电压的放电情况,要求蓄电池的各个单格电池读数(电压值)基本一致。

④ 将蓄电池与充电机相连。补充充电也分两个阶段:第一阶段的充电电流约为蓄电池额定容量的1/10,充至单格电压为2.3~2.4 V。第二个阶段的充电电流约为容量的1/20,充至单格电压为2.5~2.7 V,电解液密度达到规定值,并且在2~3 h内基本不变,蓄电池内产生大量气泡,电解液呈"沸腾"状态,此时表示电池电已充足,时间约为15 h。

⑤ 将加液口盖拧紧,擦净蓄电池表面,便可使用。

(3) 间歇过充电方法。蓄电池充电终了后,继续充电是有害的。但考虑到蓄电池在汽车上经常处于充电不足或部分放电状况,可能产生极板硫化现象,因此每隔一定时间,在完成补充充电的基础上,应进行一次预防极板硫化的过充电,即有意识地把充电时间延长,让蓄电池充电更彻底些,以消除可能产生的轻微极板硫化。具体做法是:在正常的补充充电后,停止1 h,再用第二阶段的电流继续充电,直到电解液大量地冒气泡时,再停止1 h,然后再恢复第二阶段的充电,如此循环,直到一接通充电电源,蓄电池在 $1 \sim 2$ min 内就出现大量气泡为止。

(4) 循环锻炼充电法。循环锻炼充电是为了使极板的活性物质得以充分利用,保证蓄电池容量不下降的一种方法,在蓄电池正常补充充电(或间歇充电)之后,用 20 h 放电率进行放电,然后再实施正常补充充电。一般要求循环锻炼后的蓄电池的容量应达到额定容量的 90% 以上,否则应进行多次充放电循环。

(5) 去硫化充电法。蓄电池发生极板硫化现象后,内阻将显著增大,充电时温升也较快。硫化严重的蓄电池就只能报废,极板硫化程度较轻的可以用去硫化充电法加以消除。具体操作如下:

① 首先倒出原有的电解液,并用蒸馏水清洗两次,然后再加入足够的蒸馏水。

② 接通充电电路,将电流调到初充电的第二阶段电流值进行充电,当密度上升到 $1.15$ g/cm³ 时倒出电解液,换加蒸馏水再进行充电,直到电解液密度不再增加为止。

③ 以 10 h 放电率放电,当单格电压下降到 $1.7$ V 时,再以补充充电的电流进行充电、再放电、再充电,直到容量达到额定值 80% 以上,即可上车使用。

(6) 充电注意事项:

① 严格遵守各种充电方法的充电规范。

② 在充电过程中,要密切观察各单格电池的电压和密度变化,及时判断其充电程度和技术状况。

③ 在充电过程中,要密切注意蓄电池的温度,以不烫手为宜,如果温度过高应立即停充,以防电瓶爆炸引发意外。

④ 初充电时应连续进行,不能长时间间断。

⑤ 配制和灌入电解液时,要严格遵守安全操作规则和器皿的使用规则。

⑥ 充电场所要备用冷水、10% 苏打溶液或 10% 氨水溶液。

⑦ 充电室要安装通风装置,并要严禁明火。

⑧ 充电设备不应和蓄电池放置在同一工作间,充电时应先接牢电池线,再打开充电机的电源开关。停止充电时应先切断电源,再拆下电池线,严防火花发生。

(二) 蓄电池的使用与维护

1. 蓄电池使用的注意事项

(1) 起动时间适当。每次起动时间不得超过 5 s。如需再次起动,则应间歇 15 s 以上时间;连续三次起动不成功时,应查明原因,排除故障后再起动。

(2) 及时充电。放完电的蓄电池,应在 24 h 内进行补充充电。装在汽车上使用的蓄电池,每两个月应补充充电一次;带电解液存放的蓄电池,每月应补充充电一次。

(3) 液面高度正常。电解液液面应保持在上液面线(max)与下液面线(min)之间,液面过高容易溢出,液面过低容易产生硫化故障。当电解液不足时,应补充蒸馏水。除确知液面降低是由电解液溅出所致外,不允许补充硫酸溶液。这是因为电解液液面正常降低是因电解液中水的电解和蒸发所致。

(4) 通气孔畅通。加液孔盖或螺塞上的通气孔应保持畅通,以防蓄电池壳体胀裂。

(5) 外观清洁。发现蓄电池表面有灰尘和污物时应及时清除;充电之前,表面应擦拭干净。电解液洒到蓄电池表面时,应用抹布蘸质量分数为 10% 的碱水擦洗,然后再用清洁抹布擦净；极柱和电线接头上出现氧化物时应给予清除。

(6) 正确拆装。从汽车上拆卸蓄电池时，先将点火开关置于关闭位置，然后拆开蓄电池固定架和正、负极电缆固定夹，再拧松正、负极柱上的电缆接头紧固螺栓，并取下电缆，最后从汽车上取下蓄电池。将蓄电池安装在汽车上时，首先检查蓄电池型号规格是否符合该型汽车使用要求，并检查电解液密度和液面高度是否符合技术要求。然后，进行正、负极柱连接，并在正、负极柱及其电缆端子上涂一层润滑脂或凡士林，以防极柱和端子氧化腐蚀，最后安装压板，拧紧固定架紧固螺栓，以防汽车行驶时蓄电池振动受损。

(7) 电解液密度不能过低。电解液的密度不能太低，以免结冰。冬季补加蒸馏水，应在充电时进行，使蒸馏水与电解液迅速混合而不致结冰，表 1-2-1 所示为电解液密度与结冰温度之间的关系。

表 1-2-1 电解液密度与结冰温度之间的关系

| 电解液密度(25℃)/(g/cm³) | 结冰温度/℃ | 电解液密度(25℃)/(g/cm³) | 结冰温度/℃ |
| --- | --- | --- | --- |
| 1.10 | −7 | 1.15 | −14 |
| 1.20 | −25 | 1.25 | −50 |
| 1.30 | −66 | 1.31 | −70 |

2. 新型蓄电池的使用与维护

(1) 干荷式蓄电池的使用与维护。干荷电铅蓄电池的维护及使用要求与普通铅蓄电池相同。干荷电铅蓄电池在规定的保存期(2 年)内，如果需要交付使用，只需在使用之前加入符合规定密度的电解液即可。例如，对于干荷电蓄电池 6-QA-60，只需要加入相对密度为 1.28 g/cm³(25℃时)的电解液，搁置 15 min，让电解液充分浸渍极板，再调整液面高度到规定的数值，不需要进行初充电就可以使用。对于存储时间超过规定保存期的干荷电蓄电池，因极板可能部分氧化，所以应补充充电 5~10 h 后再用。干荷电蓄电池补充充电采用恒电流充电法，充电电流值应为蓄电池容量的 1/10，当充电至蓄电池电解液密度在 2 h 内不再上升，端电压上升到 1.75 V 左右，且电解液有大量气泡从加液口冒出，电解液相对密度为 1.27~1.29 g/cm³ 时，表明已充足电，无须继续充电了。

① 干荷式蓄电池的维护要点：

a. 为保证蓄电池极板在储存和装运期间不受潮，使在使用时有足够容量，新出厂的蓄电池通气孔上都用密封物进行密封。在未灌注电解液时，切忌将加液气孔塞封打开，以免内部受潮，影响使用性能。

b. 在使用中不能将金属或其他导电物放在电池上，保持其表面清洁。新电池开始使用，应按要求加入适当密度的电解液，并注意按气温变化及时调整电解液密度。

c. 初次加注电解液几分钟后，电解液液面将有所下降，此时应重新向每格电池内添加相同密度的电解液，以恢复正常的电液面高度。

d. 干荷电蓄电池使用前若有充裕时间，最好用 6 A 电流对其充电 3~4 h 会有利于使用。

e. 使用中因故停用 1~2 个月时间，应将其充足电，并将其电解液的密度与液面高度调整至规定值方可存放。在存放期内，每月检查一次电解液密度，用以判断自放电程度，必要时进行充电。存放半年以上者，应采用干储存。

笔记

f. 低温条件下,初次使用前应进行短时间的快速充电,增高电解液和蓄电池的温度,以改善其使用性能。

g. 使用中应定期检查液面高度,必要时添加蒸馏水,使液面保持在规定高度。经常冲洗溢出的电液,保持其外表清洁。

h. 避免长时间大电流放电,防止极板上活性物质脱落而降低其使用寿命。

② 干荷电蓄电池的检修:干荷电蓄电池的电解液必须用符合国家标准的蓄电池硫酸和蒸馏水配制,其电解液相对密度(在室温 25℃时)应为 1.27 g/cm³。使用中电解液液面高度应高出极板 10~15 mm,不足时及时添加蒸馏水。定期检查蓄电池端电压和存电情况,必要时予以补充充电。

在日常使用中,还应经常检查蓄电池外壳有无裂损、漏液;安装框架是否在夹紧状态,有无腐蚀;接线柱是否锈蚀,连接导线有无破损;壳体表面是否脏污,通气孔是否畅通,必要时按规定修复。

判断蓄电池放电程度可用两种方法:一是看电解液密度,试验证明电解液密度比充足电时的相对密度每下降 0.1 g/cm³,相当于蓄电池放电 6%;如用密度计检查电解液,相对密度降至 1.24 g/cm³ 以下应进行充电;二是用电压表检测蓄电池每单格的电压,如低于 1.7 V 时应进行充电,以免造成极板硫化而损坏。

③ 干荷蓄电池的拆装:拆卸时将点火开关置于"断开"("OFF")位置,拆开蓄电池固定夹板和正、负极电缆固定夹,拧松蓄电池正、负极柱上的电缆接头固紧螺栓,取下电缆(拆卸蓄电池时,应先拆卸负极电缆,后拆卸正极电缆,以免当扳手万一搭铁时,导致蓄电池短路放电),从汽车上取下蓄电池。安装时,检查蓄电池型号规格,应适合该型汽车使用。检查电解液密度和液面高度,应符合技术要求,否则应予调整。根据正、负极柱和正、负电缆端子的相对位置,将蓄电池安放到固定架上。将正、负电缆端子分别与正、负极柱连接(安装蓄电池时,应先安装正极电缆,后安装负极电缆,以免当扳手万一搭铁时,导致蓄电池短路放电)。在正、负极柱及其电缆端子上,涂抹一层润滑脂,以防极柱和端子氧化腐蚀。最后安装固定夹板,拧紧夹板固紧螺栓。

(2) 免维护蓄电池的使用维护。

① 日常使用中检查和维护:为了使其经常处于良好的技术状况,日常使用中仍需进行必要的检查和维护。汽车每年或每行驶 3 万 km 左右,应检查其电解液液面的高度和开路电压。电解液液面下降,应按说明书要求补加蒸馏水。日常保持蓄电池表面的清洁和干燥,暂时不用则应拆下,放在通风的库房存放。拆除时从负极开始拆卸,装车时则从正极开始连接蓄电池。接线柱、接头和安装的附件表面应涂一层耐酸的油脂,以防腐蚀而降低寿命,最好每半年进行一次补充充电。

② 进行电压测量:定期检查调整发电机输出电压。发电机输出电压的高低,对免维护蓄电池的耗水率影响较大。发电机输出电压过高,使蓄电池在充电过程中,充电电流过大,析气过多。由此引起蓄电池耗水快、电解液温度高、活性物质脱落过多、容量下降快等。发电机输出电压过低时,又会造成蓄电池充电不足,以使蓄电池容量不足和引起硫化。因此,免维护蓄电池的充电电压有严格要求,一般控制在 13.8~14.4 V 之间。

③ 定期检查调整:检查时蓄电池水平放置,盖表面清洁,当显示黑环有绿点时说明状态良好,可进行电压测量;若此时起动无力,而绿点仍可见时,蓄电池需充电;呈现黑色时为严重

亏电,应及时补充充电;当变成淡黄色时,即为内部有故障(如过充电严重、电解液过低等),应查明原因,予以修复。

④ 注意电解液密度变化:蓄电池电解液密度低于 $1.20 \text{ g/cm}^3$ 或开路电压低于 12.2 V、灯光暗淡等,应进行补充充电。补充充电时,充电电压切勿超过 14.4 V;充电电流不得超过规定标值的 20%。蓄电池出现故障,如隔板磨损后引起短路,单格电池连接器和极板群接片开路等,必须更换,故障排除之后才能继续使用。

⑤ 定期检查液面高度:免维护蓄电池从理论上讲是不耗水的,但当汽车电气系统不正常,如发电机输出电压过高、过充电严重、电解液蒸发过大时,都将耗水,因此必须定期检查液面高度,在正常情况下,每季度检查一次液面。当透明塑料壳蓄电池液面低于外壳上"min"线,橡胶壳蓄电池液面低于挡液板或隔板时,应添加蒸馏水至"max"线或高于挡液板、隔板10~15 mm。

⑥ 保持蓄电池表面清洁:蓄电池表面灰尘、油污太多,正负极板之间易形成导电层,引起蓄电池自放电,使蓄电池容量无疑损耗。因此,需定期擦拭蓄电池表面,保持蓄电池表面的清洁,避免蓄电池表面正负极之间的自放电。

⑦ 定期充电:蓄电池在使用过程中,随着充放电循环次数的增加,极板深处的活性物质因充电不彻底会发生轻度硫化,而且负极板比正极板容易硫化。若不定期消除轻度硫化,久而久之将使硫化程度加重,使负极板有效活性物质减少,进而使氧循环不能正常进行,耗水量增大,导致免维护性能恶化。因此,免维护蓄电池每 3 个月应从车上拆下来,用恒压充电法或恒流充电法充电,充足电后还要再充电 3~5 h。这样可以消除极板深处的轻度硫化,保持正常循环,保持免维护蓄电池正常工作,延长其使用寿命。

## 二、相关技能

### (一)蓄电池技术状况的检测

#### 1. 蓄电池极柱电压降的检测

起动机工作时,检测蓄电池正、负电极极柱与导线间的电压降,接线方式如图 1-2-6 所示。如果电压大于 0.1 V,表示极柱与蓄电池导线间电阻过大,必须对连接部位进行清理。

拆解蓄电池极柱接线卡时禁止使用起子等简单工具撬压,应使用线卡拨拉器,拆下接线卡之后,对极柱进行清理,清理完之后用手将接线卡轻轻插在极柱上,以免损坏电池壳体,如图

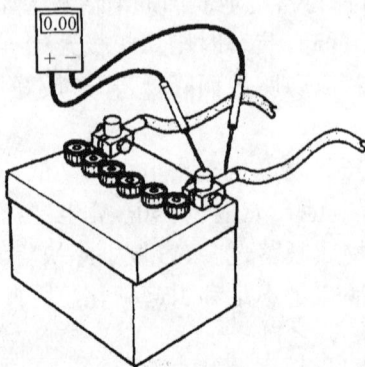

图 1-2-6　蓄电池电极极柱电压降的检测　　　　图 1-2-7　蓄电池极柱清理

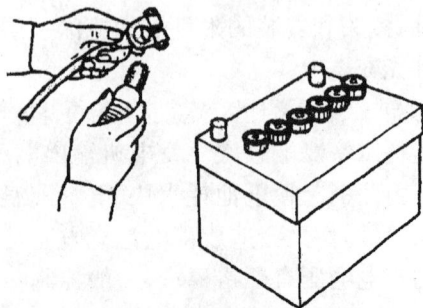

1-2-7所示。

2. 蓄电池开路电压的检测

免维护蓄电池比较常见,也很实用,这里以免维护蓄电池介绍开路电压的检测方法。用万用表对蓄电池进行开路电压检测,检测时,要求蓄电池必须处于稳定状态,l0 min内没有承受负载,如果刚充完电的蓄电池,应以20 A的电流放电2 min,再断开负载5 min后进行电压检测。检测数据可参照蓄电池电压与放电程度的对应关系(如表1-2-2所示),比较分析被检测的蓄电池的性能如何。

表 1-2-2　蓄电池电压与放电程度的对应关系

| 开路电压/V | 电量状态/% | 相对密度 |
|---|---|---|
| ≥12.6 | 100 | 1.260 |
| 12.4 | 75 | 1.225 |
| 12.2 | 50 | 1.190 |
| 12.0 | 25 | 1.155 |
| 11.9 | 完全放电 | 1.100 |

3. 蓄电池液面高度的检测

蓄电池液面高度的检测方法与蓄电池结构有关,结构不同,检测方法也不同。

(1) 对于有加液口的蓄电池,可以用玻璃管进行测量,如图1-2-8所示。标准值为10~15 mm,如果液面过低,一般情况下加入蒸馏水即可。

(2) 对于透明壳体的蓄电池,可以观察到蓄电池内电解液液面与上、下刻度线的关系,如图1-2-9所示。标准值应在上、下刻度线之间。若液面过低,一般情况下可以直接加入蒸馏水。

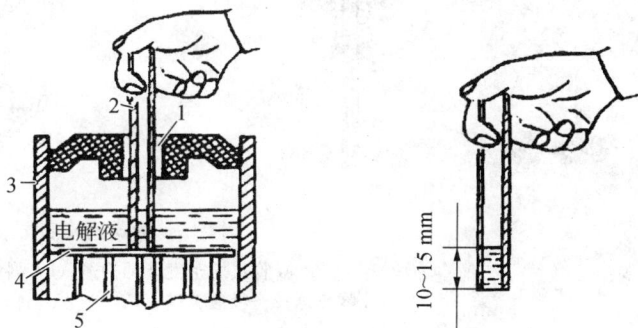

图 1-2-8　用玻璃管检查

1—加液孔;2—玻璃管;3—外壳;4—防护板;5—极板组

(3) 对于有观察窗的免维护蓄电池,可以直接通过观察窗观察孔中颜色,如图1-2-10

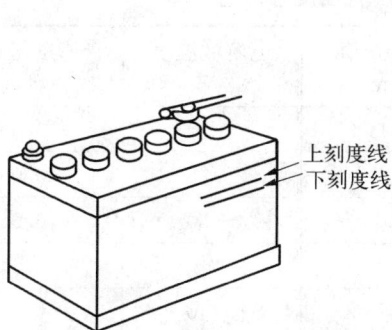

图 1-2-9　液面高度指示线

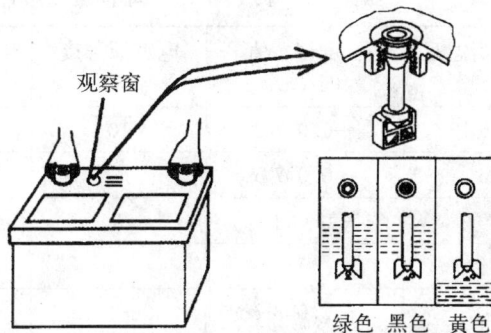

图 1-2-10　从观察窗确认蓄电池状态

所示。当看到黄色时,说明电解液过少;当看到绿色时,说明电解液合适且电量充足;当看到黑色时,说明电解液合适,但电量不足,需充电。注释说明一般写在蓄电池盖上。

4. 蓄电池电解液密度的检测

蓄电池电解液密度的检测工具有吸管式密度计、综合测量仪及蓄电池专用检测仪等,这里主要介绍前两种检测工具的操作。

(1) 用吸管式密度计检测电解液密度。吸管式密度计的结构如图 1-2-11(a)所示。测试方法如下:

① 打开蓄电池的加液盖。

② 把吸管式密度计下端的橡皮管插入单格电池的加液孔内。

③ 用手将橡皮球捏瘪,再慢慢放开,电解液就会被吸到玻璃管中,注意量要适度。

④ 使管内的浮子浮在玻璃管中央,读吸管式密度计的读数,如图 1-2-11(b)所示。

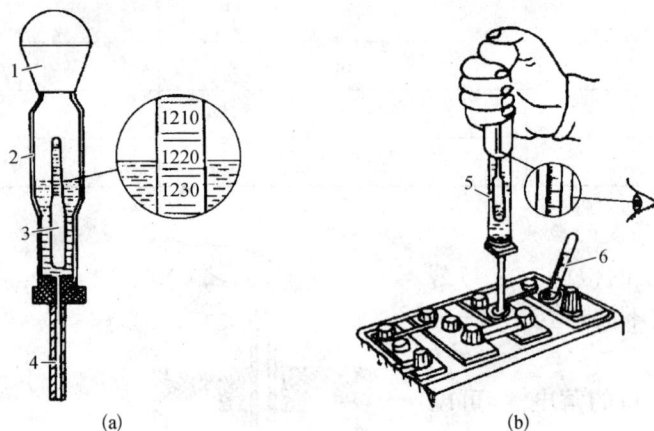

图 1-2-11 吸管式密度计及其测量密度的方法

(a) 吸管式的密度计的构造;(b) 测量电解液密度的方法

1—橡皮球;2—吸液玻璃管;3,5—密度计;4—吸管;6—温度计读数时

**注意**:计数时眼睛与密度计刻度线水平平齐。

⑤ 测量电解液温度。

⑥ 将测量的密度值换算成 25℃时的密度值。不同温度条件下电解液密度修正值如表 1-2-3所示。

表 1-2-3 不同温度条件下的电解液密度修正值

| 电解液温度 /℃ | 密度修正值 /(g/cm³) | 电解液温度 /℃ | 密度修正值 /(g/cm³) | 电解液温度 /℃ | 密度修正值 /(g/cm³) |
|---|---|---|---|---|---|
| 40 | +0.011 3 | 10 | −0.011 3 | −20 | −0.033 7 |
| 35 | +0.007 5 | 5 | −0.001 50 | −25 | −0.037 5 |
| 30 | +0.003 7 | 0 | −0.001 88 | −30 | −0.041 2 |
| 25 | 0 | −5 | −0.025 5 | | −0.045 0 |
| 20 | −0.003 7 | −10 | −0.026 3 | −40 | −0.048 8 |
| 15 | −0.007 5 | −15 | −0.030 0 | −45 | −0.052 5 |

⑦ 按在 25℃时为 $1.26 \sim 1.29$ g/cm³，重新配制电解液。

（2）用综合测量仪检测电解液密度。综合测量仪的结构外形，如图 1-2-12(a)所示。测试方法如下：

① 用取液管吸取电解液。

② 滴在测试仪测试镜片上，如图 1-2-12(b)所示（注意：水平放置测试仪）。

③ 将测试仪迎着阳光，目视观察窗，即可读取密度值，如图 1-2-12(c)所示。

④ 测量环境温度。

⑤ 将读取密度值换算成 25℃时的相对密度值。

⑥ 参照标准，分析被测蓄电池密度是否合适。

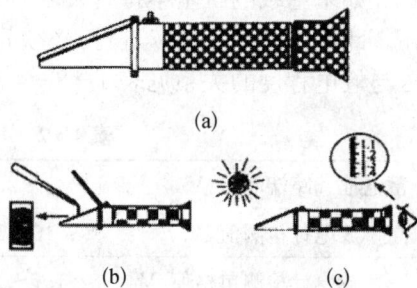

(a)

(b)　　(c)

图 1-2-12　综合测试仪检测
电解液密度

5. 蓄电池放电程度的检测

（1）用高率放电计检测。在实验室常用的高率放电计如图 1-2-13(a)所示；在维修厂常用的高率放电计如图 1-2-13(b)所示。在检测时，蓄电池对负载电阻放电电流超过 100 A，所以，通过高率放电计能比较准确地判定蓄电池的容量和基本性能。不同高率放电计的检测方法不同。

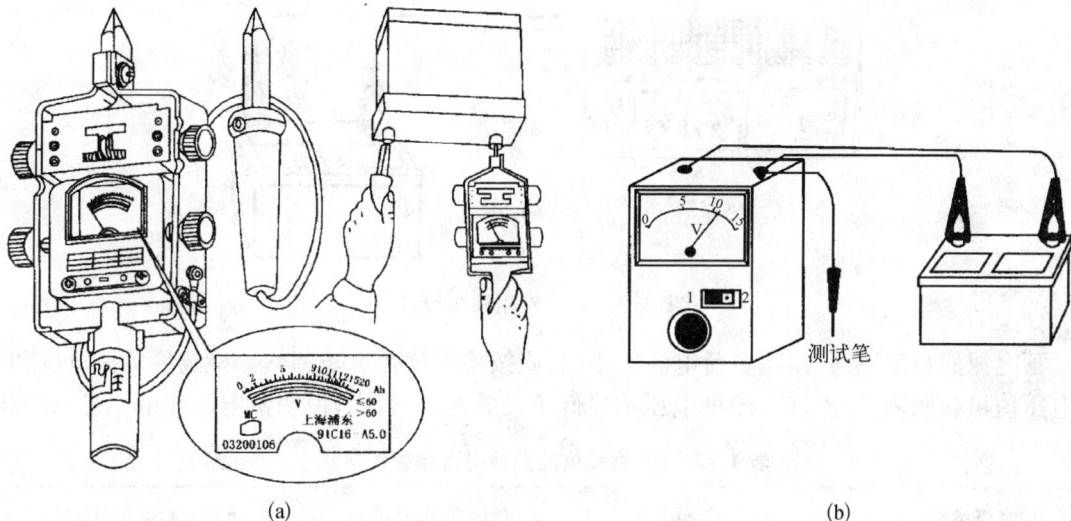

(a)　　　　　　　　　　　　　　　　　　　　(b)

图 1-2-13　高率放电计测量蓄电池的放电程度

① 实验室常用的高率放电计的使用方法：用力将放电计的两个触针迅速压在蓄电池的正、负极柱上，并保持 $3 \sim 5$ s，观察放电计上指针位置。对于 12 V 整体蓄电池，若指针指示电压在 9.6 V 以下，说明该蓄电池性能不良或电量不足；若指针指示稳定在 $10.6 \sim 11.6$ V，说明电量充足；若指针指示电压迅速下降，则说明蓄电池有故障。

② 维修厂常用的高率放电计的使用方法：首先按图 1-2-13(b)所示将测试夹分别夹在蓄电池的正、负极柱上。此时读数显示蓄电池的空载电压值，显示在 $11.8 \sim 13$ V 范围内为正常。然后按下开关按钮，蓄电池开始瞬间大电流放电，要求在 5 s 内读出电压表的负载电压指示数值。若指针指示在 $10 \sim 12$ V，说明蓄电池存电充足，不需要充电；若指针指示在 $9 \sim 10$ V，

说明蓄电池存电不足,需要充电;若指针指示在 9 V 以下,说明蓄电池严重亏电,要立即充电,才能使用。

如果空载电压基本符合要求,但负载时指针迅速下降至红色区域以下,说明蓄电池已经损坏。此项检测不能连续进行,必须间隔 1 min 后才可以再次检测,以防止蓄电池损坏。测量电压与放电程度的关系见表 1-2-4 所示。

表 1-2-4　蓄电池测量电压与放电程度的关系

| 蓄电池开路端电压/V | ≥12.6 | 12.4 | 12.2 | 12.0 | ≤11.7 |
|---|---|---|---|---|---|
| 高率放电计检测值/V | 10~12 | 9~10 | | | ≤9 |
| 高率放电计检测单格值/V | 1.7~1.8 | 1.6~1.7 | 1.5~1.6 | 1.4~1.5 | 1.3~1.4 |
| 放电程度/% | 0 | 25 | | 50 | 100 |

(2) 用专用检测仪检测。对上海大众公司的汽车进行蓄电池检测时,必须使用 V. A. S1979 或 V. A. S5033 专用检测仪,其接线方式如图 1-2-14 所示。使用 V. A. S1979 或 V. A. S5033 检测时无须拆下蓄电池,蓄电池接线卡也不用拆,只要按要求将夹钳夹到蓄电池极柱上即可。

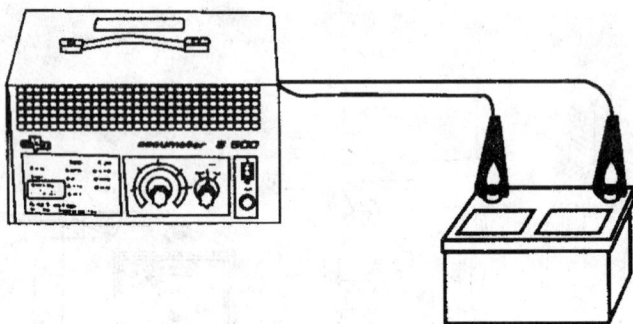

图 1-2-14　专用检测设备

蓄电池的容量不同时,其负荷电流也不同,应按检测仪要求来调整。检测仪负荷电流和最低电压值可参照表 1-2-5。测试电压不能低于最低电压,否则,说明蓄电池充电不足或损坏。

表 1-2-5　检测仪的负荷电流和最低电压

| 蓄电池容量/(A·h) | 冷态检测电流/A | 负荷电流/A | 最低电压/V |
|---|---|---|---|
| 70 | 340 | 200 | 9.5 |
| 80 | 380 | 300 | 9.5 |
| 82 | 420 | 300 | 9.5 |
| 92 | 450 | 300 | 9.5 |

(二) 蓄电池充电作业的注意事项

1. 充电作业方法

(1) 与充电机连接之前,应将蓄电池极柱和表面清理干净,将液面高度进行调整至正常水平。

（2）连接充电机和蓄电池，如图 1-2-15 所示。

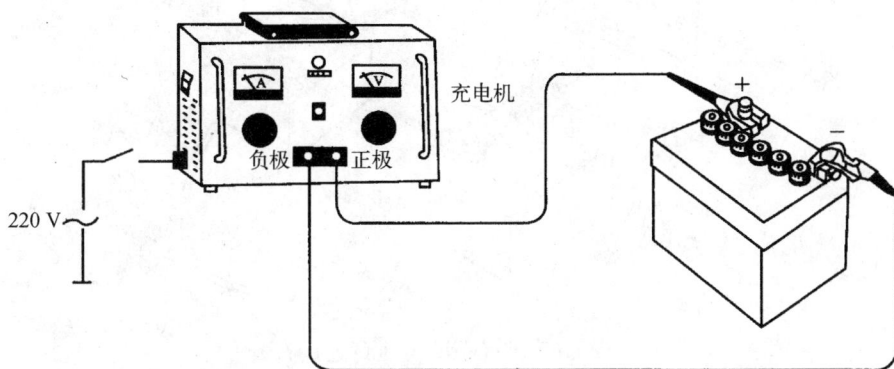

图 1-2-15　蓄电池与充电机连接

（3）充电机上的电压调节旋钮调至最小位置。

（4）打开电源开关。

（5）调节打开充电机上的电压开关旋钮，观察电流表读数，直到电流表读数指示出所确定的电流值为止（按照充电规范，确定充电电流大小）。

（6）通过加液孔观察蓄电池的内部情况，用万用表测量蓄电池两端的电压，当有连续气泡冒出或连续 3 h 电压不变时，应立即停止充电。

**2. 充电作业时的注意事项**

（1）严格遵守各种充电方法的操作规范。

（2）充电过程中，要及时检查记录各单格电池的电解液密度和端电压。在充电初期和中期，每 2 h 检查记录一次即可，接近充电终了时，每 1 h 检查记录一次。

（3）若发现个别单格电池的端电压和电解液密度上升比其他单格电池缓慢，甚至变化不明显时，应停止充电，及时查明原因。

（4）在充电过程中，必须随时测量各单格电池的温度，以免温度过高影响蓄电池的性能。当电解液温度上升到 40℃时，应立即将充电电流减半，减小充电电流后，如果电解液温度仍继续升高，应该停止充电，待温度降低到 35℃以下时，再继续充电。

（5）初充电作业应连续进行，不可长时间间断。

（6）充电时，应旋开出气孔盖，使产生的气体能顺利逸出，充电室要安装通风和防火设备，在充电过程中，严禁烟火，以免发生事故。

（7）就车充电时，一定要将蓄电池负极断开，否则充电机的高电压会将电控系统的电器元件损坏。

（8）如果蓄电池长时间未在行车中使用，如库存车蓄电池等，必须以小电流进行充电。

（9）对过度放电的蓄电池（空载电压为 11.6 V 或更低）进行充电，不可采用快速充电方法充电，这种蓄电池充电时间至少应为 24 h。

**3. 蓄电池的跨接方法**

（1）跨接线的连接方法。将一个 12 V 的备用蓄电池和原来的蓄电池正极与正极、负极与负极相连，如图 1-2-16 所示。

笔记

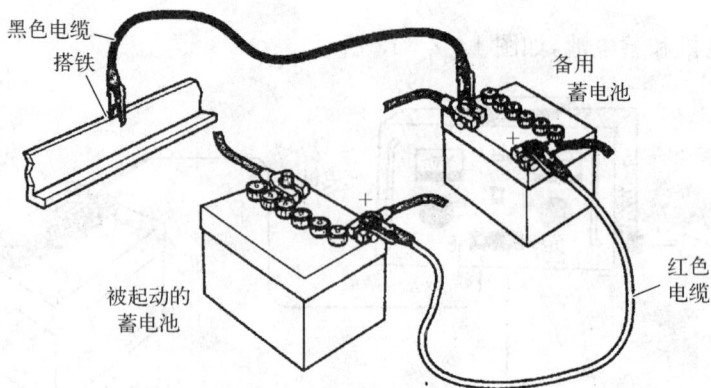

黑色电缆
搭铁
备用
蓄电池
红色
电缆
被起动的
蓄电池

图 1-2-16　与备用蓄电池的连接方法

（2）用起动电源跨接起动时，跨接电压不能超过 16 V，以防损坏发动机电控系统。

（3）如果跨接起动困难，起动发动机，将发动机转速提高到 2 000 r/min，再次尝试起动。

**注意：**不能长时间采用上述方法起动，以防烧毁支援车发电机。

### 三、案例剖析

**1. 奇瑞 SQR7160 型轿车蓄电池亏电的故障排除**

**故障现象：**一辆上汽奇瑞 SQR7160 基本型轿车，在行驶 4 700 km 后，出现停置一段时间蓄电池就亏电故障，在蓄电池电量充足前提下，停置数小时后，蓄电池又出现亏电，甚至全车无电现象。

**故障排除：**蓄电池亏电主要有以个几种原因：

（1）发电机发电量不足。

（2）蓄电池自放电。

（3）用电设备工作放电。

因该车常出现亏电，所以对该车发电机充电状况进行了测量，其充电电压为 14.2 V，符合正常值（13.8～14.2 V）。因该车曾出现蓄电池电量充足情况下，熄火 3 h 后蓄电池严重亏电，导致全车无电。故对该车的放电电流进行了测量，其值为 4.2 mA，该值也不会导致上述故障。最后对该车蓄电池进行了更换，可故障现象依然存在。

该车蓄电池正极有三根火线：一根为起动机及发电机火线，一根为发动机电控系统常火线，另一根通往中央继电器盒。首先将电控系统火线拆除，将该车放置一晚上，故障依旧。单独断开中央继电器盒火线，故障排除。由此断定上述故障原因是中央继电器盒控制的用电设备偶尔放电所致。因该车曾出现熄火 3 h 便将新蓄电池完全放电的现象，分析其放电电流一定很强。所以，怀疑是由于进气预热装置导致上述故障，于是打开点火开关，用导线反复短接冷却液温度开关 F35，测量进气预热电阻 N15 电压，偶尔出现断开冷却液温度开关 F35 后，预热电阻、电压仍存在，说明进气预热继电器 J18 触点不能分离。更换新继电器，故障排除。

打开进气预热继电器 J18，发现触点烧蚀，有金属毛刺，在受热或颠簸情况下将 J18 的 87 端子与 30 端子连接，导致进气预热阀工作，产生放电，引起上述故障。

**笔记**

2. 奥迪 A6 轿车充电指示灯不稳定的故障排除

**故障现象：** 奥迪 A6 轿车，行驶近 30 000 km，夜间行驶出现充电指示灯时亮时灭，发动机转速低时，按下喇叭，响声正常；发动机转速高时，按下喇叭，基本不响。

**故障排除：** 根据充电系统的原理和维修经验，该车故障主要原因为：

(1) 发电机转子集电环与电刷严重接触不良，励磁电流时断时续。

(2) 发电机转速高时，电刷在集电环上颤动加剧，使发电机输出电压下降。排除方法如下：

① 首先检查充电系统和灯光系统各连接导线的连接情况，对连接不好处重新处理。

② 将电刷拆卸下来，发现有一个电刷磨损严重，弹簧的弹力不足，使电刷和转子集电环烧蚀成麻面，进而接触不良。于是，更换了发电机电刷和电刷弹簧。经试验，故障依旧。

③ 在发电机运转状态下，用万用表直流电压档检查发电机输出电压，发电机转速低时，输出电压在 14 V 左右；发动机转速高时，输出电压反而低于 10 V。拆下蓄电池负极搭铁线检查，输出电压为 16 V 左右，但一按喇叭，输出电压急剧下降，说明在空载时还没有什么反应，但重载之下却露出原形。

④ 将发电机转子卡在车床上，再用顶尖顶牢，对集电环进行精车，最后用 0 号砂纸进行抛光，使电刷与集电环接触良好，然后组装到轿车上进行试验，一切正常，故障排除。

**总结：** 由于集电环脏污，从而与电刷接触不良，低速时不明显，但转速高时电刷在集电环上颤动加剧，使励磁电流时断时续导致充电指示灯时亮时灭。

3. 捷达轿车蓄电池总亏电的故障排除

**故障现象：** 一辆捷达轿车蓄电池总亏电，推车起动后，行驶一段时间，蓄电池又恢复正常。

**故障诊断：**

(1) 检查蓄电池电解液液面高度为 13 cm，正常。

(2) 起动发动机，测量发电机输出电压为 14 V，正常。由此，怀疑该蓄电池有自放电现象，且较严重，故决定更换蓄电池。

(3) 在拆装蓄电池时，发现接线柱有强烈的电火花，而此时点火开关处于关闭状态。由此说明，电路中有用电器漏电或短路之处。

(4) 不经点火开关的用电器有散热器风扇、点烟器、收音机、制动灯、门灯、示宽灯等。逐一拔掉上述这些电器的熔丝，观察漏电电流并不减小；干脆拔下所有熔丝，漏电电流还是不减小。再逐一拔掉所有的用电器，当拔掉 12 号位置进气歧管预热继电器后，漏电电流消失，手摸该继电器表面严重发热，该车进气管加热电阻电路如图 1-2-17 所示。

(5) 拆下发热的继电器，发现其内部烧蚀粘连。更换新的继电器后，漏电消失，蓄电池也不再亏电，故障排除。

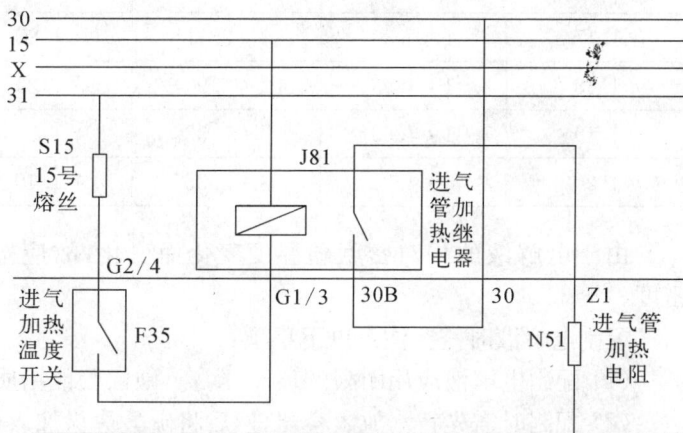

图 1-2-17  捷达轿车进气管加热电阻电路

4. 一辆2010款标致307三厢1.6 L手动档轿车蓄电池经常亏电的故障排除

**故障现象：**该车蓄电池经常亏电,起动时起动机运转无力。

**故障排除：**测量发电机的输出电压为14 V,正常,而蓄电池电压只有12.3 V,清理蓄电池极柱也未见效。怀疑发电机输出端至蓄电池之间的线路断路,于是用一根导线连接发电机输出端至蓄电池正极,蓄电池电压还是只有12.3 V,用万用表测试,当负表笔搭接发电机时电压正常,搭接车身时电压减小。检查发现车身搭铁线螺丝松动并有油污,将其清理并紧固后,故障消失。

**总结：**该车发电机虽然正常,但因修理工在维修时搭铁线弄到油污并紧固松动,从而造成电阻增大,影响了发电机对蓄电池的正常充电,使蓄电池的电压太低,影响起动。

拓展学习

（一）电解液的配制

蓄电池的电解液是由纯硫酸和蒸馏水按一定比例配制而成。一般工业用的硫酸和非蒸馏水都含有杂质,绝对不可以加入蓄电池,否则容易自行放电,并易损坏极板。因此要用 HGB 1008—59 二级专用硫酸和蒸馏水按一定的体积或重量比配制,如表1-2-6所示。

表1-2-6　蓄电池电解液的规格

| 电解液密度 /(g/cm³) | 硫酸与蒸馏水 体积比 | 硫酸与蒸馏水 重量比 | 电解液密度 /(g/cm³) | 硫酸与蒸馏水 体积比 | 硫酸与蒸馏水 重量比 |
|---|---|---|---|---|---|
| 1.10 | 1：9.80 | 1：6.82 | 1.21 | 1：4.07 | 1：2.22 |
| 1.11 | 1：8.80 | 1：5.84 | 1.22 | 1：3.84 | 1：2.09 |
| 1.12 | 1：8.00 | 1：5.40 | 1.23 | 1：3.60 | 1：1.97 |
| 1.13 | 1：7.28 | 1：4.40 | 1.24 | 1：3.40 | 1：1.86 |
| 1.14 | 1：6.68 | 1：3.90 | 1.25 | 1：3.22 | 1：1.76 |
| 1.15 | 1：6.15 | 1：3.63 | 1.26 | 1：3.05 | 1：1.60 |
| 1.16 | 1：5.70 | 1：3.35 | 1.27 | 1：2.80 | 1：1.57 |
| 1.17 | 1：5.30 | 1：3.11 | 1.28 | 1：2.75 | 1：1.49 |
| 1.18 | 1：4.95 | 1：2.90 | 1.29 | 1：2.60 | 1：1.41 |
| 1.19 | 1：4.63 | 1：2.52 | 1.30 | 1：2.47 | 1：1.34 |
| 1.20 | 1：4.33 | 1：2.36 | 1.40 | 1：1.60 | 1：1.02 |

由于电解液的相对密度随温度变化而变化,故应按公式算成25℃标准温度时的相对密度。

配制电解液时需要注意以下事项:

（1）配制电解液应用耐酸的玻璃、陶瓷、硬橡胶或铅质容器。

（2）配制时需先将水放入容器,然后将硫酸徐徐加入水中,并不断地用玻璃棒或塑料棒搅拌,绝对禁止将蒸馏水倒入浓硫酸中,以免发生爆溅,伤害人体及设备。

（3）配制电解液时，操作人员要做好自我保护，如有硫酸溅到衣服上，应立即使用 10% 的碳酸钠水溶液浸湿，然后用清水冲洗。如果硫酸溅到眼睛里，要立刻用大量凉水或医用清洗器清洗。

（4）配制电解液时，会使温度升高，配制好的电解液需待冷却至 35℃ 以下时，才能加入蓄电池。加入电解液后，待渗透到极板空隙，温度降到 30℃ 以下才能充电。电解液面应高于极板 10～15 mm。

（二）电解液相对密度的选择

电解液相对密度的不同，对蓄电池的工作有很大的影响，所以不同地区、气温条件下电解液的选择可参考表 1-2-7。

表 1-2-7　不同地区、气温条件下电解液密度

| 气候条件(不同地区) | 完全充足电的蓄电池在 15℃ 时电解液密度/(g/cm³) | |
| --- | --- | --- |
| | 冬 季 | 夏 季 |
| 冬季温度低于 -40℃ 的地区 | 1.31 | 1.27 |
| 冬季温度在 -40℃ 以上的地区 | 1.29 | 1.25 |
| 冬季温度在 -30℃ 以下的地区 | 1.28 | 1.25 |
| 冬季温度在 -30℃ 以上的地区 | 1.27 | 1.25 |
| 冬季温度在 0℃ 以上的地区 | 1.24 | 1.24 |

思考与练习

**一、填空题**

1. 对于有观察窗的免维护蓄电池，可以直接通过观察窗观察孔中颜色，当看到黄色时，说明电解液 ＿＿＿＿＿＿；当看到绿色时，说明电解液 ＿＿＿＿＿＿；当看到黑色时，说明电解液 ＿＿＿＿＿＿。

2. 蓄电池的充电方法有 ＿＿＿＿＿＿ 和 ＿＿＿＿＿＿ 两种。

3. 交流发电机的励磁方式有 ＿＿＿＿＿＿ 和 ＿＿＿＿＿＿ 两种方式。

4. 蓄电池在充电过程中，其充电电流保持恒定不变，随着蓄电池电动势的逐步提高，逐步增加充电电压的方法称为 ＿＿＿＿＿＿。

5. 新蓄电池或修复后的蓄电池(更换极板)在使用之前的首次充电为 ＿＿＿＿＿＿。

6. 蓄电池在使用中，如果发现起动机运转无力，灯光比平时暗淡，冬季放电超过 25%、夏季放电超过 50%，储存不用已近一个月的普通蓄电池，都必须进行 ＿＿＿＿＿＿。

7. 干荷电蓄电池的电解液必须用符合国家标准的蓄电池硫酸和蒸馏水配制，其电解液相对密度(在室温 25℃ 时)应为 ＿＿＿＿＿＿ g/cm³。使用中电解液液面高度应高出极板 ＿＿＿＿＿＿ mm，不足时及时添加 ＿＿＿＿＿＿。

8. 判断蓄电池放电程度可用两种方法：一是 ＿＿＿＿＿＿，二是 ＿＿＿＿＿＿。

9. 使用高率放电计检测蓄电池时，按下开关按钮，蓄电池开始瞬间大电流放电，要求在 5 s

内读出电压表的负载电压指示数值。若指针指示在_____V,说明蓄电池存电充足,不需要充电;若指针指示在_____V,说明蓄电池存电不足,需要充电;若指针指示在_____V以下,说明蓄电池严重亏电,要立即充电,才能使用。

## 二、判断题

1. 加液孔盖或螺塞上的通气孔应保持畅通,以防蓄电池壳体胀裂。(　　)

2. 不允许用发电机的输出端搭铁试火的方法来检查发电机是否发电,否则将会烧毁发电机的电枢。(　　)

3. 只要正向电流值一致,14 V发电机二极管与28 V发电机整流二极管就可通用。(　　)

4. 将蓄电池正负极板各插入一片到电解液中,即可获得12 V的电动势。(　　)

5. 在放电过程中,正负极板上的活性物质都转变为硫酸铅。(　　)

6. 为了防止冬天结冰,蓄电池电解液的密度越高越好。(　　)

7. 在定电压充电过程中,其充电电流也是定值。(　　)

8. 常规充电方法有定电压充电和定电流充电两种。(　　)

9. 汽车上的蓄电池与发电机为并联,这时对蓄电池的充电即为定电流充电。(　　)

10. 在放电过程中,蓄电池的放电电流越大,其容量就越大。(　　)

## 三、选择题

1. 一辆解放汽车行驶时,充电指示灯亮,说明(　　)。

A. 发电机有故障　　B. 调节器有故障　　C. 充电线路有故障　　D. 不一定

2. 在讨论蓄电池电解液时,技师甲说,在冬天电解液的密度越大越好;技师乙说,补充电解液时,一定要用蒸馏水,必要时可补充电解液。谁正确?(　　)。

A. 甲正确　　　　B. 乙正确　　　　C. 两人均正确　　　D. 两人均不正确

3. 当一辆捷达轿车行驶时,充电指示灯不亮,技师甲说,发电机和调节器可能有故障;技师乙说,充电线路可能有故障。谁正确?(　　)。

A. 甲正确　　　　B. 乙正确　　　　C. 两人均正确　　　D. 两人均不正确

4. 在讨论蓄电池电极桩的连接时,技师甲说,脱开蓄电池电缆时,始终要先拆下负极电缆;技师乙说,连接蓄电池电缆时,始终要先连接负极电缆。谁正确?(　　)。

A. 甲正确　　　　B. 乙正确　　　　C. 两人均正确　　　D. 两人均不正确

5. 在讨论发电机的输出电压时,技师甲说,只要发电机输出电压高于12 V,发电机就没问题;技师乙说,发电机的输出电压应在13.5～14.5 V之间为正常。谁正确?(　　)。

A. 甲正确　　　　B. 乙正确　　　　C. 两人均正确　　　D. 两人均不正确

6. 一位顾客早晨起动她的汽车时蓄电池总是没电,当早晨一次跨接其他蓄电池起动后,该车整天的起动都没问题,技师甲说,起动机起动电流太大;技师乙说,或许杂物箱灯一直亮着。谁正确?(　　)。

A. 甲正确　　　　B. 乙正确　　　　C. 两人均正确　　　D. 两人均不正确

## 四、简答题

1. 如何判断交流发电机与调节器的搭铁类型?

2. 简述蓄电池的跨接方法。

3. 如何用高率放电计检测蓄电池的放电程度?

4. 如何进行去硫化充电?

5. 如何正确使用蓄电池?
6. 干荷式蓄电池的维护要点有哪些?
7. 蓄电池液面高度如何检测?

# 学习任务 1.3　发电机的检修

## 学习目标

1. 了解交流发电机使用时的注意事项;
2. 了解交流发电机调节器的正确使用方法;
3. 能对交流发电机正确的拆装;
4. 能对发电机零件进行检测;
5. 能正确对发电机进行不解体检测。

## 学习时间

6 学时

## 学习情境描述

一辆红旗 CA7220E 的车主打电话说,他的车在行驶时先是感觉加速不良,又行驶了一段里程后自动熄火,再次起动时发现全车无电,要求外出救援。

### 一、相关知识

（一）交流发电机使用时的注意事项

交流发电机由于使用硅二极管整流,也称为硅整流交流发电机。由于硅整流交流发电机结构的特殊性,在使用和维护中应特别注意以下几点:

（1）及时清理,经常保持清洁。外壳及接线柱的灰尘、污垢要定期清理,以免外壳锈蚀,造成接线柱接触不良;整流子上的油污一般工作 150 h 后,使用浸有汽油或酒精的纱布擦净,否则将影响导电性。

（2）定期检查电刷。电刷磨损严重时应及时更换,为防止接触不好,引起火花,电刷与整流子的接触面积不小于 75%。电刷在电刷架内应能自由起落,活动自如,压力适当。

（3）发电机润滑。发电机前后轴承润滑黄油要定期填充,一般 1 000 h 更换,以充满轴承空间 2/3 为宜。不宜过多,否则易受热外溢,造成电机绝缘损坏。

（4）检查发电机绝缘性能时禁止使用 220 V 交流电源或兆欧表。用 220 V 交流电源或兆欧表（摇表）来检查发电机的绝缘性能,会因电压过高而将硅二极管击穿损坏。

（5）蓄电池正、负极不能接反。硅整流发电机都是以外壳为负极搭铁的,因此在安装蓄电池时,一定要注意分清其正、负极,否则蓄电池将通过硅二极管大电流放电会将二极管瞬间击穿。

（6）硅整流发电机的接线必须正确。硅整流发电机的接线错误时会造成发电机不能正常发电,严重时还会烧毁发动机或调节器。一般情况下,硅整流发电机上"B+"接柱为电枢,应与电流表或蓄电池的正极相接;"F"接柱为磁场,应与电压调节器的磁场接柱相接;"N"接柱为中性点,应与充电指示控制继电器的"N"接柱相接;"E"或"一"为搭铁,应与电压调节器的搭铁接柱"E"或车身相接。

(7) 硅整流发电机与蓄电池之间的连线必须牢固可靠。蓄电池可以缓解发电机工作时的瞬间过电压。若发电机在与蓄电池未连接的情况下运转,或正常运转时突然断开发电机与蓄电池之间的连线,就极易产生较高过电压,从而击穿整流二极管,或损坏电压调节器及其他用电设备。

(8) 发动机熄火后应及时关闭点火开关。硅整流发电机磁场绕组直接受点火开关点火档控制,因此熄火后点火开关必须及时关闭,以防止蓄电池通过点火开关,调节器对发电机的磁场绕组做长时间放电,将磁场绕组或调节器烧坏。停车期间收听广播,一定要将点火开关打至ACC档,即收音机等附属设备档。

(9) 传动皮带必须松紧适度。发电机传动皮带的张力应调整合适,过松易使皮带打滑造成发电不足,过紧容易损坏皮带和发电机轴承。具体调整时应按照车辆维修资料规定实施。

(10) 听到发电机异响应及时检查。行驶中,若听到发电机运转声音不正常,应立即停车进行检查。首先检查传动皮带是否过松,必要时还应分解发电机,检查前、后端轴承磨损程度及润滑情况。

(11) 发现故障应及时排除。若发现充电电流过小或接近于零时,应及时检查硅整流发电机是否有故障,找出故障原因并加以排除。因为发电机整流器中只要有一个二极管击穿短路,发电机就不能正常工作,若继续运转,就会引起其他二极管或定子绕组烧毁。

(12) 禁用搭铁"试火"的方法检测发电机故障。诊断硅整流发电机充电系统故障,一般采用试灯法或仪表测试法,不能使用将发电机电枢"B+"接柱与外壳搭铁试火的方法来检查发电机是否发电,以免因瞬时大电流或感应所产生的过电压烧坏发电机的硅二极管和电线束。发电机高速运转时更应注意。

(13) 正确区分交流发电机及其调节器的搭铁形式。交流发电机及其调节器分为内搭铁和外搭铁两种搭铁形式。一般情况下磁场绕组外搭铁的交流发电机与外搭铁形式的调节器配套使用,磁场绕组内搭铁的交流发电机与内搭铁形式的调节器配套使用。需要代换使用时,应同时改变发电机与调节器的接线方式。

(二) 交流发电机调节器的正确使用

(1) 调节器与发电机的电压等级必须一致,否则充电系不能正常工作。

(2) 调节器与发电机的搭铁形式必须一致,当调节器与发电机的搭铁形式不匹配而又急需使用时,可通过改变发电机磁场绕组的搭铁形式来解决。

(3) 调节器与发电机之间的线路连接必须完全正确,否则充电系不能正常工作,甚至还会损坏调节器。

(4) 调节器必须受点火开关控制。

**二、相关技能**

(一) 发电机的拆解

发电机的拆解步骤如下:

（1）拆下电刷架总成。

（2）给前、后端盖做记号，并拆下前、后端盖的紧固螺栓。

（3）将螺钉旋具插入前端盖与定子之间的缝隙，但不要将螺钉旋具插入太深以免损伤定子线圈，如图 1-3-1 所示。将前端盖与定子分开，即分为与转子结合的前端盖和与定子连接的后端盖两大部分。

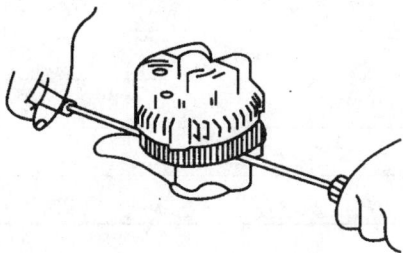

图 1-3-1　定子与前端盖的拆解

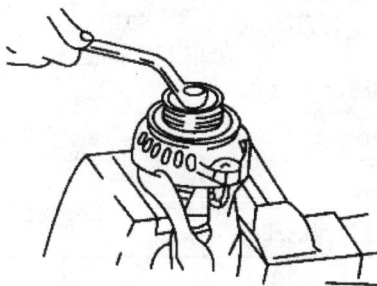

图 1-3-2　带轮及冷却风扇的拆卸

（4）将前端盖部分夹在台钳上（注意要将带轮端朝上），依次取下带轮、冷却风扇，如图 1-3-2所示。注意力量不要过大，以防损伤转子。

（5）将转子与前端盖分开，若装配过紧，可用拉力器，如图 1-3-3 所示。

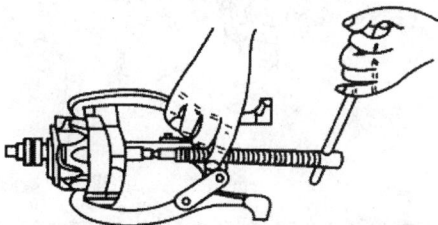

图 1-3-3　用拉力器分开前端盖与转子

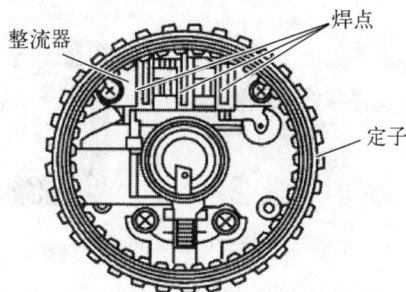

图 1-3-4　焊点位置

（6）拆下后端盖上的三个螺钉，卸下防尘盖。

（7）拆下定子上四个接线端的连接螺母，使定子与后端盖分开。

（8）拆下后端盖上紧固整流器总成的螺钉，取下整流器总成。

（9）用电烙铁（180～250 W）拆下定子，此操作应在 4 s 内完成以免传热到二极管，从调节器上拆卸整流器时，将焊接在整流器上的部位用电烙铁烫下。焊点位置如图 1-3-4 所示。

**注意：** 用电烙铁焊接二极管时，不要时间过长，否则将损坏二极管，同时也不要让二极管管脚承受过大的力。

（二）发电机零件的检测

发电机拆解后，先用布或棉纱蘸适量清洗剂擦洗转子线圈、定子线圈、电刷及其他零件。然后再检测转子、定子的电阻值及绝缘电阻。为了取得较准确的测量数值，建议使用数字万用表测量，同时对其他零件进行检测。最后，要将检测结果记录到表 1-3-1 中。

表1-3-1　发电机检测记录　　　　　（数字万用表型号_____）

| | 二极管编号 | 转子阻值/Ω | 转子绝缘电阻/Ω | | 定子阻值/Ω | | 定子绝缘电阻/Ω | | |
|---|---|---|---|---|---|---|---|---|---|
| 二极管检测 | 二极管编号 | 1 | 2 | 3 | 4 | 5 | 6 | 7 | 8 | 9 |
| | 正向测量值/Ω | | | | | | | | | |
| | 数字表测量值/mV | | | | | | | | | |
| | 反向测量值/kΩ | | | | | | | | | |
| 集电环检测记录 | | | | | | | | | | |
| 转子轴检测记录 | | | | | | | | | | |
| 电刷检测记录 | | | | | | | | | | |
| 轴承、端盖检测记录 | | | | | | | | | | |

**1. 转子的检测**

（1）激磁绕组电阻的检测：用万用表（R×1）档进行检测，检测方式如图1-3-5所示，若电阻为∞，则说明激磁绕组断路；若阻值符合该型发电机的标准，则说明激磁绕组良好；若阻值小于标准值，则说明绕组有匝间短路故障。

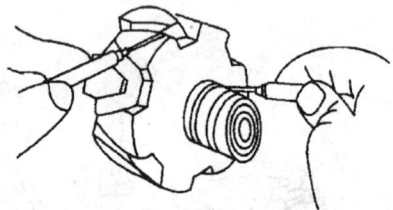

图1-3-5　用万用表测量激磁绕组电阻　　　　图1-3-6　激磁绕组搭铁的检测

（2）激磁绕组搭铁的检测：激磁绕组与转子铁芯间的绝缘情况也可用万用表测量，即一支表笔接触转子轴，另一支表笔接触滑环，如图1-3-6所示，表针指在∞为良好。

（3）集电环（滑环）的检查：集电环表面应平整光滑，无明显烧损，无明显磨损的痕迹，否则用"00"号砂纸打磨。滑环加工出槽可以给电刷提供一个合适的工作表面，两集电环间隙处应无污垢。加工后的滑环尺寸不能小于制造商规定的最小尺寸，集电环圆度误差不超过0.025 mm，厚度不小于1.5 mm。

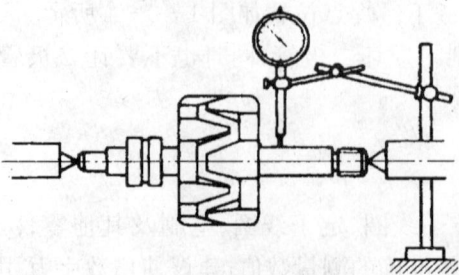

图1-3-7　转子轴的检查

（4）转子轴变形的检查：转子轴检测方法如图1-3-7所示。用百分表检查轴的弯曲，弯曲度不超过0.05 mm（径向圆跳动公差不超过0.1 mm），否则应予校正。爪形磁极在转子轴上应固定牢靠，间距相等。

**2. 定子的检测**

（1）定子绕组断路、短路的检测：定子绕组的故障一般有断路、短路和搭铁。定子绕组的阻值一般很小(150～200 mΩ),所以,用测量电阻的办法很难检测其短路故障,一般可通过示波器检测发电机端电压的波形来判断。对于定子绕组有无断路,则可用万用表测出,方法如图 1-3-8(a)所示,若用万用表测量的阻值为∞,则说明绕组有断路之处。

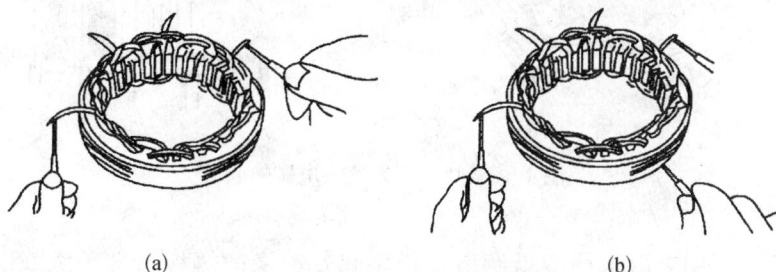

图 1-3-8　定子绕组的检查

　　(2) 定子绕组搭铁的检测:即检查定子绕组与定子铁芯间的绝缘情况。用数字万用表电阻最大档检测定子绕组接线端与定子铁芯间的电阻,如图 1-3-8(b)所示。若绝缘电阻小于或等于 100 kΩ,则说明有搭铁故障,正常应指示趋于"∞"。

　　(3) 硅二极管的检测:首先拆开发电机的定子绕组与硅二极管的连接线,然后用万用表(R×1)档逐个检查每个硅二极管的好坏。如图 1-3-9(a)和(b)所示,先将万用表两极测棒分别接在二极管的两极上检测一次,然后交换两表笔的位置再测一次。若两次测得阻值均为一大(10 kΩ 左右)一小(8～10 Ω),则该二极管良好;若两次测得均为∞,则该二极管断路;若两次检测阻值均为零,则该二极管短路。

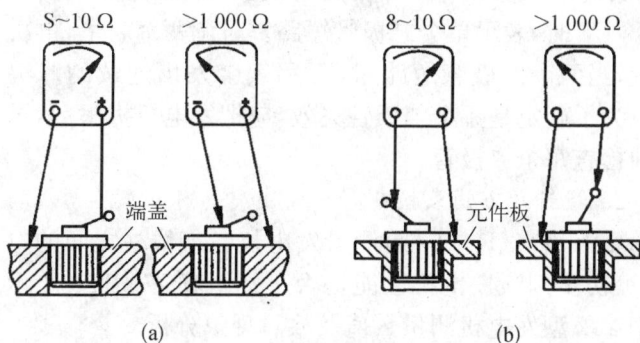

图 1-3-9　硅二极管的检测方法
(a) 端盖上方负管子的测试;(b) 元件板上正管子的测试

图 1-3-10　电刷检测

　　(4) 电刷的检测:电刷表面不得有油污,且应在电刷架中活动自如;电刷磨损不得超过原高度的 1/2(或电刷磨损到磨损极限标记线时,如图 1-3-10 所示),否则更换电刷。

　　(三) 发电机的组装

　　发电机的组装过程具体方法及步骤如下:

　　(1) 从后盖上的小插孔插入一根钢丝,如图 1-3-11(a)所示。用钢丝将电刷抬起,当转子安装好后,再拔出钢丝,如图 1-3-11(b)所示。

　　(2) 按照拆解的相反顺序,进行组装,注意不要漏装绝缘垫片。

(a)　　　　　　　　　　　(b)

图 1-3-11　用钢丝将电刷抬起

(a) 插入钢丝；(b) 抬起电刷

（3）组装后用万用表电阻档测量两散热板之间及绝缘散热板与端盖之间电阻均应为∞；若上述电阻较小或者为零，表明漏装了绝缘垫片或套管，应拆开重装。

（4）检查发电机前、后端盖上的安装位置是否符合拆解前做的标记。

（5）装上前、后端盖紧固螺栓，并分几次拧紧。注意各螺栓的拧紧切不可一次完成，而应轮流进行，并且不断转动转子，若转子运转受阻或者内部有摩擦，应调整螺柱。

（四）发电机不解体的检测

1. 用数字万用表检测

用数字万用表的二极管测试功能，一个表笔接触发电机壳，另一个表笔接触发电机输出端，如图 1-3-12 所示。

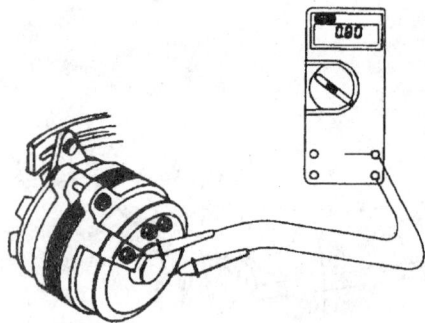

万用表读数在 0.8 V 附近时，表示正常；万用表读数为 0.4 V 时，表示单个二极管短路。对调两个表笔，再次测量，当两个二极管短路时，万用表会发出连续的蜂鸣声。为了确定是哪个二极管失效，应把发电机拆解后，再单独检查每个二极管。

2. 指针式万用表检测

用万用表（R×1 档）测量发电机各接线柱之间的电阻，可初步判断发电机性能是否正常。表 1-3-2 所示为 JF132 型发电机测量数值及故障现象分析。

图 1-3-12　发电机二极管的测试

表 1-3-2　JF132 型发电机各接线柱之间阻值　　　　　　　　/Ω

| 万用表<br>型号 | "F"与"E"接柱 | "B"与"E"接柱 | | "B"与"F"接柱 | |
|---|---|---|---|---|---|
| | | 正向 | 反向 | 正向 | 反向 |
| 108 型 | 6～8 | 40～50 | >10 k | 50～60 | >10 k |
| 故障现象<br>与原因 | 1. 阻值大于标准值，则电刷与滑环接触不良<br>2. 阻值小于标准值，则磁场绕组短路<br>3. 阻值为∞，则磁场绕组断路<br>4. 阻值为零，则"F"接柱搭铁或两只滑环短路 | 1. 正向阻值小于标准值，则二极管短路<br>2. 正、反向阻值均为零，则"B"接柱搭铁或正、负极管至少有一只短路<br>3. 正向阻值大于标准值，则二极管断路 | | 1. 正向阻值小于标准值，则二极管短路<br>2. 正、反向阻值等于"F"与"E"间的标准值，则"B"接柱或正、负二极管至少有一只短路<br>3. 正向电阻为∞，则磁场绕组断路 | |

### 3. 用示波器检测

利用示波器观察发电机输出电压的波形。发电机工作时,其波形有一定的规律性,发电机出现故障时,其输出电压的波形将会发生变化。因此,将其输出电压的波形与正常波形比较,即可根据波形的变化情况判断发电机的故障。用示波器检测发电机输出波形试验步骤如下:

(1) 将示波器连接到发电机 B 端子与接地之间,线路连接如图 1-3-13 所示。

(2) 将示波器调整到发电机波形测试功能。

(3) 起动发电机,记录发电机输出波形。

(4) 参照图 1-3-14 所示的参考波形,对比分析发电机工作性能。

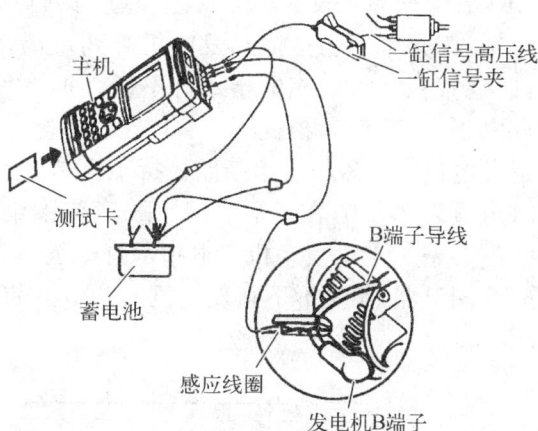

图 1-3-13　示波器与发电机端子
之间的线路连接

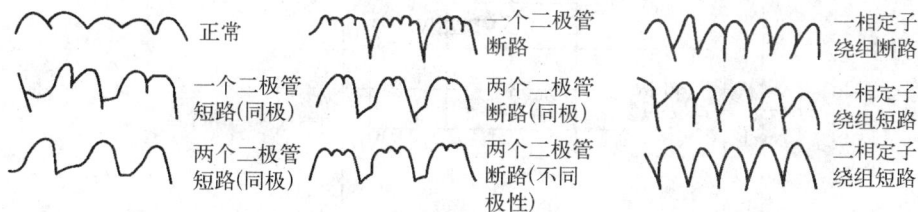

图 1-3-14　交流发电机输出电压的波形

### 三、案例剖析

**1. 桑塔纳 2000GLi 型轿车夜间行驶时灯光发红(暗淡)的故障排除**

**故障现象:**桑塔纳 2000GLi 型轿车行驶 50 000 km,夜间行驶时有发红(灯光暗淡)的现象,同时在起动发动机时,有蓄电池亏电的感觉。

**故障排除:**该车行驶里程较短,灯光亮度不够,其主要原因可能是蓄电池电压过低或电能不足,发电机不充电,发电机输出电压过低或电压调节器调压过低等。经过万用表检测,蓄电池电压只有 11.6 V,调换蓄电池试车,确定是蓄电池电压过低,电能基本耗尽。蓄电池电压过低的原因是什么呢? 将发电机电极线拆下,并做好绝缘处理,用万用表直流 50 V 档,正表笔与发电机相连,负表笔与蓄电池负极相接,然后使发动机由中速提高到高速,此时观察万用表的指示值,结果输出电压仅 6 V 左右,看来故障在发电机。解体发电机,发现发电机电刷已磨损过度,电刷与转子接触不紧,造成励磁电流过小而输出低电压,使蓄电池得不到很好充电而电能耗尽,从而使灯光暗淡。更换电刷,检测充电电压为 14.5 V,充电系统恢复正常。

**2. 红旗 CA7220E 型轿车蓄电池电量耗尽,发动机熄火的故障排除**

**故障现象:**一辆红旗 CA7220E 的车主打电话说,他的车在行驶时先是感觉加速不良,又行驶了一段里程后自动熄火,再次起动时发现全车无电,要求外出救援。

　　**故障排除**：根据故障发生经过,我们判断此车可能是发电机不发电,造成蓄电池电量耗尽,于是带了蓄电池和发电机赶到现场。更换蓄电池后,打开点火开关,但不起动发动机,观察仪表板上充电指示灯不亮。拆下发电机接线"D+"柱的蓝色线并直接搭铁,观察充电指示灯点亮,根据图1-3-15的电路分析,故障部位只有两个:一是调节器断路;二是发电机内的磁场绕组断路。拆下调节器后即可测量磁场绕组(无需解体发电机),经测量电阻值为2.8 Ω,在正常范围。故障范围缩小到调节器,找了一节导线跨接调节器"F"和"C"接线柱,起动发动机充电指示灯熄灭,可以判断故障点是调节器,因是在外救援,没有现成的调节器,于是拆下新发电机的调节器装到旧发电机上,起动后测量充电电压为14.5 V,故障排除。

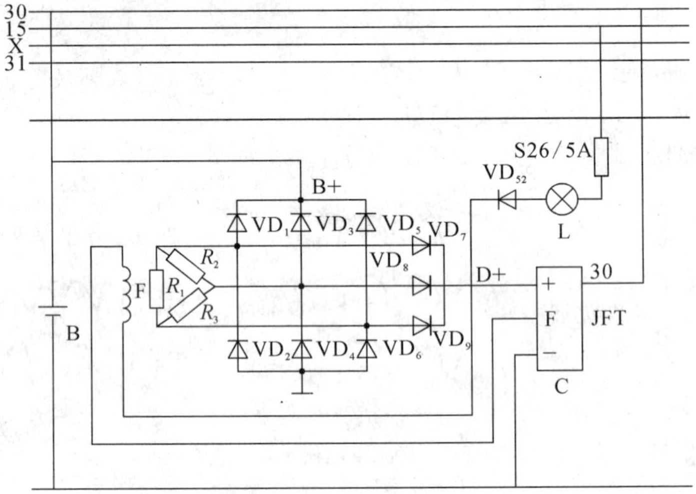

图1-3-15　红旗轿车充电指示灯电路图

C—发电机;JFT—调节器;B—蓄电池;F—磁场绕组;$VD_{52}$—二极管;
L—充电指示灯;$R_1$、$R_2$、$R_3$—定子绕组;$VD_1$~$VD_9$—整流二极管

　　**3. 一辆奥迪A4L型轿车发电机温度过高,蓄电池严重亏电的故障排除**

　　**故障现象**：该车发电机温度过高,蓄电池严重亏电,经检查线路连接正常。

　　**故障排除**：主要故障原因有:

　　(1) 发电机输出电压过高或负荷过重,导致发电机温度过高。

　　(2) 发电机输出功率不足或输出电压过低,造成蓄电池严重亏电。

　　(3) 蓄电池内部个别极板之间短路或断路,引起充电电流过大,致使发电机过热。

　　(4) 发电机轴承损坏或转子扫膛。检查发电机工作情况,运转自如,没有卡滞现象。

　　对发电机几个接线柱进行测量,发现不正常。于是拆卸发电机后端盖,发现二极管与电枢绕组相连的3个接线柱上的螺母(M4)均有不同程度的松弛,估计是上次保养时没有拧紧,重新将3个螺母拧紧,再进行整机测量,一切正常。

　　对发电机电压调节器进行测量,各接线柱间阻值基本符合规定标准。用比重计分别检测蓄电池6个单格电解液的比重,结果比重最高的为1.45,最低的为1.31,可断定蓄电池极板硫化严重,引起极板底部短路。更换蓄电池,故障彻底排除。

拓展学习

电子调节器的检测

1. 就车检查

电子调节器也可能会出现故障,如发电机电压建立不起来,发电机失控等。可以就车检查,找一个量程为 10 A 左右的电流表串接在调节器 F 与发电机 F 之间,起动发动机,如果电流表无指示,多为电子调节器大功率管断路;如果电流表有指示,但在低速时无变化,而在转速升高到 900～1 000 r/min 后,电流随转速的升高而增大,则说明电子调节器大功率管短路,这时的发电机电压过高;如果电流随转速的升高而减小,表明调节器是好的。

2. 可调直流电源的检测

若在车上检查还不能确诊电子调节器是否真的有问题,应用可调直流电源检测电子调节器的方法作进一步检测。如图 1-3-16 所示,准备一个输出电压为 0～30 V、电流为 3～5 A 的可调稳压电源及充电指示灯,被测调节器如果是外搭铁的,则按图 1-3-16(a)所示线路连接,如果是内搭铁的,则按图 1-3-16(b)所示线路连接。线路接好后,先接通开关 K,然后由 0 V 逐渐调高直流电源电压,此时小灯泡的亮度应随电压升高而增强。当电压调高到调节电压值或者略高于调节电压值时,灯泡熄灭,则调节器是好的;若小灯泡始终发亮,则调节器是坏的。在上述检查过程中,若小灯泡始终不亮(灯泡没坏),则调节器也是坏的。

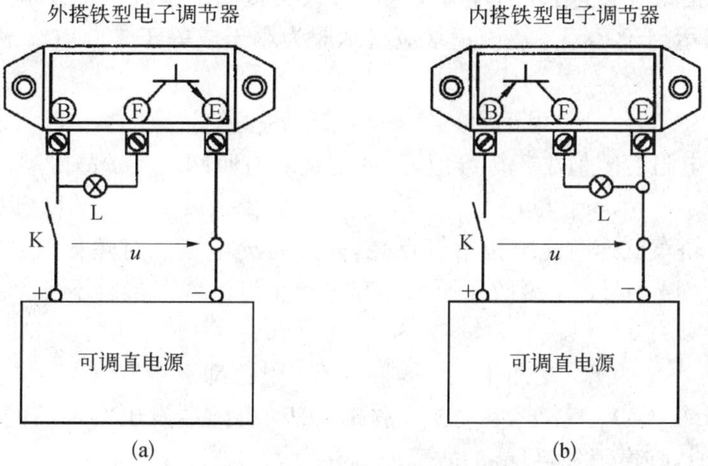

图 1-3-16　电子调节器好坏的判断
(a) 外搭铁电子调节器;(b) 内搭铁电子调节器

思考与练习

**一、填空题**

1. 一般情况下,硅整流发电机上"B+"接柱为电枢,应与_____或_____相接;"F"接柱为磁场,应与_____相接;"N"接柱为_____,应与充电指示控制继电器的"N"接柱相接;"E"或"—"为搭铁,应与电压调节器的搭铁接柱"E"或车身相接。

2. 电刷磨损不得超过原高度的_____,否则更换电刷。

3. 用数字万用表的二极管测试功能,一个表笔接触发电机壳,另一个表笔接触发电机输出端,万用表读数在 0.8 V 附近时,表示_____;万用表读数为 0.4 V 时,表示_____。对调两个表笔,再次测量,当两个二极管_____时,万用表会发出连续的蜂鸣声。

4. 用万用表测量激磁绕组与转子铁芯间的绝缘情况,即一支表笔接触_____,另一支表笔接触_____,表针指在_____为良好。

5. 定子绕组的故障一般有_____、_____和_____。

**二、判断题**

1. 交流发电机中硅整流器中的正极管的负极为发电机的正极。(    )

2. 发电机传动皮带的张力过松易使皮带打滑造成发电不足。(    )

3. 检查发电机绝缘性能时可以使用 220 V 交流电源或兆欧表。(    )

4. 可以使用搭铁"试火"的方法检测发电机故障。(    )

5. 用电烙铁焊接二极管时,不要时间过长,否则将损坏二极管。(    )

6. 集电环表面应平整光滑,无明显烧损、磨损的痕迹,否则用"00"号砂纸打磨。(    )

7. 定子绕组搭铁检查,即检查定子绕组与定子铁芯间的绝缘情况。(    )

**三、选择题**

1. 电刷与整流子的接触面积不小于(    )。

A. 75%      B. 65%      C. 70%      D. 80%

2. 定子绕组搭铁检查,用数字万用表电阻最大档检测定子绕组接线端与定子铁芯间的电阻,甲说正常应指示趋于"∞"。乙说正常应指示应为小于或等于 100 kΩ。丙说正常应指示应为"0"。(    )。

A. 乙正确      B. 甲正确      C. 丙正确      D. 以上都不对

3. 激磁绕组电阻若阻值小于标准值,则说明绕组有匝间(    )故障。

A. 搭铁      B. 断路      C. 短路      D. 以上都不对

4. 一辆威驰轿车低速时充电指示灯点亮,高速时充电指示灯熄灭,检测充电电压低速时为 13 V,高速时为 14.5 V。甲说故障原因是充电指示灯的线路接触不良。乙说故障原因可能是皮带打滑。(    )。

A. 甲正确      B. 乙正确      C. 甲乙都不对

5. 一辆桑塔纳 2000 型轿车,发动机工作时,发动机前端发出"沙沙"的异响声,拆下发电机皮带起动发动机,响声消失,可能的故障原因在(    )。

A. 水泵      B. 正时齿轮      C. 发电机轴承      D. 以上都不是

**四、简答题**

1. 为什么在发动机熄火时,忘记切断点火开关容易烧毁硅整流发电机励磁绕组?

2. 试分析发电机不发电的故障原因及检查、排除故障的方法。

3. 交流发电机调节器如何正确使用?

4. 简述转子的检测内容及方法。

5. 简述定子的检测内容及方法。

# ▶ 学习情境 2

# 起动系统工作异常故障的检修

## 学习任务 2.1　起动系统电路的检修

学习目标

1. 了解发动机起动原理；
2. 掌握起动系统的作用、组成及起动机结构原理；
3. 能分析起动系统电路原理图并能对电路进行检测；
4. 能正确拆解装配起动机；
5. 能对起动系统工作异常进行故障检修。

学习时间

8 学时

学习情境描述

　　98 款韩国现代索纳塔（SONATA）轿车，冷车起动初期起动机工作出现间歇性停转现象。该车为 98 款 EF 型车，车主里程 12 100 km。在一般情况下起动正常，就是在冷车起动初期，出现起动机间歇性不工作的现象。一旦起动成功，当水温上升到 20℃ 以上时，一切正常。车主已将车开到 4S 店，请你解决本车的起动系统故障。

**一、相关知识**

（一）磁的基本知识

1. 磁铁

　　磁铁是一种可以相互吸引或相互排斥的物质，如果说某物体内部的细小分子都能按照相同方向排列，它就会变成磁铁，如图 2-1-1 所示。成分是铁、钴、镍等原子结构特殊，原子本身具有磁矩，一般的这些矿物分子排列混乱。磁区互相影响就显不出磁性，但是在外力（如磁场）导引下分子排列方向趋向一致，就显出磁性，也就是俗称的磁铁。铁、钴、镍是最常用的磁性物质，基本上磁铁分永久磁铁与软铁，永久磁铁是加上强磁，使磁性物质的自旋与电子角动量呈固定方向排列，软磁则是加上电流（也是一种加上磁力的方法）等电流去掉软铁会慢慢失去磁性。

　　磁铁具有以下的特性：

图 2-1-1 磁铁

（1）磁铁的两端磁性最强，这两端称为磁极。磁极具有指向南北的性质，通常将指向南端的磁极称为南极，用 S 表示，将指向北端的磁极称为北极，用 N 表示。

（2）同性磁极相互排斥，异性磁极相互吸引。磁极之间的这种作用力称为磁力。

（3）任何一块磁铁，无论大小，都有南、北两个磁极，磁极是相互依存的，不能独立存在。

（4）原来没有磁性的铁磁物质，放在磁铁旁边会获得磁性，这一现象称为磁化。被磁化的铁磁物质远离磁铁后仍保留一定的磁性，称为剩磁。

**2. 磁场与磁力线**

（1）磁场：指磁铁周围有磁力作用的空间。磁场具有力和能的性质，它是存在于磁体周围空间的一种特殊物质。磁场的基本特征是能对其中的运动电荷施加作用力，即通电导体在磁场中受到磁场的作用力。

（2）磁力线：即磁感线，在磁场中画一些曲线，用（虚线或实线表示）使曲线上任何一点的切线方向都跟这一点的磁场方向相同（且磁感线互不交叉），这些曲线称为磁感线。磁感线是闭合曲线，且不能中断，如图 2-1-2 所示。规定小磁针的北极所指的方向为磁感线的方向。磁铁周围的磁感线都是从 N 极出来进入 S 极，在磁体内部磁感线从 S 极到 N 极。

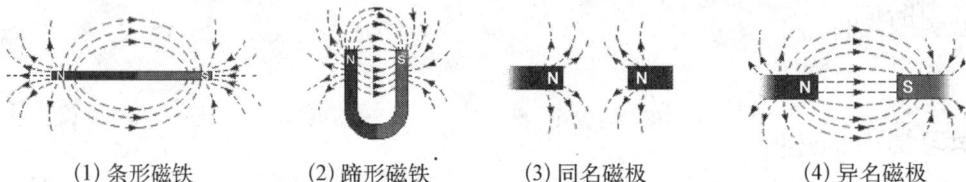

（1）条形磁铁 （2）蹄形磁铁 （3）同名磁极 （4）异名磁极

图 2-1-2 几种磁场的磁力线

**3. 电流的磁场**

任何通电导体周围的空间存在着磁场，这种现象称为电流的磁效应。

（1）通电直导体的磁场通电直导体周围磁场的磁力线是一些以导体上各点为圆心的同心圆，这些同心圆都在与导体垂直的平面上，如图 2-1-3 所示。

（2）通电线圈的磁场把直导线绕成螺旋线形状的线圈，当通入电流后，通电线圈就会产生类似条形永久磁铁的磁场，如图 2-1-4 所示。

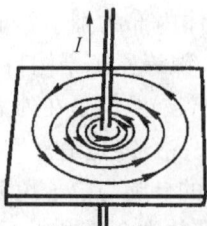

图 2-1-3 磁场通电直导体的磁力线

图 2-1-4 右手螺旋定则

　　实验证明 1,通电直导体周围各点磁场的强弱与导体中的电流大小成正比,与该点距导体的垂直距离成反比。磁场的方向与电流的方向有关,用右手螺旋定则(安培定则)确定:右手握住导体,用大拇指指向电流方向,则其余四指弯曲的方向就是磁场的方向,如图 2-1-4 所示。

　　实验证明 2,通电线圈磁场的强弱,不仅与线圈的电流大小有关,而且还与线圈的匝数有关,即与线圈的电流和匝数的乘积成正比。通电线圈磁场的方向,用右手螺旋定则(安培定则)确定:右手握住线圈,用弯曲的四指指向电流方向,则拇指所指的方向就是磁场的方向即 N 极,如图 2-1-5 所示。

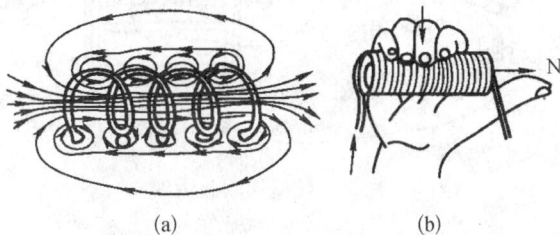

图 2-1-5　通电螺旋线圈的磁场

　　4. 磁场的基本物理量

　　(1) 磁感应强度($B$):表示磁场内某点的磁场强弱和方向的物理量。磁场中某点的磁感应强度 $B$ 在数值上等于通电导体在磁场中某点受到的作用力 $F$ 与导体中的电流 $I$ 和导体的有效长度 $L$ 乘积的比值,即

$$B = \frac{F}{IL}$$

式中:$B$ 为磁感应强度,特斯拉(T)或韦伯/米$^2$(Wb/m$^2$);$F$ 为通电导体受到的作用力,N;$I$ 为导体中的电流,A;$L$ 为导体在磁场中的有效长度,m。

　　磁感应强度是一个矢量,它的方向就是该点的磁场方向,即该点的磁力线的切线方向。如果磁场中某一区域内各点的磁感应强度的大小和方向都相同,则该区域内的磁场叫作均匀磁场。均匀磁场的磁力线是一些均匀分布的平行直线。

　　通常规定用符号“×”和“•”分别表示电流和磁力线垂直进入和流出纸面的方向。

　　(2) 磁通量($\Phi$):磁感应强度 $B$ 与垂直于磁场方向的面积 $S$ 的乘积,即 $\Phi = BS$。可以看出,$B = \dfrac{\Phi}{S}$,这说明,磁感应强度的大小就是垂直穿过单位面积上的磁通量(或磁力线条数),所以磁感应强度又叫磁通密度,简称磁密。应当注意的是,磁通量是一个标量,只有大小而没有方向。

　　(3) 磁场强度($H$):计算磁场时所引用的一个物理量,通过它来确定磁场与电流之间的关系。磁场强度用符号 $H$ 表示,单位是 A/m(安/米)。

　　(4) 磁导率($\mu$):表征媒介质磁化性质的物理量,用符号 $\mu$ 表示,它与磁场强度的乘积就等于磁感应强度,磁导率的单位是 H/m(亨利/米)。

　　(二) 电磁感应

　　1. 电磁感应

　　当导体相对于磁场运动而切割磁力线(如图 2-1-6 所示)或线圈中的磁通发生变化(如图 2-1-7 所示)时,在导体或线圈中就会产生电动势。如果导体或线圈是闭合电路的一部分,则导体或线圈中将产生电流。这种相对运动或变化磁场在导体中引起电动势的现象称为电磁感应,由电磁感应引起的电动势称作感应电动势,感应电动势引起的电流称感应电流。

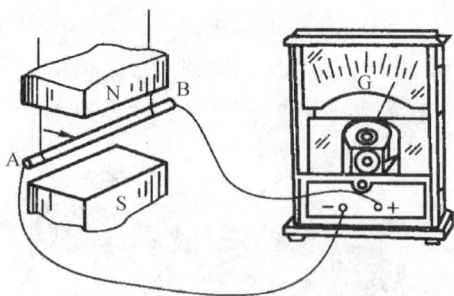

图 2-1-6　导体切割磁力线

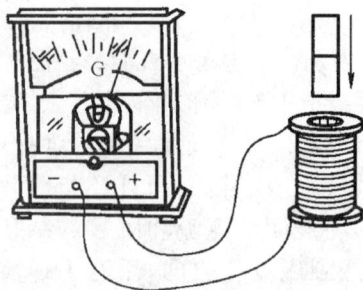

图 2-1-7　磁通发生变化的线圈感应电动势

**2. 直导体中的感应电动势**

(1) 感应电动势的方向。如图 2-1-8 所示,感应电动势的方向用右手定则确定:右手平展,使大拇指与其余四指垂直,并且都跟手掌在一个平面内。把

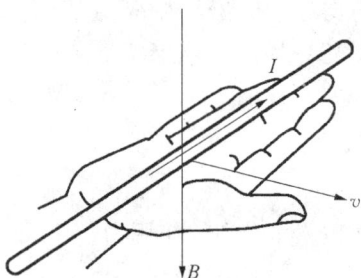

图 2-1-8　右手定则

右手放入磁场中,若磁力线垂直进入手心(当磁感线为直线时,相当于手心面向 N 极),大拇指指向导线运动方向,则四指所指方向为导线中感应电流的方向。

(2) 感应电动势的大小。在均匀磁场中,直导体作切割磁力线而产生的感应电动势的大小与磁感应强度 $B$,导体的有效长度 $L$,导体切割磁力线的运动速度 $v$ 以及导体运动方向与磁力线之间夹角 $\alpha$ 的正弦值成正比,即

$$e = BLv\sin\alpha$$

式中: $B$ 为磁感应强度,T; $L$ 为导体有效长度,m; $v$ 为导体运动的速度,m/s; $e$ 为感应电动势,V。

**3. 线圈中的感应电动势**

(1) 感应电动势的方向。当线圈中的磁通量发生变化时,线圈就会产生感应电动势,感应电动势的方向由楞次定律和右手螺旋定则来确定。

**楞次定律**:感应电流产生的磁通总是企图阻碍原磁通的变化,即当线圈中的磁通量要增加时,感应电流就要产生一个磁通去阻碍它增加;当线圈中的磁通量要减少时,感应电流就要产生一个磁通去阻碍它减少,也就是说,感应电流产生的磁通并不是阻碍原磁通存在,而是企图阻碍原磁通的变化。

利用楞次定律判断感应电流方向,具体步骤如下:

① 确定原磁场的方向及其变化趋势。

② 用楞次定律确定感应电流的磁通方向是与原磁通同向还是反向。

③ 根据感应电流产生的磁通方向,用右手螺旋定则确定感应电流的方向,感应电动势的方向与感应电流的方向一致。

(2) 感应电动势的大小。线圈中感应电动势的大小与线圈中磁通量的变化快慢(即变化率)和线圈的匝数 $N$ 的乘积成正比,即

$$e = -N\Delta\Phi/\Delta t = -\Delta\Phi N/\Delta t$$

式中: $e$ 为感应电动势的平均值,V; $N$ 为线圈的匝数; $\Delta\Phi$ 为一匝线圈的磁通变化量,Wb; $\Delta\Phi_N$

为 N 匝线圈的磁通变化量,Wb;$\Delta t$ 为磁通变化所需要的时间,s。

电磁感应原理用于很多设备和系统,如感应电动机、发电机、变压器、充电电池的无接触充电、感应焊接、电感器、电磁成型、磁场计。

（三）发动机的起动原理

要使发动机由静止状态过渡到工作状态,必须用外力转动发动机的曲轴,使气缸内吸入（或形成）可燃混合气并燃烧膨胀,工作循环才能自动进行。曲轴在外力作用下开始转动到发动机开始自动地怠速运转的全过程,称为发动机的起动。

发动机起动的方法很多,汽车发动机常用的电动机起动是用电动机作为机械动力,当将电动机轴上的齿轮与发动机飞轮周缘的齿圈啮合时,动力就传到飞轮和曲轴,使之旋转。电动机本身又用蓄电池作为能源。目前绝大多数汽车发动机都采用电动机起动。

（四）起动系统的作用

由起动机通过直流电动机产生转矩,经传动机构带动发动机曲轴转动,从而实现发动机的起动。

（五）起动系统示意图

如图 2-1-9 所示。

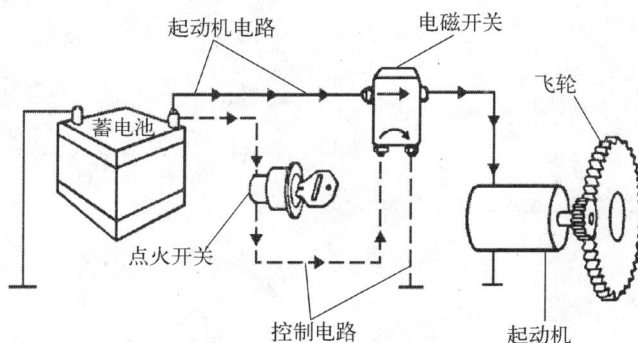

图 2-1-9　起动系统示意图

（六）起动系统的组成

起动系统由蓄电池、点火开关、起动安全开关、电磁开关、起动机、控制电路等组成,如图 2-1-10 所示。

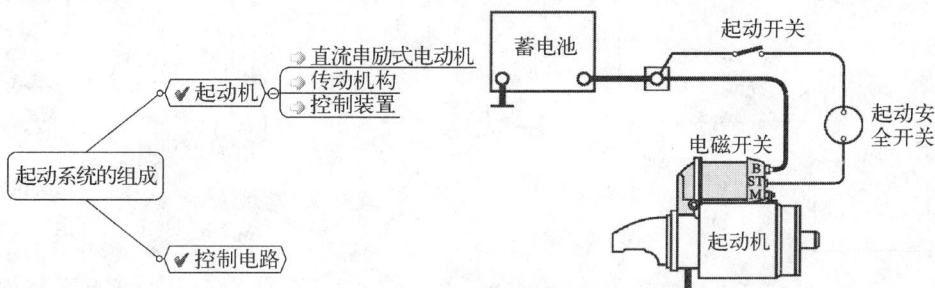

图 2-1-10　起动系统的组成

蓄电池供应起动机所需的大电流。

汽车的点火开关装在转向柱上,通常有五个档位,分别是锁止(LOCK)、关闭(OFF)、附件(ACC)、运转(ON)、起动(START),如图2-1-11所示。

起动安全开关是一种常开开关,以防止变速器不在空档或发动机在运转中,使起动系统产生作用发生危险或损坏齿轮的安全装置。如图2-1-12所示起动安全开关在P或N才能接通;如图2-1-13所示手动档汽车用的离合器起动继电器与起动开关;如图2-1-14所示离合器起动开关的位置。

电磁开关用以控制起动机驱动齿轮与飞轮的接合分离,及接通起动机电路。

起动机包括起动机本体与传动机构两部分。

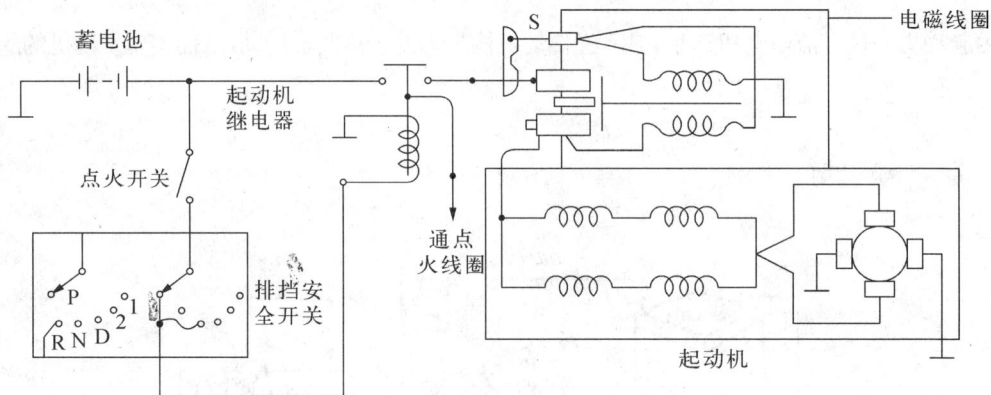

图2-1-11 点火开关的位置

图2-1-12 起动安全开关在P或N才能接通

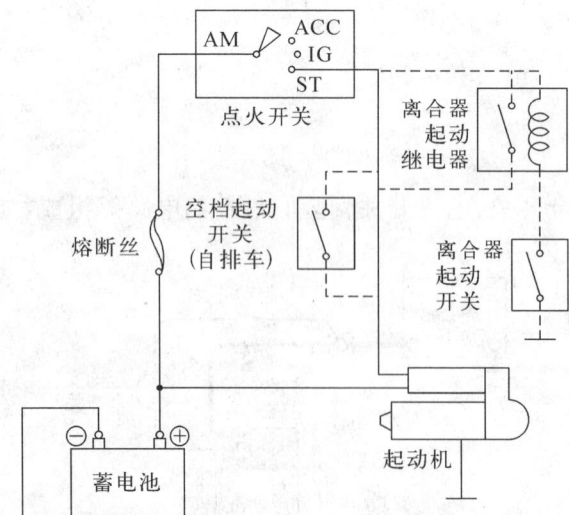

图2-1-13 手动档汽车用的离合器起动继电器与起动开关

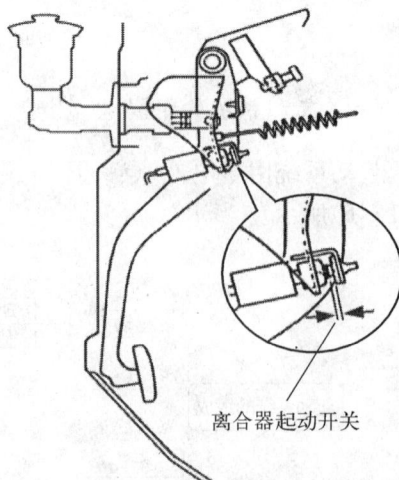

图2-1-14 离合器起动开关的位置

**（七）起动机概述**

**1. 起动机作用**

利用起动机将蓄电池的电能转换为机械能，再通过传动机构将发动机拖转起动。

**2. 起动机的分类**

在各种起动机的三个组成部分中，电动机部分一般没有本质的差别，而控制方法和传动机构的啮入方式则有很大差异，因此起动机是按控制方法和传动机构的啮入方式的不同来分类的。

按控制方法的不同，起动机可分为机械控制式和电磁控制式两种。

按传动机构啮入方式，起动机可分为惯性啮合式、强制啮合式、电枢移动式、齿轮移动式和同轴式起动机。

除上述以外，还有磁极为永久磁铁的永磁式起动机以及内装减速齿轮的减速起动机等。

**3. 起动机的型号**

起动机的型号如图2-1-15所示。

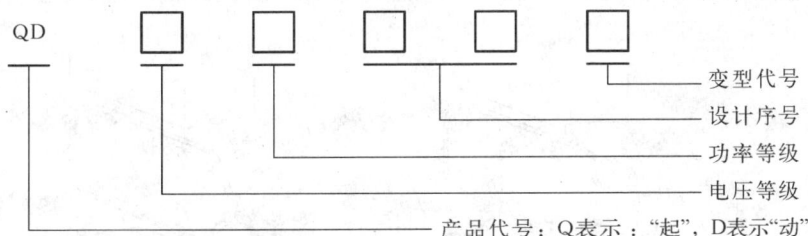

图2-1-15 起动机型号

QDJ表示减速起动机；QDY表示永磁起动机（包括永磁减速起动机），J、Y分别表示"减"、"永"。

电压等级：1~12 V；2~24 V。

功率等级：

| 功率等级代码 | 1 | 2 | 3 | 4 | 5 | 6 | 7 | 8 | 9 |
|---|---|---|---|---|---|---|---|---|---|
| 功率/kW | <1 | 1~2 | 2~3 | 3~4 | 4~5 | 5~6 | 6~7 | 7~8 | >8 |

**4. 起动机安装位置**

起动机在发动机上和车上的安装位置如图2-1-16所示。

**5. 起动机的工作原理与特性**

（1）起动机的工作原理：如图2-1-17所示是直流电动机的工作原理图。电动机工作时，电流通过电刷和换向器流入电枢绕组。如图2-1-17(a)所示，换向片A与正电刷接触，换向片B与负电刷接触，绕组中的电流方向为a→b→c→d，根据通电导体在磁场中受电磁力的原理（左手定则），绕组ab边、cd边均受到电磁力F的作用，由此产生逆时针方向的电磁转矩M使电枢转动；当电枢转动至换向片A与负电刷接触，换向片B与正电刷接触时，电流改

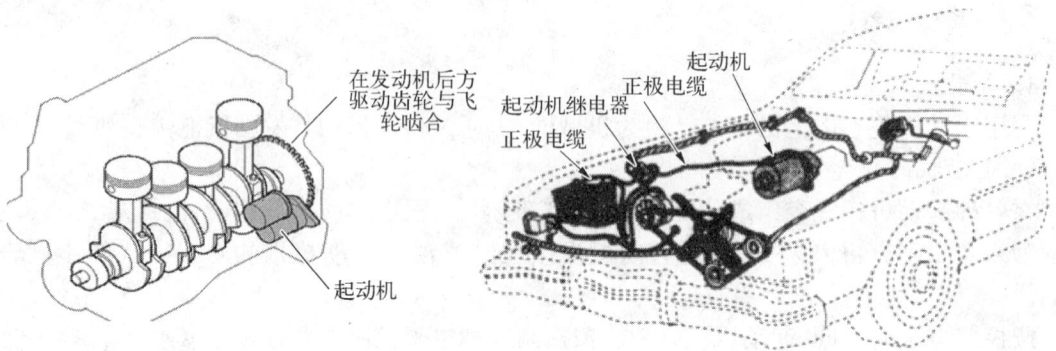

图 2-1-16 起动机在发动机上和车上的安装位置

由 d→c→b→a(换向器适时地改变了电枢绕组中的电流方向),如图 2-1-17(b)所示,但电磁转矩的方向仍保持不变,使电枢按逆时针方向继续转动。

图 2-1-17 只列举了电枢绕组中的一匝线圈的工作过程,实际上,直流电动机为了产生足够大且转速稳定的电磁力矩,其电枢上绕有很多组线圈,换向器的铜片也随之相应增加。

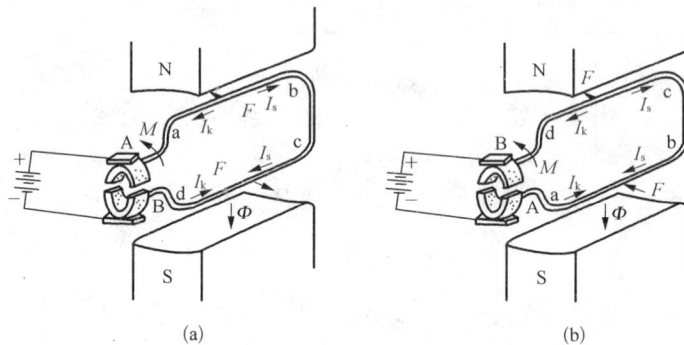

图 2-1-17 直流电动机的工作原理

(a) 电流 a→d;(b) 电流 d→a

(2) 直流电动机转矩自动调节原理:直流电动机的电枢在电磁力矩 $M$ 作用下产生转动的同时,由于绕组在转动时切割磁力线而产生感生电动势,且其方向与电枢电流 $I_s$ 的方向相反,故称反电动势 $\dot{E}_f$。反电动势 $E_f$ 与磁极的磁通量 $\Phi$ 和电枢的转速 $n$ 成正比,即

$$E_f = C_e \Phi n$$

式中:$C_e$ 为电动机的电机常数。由此可推出电枢回路的电压平衡方程式,即

$$U = E_f + I_s R_s + I_s R_j$$

式中:$U$ 为加在起动机上的电压;$R_s$ 为电枢回路电阻,其中包括电枢绕组的电阻和电剧与换向器的接触电阻;$R_j$ 为励磁绕组等效电阻。

在直流电动机刚接通电源的瞬间,电枢转速 $n$ 为零,电枢反电动势也为零。此时,电枢绕组中的电流达到最大值,即 $I_{amx} = U/(R_s + R_j)$,将相应产生最大电磁转矩 $M_{max}$,若此时的电磁转矩大于电动机的阻力矩 $M_s$,电枢开始加速转动。随着电枢转速的上升,$E_f$ 增大,$I_s$ 下降,

笔记

电磁转矩 $M$ 也就随之下降。当 $M$ 下降至与 $M_s$ 相平衡($M = M_s$)时,电枢就以此转速运转。如果直流电动机在工作过程中负载发生变化,就会出现如下的变化。

工作负载增大时,$M < M_s \rightarrow n\downarrow \rightarrow E_f\downarrow \rightarrow I_s\uparrow \rightarrow M\uparrow \rightarrow M = M_s$,达到新的平衡;

工作负载减小时,$M > M_s \rightarrow n\uparrow \rightarrow E_f\uparrow \rightarrow I_s\downarrow \rightarrow M\downarrow \rightarrow M = M_s$,达到新的平衡。

可见,当负载变化时,电动机能通过转速、电流和转矩的自动变化来满足负载的需要,使之能在新的转速下稳定工作,因此直流电动机具有自动调节转矩功能。

(3)起动机的工作特性:在直流电动机中,按磁场绕组与电枢绕组的连接方式的不同,可分为串激式、并激式和复激式三种。汽车用的起动机大多为串激式直流电动机,其特点如下:

① 转矩特性:对于直流串励电动机,其磁场电流 $I_j$ 与电枢电流 $I_s$ 相等,并且磁路未饱和时,磁通 $\Phi$ 与电枢电流成正比,即 $\Phi = C_1 I_s$。所以,串励直流电动机的转矩可表示为

$$M = C_m I_s \Phi = C_m C_1 I_s^2$$

可见,在磁路未饱和的情况下,直流串励电动机的电磁转矩 $M$ 与电枢电流 $I_s$ 的平方成正比,如图 2-1-18 所示。

在起动发动机的瞬间,由于发动机的阻力矩很大,发动机处于完全制动状态下,转速为零,反电动势也为零。此时电枢电流将达到最大值,电动机产生最大转矩,从而使起动机易于起动发动机。这也是汽车上多采用直流串励电动机的主要原因。

② 转速特性:直流串励电动机转速 $n$ 与电枢电流 $I_s$ 的关系式为

$$n = \frac{U - I_s \sum R - \Delta U_{ds}}{C_m \Phi}$$

式中:$U$ 为加在起动机上的电压(V);$I_s$ 为电枢电流;$\sum R$ 为包括电枢、励磁绕组电阻;$\Delta U_{ds}$ 为电刷接触电压降。

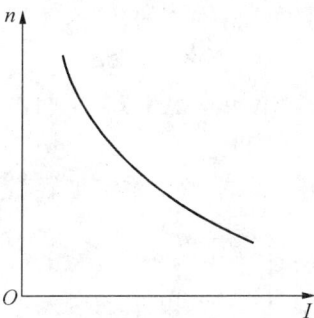

图 2-1-18　直流串励电动机转矩特性

相对而言,串励电动机在磁路未饱和时,由于 $\Phi$ 不为常数,当 $I_s$ 增加,即电磁转矩增大时,由于 $\Phi$ 与 $I_s \sum R$ 同时随之增加。因此,电枢转速 $n$ 随 $I_s$ 的增大而下降较快,因此说直流串励电动机具有较软的机械特性,如图 2-1-19 所示。

从机械特性同样可以看出,直流串励电动机具有轻载转速高、重载转速低的特点。重载转速低,可以保证电动机在起动时(重载)不会超出限定值而烧毁,使起动安全可靠。这也是车用起动机采用串励直流电动机的又一原因。但由于其轻载或空载时转速很高,容易造成"飞散"事故,故对于功率较大的串励直流电动机,不允许在轻载或空载下长时间运行。

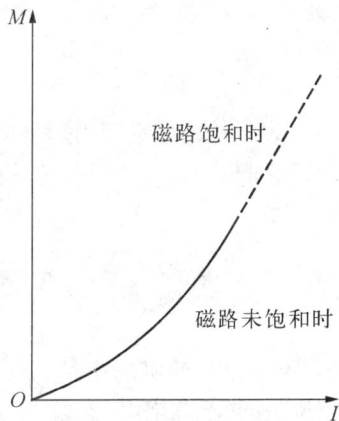

图 2-1-19　直流串励电动机转速特性

③ 功率特性:起动机的输出功率由电动机电枢转矩 $M$ 和电枢的转速 $n$ 来确定,即

$$P = \frac{Mn}{9\,550}$$

由此可以得出起动机的功率特性曲线,如图 2-1-20 所示。

从特性曲线可以看出,在完全制动状态($n = 0$)和空载($M = 0$)时,起动机的功率等于零;电枢电流接近制动电流的一半时,电动机输出功率最大。由于起动机起动时间很短,起动机可以最大功率运转,因此将其最大功率作为额定功率。

起动机功率必须保证发动机能够迅速可靠地起动。若功率不够将会增加起动次数,缩短蓄电池的使用寿命,增加燃料消耗及低温下发动机零件的磨损。起动发动机所必需的功率,取决于发动机的最低起动转速和起动阻力短,即

$$P = \frac{M_Q n_Q}{9\,550}$$

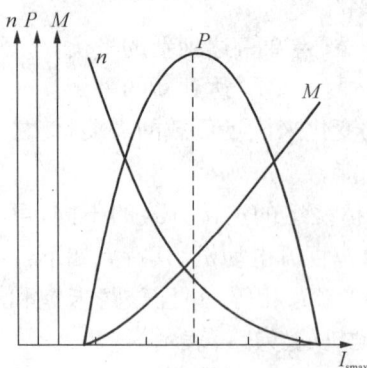

图 2-1-20 直流串励电动机功率特性

式中：$M_Q$ 为发动机的起动阻力矩($N \cdot m$);$n_Q$ 为发动机最低起动转速($r/min$)。

发动机的起动阻力矩是指在最低起动转速时的发动机的阻力矩。最低起动转速是指保证发动机可靠起动的最低转速。一般汽油机最低起动转速是 $50 \sim 70\ r/min$,柴油机是 $100 \sim 200\ r/min$。

起动机所需功率一般为:

汽油机：$P = (0.184 \sim 0.21)L(kW)$

柴油机：$P = (0.736 \sim 1.05)L(kW)$

式中 $L$ 为发动机的排量。

在实际应用中,影响起动机功率的因素较多,必须对起动机进行正确保养。影响因素主要有:

① 接触电阻和导线电阻的影响：电刷与换向器接触不良、电刷弹簧弹力减弱以及导线与蓄电池接线柱连接不牢,都会使电阻增加;导线过长以及导线截面积过小所造成较大的电压降。由于起动机工作时电流特别大,这些都会使起动机功率减小。因此必须保证电刷与换向器接触良好,导线接头牢固,并尽可能缩短蓄电池到起动机的导线、蓄电池搭铁线的长度,并选用截面积足够大的导线,以保证起动机的正常工作。

② 蓄电池容量的影响：蓄电池容量越小,其内阻越大,内阻消耗的电压降也越大,从而供给起动机的电压降低,也会使起动机功率减小。

③ 温度的影响：当温度降低时,由于蓄电池电解液黏度增大,内阻增加,加上蓄电池容量和端电压也会因温度低而下降,起动机功率将会显著降低。

（八）起动机的构造

车用起动机一般由串励直流电动机、传动机构和操纵机构三个部分组成,如图 2-1-21 所示。

1. 串励直流电动机

电动机的作用是将蓄电池输入的电能转换为机械能,产生电磁转矩。串励直流电动机由电枢、

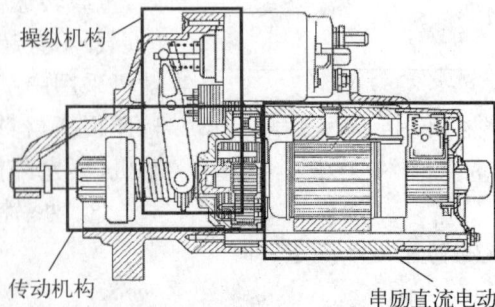

图 2-1-21 起动机总体构造

操纵机构

传动机构

串励直流电动

磁极、电刷、壳体等主要部件构成。

（1）电枢：是直流电动机的旋转部分，由电枢轴、换向器、电枢铁芯、电枢绕组等部分组成。为了获得足够的转矩，通过电枢绕组的电流一般很大（汽油机为 200～600 A，柴油机可达 1 000 A），因此电枢一般采用较粗的矩形裸铜线绕制而成，如图 2-1-22 所示。

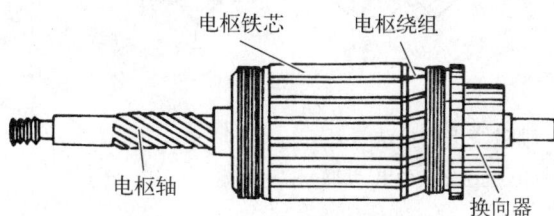

图 2-1-22　电枢总成

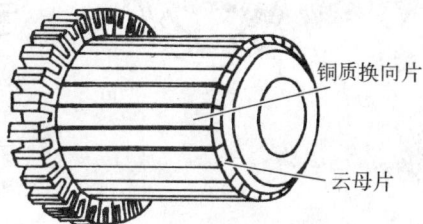

图 2-1-23　换向器

换向器由铜质换向片和云母片叠压而成，且云母片的高度略低于铜质换向片的高度。为了避免电刷磨损的粉末落入换向片之间造成短路，起动机换向片间的云母的高度一般不能过低，如图 2-1-23 所示。电枢绕组各线圈的端头均焊接在换向器片上，通过换向器和电刷将蓄电池的电流传递给电枢绕组，并适时地改变电枢绕组中电流的流向。

（2）磁极：一般由 4 个低碳钢板制成，其内端部扩大为极掌形。每个磁极上绕有励磁绕组，两对磁极相对交错安装在电动机定子内壳上。定子与转子铁芯形成的磁回路如图 2-1-24 所示。

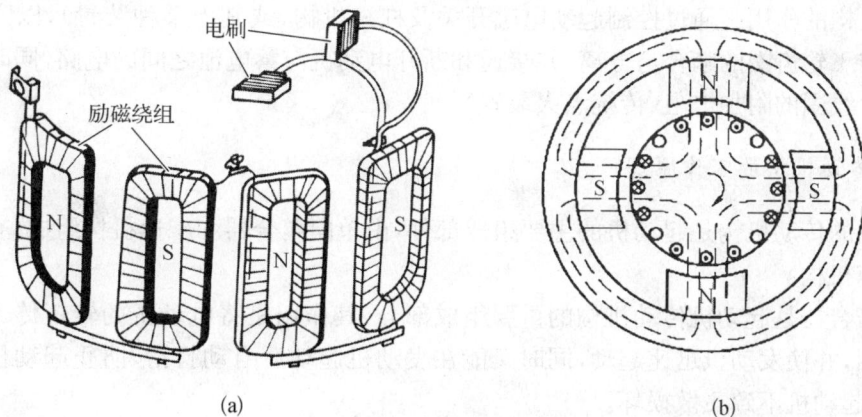

(a)　　　　　　　　　　　　　　　　(b)

图 2-1-24　励磁绕组与磁场回路

（a）励磁绕组与正电刷；（b）磁场回路图

4 个励磁线圈可互相串联后再与电枢绕组串联，也可两两串联后并联再与电枢绕组串联，如图 2-1-25 所示。

（3）电刷架与机壳：电刷架一般为框式结构，其中正极刷架与端盖绝缘，负极刷架通过机壳直接搭铁。电刷置于电刷架中，正电刷与励磁绕组的末端相连，负电刷负极刷架搭铁。电刷由铜粉与石墨粉压制而成，呈棕红色。刷架上装有弹性较好的盘形弹簧。

(a)　　　　　　　　　　　　　　　　(b)

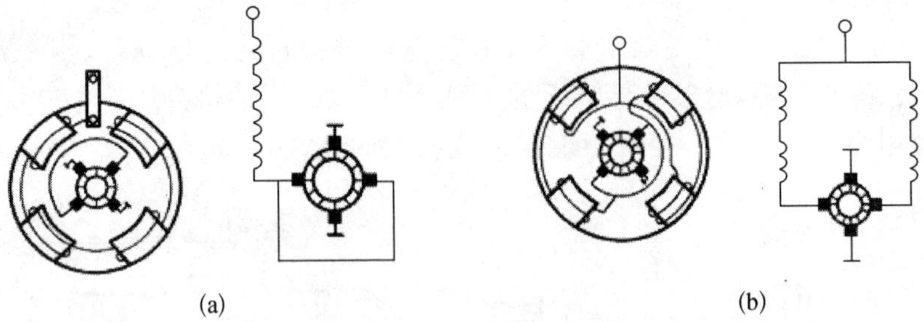

图 2-1-25　励磁绕组的接法

(a) 励磁绕组的串联；(b) 励磁绕组的串、并联

起动机机壳的一端有 4 个检查窗口，中部有一个与壳体绝缘的电流输入接线柱，并在内部与励磁绕组的一端相连。端盖分前、后两个，前端盖由钢板压制而成，后端盖由灰口铸铁浇制而成。前后端盖均压装有青铜石墨轴承套或铁基含油轴承套，外围有 2 个或 4 个组装螺孔。电刷装在后端盖内，前端盖上有拨叉座，盖口有凸缘和安装螺孔，还有拧紧中间轴承板的螺钉孔。

**2. 传动机构**

传动机构的作用是在发动机起动时，将直流电动机的转矩传递给发动机曲轴；在发动机起动后而与飞轮啮合的小齿轮没有及时回位的情况下，保护起动机不被飞轮反拖。传动机构主要由单向离合器、减速机构（有些起动机不具有减速机构）等组成。

**3. 控制装置（即开关）**

操纵机构的作用是通过控制起动电磁开关及杠杆机构（或其他某种装置），以实现起动机传动机构与飞轮齿圈的啮合与分离，并接通和断开电动机与蓄电池之间的电路，同时还能接入和切断点火线圈的附加电阻（传统点火装置）。

**（九）传动机构的工作原理**

起动机的传动机构是起动机的主要组成部件，由单向离合器和减速机构组成（有的起动机不具有减速机构）。

单向离合器是起动机传动机构的重要组成部分，其作用是将电动机的转矩传递给发动机的飞轮齿圈，并使发动机迅速起动，同时又能在发动机起动后自动打滑，防止起动机不被飞轮反拖，保护起动机不致飞散损坏。

传动机构中的单向离合器分为滚柱式单向离合器、摩擦片式单向离合器、弹簧式单向离合器等几种。

**1. 滚柱式单向离合器**

滚柱式单向离合器是目前国内外汽车起动机中使用最多的一种。其结构如图 2-1-26 所示。其中，驱动齿轮采用 40 号中碳钢经加工淬火而成，与外壳连成一体。外壳内装有十字块，十字块与外壳形成了 4 个楔形槽，槽内装有 4 套滚柱及弹簧。十字块与花键套固定连接，壳底与外壳相互折合密封。花键套筒的外面装有缓冲弹簧、拨环及卡环。单向离合器总成利用花键套与起动机轴的花键形成动配合，可以作轴向移动和随轴移动。

　　滚柱式单向离合器的工作原理如图 2-1-26 所示,发动机起动时,经拨叉将单向离合器沿电枢花键轴推出,驱动齿轮啮入发动机飞轮齿圈。由于十字块处于主动状态,随电动机电枢一起旋转,促使 4 个滚柱进入楔形槽的窄端,将十字块与外壳挤紧,于是电动机电枢的转矩就可由十字块经滚柱、外壳传给驱动齿轮,从而达到驱动发动机飞轮齿圈旋转、起动发动机运转的目的,如图 2-1-27(a)所示。

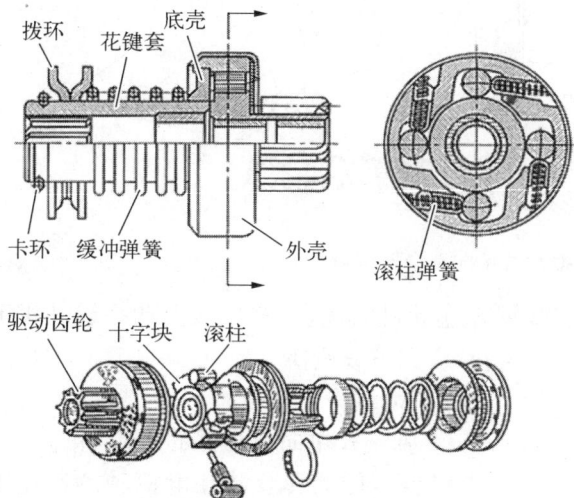

图 2-1-26　滚柱式单向离合器

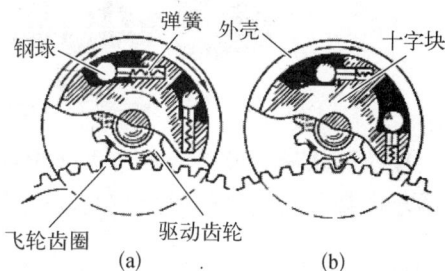

图 2-1-27　滚柱式单向离合器的工作原理图

　　当发动机起动后,飞轮齿圈的转速高于驱动齿轮,十字块处于被动状态,外壳与滚柱的摩擦力使滚柱进入楔形槽的宽端而自由滚动,只有驱动齿轮及外壳随飞轮齿圈做高速旋转,而起动机空转(起动电路并未及时断开),如图 2-1-27(b)所示。这种单向离合器的打滑功能,防止了电枢超速飞散的危险。起动完毕,由于拨叉回位弹簧的作用,经拨环使单向离合器退回,驱动齿轮完全脱离飞轮齿圈。

　　这种滚柱式离合器具有结构简单、坚固耐用、体积小、质量轻、工作可靠等优点,因此得到广泛采用。其不足是不能用于大功率起动机上。

　　2. 摩擦式单向离合器

　　摩擦式单向离合器的驱动齿轮与外接合鼓做成一个整体,其结构如图 2-1-28 所示。在外接合鼓的内壁有 4 道轴向槽沟,装有钢质从动摩擦片。在花键套筒的一端表面亦有 3 条螺旋花键,与内接合鼓内的 3 条螺旋花键配合。内接合鼓的表面也有 4 条轴向槽沟,装有钢或青铜制造的主动摩擦片。主动摩擦片和从动摩擦片彼此相间地排列组装。内接合鼓的外面装有缓冲弹簧,端部固装着拨环。

　　发动机起动时,拨叉推动拨环使内接合鼓沿 3 条螺旋花键向外移动,由于螺旋花键的作用,主动和从动摩擦片被相互压紧,具有了摩擦力。当驱动齿轮啮入飞轮齿圈后,电动机的转矩使主、从动片压得更紧,摩擦力更大,起动机的转矩通过摩擦传给飞轮齿圈,驱动曲轴旋转。发动机起动后,驱动齿轮被飞轮齿圈带动高速旋转,从动摩擦片到主动摩擦片的摩擦力带动内花键毂转动,使内花键毂与螺旋花键旋松,于是主动和被动摩擦片之间的摩擦力消失而打滑,防止了电枢超速飞散的危险。

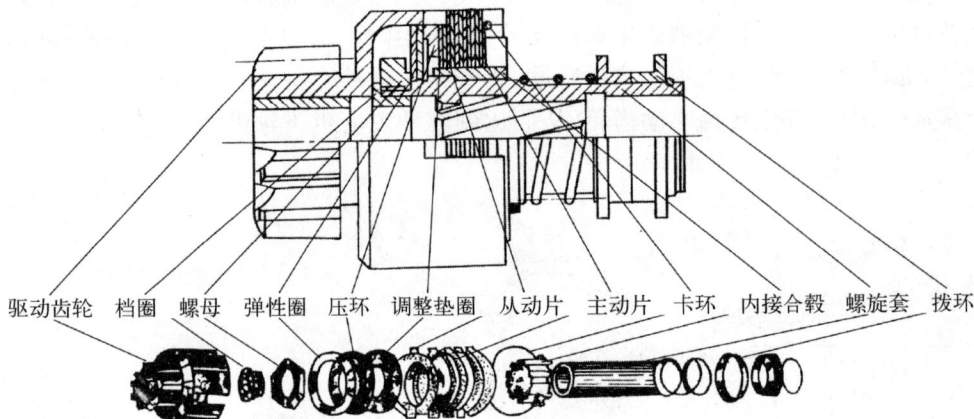

图 2-1-28 摩擦片式单向离合器构造

驱动齿轮 档圈 螺母 弹性圈 压环 调整垫圈 从动片 主动片 卡环 内接合毂 螺旋套 拨环

摩擦片式离合器具有传递大转矩,防止超载损坏起动机的优点,多用在大功率起动机上,但由于摩擦片容易磨损而影响起动性能,需要经常检查、调整或更换。

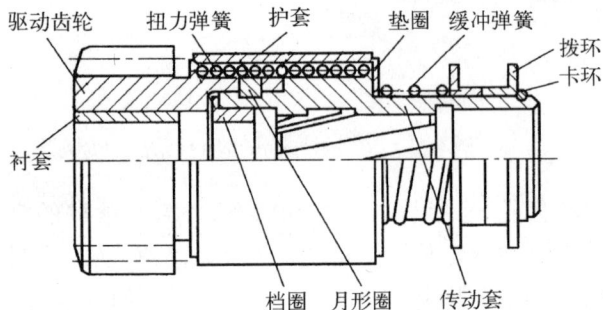

图 2-1-29 弹簧式单向离合器

驱动齿轮 扭力弹簧 护套 垫圈 缓冲弹簧 拨环 卡环 衬套 档圈 月形圈 传动套

### 3. 弹簧式单向离合器

弹簧式单向离合器的结构如图 2-1-29 所示,传动套套装在电枢轴的花键上,驱动齿轮套装在电枢轴前端的光滑部分,在驱动齿轮与传动套外圆上装有扭力弹簧,扭力弹簧的内径略大于两套筒的外径。起动发动机时,传动叉拨动拨环,并压缩缓冲弹簧,推动单向离合器移向飞轮齿圈一端,使小齿轮啮入飞轮齿圈。电枢旋转时带动传动套筒旋转,在摩擦力的作用下,扭力弹簧被扭紧,将两个套筒抱死,起动机转矩便经扭力弹簧传给驱动齿轮再传给飞轮。起动机起动后,驱动齿轮飞轮齿圈拖动,同时驱动齿轮与传动套的主、从动关系也发生改变,这种变化使扭力弹簧被旋松而打滑,从而使电枢轴避免了超速运转的危险。

弹簧式离合器具有结构简单、制造工艺简单、成本低等优点,但由于驱动弹簧所需圈数较多,使其轴向尺寸增大。

### (十) 操纵机构的工作原理

起动机的操纵机构(或称为控制机构)主要由起动电磁开关、拨叉、拨环等组成。起动机的工作主要受电磁开关的控制,而电磁开关又受别的装置控制。如果电磁开关直接受点火开关的控制,则称为直接控制式电磁开关;如果在电磁开关的控制回路中加入继电器控制回路,则称为带起动继电器式电磁开关。

### 1. 直接控制式电磁开关

直接控制式电磁开关的控制电路如图 2-1-30 所示。通过电磁开关推动起动机驱动齿轮强制啮入飞轮齿圈。

直接控制式电磁开关的控制电路共有 3 条工作回路,其工作过程如下:

起动时,将点火开关打到起动档,在点火开关打到起动档的一瞬间,接通了 2 条回路,实现了 2 个动作。回路 1:蓄电池正极→点火开→50 号接柱→吸拉线圈→C 接柱→起动机励磁统组→电枢→搭铁→蓄电池负极构成回路 1;回路 2:蓄电池正极→点火开→50 号接柱→保位线圈→搭铁→蓄电池负极构成回路2。动作 1:流经励磁与电枢绕组中的小电流,起动机缓慢转动,保证驱动齿轮被强制啮入时与飞轮齿圈的顺利啮入;动作 2:磁场铁芯在吸拉线圈与保位线圈所产生的磁场共同作用下,向左移动,并同时通过拨叉推动起动机驱动齿轮向右移动,与飞轮齿圈啮合。

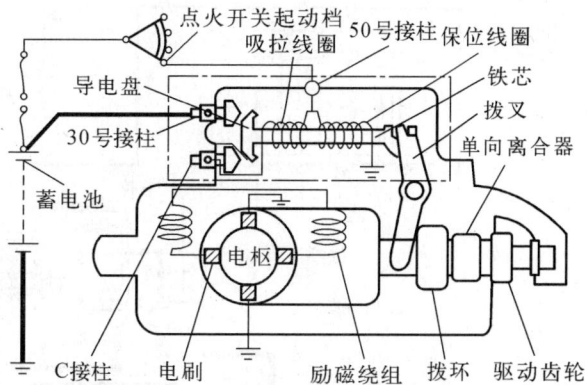

图 2-1-30　直接控制式电磁开关控制电路

磁场铁芯向左移动,致使导电盘接通电磁开关上的 30 号接柱与 C 接柱,此时短路了回路 1(吸拉线圈的两端均被加上蓄电池的端电压而被短路不工作,磁场铁芯依靠回路 2 保位线圈所产生磁场,继续保持导电盘将 30 号接柱与 C 号接柱接通),接通了新的回路 3,产生了新的动作 3,即回路 3:蓄电池正极→30 号接柱→导电盘→C 接柱→起动机励磁绕组→电枢→搭铁→蓄电池负极构成回路 3;动作 3:回路 3 中流经励磁与电枢绕组中的大电流使起动机产生大转矩,经起动机的传动机构驱动飞轮齿圈使曲轴旋转,用来起动发动机。

发动机起动后,松开点火开关,50 号接柱断电,由于机械惯性,在松开点火开关的瞬间内,导电盘仍将 30 接柱与 C 接柱接通,瞬间构成一个新的回路:蓄电池正极 30 号接柱导电盘→吸拉线圈→保位线圈→搭铁→蓄电池负极,吸拉线圈与保位线圈产生相反方向的磁场而有效磁场大大削弱,磁场铁芯因失去磁场力而在回位弹簧的作用下迅速回位,导电盘与 C 接柱与 30 号接柱分开,回路 3 被断开,同时驱动齿轮通过拨叉被拉回位,起动完毕。

在上述的三条回路中,我们一般将回路 1 和回路 2 认作一条回路,即起动系的开关电路(在没有起动继电器的控制电路中,也可以认作控制电路);而回路 3 则被称为起动系的主电路。

**2. 起动继电器控制的电磁开关**

图 2-1-31 是带有起动继电器控制电磁开关的起动系控制电路。

控制回路:蓄电池正极→主触头→电流表→点火开关→起动继电器线圈→搭铁→蓄电池负极。

(电磁)开关回路:蓄电池正极→主触头→继电器磁轭→继电器触点→起动机接线柱→
蓄电池负极←搭铁←保持线圈←
蓄电池负极←搭铁←电枢←励磁绕组←主触头←导电片←吸引线圈接柱←吸引线圈←

主回路:蓄电池正极→主触头→接触盘→主触头→励磁绕组→电枢→→搭铁蓄电池负极。

这三条回路的控制关系是:控制回路控制着开关回路,开关回路又控制着主回路。

发动机起动时,将点火开关旋至起动档位,起动继电器通电后,吸下衔铁使触点闭合,

笔记

图2-1-31　带有起动继电器控制电磁开关的起动系控制电路

接通了电磁开关回路,起动机投入工作。发动机起动后,松开点火开关,点火开关自动转回到点火工作档位,起动继电器线圈断电而触点被断开,电磁开关回路也随即断开,起动机停止工作。

利用起动继电器来控制电磁开关回路,能减小通过点火开关起动触点的电流,避免了点火开关的烧蚀,延长了点火开关的使用寿命。

（十一）起动继电器的工作原理

电磁继电器一般由铁芯、线圈、衔铁、触点簧片等组成,如图2-1-32所示。只要在线圈两端加上一定的电压,线圈中就会流过一定的电流,从而产生电磁效应,衔铁就会在电磁力吸

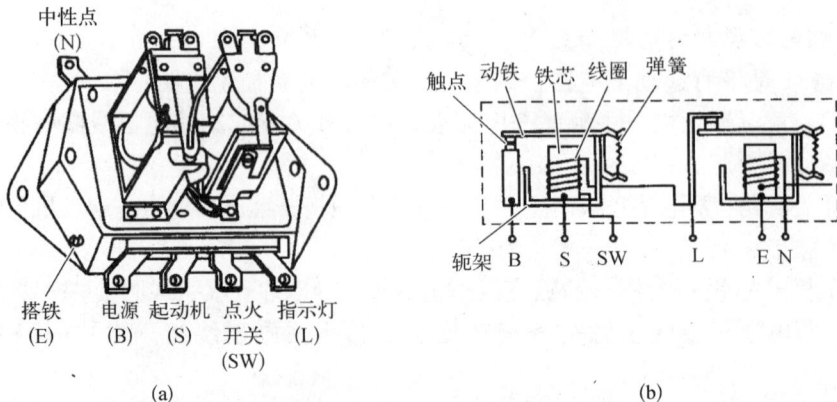

图2-1-32　起动继电器

(a) 结构图;(b) 电路图

笔记

引的作用下克服返回弹簧的拉力吸向铁芯，从而带动衔铁的动触点与静触点(常开触点)吸合。当线圈断电后，电磁的吸力也随之消失，衔铁就会在弹簧的反作用力返回原来的位置，使动触点与原来的静触点(常闭触点)释放。这样吸合、释放，从而达到了在电路中的导通、切断的目的。对于继电器的“常开、常闭”触点，可以这样来区分：继电器线圈未通电时处于断开状态的静触点，称为“常开触点”；处于接通状态的静触点称为“常闭触点”。继电器一般有两股电路，为低压控制电路和高压工作电路。

(十二) 典型起动机的控制电路

如图 2-1-33 所示是上海帕萨特 B5 起动系电路。

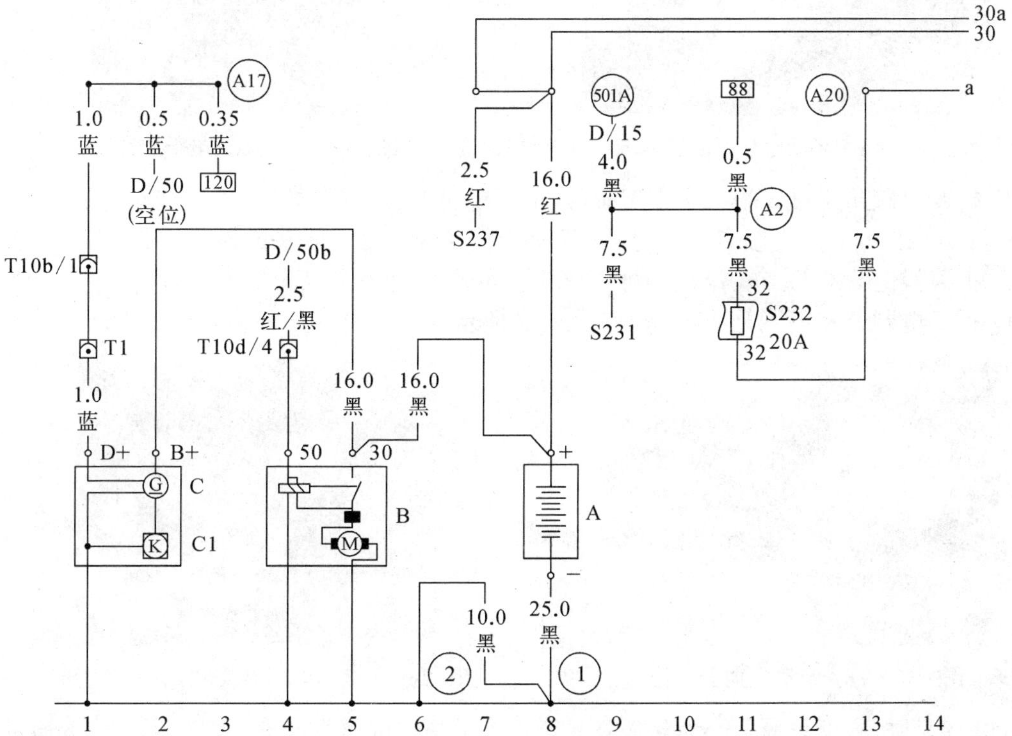


A—蓄电池
B—起动机
C—发电机
C1—发电机调压器
D—点火开关
S231—保险丝，(在保险丝架上)
S232—保险丝，20A(在保险丝架上)
S237—保险丝，(在保险丝架上)
T1—单针插头，在发动机缸体的右侧，蓝色
T10b—10针插头，在发动机室中的控制单元防护罩内的左侧，黑色(1号位)
T10d—10针插头、在发动机室中的控制单元防护罩内的左侧，棕色(2色位)
A2—正极连接点(15号火线)，在仪表板线束内
A17—连接点(51)，在仪表板线束内
A20—连接点(15a)，在仪表板线束内
501A—螺栓连接点2(303号火线)，在继电器板上
1—接地点，蓄电池至车身
2—接地点，变速器至车身

图 2-1-33　上海帕萨特 B5 起动系电路

## 二、相关技能

（一）起动机的拆装

### 1. 分解

（1）从电磁开关接线柱上拆开起动电机与电磁开关之间的连接导线，如图2-1-34所示。

图2-1-34　松开固定螺母

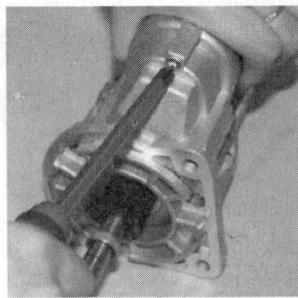

图2-1-35　取出电磁开关总成

（2）松开电磁开关总成的两个固定螺母，取下电磁开关总成，如图2-1-35所示。

**注意：** 在取出电磁开关总成时，应将其头部向上抬，使柱塞铁芯端头的扁方与拨杆脱开后取出。

（3）拆下换向器的两个螺栓，取下换向端盖，如图2-1-36所示。

（4）拆下电刷架及定子总成，如图2-1-37所示。

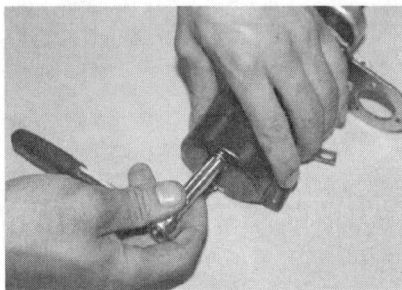

图2-1-36　拆除换向器螺栓

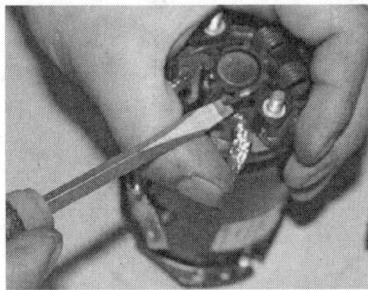

图2-1-37　电刷架及定子总成的拆除

（5）将起动机电枢总成及小齿轮拨杆一起从起动机机壳上拉出来，如图2-1-38所示。

（6）从电枢轴上拆下电枢止推档圈的右半环、卡环、电枢止推档圈的左半环，拆下超速离合器总成，如图2-1-39所示。

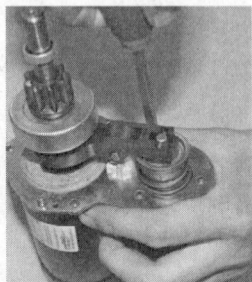

图2-1-38　电枢总成的拆除

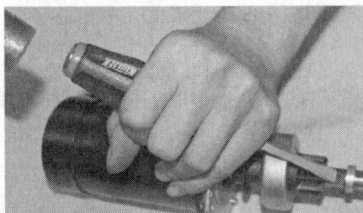

图2-1-39　单向离合器拆解

笔记

2. 组装

起动机的组装程序与分解相反,但要注意,在组装起动机前,应将起动机的轴承和滑动部位涂以润滑脂。

3. 起动机调整

(1) 起动机驱动齿轮端面与端盖突缘间距的调整:起动机不工作时,驱动齿轮端面与端盖凸缘之间的距离应符合标准值(一般为 29~32 mm)。间距不当,可通过定位螺钉调整或加减垫片来调整。

(2) 电磁开关接通时刻的调整:在起动机驱动齿轮未啮入飞轮之前,不允许接通电磁开关的导电盘与主触头。当导电盘与电磁开关主触头接通而接通主电路时,驱动齿轮与限位螺母之间的距离应为 4.5±1 mm。如不符合要求,可先脱开连接叉与调整螺钉之间的连接,然后旋入或旋出调整螺钉进行调整。

(3) 轴承及轴承位的检查:起动机各轴承与轴颈、轴承孔之间均不得有松旷、歪斜等现象,起动机各轴承的配合应符合技术要求。

常见起动机的性能参数见表 2-1-1,轴承与轴承位的配合参数见表 2-1-2。

表 2-1-1　起动机的性能参数

| 型号 | 额定值 | | 空转特性 | | | 全制动特性 | | | | 电刷弹簧压力/kgf |
| | 电压/V | 功率/kW | 电压/V | 电流/A ≤ | 转速/r/min ≥ | 电压/V ≥ | 电流/A ≤ | 扭矩≥ | | |
| | | | | | | | | kgf·m | N·m | |
| QD124 | 12 | 1.47 | 12 | 90 | 5 000 | 8 | 650 | 3 | 29.4 | 0.8~1.3 |
| 321 | 12 | 1.10 | 12 | 100 | 5 000 | 8 | 525 | 1.6 | 15.7 | 1.2~1.5 |
| ST614 | 24 | 5.15 | 24 | 80 | 6 500 | | 900 | 6 | 58.8 | 1.2~1.8 |
| 318 | 12 | 1.32 | 12 | 90 | 5 000 | 8 | 650 | 2.6 | 25.9 | 1.2~1.5 |
| QD26 | 24 | 8.09 | 24 | 90 | 3 200 | 9 | 1 800 | 14.5 | 142 | 1.2~1.5 |
| QD27E | 24 | 8.09 | 24 | 120 | 6 000 | 12 | 1 700 | 14.5 | 142 | 2.2~2.6 |
| ST95 A | 12 | 1.47 | 12 | 100 | 6 000 | | 640 | 2.6 | 25.9 | 0.8~1.3 |

表 2-1-2　起动机各轴承与轴承位的配合参数

| 名　称 | 标准间隙/mm | 允许最大间隙/mm | 铜套外圆与孔的过盈/mm |
| --- | --- | --- | --- |
| 前端盖铜套 | 0.05 | 0.1 | 0.005~0.075 |
| 后端盖铜套 | 0.05 | 0.1 | 0.005~0.095 |
| 中间轴承支撑板铜套 | 0.15 | 0.3 | 0.005~0.095 |
| 起动齿轮铜套 | 0.06 | 0.15 | 0.02~0.095 |

(二) 起动继电器的检修

1. 测触点电阻

用万能表的电阻档,测量常闭触点与动点电阻,其阻值应为 0(用更加精确方式可测得触点阻值在 100 mΩ 以内);而常开触点与动点的阻值就为无穷大。由此可以区别出哪个是常闭触点,哪个是常开触点。

#### 2. 测线圈电阻

可用万能表 R×10 Ω 档测量继电器线圈的阻值,从而判断该线圈是否存在着开路现象。

#### 3. 测量吸合电压和吸合电流

找来可调稳压电源和电流表,给继电器输入一组电压,且在供电回路中串入电流表进行监测。慢慢调高电源电压,听到继电器吸合声时,记下该吸合电压和吸合电流。为求准确,可以多试几次以求平均值。

#### 4. 测量释放电压和释放电流

也是像上述那样连接测试,当继电器发生吸合后,再逐渐降低供电电压,当听到继电器再次发生释放声音时,记下此时的电压和电流,亦可多试几次以取得平均的释放电压和释放电流。一般情况下,继电器的释放电压约在吸合电压的 10%～50%,如果释放电压太小(小于 1/10 的吸合电压),则不能正常使用了,这样会对电路的稳定性造成威胁,工作不可靠。

### (三)起动系统电路的检修

#### 1. 蓄电池检测

用万用表直流电压档测量蓄电池的正、负极,电压应在 12.4 V 左右,电压低于 12.4 V 时应充电,不能充电的直接更换蓄电池,如图 2-1-40 所示。

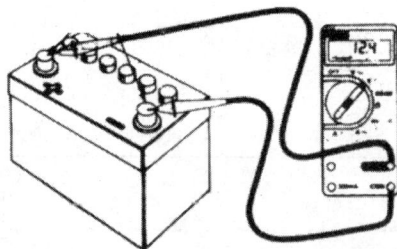

图 2-1-40　蓄电池检测方法

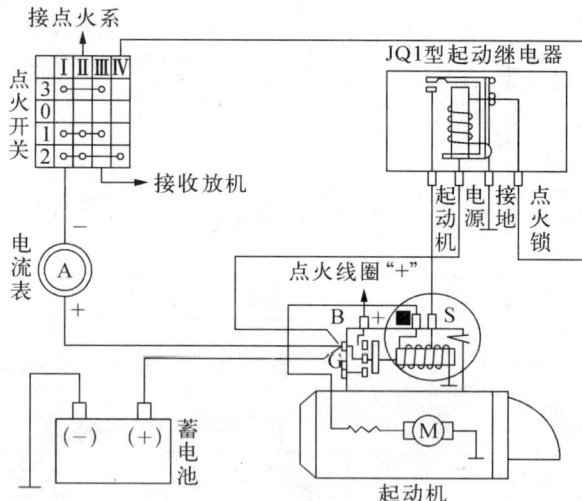

图 2-1-41　起动系电路检测方法

#### 2. 起动系电源电路检测

用万用表直流电压档测量起动机电磁开关接线柱"S"端子与搭铁,在点火开关打到起动档时电压应为蓄电池电压,否则,说明线路或点火开关或起动继电器有故障,应分段排除电源电路中断路处,如图 2-1-41 所示。

#### 3. 起动机内部断路

接通汽车前照灯或喇叭,若灯发亮或喇叭响,说明故障发生在起动机、开关或控制电路。可用螺丝刀将起动机端子"30"与"C"接通,使起动机空转。若起动机不转,则电动机有故障;

若起动机空转正常,说明电磁开关或控制电路有故障。若接通时无火花,说明磁场绕组、电枢绕组和电刷引线等有断路故障;若接通有强烈火花而起动机不转,说明起动机内部有短路或搭铁故障,须拆下起动机进一步检修,如图 2-1-42 所示。

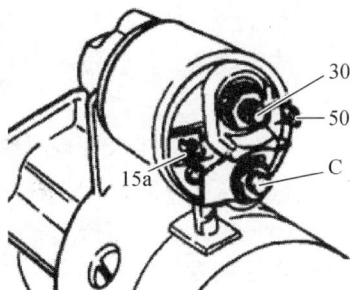

图 2-1-42　起动机内部断路检测方法

### 三、案例剖析

1. 桑塔纳汽车起动机运转无力的故障检修

**故障现象**:桑塔纳 2000GSi 型轿车起动机运转无力。

**故障检修**:出现此种故障的原因通常为蓄电池电量不足。经检查发现蓄电池电量亏损,需进行充电。但车主认为此蓄电池已存不住电,要求更换一个新蓄电池。按车主的意见,给该车换装了新蓄电池。装好试车,起动后,一切指示均正常。

不久后,又出现了上次的故障,怀疑更换的蓄电池质量有问题。经对蓄电池进行测量,除电压为 10.6 V 外,其余值都在蓄电池的允许值范围内。既然蓄电池本身没问题,就得对充电系统进行检查了。该车的充电系统由整体式交流发电机、充电指示灯、蓄电池、点火开关及其连线组成。发电机的输出电压由装在发电机后端盖上的集成电路电压调节器(调节器与电刷构成一体)将其稳定在 14 V 左右。充电指示灯位于仪表盘上,当发电机向蓄电池进行充电时,指示灯熄灭。发电机的输出端"B+"经启动电碰开关接柱与蓄电池直接相连。"D+"接柱与充电指示灯连接并由点火开关控制与蓄电池相连。根据其结构原理,我们进行了以下检测:

(1) 首先检查发动机及蓄电池周围的连接线,未发现异常。

(2) 用备用蓄电池起动发动机,观察发电机指示灯,指示灯未亮。

(3) 用万用表电压档在发电机"B+"接柱与外壳之间测量发电机的输出电压,慢慢加速,结果为 13.7~13.9 V,表明发电机及充电系统正常。那么蓄电池为什么会亏电呢?

由于在电路中未查出故障,车主坚持认为问题还是出在蓄电池上,出于本公司"信誉第一,客户至上"的原则,又给该车换装了一个新的蓄电池。就在新蓄电池充电的时候,车主突然有急事用车,因此临时把备用蓄电池装在了车上。到了第二天要换蓄电池的时候,却意外地发现蓄电池的电压由 12.8 V 降到了 12 V,说明发电机并没有给蓄电池充电。但问题究竟出在什么地方?难道是发电机没有发电?

重新起动发动机,慢慢给车加速,在发电机"B+"接柱与外壳之间测量,与上次测量值相符。在蓄电池正、负极柱之间测量,却发现电压表指示为蓄电池电压。猛然加速,电压表则在蓄电池电压与发电机输出电压之间波动。用一根导线连接发动机与蓄电池负极接柱,电压表显示为 14 V 左右。此时才恍然大悟,发电机与蓄电池之间搭铁不良。把车举起来检查,发现发动机与车身之间的过桥线车身端已严重锈蚀,用手轻轻一拉,即掉了下来,拆卸螺栓时也因锈蚀而被拧断。经重新焊接并固定,起动试车,一切正常。

**故障分析**:由于桑塔纳 2000GSi 型轿车车身到发动机之间的过桥线位于车身内侧,车主常用高压洗车机冲洗底盘,长期积水与潮湿,加快了搭铁线的锈蚀,因此造成充电系统无法构成正常的回路,使蓄电池无法得到及时的补充,因而亏电。我们在检测过程中,只检测到了发电板的输出电压,并没有检测到其充电量,并且由于该搭铁线位于车身内侧,不容易看见,检查充电线路时疏忽了对它的检查,因而增加了对这起充电故障准确判断的难度。

笔记

2. 捷达王(AT)行驶过程中打左方向有"嘟嘟嘟"的异响的故障诊断与排除

**故障现象：** 行驶过程中打左方向有"嘟嘟嘟"的异响(原地打左方向没发现有异响)

**检查过程：**

(1) 检查悬挂未发现异常。

(2) 检查方向机的工作也属正常。

(3) 拆下车的前盖,一个人驾驶一个人伏在发动舱上辨听发生异响的部位,经多次试听发现响声是从发动机与波箱的连接处大约在变矩器(大力古)的位置发出。

(4) 由于没有检查出其他问题来,于是决定抬下波箱进行检查。拆下波箱装到自动波动态测试机进行模糊测试,结果没发现异响,波箱运作一切正常。

(5) 装回波箱再次试车故障依旧,到后来经过多次的检查和试验终于发现确定响声是从起动马达传出,更换马达总成故障排除(起动马达驱动齿磨损且轴有松动)。

3. 一辆桑塔纳轿车起动无力,发动机起动困难的故障诊断与排除

**故障现象：** 一辆桑塔纳轿车的 QD-1225 型起动机,当点火开关扭到起动档时,能听到"嗒嗒嗒"的声音,但起动机运转无力,发动机很难起动。

**故障检修：** 用万用表测试,蓄电池技术状况良好,且其火线、搭铁线及发动机与车架间的搭铁线均无松动、氧化腐蚀、绝缘不良等情况。最后测试起动机电压降时,万用表读数达 7.8 V,初步判断是起动机内部有问题。将起动机分解检查,磁场线圈接触牢固,电磁开关工作可靠,轴承松紧度合适,电枢轴无弯曲,碳刷弹簧压力正常,碳刷与换向器接触面积符合要求,基本排除了机械阻力的可能。针对起动机工作不久温度即过高的情况,进一步测试发现,电枢线圈与换向器接触点电阻漂移较大。经仔细观察,该点采用的是挤压方式连接,因其接点挤压不紧,致使电枢线圈与换向器接触不良。用 75 W 的电烙铁,采用锡焊将接点焊牢,清除接点之间多余的焊锡后装复试验,起动机转动有力,发动机能顺利起动。

**故障分析：** 起动机是把电能转化为机械能并通过啮合齿轮对外作功的装置,其工作原理是通电导体在磁场中运动。上述故障的出现是由于此车使用较久,电枢在起动时又高速旋转,使矩形铜条绕组始终处于离心力作用下,导致电枢线圈与换向器之间的连接接点悬浮,使其电阻值变大,电枢线圈的电流则减小,起动机便因转矩不足而运转无力。

拓展学习

(一) 减速起动机概述

在起动机的电枢轴与驱动齿轮之间装有齿轮减速器的起动机,称为减速起动机。串激式直流电动机的功率与其转矩和转速成正比,可见,当提高电动机转速的同时降低其转矩时,可以保持起动机功率不变,故当采用高速、低转矩的串激式直流电动机作为起动机,在功率相同的情况下,可以使起动机的体积和质量大大减小。但是,起动机的转矩过低,不能满足起动发动机的要求。为此,在起动机中采用高速、低转矩的直流电动机时,在电动机的电枢轴与驱动齿轮之间安装齿轮减速器,可以在降低电动机转速的同时提高其转矩,如图 2-1-43 所示。

1. 减速起动机分类

减速起动机的齿轮减速器有外啮合式、内啮合式、行星齿轮式等三种不同形式。

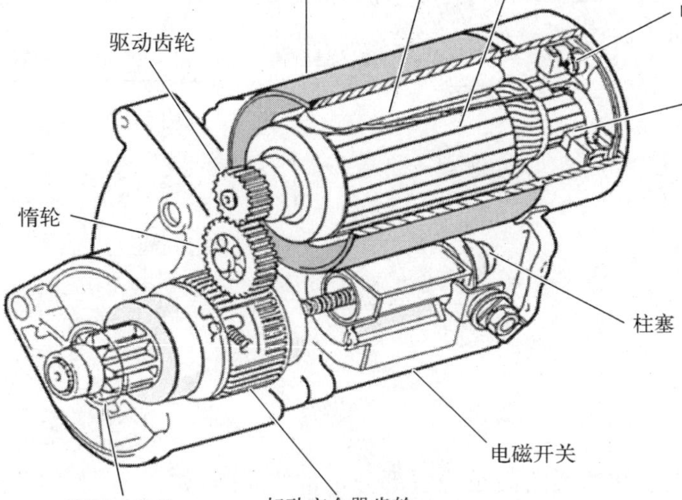

图 2-1-43   减速齿轮组式减速型起动机的构造

### 2. 外啮合式减速起动机

外啮合式减速起动机的减速机构在电枢轴和起动机驱动齿轮之间,利用惰轮作中间传动,且电磁开关铁芯与驱动齿轮同轴心,直接推动驱动齿轮进入啮合,无需拨叉。因此,起动机的外形与普通的起动机有较大的差别。外啮合式减速起动机通常分为惰轮外啮合式减速起动机和无惰轮外啮合式减速起动机。外啮合式减速机构的传动中心距较大,因此受起动机构的限制,其减速比不能太大,一般不大于 5,多用在小功率的起动机上。

### 3. 内啮合式减速起动机

内啮合式减速起动机的减速机构传动中心距小,可有较大的减速比,故适用于较大功率的起动机。但内啮合式减速机构噪声较大,驱动齿轮仍需拨叉拨动进入啮合,因此,起动机的外形与普通起动机相似。

### 4. 行星齿轮式减速起动机

行星齿轮式减速起动机的减速机构结构紧凑、传动比大、效率高。由于输出轴与电枢轴同轴线、同旋向,电枢轴无径向载荷,振动轻,整机尺寸减小。另外,行星齿轮式减速起动机还具有如下优点:

(1) 负载平均分配在三个行星齿轮上,可以采用塑料内齿圈和粉末冶金的行星齿轮,使质量减轻、噪声降低。

(2) 行星齿轮式减速起动机尽管增加行星齿轮减速机构,但是起动机的轴向其他结构与普通起动机相同,故配件可以通用。

因此,行星齿轮式减速起动机应用越来越广泛,丰田系列轿车和部分奥迪轿车也都采用了行星齿轮式减速起动机。

### (二)汽车电路的常见故障

汽车电气设备的常见故障现象有:开路(断路)、短路、搭铁、额外电压降等。

**1. 开路(断路)**

开路就像开关打开使系统部工作一样,开路可能在电路的供电回路,也可能在电路的搭铁回路,如图 2-1-44 所示。

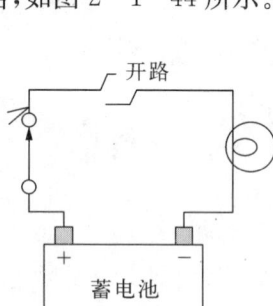

图 2-1-44　开路

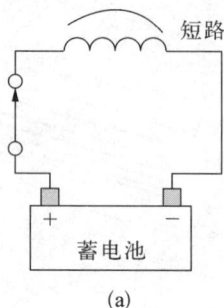

(a)

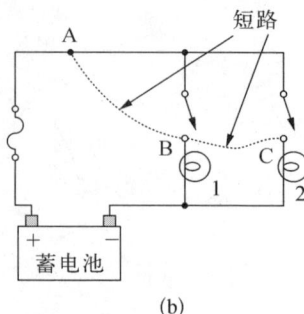

(b)

图 2-1-45　短路

**2. 短路**

短路是指电流不走正常的通路而是绕过部分正常的通路,如图 2-1-45 所示。

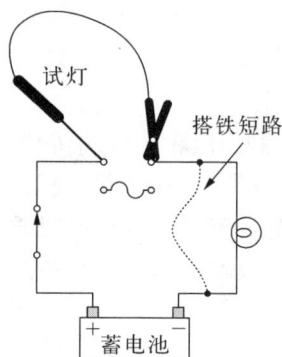

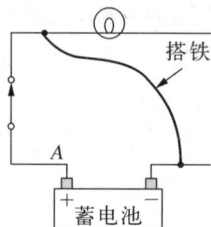

图 2-1-46　搭铁

**3. 搭铁**

电路被搭铁时,电流六道预定负载部件之间便返回搭铁,如图 2-1-46 所示。

**4. 额外电压降**

电压降被看作是一种故障时,是指加给负载部件的电压被电路别的部分"吃掉"(或"吃掉"一部分),而不是用于该负载部件。这时,负载部件出现欠电压的情况,欠电压的后果表现为负载部件的工作效果随着欠电压而低下。

额外电压降或出现在电路的供电回路,或出现在搭铁回路,也许两回路都存在。检测电压降时,电路必须通电。读电压降读数之前,电源电压必须符合规定才是有效的。每当对电压降有怀疑时,必须检查电路的供电回路和搭铁回路。

**(三)汽车电气设备故障的特点**

现代汽车上的电气故障特点可逐一与其使用特点相联系。一般电子元件对过电压、温度十分敏感,例如晶体管的 PN 结易过压击穿,电解电容器在温度升高时漏电亦增加,可控硅元件则对过流敏感等。这些故障特点归纳如下:

**1. 元件击穿**

击穿有过电压击穿或过流、过热引起的热击穿。击穿有时表现为短路形式,有时表现为断路形式。由于电路故障引起的过压、过流击穿常常是不可恢复的。

据统计,汽车电容器的损坏大约 85% 是由于介质击穿造成的,而其中约有 70% 的击穿故障发生在新车上,即工作几百个小时内,如果电容器有缺陷的话,在开始几百个小时的使用中就会被击穿。电容器击穿时,又常常烧坏与其相连的电阻元件。

晶体管 PN 结的击穿则是主要的故障现象。热稳定性差的故障,应视为元件质量问题。

有些进口汽车上的电子元件,常常由于自身的热稳定性较差而导致类似于击穿故障的"热短路"(或称"热穿透")现象。

### 2. 元件老化或性能退化

元件老化或性能退化包括许多方面,如电容器的容量减小、绝缘电阻下降、晶体管的漏电增加、电阻的阻值变化、可调电阻的阻值不能连续变化、继电器触点烧蚀等。像继电器这类元件,往往还存在由于绝缘老化、线圈烧断、匝间短路、触点抖动,甚至无法调整初始动作电流的故障。

### 3. 线路故障

线路故障包括接线松脱,接触不良,潮湿、腐蚀等导致的绝缘不良、短路、旁路等。这类故障一般与元器件无关。

### 思考与练习

**一、填空题**

1. 起动系统由 _____ 、_____ 、_____ 等组成,典型车用起动机的组成由 _____ 、_____ 、_____ 组成。

2. 起动机的电磁开关由_____ 线圈、_____ 线圈、_____ 、固定铁芯、_____ 及复位弹簧等组成,其中_____ 线圈与电动机串联连接,_____ 线圈与电动机并联连接。

3. 汽车的电气设备常见故障现象有_____ 、_____ 、_____ 、额外电压降等。

4. 影响起动机功率的因素有_____ 、_____ 、_____ 。

5. 传动机构中的单向离合器分为_____ 、_____ 、_____ 。

**二、判断题**

1. 起动机电枢装配过紧可能会造成起动机运转无力。(　　　)

2. 起动过程刚刚完成,松开点火开关,起动机电磁开关主触点还没有断开的瞬间,吸拉线圈和保持线圈产生的磁场方向相反。(　　　)

3. 起动机电磁开关的保持线圈断路,起动时会引起单向离合器不停地进退。(　　　)

4. 起动机转速愈高,流过起动机的电流愈大。(　　　)

5. 对功率较大的起动机可在轻载或空载下运行。(　　　)

**三、选择题**

1. 拆检起动机时,哪个项目不能使用万用表进行检查?(　　　)。

A. 绝缘电刷架的绝缘性能检查　　　　B. 电枢绕组和磁场绕组的搭铁检查

C. 电枢绕组和磁场绕组的短路检查　　D. 都可以使用万用表检查

2. 在装有组合式起动继电器的起动机控制电路中,下列描述错误的是(　　　)。

A. 吸引线圈和保持线圈的电流流过起动继电器触点

B. 吸引线圈和保持线圈的电流流过点火开关触点

C. 保护继电器的线圈由发电机中心引线供电

D. 保护继电器触点控制起动继电器线圈的搭铁

3. 空载试验的持续时间不能超过(　　　)。

A. 5 s　　　　　　　　B. 10 s　　　　　　　　C. 1 min　　　　　　　　D. 5 min

4. 起动机电刷的高度如不符合要求则应予以更换。一般电刷高度不应低于标准高度

**笔记**

的(　　)。

A. 1/2　　　　　B. 2/3　　　　　C. 1/4　　　　　D. 1/5

5. 起动机在起动瞬间(　　)。

A. 转速最大　　　B. 转矩最大　　　C. 反电动势最大　　　D. 功率最大

**四、简答题**

1. 车上为何采用直流串励式电动机?

2. 电磁操纵强制啮合式起动机的主电路接通前后,吸拉、保持线圈中的电流方向有无变化? 为什么?

3. 汽车起动机分为哪几类?

4. 简述带起动继电器的起动机控制电路的工作过程。

5. 起动系常见的故障有哪些?

# 学习任务 2.2　起动机的检修

### 学习目标

1. 能正确使用和维护起动机;

2. 能对起动机进行整机性能检测;

3. 能对起动机零部件进行正确检修;

4. 掌握起动系统的故障诊断方法。

### 学习时间

8 学时

### 学习情境描述

2000 款本田雅阁轿车,打点火开关起动档时起动机空转,发动机无起动现象。该车为 2000 款 EF 型车,车主里程 30 000 km。车主已将车开到 4S 店,请你解决本车起动机故障。

### 一、相关知识

(一)起动机的使用与维护

(1)使用起动机时的注意事项:

① 起动机每次起动时间不超过 5 s,再次起动时应停止 2 min,使蓄电池得以恢复。如果有连续第三次起动,应在检查与排除故障的基础上停歇 15 min 以后进行。

② 在冬季或低温情况下起动时,应采相应的措施,例如对蓄电池保温确保蓄电池有充足的起动容量、手摇发动机进行预润滑等。

③ 发动机起动后,必须立即切断起动机控制电路,使起动机停止工作。

此外,起动机外部应经常保持清洁,各连接导线,特别是与蓄电池相连接的导线,应保证连接牢固可靠;汽车每行驶 3 000 km 时,应检查与清洁换向器,清除换向器表面的碳粉和脏污;

汽车每行驶 5 000~6 000 km 时,检查测试电刷的磨损程度以及电刷弹簧的压力,均应在规定范围之内;每年对起动机进行一次解体保养。

(2) 检修时的注意事项:

① 维修电气系统的原则之一是不要随意更换电线或电气设备,这种操作有可能损坏汽车或因短路、过载而引起火灾。同时还应注意如下事项:

② 拆卸蓄电池时,总是最先拆下负极电缆;装上蓄电池时,总是最后连接负极电缆。

③ 更换烧坏的保险时,应使用相同规格的保险。使用比规定容量大的保险会导致电气元件损坏或产生火灾。

④ 拆下或装上蓄电池电缆时,应确保点火开关或其他开关都已断开,否则会导致半导体元器件的损坏。

⑤ 靠近振动部件(如发动机)的线束部分应用卡子固定,将松弛部分拉紧,以免由于振动造成线束与其他部件接触。

⑥ 不要粗暴地对待电气元件,也不能随意乱扔。无论好坏器件,都应轻拿轻放。

⑦ 与尖锐边缘磨碰的线束部分应用胶带缠起来,以免损坏。

⑧ 安装固定零件时,应确保线束不要被夹住或被破坏。

⑨ 安装时,应确保接插头接插牢固。

⑩ 进行保养时,若温度超过 80℃(如进行焊接时),应先拆下对温度敏感的零件(如继电器和 ECU)。

(二) 起动机空载性能试验

如图 2-2-1 所示,将起动机与蓄电池和电流变连接。蓄电池正极与电流变正极连接,电流变负极与起动机"30"端子连接,蓄电池负极与起动机壳体连接。用带夹电缆将"30"端子与"50"端子接通,此时驱动齿轮应向外伸出,起动机应平稳运转。当蓄电池电压大于或等于 11.5 V 时,消耗电流应不超过 50 A,如电流大于 50 A 且转速低,说明起动机装配过紧或电枢绕组与磁场绕组有短路或搭铁故障。

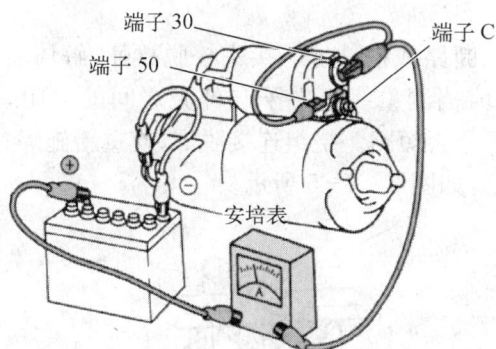

图 2-2-1　空载性能试验　　　　　图 2-2-2　吸拉动作试验

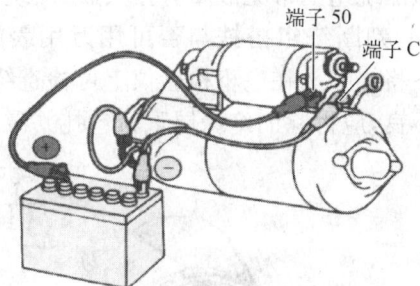

(三) 电磁开关试验

1. 吸拉动作试验

如图 2-2-2 所示,对电磁开进行吸拉动作试验的方法和程序如下:

（1）将起动机固定到虎钳上。

（2）拆下起动机"C"端子上的磁场绕组电缆引线端子。

（3）用带夹电缆将起动机"C"端子和电磁开关壳体与蓄电池负极连接。

（4）用带夹电缆将起动机"50"端子与蓄电池正极连接,此时驱动齿轮应向外移动。如驱动齿轮不动,说明电磁开关故障,应予修理或更换。

**2. 保持动作试验**

如图2-2-3所示,在吸拉动作试验的基础上,当驱动齿轮保持在伸出位置时,拆下电磁开关"C"端子上的电缆夹,此时驱动齿轮应保持在伸出位置不动。如驱动齿轮复位,说明保持线圈断路,应予修复。

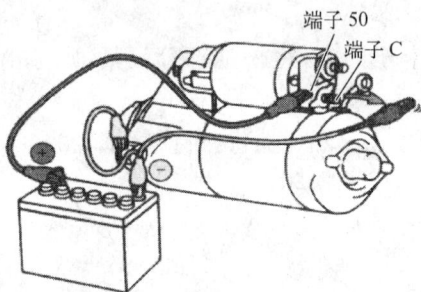

图2-2-3　保持动作试验　　　　　　图2-2-4　复位动作试验

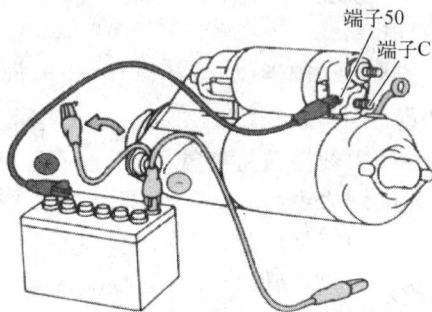

**3. 复位动作试验**

如图2-2-4所示,在保持动作的基础上,再拆下起动机壳体上的电缆夹,此时驱动齿轮应迅速复位。如驱动齿轮不能复位,说明复位弹簧失效,应更换弹簧或电磁开关总成。

## 二、相关技能

### （一）起动机的检修

**1. 励磁绕组的检修**

激磁绕组的常见故障有接头脱焊、绕组短路、断路或搭铁等。接头松脱故障,解体后可直接看到,判断绕组搭铁与否可用万用表的高阻值档测量绕组端子与外壳之间的电阻,应为"∞"。将绕组放在电枢检验仪上可检查绕组匝间是否短路。绕组连接脱焊,应重新施焊;绕组绝缘不良,应拆除旧绝缘层重新包扎并浸漆、烘干,如图2-2-5所示。

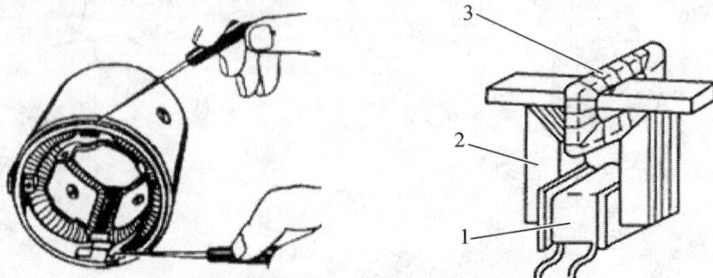

图2-2-5　励磁绕组的检修

1—感应仪;2—铁芯;3—励磁绕组

### 2. 电枢绕组的检修

电枢绕组常见的故障是匝间短路、断路或搭铁、绕组接头与换向器铜片脱焊等。检查绕组是否搭铁,可用万用表的高阻值档测量电枢绕组端子与电枢轴之间的电阻,应为"∞"。检查电枢绕组匝间短路可用感应仪。若电枢中有短路,则在电枢绕组中将产生感应电流,钢片在交变磁场的作用下,在槽上振动,由此可判断电枢绕组中的短路故障。电枢绕组若有短路、搭铁故障,则需重新绕制,并浸漆、烘干,如图2-2-6所示。

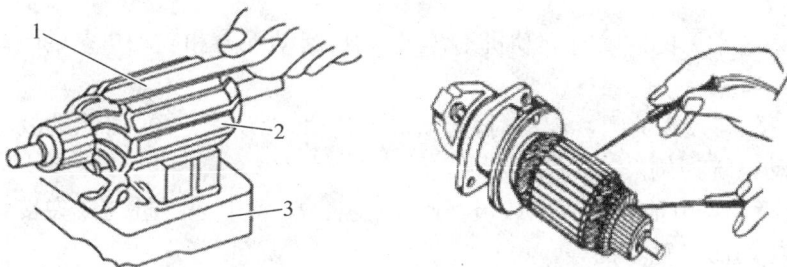

图2-2-6　电枢绕组的检修
1—钢片;2—电枢;3—感应仪

### 3. 换向器的检修

换向器故障多为表面烧蚀、脏污、云母片突出等。轻微烧蚀用细砂纸打磨即可,严重烧蚀或失圆(径向圆跳动>0.05 mm)时应进行机加工,但加工后换向器铜片厚度不得少于2 mm。云母片如果高于钢片也应车削加工,然后将云母片割低,一般进口小汽车的起动机云母片低于钢片,检修时,若换向器铜片间槽的深度小于0.2 mm,就需用锯片将云母片割低至规定的深度。

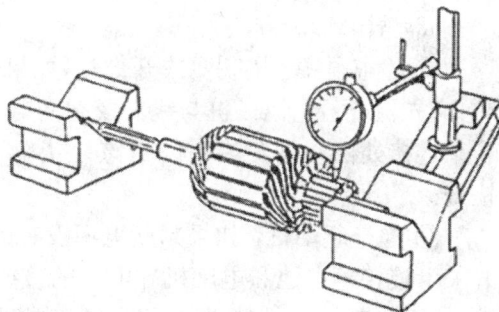

图2-2-7　电枢轴的检修

### 4. 电枢轴的检修

电枢轴的常见故障是弯曲变形。电枢轴径向跳动应不大于0.15 mm,否则应用冷校校正,如图2-2-7所示。

### 5. 电刷与刷架的检修

检查电刷的高度,一般不应低于标准的2/3,电刷的接触面积不应少于75%,并且要求电刷在电刷架内无卡滞现象,否则应进行修磨或更换。用万用表的高阻值档检测电刷架的绝缘性。最后用弹簧秤测量电刷弹簧的弹力,电刷弹簧弹力约为1.4~1.8 kgf,若不符合要求应予以更换。

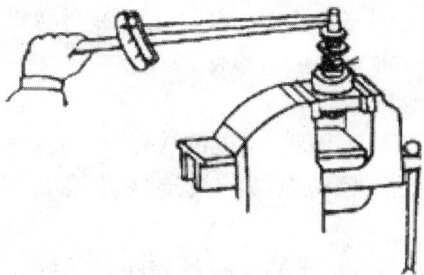

图2-2-8　单向离合器的检修

### 6. 单向离合器的检修

单向离合器常见的故障是打滑。可以将离合器夹在虎钳上,用扭力扳手顺时针转动应灵活自如,逆时针转动,应能承受制动试验时的最大扭矩(13 N·m)而不打滑,否则应更换。对于摩擦片式单向离合器,如果转矩偏小,可以通过调整来修复,如图2-2-8所示。

**7. 电磁开关的检修**

电磁开关的常见故障一般是吸拉线圈和保位线圈断路、短路和搭铁,导电盘(或接触盘)及触点表面烧蚀等。线圈的断路故障可用万用表的低阻值档检测其阻值、搭铁故障可用万用表的高阻值档测量其电阻来检查。导电盘及触点表面烧蚀轻微的可以用锉刀或砂布修整。回位弹簧过弱应予以更换。

**(二)起动系统工作异常的故障诊断**

汽车起动系统常见的故障有起动机不转、起动机起动无力和起动机空转等。

**1. 起动机不转**

(1)故障现象与故障原因。起动时,起动机不转动,无动作迹象,可能的故障如下(以有起动继电器的起动系统为例):

① 电源故障。蓄电池严重亏电或极板硫化、短路等,蓄电池极桩与线夹接触不良,起动电路导线连接处松动而接触不良等。

② 起动机故障。换向器与电刷接触不良,励磁绕组或电枢绕组有断路或短路,绝缘电刷搭铁,电磁开关线圈断路、短路、搭铁或其触点烧蚀而接触不良等。

③ 起动继电器故障。起动继电器线圈断路、短路、搭铁或其触点接触不良。

④ 点火开关故障。点火开关接线松动或内部接触不良。

⑤ 起动系统线路故障。起动系统线路中有断路、导线接触不良或松脱等情况。

(2)故障诊断方法:

① 检查电源:按喇叭或开大灯,如果喇叭声音小或嘶哑、灯光比平时暗淡,说明电源有问题,应先检查蓄电池极桩与线夹及起动电路导线接头处是否松动,触摸导线连接处是否发热。若某连接处松动或发热则说明该处接触不良。如果线路连接没有问题,则应对蓄电池进行检查。

② 检查起动机:如果判断电源没有问题,则对起动机进行检查。用螺丝刀将起动机电磁开关上连接蓄电池和电动机导电片的接线柱短接,如果起动机不转,则说明是电动机内部有故障,应拆检起动机;如果起动机空转正常,则按以下步骤检查。

③ 检查电磁开关:用螺丝刀将电磁开关上连接起动继电器的接线柱与连接蓄电池的接线柱短接,若起动机不转,则说明起动机电磁开关有故障,应拆检电磁开关;如果起动机运转正常,则说明故障在起动继电器或有关的线路上。

④ 检查起动继电器:用螺丝刀将起动继电器上的"电池"和"起动机"两接线柱短接,若起动机转动,则说明起动继电器内部有故障;否则进行下一步检查。

⑤ 检查点火开关及线路:将起动继电器的"电池"与点火开关用导线直接相连,若起动机能正常运转,则说明故障在起动继电器至点火开关的线路中,可对其进行检修。

**2. 起动机起动无力**

(1)故障现象与故障原因:起动时,起动机转速明显偏低甚至停转,可能的故障有:

① 电源故障。电源故障有蓄电池亏电或极板硫化短路、起动电源导线连接处接触不良等。

② 起动机故障。起动机故障有换向器与电刷接触不良、电磁开关接触盘和触点接触不良、电动机励磁绕组或电枢绕组有局部短路等。

（2）故障诊断方法：如出现起动机运转无力，首先检查起动机电源，如果起动电源没有问题，则应拆检起动机，首先检查电磁开关接触盘、换向器与电刷的接触情况，其次检查励磁绕组和电枢绕组。

3．起动机空转

（1）故障现象与故障原因：接通起动开关后，只有起动机快速旋转而发动机曲轴不转。这种症状表明起动机电路畅通，故障在起动机的传动装置和飞轮齿圈等处。

（2）故障诊断方法：

① 若在起动机空转的同时伴有齿轮的撞击声，则表明飞轮齿圈牙齿或起动机小齿轮牙齿磨损严重或已损坏，致使不能正确地啮合。

② 起动机传动装置故障有单向离合器弹簧损坏、单向离合器滚子磨损严重、单向离合器套管的花键槽锈蚀。这些故障会阻碍小齿轮的正常移动，造成不能与飞轮齿圈准确啮合。

③ 有的起动机传动装置采用一级行星齿轮减速装置，其结构紧凑，传动比大，效率高。但使用中常会出现载荷过大而烧毁卡死。有的采用摩擦片式离合器，若压紧弹簧损坏，花键锈蚀卡滞和摩擦离合器打滑，也会造成起动机空转。

### 三、案例剖析

1．一辆捷达 GIX 行驶里程 63 000 km，每天早上第一次起动发动机时，起动机在点火开关回位时出现打齿声音

**故障现象：**每天早上第一次起动发动机时，起动机在点火开关回位时出现打齿声音。

**故障分析：**经车主同意将车放在服务站，第二天一早试车，起动发动机，就在点火开关回位时，起动机出现齿轮不回位的打齿声，这种故障须更换起动机。经车主同意后更换起动机，试车故障排除。

起动机由一个电动机和一个吸力包组成，在起动时，吸力包通过来自点火开关电源，产生电磁吸力，开始吸动拨叉，使电动机上的齿轮与飞轮上的齿轮啮合，使发动机运转着车，尔后点火开关回位，电磁吸力包断电，这时在回位弹簧的作用下，电动机齿轮与飞轮分离，可这时电磁吸力包内部间隙过大，油泥和尘土过多导致回位不好，出现打齿现象，如时间过长，飞轮齿轮会被打坏，维修费用会很高，建议有这种现象的车尽早更换起动机。

2．一辆长安福特福克斯 2.0 L 轿车，装备自动变速器，车辆在熄火约 20 min 后重新起动时发动机无法起动

**故障现象：**车辆在熄火约 20 min 后重新起动时发动机无法起动。

**故障诊断：**经检查发现，该车起动时起动机不运转。检查蓄电池电量充足，起动继电器工作正常，F13 熔丝完好，变速器档位信号正常。

笔者怀疑起动机有问题，于是拆下起动机将其在蓄电池上搭接，起动机运转正常。此时再用万用表检查蓄电池到起动机的线路，发现该线路发生断路现象。经仔细观察，发现该线束靠近蓄电池极柱处的熔断器熔断。经查阅维修资料，得知这是一个 150 A 的熔断器。根据该熔断器多次熔断的情况，可以判定起动机内部存在着内部短路的情况。

**故障排除：**在更换起动机和新线束后，故障彻底排除。

3．一辆奥迪 A4L 轿车，起动发动机时无反应的故障诊断与排除

**故障现象：**奥迪 A4L 轿车起动时起动机不工作，导致车辆无法起动。

**笔记**

　　**故障分析**：为缩小故障范围,向起动机 50 号接线柱送入 12 V 电压,起动机能正常工作,说明从点火开关至起动机 50 号接线柱之间的线路有故障。由于是自动变速车,应先考虑起动止继电器和多功能开关。当变速杆置于"P"档或"N"档时,锁止继电器的磁场线圈 2 号脚应通过多功能开关搭铁,但实测电阻无穷大。这时,应判断是多功能开关故障还是线束故障。直接测量多功能开关 7 号端子与搭铁间的电阻,实测为 0 Ω,于是判断线束有问题。为简化维修过程,决定单走一线,从而将故障排除。

　　拓展学习

汽车电气设备故障诊断的一般程序

　　检修故障时,可以采用"五步法":

　　第一步,验证用户的反映。将有问题线路中的各个元件都通上电试一试,看用户的反映是否属实,同时注意观察通电后的种种现象。在动手拆卸或测试之前,应尽量缩小事故原因的设定范围。

　　第二步,分析线路原理图。在线路图上画出有问题的线路,分析一下电流由电源负载入地的路径,弄清线路的工作原理,如果对线路原理还不太清楚,应仔细看电路说明及相关资料,直至弄清为止。对有问题线路的相关线路也应加以检查。每个电路图上都给出保险、一个接地点和一个开关的相关线路的名称。对于在第一步程序中漏检的相关线路要试一下,如果相关线路工作正常,说明共用部分没问题,故障原因仅限于有问题的这一线路中。如果几条线路同时出故障,原因多半出在保险或接地线。

　　第三步,检查问题集中的线路/部件。测试线路,验证第二步中所作的推断。

　　故障检修的快慢、成功与否关键在于排障程序简单、明了而有理,将系统故障诊断表中最有可能的原因凸现出来,先加以测试,且先测试最容易测试的地方。

　　第四步,进行修理。问题一经查明,便可着手进行必要的修理。

　　第五步,验证线路是否恢复正常。对线路再进行一次系统检查,看问题是否已经解决。如果故障是保险熔断,应对使用该保险的每条线路都要测试。

　　思考与练习

**一、填空题**

1. 起动系电路常见有＿＿＿＿控制式、＿＿＿＿控制式、＿＿＿＿控制式。

2. 起动机在装复时应检查调整的项目有＿＿＿＿、＿＿＿＿。

3. 按控制方式的不同,起动机可以分为＿＿＿＿、＿＿＿＿两种形式。

4. 起动机每次起动时间不得超过＿＿＿＿ s。再次起动时应间隔＿＿＿＿ s。

5. 起动机工作时,应先让单向离合器小齿轮与＿＿＿＿啮合,再接通起动机主电路,以避免＿＿＿＿现象产生。

**二、判断题**

1. 在永磁式起动机中,电枢铁芯是用永久磁铁制成的。(　　　)

2. 平行轴式起动机的预解式动齿轮需要用拨叉使之伸出和退回。(　　　)

3. 起动机励磁线圈和起动机外壳之间是导通的。(　　　)

4. 用万用表检查电刷架时,两个正电刷架和外壳之间应该绝缘。(　　)

5. 起动机电枢装配过紧可能会造成起动机运转无力。(　　)

### 三、选择题

1. 在起动机的解全检测过程中,(　　)是电枢的不正常现象。

A. 换向器片和电枢轴之间绝缘

B. 换向器片和电枢铁芯之间绝缘

C. 各换向器片之间绝缘

2. 在判断起动机不能运转的过程中,在车上短接电磁开关端子 30 和端子 C 时,起动机不运转,说明故障在(　　)。

A. 起动机的控制系统中　　　　B. 起动机本身　　　　C. 不能进行区分

3. 在(　　)中,采用直推的方式使驱动齿轮伸出和飞轮齿圈啮合。

A. 常规起动机

B. 平行轴式减速起动机

C. 行星齿轮式减速起动机

4. 减速起动机和常规起动机的主要区别在于(　　)不同。

A. 直流电动机　　　　　　　B. 控制装置　　　　　　　C. 传动机构

5. 在行星齿轮式减速起动机中,行星齿轮(　　)。

A. 只是围绕各自的中心轴线转动

B. 沿着内齿圈公转

C. 边自转边公转

### 四、简答题

1. 起动机的控制装置有哪些作用? 简要说明其工作过程。

2. 减速式起动机有哪几类? 说明它们的主要区别。

3. 一辆使用常规起动机的汽车出现不能起动的故障,故障现象是将点火开关旋至起动档,起动机发出"咔哒"的声音之后就不动了,请你结合起动系统所学的相关知识判断哪些原因可能导致此种故障。

4. 起动系电路有哪些类型? 如何工作?

5. 蓄电池容量对起动机性能有何影响?

# ▶ 学习情境 3

# 照明与信号灯故障的检修

## 学习任务 3.1 前照灯不亮故障的检修

### 学习目标

1. 了解汽车常见导线、保险、开关及插接器的相关知识；
2. 掌握电路的识读与分析方法；
3. 掌握前照灯的结构、要求及分类；
4. 能根据前照灯电路图对前照灯常见故障进行诊断与故障排除；
5. 熟悉其他照明灯的控制电路及工作原理并能根据故障现象进行诊断与故障排除。

### 学习时间

6 学时

### 学习情境描述

桑塔纳 2000GSi 在夜间行驶时，打开前照灯，两灯均不亮。

**一、相关知识**

（一）汽车电路的基础元件及图形符号

1. 导线

导线是组成汽车电路基础的重要元件。各大汽车公司在设计汽车电路时，对导线的颜色和截面积等都有相应的规定，以满足汽车电路使用和维修的需要。

（1）导线的颜色。汽车各条线路的导线采用不同的颜色，各国对汽车导线的颜色有不同的规定。国产汽车要求截面积 4 mm² 以上的导线采用单色，其他导线则采用双色（在主色基础上加辅助色条）。国产汽车各电路主色导线的规定如表 3-1-1 所示。

（2）导线的截面积。导线的截面积通常用导线标称截面积来衡量，所谓的标称截面积是根据规定计算方法得到的截面积值，它既不是线芯的几何面积，也不是各股铜线几何面积之和。汽车导线的截面积基本上是根据所接用电设备的电流值确定的，但为了保证导线有足够的机械强度，规定截面积最小不能小于 0.5 mm²，各种低压导线标称截面积所允许的载流值是不同的。不过我们只需记住，一条线上通过的电流越大，我们需要配的导线也就要粗一些，汽车 12 V 电气系统主要线路导线的标称截面积推荐值如表 3 - 1 - 2 所示。

表 3 - 1 - 1 主色导线的规定

| 应用的电路系统 | 导线主色 | 应用的电路系统 | 导线主色 |
|---|---|---|---|
| 电源系统 | 红 | 仪表、报警系统、电喇叭 | 棕 |
| 点火系统、起动系统 | 白 | 前照灯、雾灯等车外照明系统 | 蓝 |
| 各种辅助电动机及电气操纵系统 | 灰 | 收音机、电子时钟、点烟器等辅助电器 | 紫 |
| 灯光信号系统 | 绿 | 搭铁 | 黑 |
| 车内照明系统 | 黄 | | |

表 3 - 1 - 2 汽车 12 V 电气系统主要线路导线截面积推荐值

| 标称截面积/mm² | 适 用 的 电 路 |
|---|---|
| 0.5 | 尾灯、顶灯、仪表灯、指示灯、牌照灯、燃油表、冷却液温度表、油压表、电子时钟等电路 |
| 0.8 | 转向灯、制动灯、点火线圈初级绕组等电路 |
| 1.0 | 前照灯、电喇叭(3 A 以下)等电路 |
| 1.5 | 前照灯、电喇叭(3 A 以上)等电路 |
| 1.5～4.0 | 其他 5 A 以上电路 |
| 4.0～6.0 | 柴油发动机电热塞电路 |
| 6.0～25 | 电源电路 |
| 16、95 | 起动电路 |

(3) 导线颜色代号。为了方便读图,在导线的接线端和电路图上通常都标有导线颜色代码,并且国际上也有了相关的规定,但值得注意的是,各国导线的颜色代码是不一样的,我国及英国、美国、日本等均采用英文字母,但也有一些国家采用本国母语字母作为导线色码。常见国家的导线颜色代码如表 3 - 1 - 3 所示。

表 3 - 1 - 3 汽车线路各导线颜色的英文代码

| 颜色 | 英文代码 | 日本代码 | 德国代码 | 法国代码 | 颜色 | 英文代码 | 日本代码 | 德国代码 | 法国代码 |
|---|---|---|---|---|---|---|---|---|---|
| 黑 | B | B | Sw | N | 灰 | Gr | Gr | Br | G |
| 白 | w | w | wS | B | 紫 | V | V | VI | My |
| 红 | R | R | RO | R | 橙 | O | O | — | Or |
| 绿 | G | G | gn | V | 粉 | — | P | — | Ro |
| 黄 | Y | Y | ge | J | 浅蓝 | — | L | hb | — |
| 棕 | Br | Br | br | M | 浅绿 | — | Lg | — | — |
| 蓝 | BI | — | — | BI | | | | | |

汽车电路图中双色线的标注方法是主色在前,辅色在后。比如"BW",表示该导线的主色

是黑色,辅色为白色,也有在主、辅色代码之间加"/"或"—"的标注方法。

在一些汽车电路图中,还标出了导线的标称截面积。比如"0.5R",表示该条线路的导线标称截面积为 0.5 mm²,导线颜色为红色。

(4) 导线端子和导线连接,如表 3-1-4 所示。

表 3-1-4　导线端子和导线连接

| 1 | 接点 | ● | 7 | 插头的一个极 |  |
| 2 | 端子 | ○ | 8 | 插头和插座 |  |
| 3 | 导线的连接 |  | 9 | 多极插头和插座(示出的为三极) | 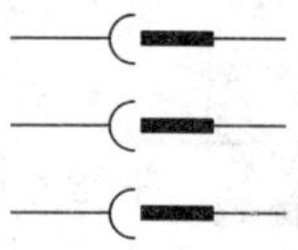 |
| 4 | 导线的分支连接 |  | 10 | 接通的连接片 | 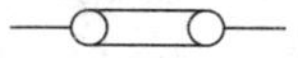 |
| 5 | 导线的交叉连接 |  | 11 | 断开的连接片 | 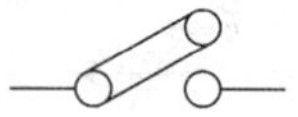 |
| 6 | 插座的一个极 | 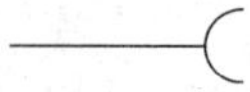 | 12 | 屏蔽导线 | 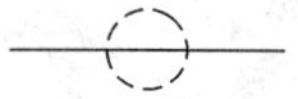 |

2. 熔断器与易熔线

(1) 结构与规格。熔断器中的熔丝串联在其所保护的电路中。一般情况下,当通过熔丝的电流达到额定电流的 1.35 倍时,熔丝会在 60 s 内熔断;当电流达到 1.5 倍时,20 A 以下的熔丝在 15 s 内熔断,30 A 熔丝在 30 s 内熔断。

熔断器的熔丝通常固定在可插式塑料片上或封装在玻璃管内。汽车电路有多个熔断器,通常是集中安装在一个或几个接线盒中。各个熔断器都编号排列,有的还涂以不同的颜色,以便于辨别。易熔线,又叫熔断线,是用来保护汽车电路和用电设备的、容量较大的线状熔断器。

一般熔断器的容量有限,当线路的电流较大时,一般的熔断器没有那么大的容量,所以只能采用易熔线来保护线路。它是线路的一部分,不过其截面面积比被它保护的线路要小得多。它的作用和熔断器相似,当线路出现过大的电流时,易熔线首先烧断,就保护了线路和线束。

汽车上用易熔线保护的线路主要有:发电机充电线路、前照灯线路、冷却风扇线路等。当易熔线烧断后,经排除故障,可以换上新的易熔线。

熔断器和易熔线的电路表示符号如图 3-1-1、图 3-1-2 所示。

(2) 熔断器的检查。熔断器特别易坏,可以通过仔细观察来判断熔断器有无损坏,也可以通过万用表检测,或用试灯方法检查其是否熔断,应遵守以下规则:

笔记

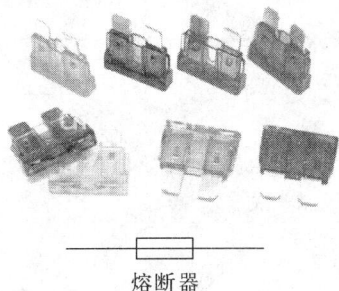

图 3-1-1  熔断器的表示方法

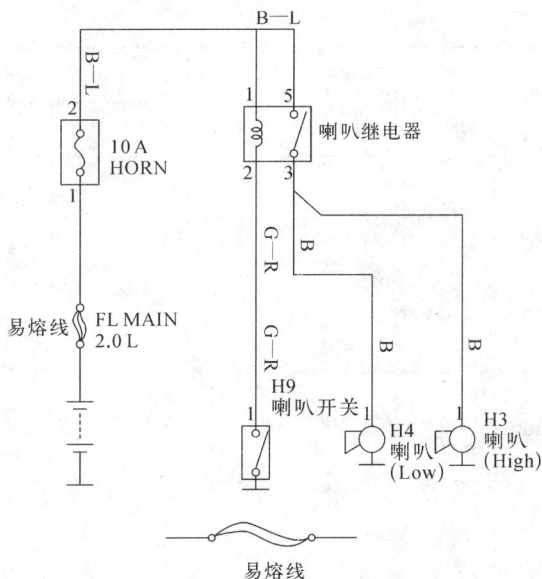

图 3-1-2  易熔线的表示方法

① 更换熔断器时,一定要与原规格相同,特别要注意,不能使用比规定容量大的熔断器。在汽车上增加用电设备时,不能随意改用容量大的熔断器,应另外安装熔断器。

② 熔断器熔断后,必须找到故障原因,彻底排除故障。

3. 开关

(1) 开关的作用与类型。汽车电路中的开关相当多,基本上是一个控制电路就会有一个或多个开关。开关在汽车电路中起接通/关断电路的控制作用。按操纵方式不同分有手动(旋转、推拉、按压)开关、压力控制开关、温度控制开关、机械控制开关等;按开关的通断状态分为常开开关、常闭开关两种类型,无论什么形式的开关,它们的安装都只是一个目的,即能通断电路。各种开关在电路图中的表示方法如表 3-1-5 所示。

表 3-1-5  触点开关符号

| 1 | 动合(常开)触点 | | 6 | 双动断触点 | |
|---|---|---|---|---|---|
| 2 | 动断(常闭)触点 | | 7 | 单动断双动合触点 | |
| 3 | 先断后合的触点 | | 8 | 双动断单动合触点 | |
| 4 | 中间断开的双向触点 | | 9 | 一般情况下手动控制 | |
| 5 | 双动合触点 | | 10 | 拉拨操作 | |

(续表)

| | | | | | |
|---|---|---|---|---|---|
| 11 | 旋转操作 | | 25 | 能定位的按钮开关 | |
| 12 | 推动操作 | | 26 | 拉拨开关 | |
| 13 | 一般机械操作 | | 27 | 旋转、旋钮开关 | |
| 14 | 钥匙操作 | | 28 | 液位控制开关 | |
| 15 | 热执行器操作 | | 29 | 机油滤清器报警开关 | OP |
| 16 | 温度控制 | t | 30 | 热敏开关动合触点 | t° |
| 17 | 压力控制 | P | 31 | 热敏开关动断触点 | t° |
| 18 | 制动压力控制 | BP | 32 | 热敏自动开关的动断触点 | |
| 19 | 液位控制 | | 33 | 热继电器触点 | |
| 20 | 凸轮控制 | | 34 | 旋转多档开关位置 | 1 2 3 |
| 21 | 联动开关 | | 35 | 推拉多档开关位置 | 1 2 3 |
| 22 | 手动开关的一般符号 | | 36 | 钥匙开关(全部定位) | 1 2 3 |
| 23 | 定位开关(非自动复位) | | 37 | 多档开关、点火、起动开关,瞬时位置为2能自动返回到1(即2档不能定位) | 1 2 3  0.1 |
| 24 | 按钮开关 | | 38 | 节流阀开关 | |

笔记

需要强调的是,汽车电路中多数开关为复合型开关,具有两个或两个以上的电路通断功能,如点火开关、风扇开关、灯光开关等。现代汽车上还使用了组合开关,组合开关是将两种或两种以上的开关集装在一起,可使操作更加简便。

（2）开关功能的识别。很多车上都装有三档四接柱的点火开关,其表示方法采用方框符号,表示接线柱和档位的符号有两种,如图 3-1-3(a)、(b)所示;上海桑塔纳则采用与前两者截然不同的另一种符号,如图 3-1-4 所示。

|     | 1 | 2 | 3 | 4 |
| --- | --- | --- | --- | --- |
| Ⅲ | ○——————○ | | | |
| 0 | | | | |
| Ⅰ | | ○——○ | | |
| Ⅱ | ○—————————○ | | | |

(a)

|       | AM | ACC | IG | ST |
| ----- | --- | --- | --- | --- |
| LOCK | ○———————○ | | | |
| ACC | | | | |
| ON | ○—————○ | | | |
| START | ○———○ | | ○———————○ | |

(b)

图 3-1-3　点火开关图形符号

通过上述示例可知,汽车电路图形符号目前还没有统一的标准,国产汽车制造企业大都采用电气技术行业标准,而合资汽车制造企业大都沿用国外的原标准,所以在识图过程中应不断地总结经验,找出不同的电路中采用的图形符号有哪些相同点和不同点,这样可以提高读图速度。

图 3-1-4 是用常见点火开关档位图的表示方法。其接线柱/开关档位的相关说明如表 3-1-6所示。

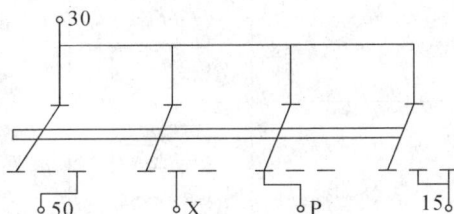

图 3-1-4　上海桑塔纳轿车点火开关图形符号

表 3-1-6　点火开关接线柱/开关档位的相关说明

| 代号 | 名　称 | 作　　用 |
| --- | --- | --- |
| 1 | 电源端子 | 连接蓄电池与发电机的正极 |
| 2 | 点火接线端子 | 接点火电路、仪表电路、发电机励磁电路及电子控制装置电源电路等 |
| 3 | 辅助电器端子 | 连接收放机、电动车窗等辅助电器的控制开关 |
| 4 | 起动接线端子 | 连接起动电路 |
| LOCK | 转向盘锁止档 | 从 OFF 位逆转至该位,可锁止转向盘 |
| OFF | 断开位 | 点火开关在该位时,2、3、4 号接线端子与 1 号接线端子均处于断开状态 |
| AM | 电源端子 | 连接蓄电池与发电机的正极 |
| ACC | 辅助电器档 | 点火开关在该档位时,1、3 号端子相连接,使辅助电器电路接通电源 |
| ON | 点火档 | 点火开关在该档位时,1、2、3 号端子相连接,使点火电路、仪表电路等接通电源 |
| ST | 起动档 | 点火开关在该档位时,1、2、4 号端子相连接,使点火电路、起动电路接通电源 |

**4. 继电器**

继电器在汽车电路中起保护和自动控制作用。汽车电路中所使用的继电器种类较多,汽车电路中使用的继电器主要形式如表3-1-7所示。

表 3-1-7　汽车电路中使用继电器的主要形式

| 触点/线圈数量 | 图　解 | 类　型 | 触点/线圈数量 | 图　解 | 类　型 |
|---|---|---|---|---|---|
| 单/单 | 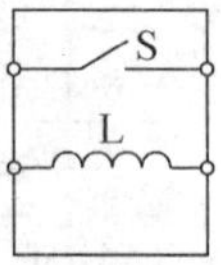 | 常开型 | 单/单 | 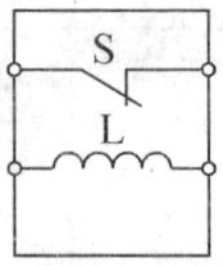 | 常闭型 |
| 双/单 | 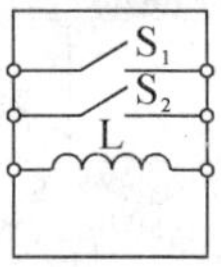 | 常开型 | 双/单 | 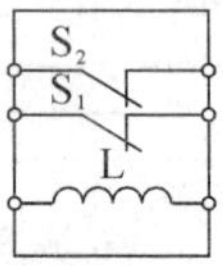 | 常闭型 |
| 单/双 | 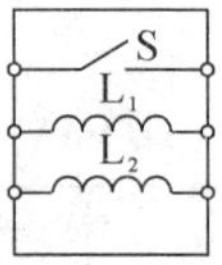 | 常开型 | 单/双 | 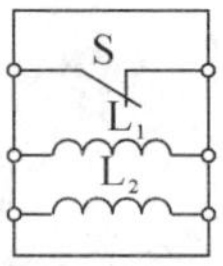 | 常闭型 |
| 双/单 | 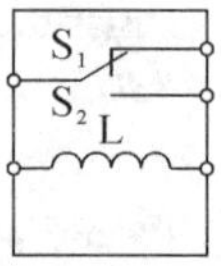 | 混合型 | 双/单 | 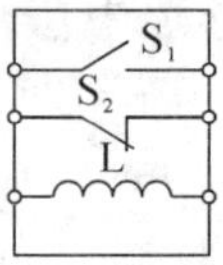 | 混合型 |

(1) 常闭继电器:继电器线圈不通电时,继电器触点在弹簧力作用下保持闭合,继电器线圈通电后产生磁力将触点吸开,断开相应的电路。

(2) 常开继电器:继电器线圈不通电时,继电器触点在弹簧力作用下保持张开,继电器线圈通电后产生磁力吸合触点,接通相应的电路。

(3) 混合式继电器:同时具有常开和常闭触点,继电器线圈通电后使常开触点闭合,常闭触点张开,以接通或断开相应的电路。

有的继电器具有两个线圈。双线圈继电器大致有两种类型:一是两线圈同时通电时触点才动作;二是只要有一个线圈通电触点就可以动作。

现代汽车电系各继电器通常集中安装在专门的继电器盒中,有的汽车电路图还提供了继电器位置图,从图中可得到各继电器的具体位置和继电器各端子的排列情况,用以方便故障查寻。

**5. 线路连接插接器**

插接器也称连接器,由插头和插座两部分组成。插接器是汽车电路中线束的连接部件。线束之间(或导线与导线)、线束(导线)与电器部件之间的连接一般采用插接,为了防止插接器在汽车行驶中脱开,所有的插接器均采用了闭锁装置,下面以日本汽车使用的插接器为例介绍其相关知识。

（1）插接器的识别方法。插接器的符号和实物如图 3-1-5 所示,符号涂黑的表示插头,白色的表示插座,带有倒角的表示针式插头。

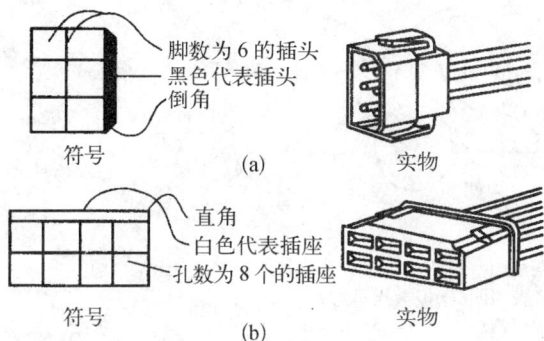

图 3-1-5　插接器的符号和实物

（a）插头;（b）插座

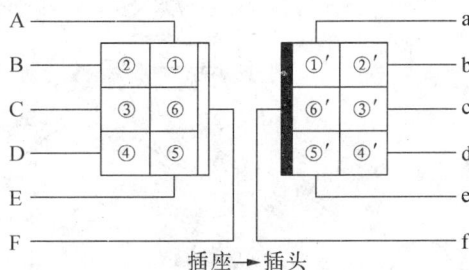

图 3-1-6　插接器的连接和拆卸方法

（2）插接器的连接和拆卸方法:插接器连接时,一定要注意方向和方法,连接器的插座和插头应该一一对正,如图 3-1-6 所示。要拆开插接器时,首先要解除闭锁,然后把插接器拉开,不允许在未解除闭锁的情况下用力拉导线,这样会损坏闭锁装置或连接导线。

（二）基本概述

汽车照明系统与灯光信号系统的主要功能是保证汽车的正常运行和在夜间或雾中行驶的安全,是保障汽车安全行驶,减少交通事故的重要条件。汽车上安装的多种照明和灯光信号装置如图 3-1-7、图 3-1-8 所示。

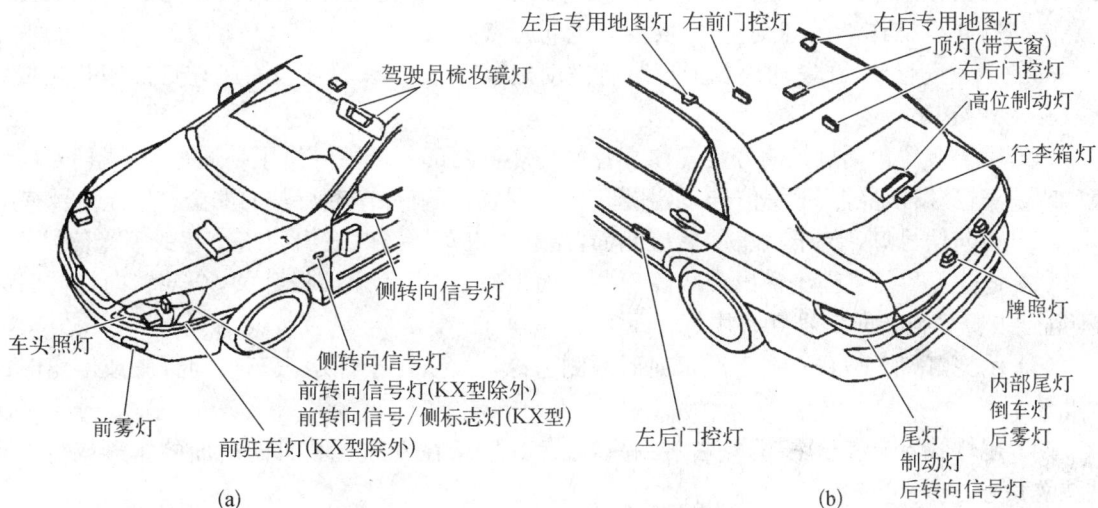

图 3-1-7　汽车照明与信号系统

汽车照明系统由电源、照明灯具、控制装置等组成。其作用主要是夜间道路照明、车厢内部照明、车辆宽度标示、仪表与夜间检修等。汽车照明系统分为车外照明和车内照明两部分,车外照明灯有:前照灯、雾灯、牌照灯等。车内照明灯有:顶灯、仪表灯、阅读灯等。工作灯

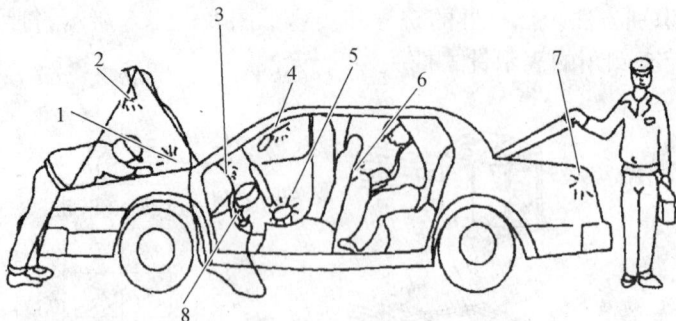

图3-1-8　常见汽车内部灯具
1—发动机罩下灯；2—工作灯；3—仪表照明灯、报警指示灯；4—顶灯；
5—门灯；6—阅读灯；7—行李箱灯；8—开关照明灯

有：发动机罩灯、行李箱灯、外接工作灯插座等。

（1）前照灯俗称大灯，装在汽车头部的两侧，用来照亮车前的道路，灯光一般为白色，有两灯制和四灯制两种配置方式。

（2）雾灯安装在汽车头部或尾部。在有雾、下雪、暴雨或尘埃弥漫等情况下，用来改善道路的照明情况。每车一只或两只，安装位置比前照灯稍低，一般离地面约50 cm左右，射出的光线倾斜度大，光色为黄色或橙色（黄色光波较长，透雾性能好）。

（3）牌照灯装于汽车尾部牌照上方或左右两侧，用来照亮汽车牌照，确保行人在车后20 m处看清牌照上的文字及数字。

（4）顶灯：用于车内照明。有的车辆顶灯兼作门灯用，当车门关闭不严时灯亮，提醒驾驶员注意。通常客车车内灯都位于驾驶室中部，使车内灯光分布均匀。

（5）仪表灯：安装在汽车仪表盘上，用于夜间照亮仪表盘，以便于驾驶员能迅速获取行车信息并进行正确操作。尾灯点亮时，仪表灯也同时点亮。

为便于夜间检修，在发动机罩上还装有发动机罩灯，有的车辆还设有工作灯插座并配带导线及移动式灯具。

汽车信号装置包括灯光信号装置和声音信号装置两部分。主要作用是通过声、光信号向环境（如人、车辆）发出警告、示意信号，以引起有关人员注意，确保车辆行驶的安全。灯光信号有：

（1）转向信号灯：装于汽车前后或侧面，用于在汽车转弯时发出明暗交替的闪光信号。

（2）危险报警灯：当车辆出现故障停在路面上时，按下危险警报开关，全部转向灯同时闪亮，危险报警灯与转向信号灯共用。

（3）示宽灯（前小灯）：装于汽车前后两侧边缘，白色，用于标示汽车夜间行驶或停车时的宽度轮廓。

（4）尾灯：装于汽车尾部，左右各一只，红色。用于在夜间行驶时向后面的车辆或行人提供位置信息。

（5）制动灯：制动灯俗称"刹车灯"，安装在汽车尾部。在踩下制动踏板时，发出较强红光，以示制动。灯罩显示面积较尾灯大。为避免尾随大型车对轿车追尾的危险，轿车后窗内可加装由发光二极管成排显示的高位制动灯。

（6）倒车灯：装于汽车尾部，左右各一只，白色。当变速器挂倒档时，自动发亮，用于照亮车后路面，并警告车后的车辆和行人，该车正在倒车。

声音信号有：倒车蜂鸣器、语音、电喇叭等。

目前，多将前照灯、雾灯、示宽灯等组合起来，称为组合前灯；将尾灯、后转向信号灯、刹车灯、倒车灯等组合起来称为组合后灯。

### （三）汽车前照灯系统

#### 1. 对前照灯的要求

前照灯主要用于夜间行车道路照明，有些车型也兼作超车信号灯。常见功率一般为 40～60 W。其照明效果直接影响着夜间的行车安全，世界各国多以法律的形式规定前照灯的照明标准，对其基本要求主要有以下两方面：

（1）前照灯应能保证车前有明亮而又均匀的照明，使驾驶员能够看清车前 100 m 以内路面上的物体。随着现代汽车行驶速度的不断提高，对前照灯的要求也越来越高，现代高速汽车前照灯的照明距离应达到 200～250 m。

（2）前照灯应防止眩目，以避免夜间两车相会时对方驾驶员眩目而造成交通事故。

#### 2. 前照灯的分类

前照灯一般可分为以下五类。

（1）可拆式前照灯：其拆装必须将全部光学组件取出后才能进行，密封性较差，反射镜易受外界环境气候的影响而被污染变黑，严重降低照明效果，目前已趋淘汰。

（2）半封闭式前照灯：如图 3-1-9 所示，配光镜是靠卷曲反射镜周沿的牙齿而紧固在反射镜上，两者之间垫有橡皮密封圈，其灯泡拆卸只可从反射镜的后方进行。

半封闭式前照灯的优点是内部灯泡可以单独更换。更换时，先拔下灯泡上的插座，取下密封罩、卡簧，即可取下灯泡。但若前照灯的配光镜等损坏，需要更换整个前照灯。

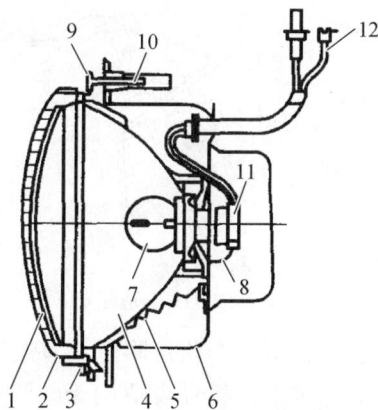

图 3-1-9　半封闭式前照灯的结构

1—配光屏；2—固定圈；3—调整圈；
4—反射镜；5—拉紧弹簧；6—灯壳；
7—灯泡；8—防尘罩；9—调节螺栓；
10—调整螺母；11—胶木；12—接线片

（3）封闭式前照灯：其总成本身就是一个灯泡。灯丝安装在反射镜前面，配光镜则与反射镜焊接在一起，如图 3-1-10 所示。更换时，先拔下灯脚与线束连接的插座，然后拆下灯圈，即可取下灯芯，如图 3-1-11 所示。安装灯芯时，应注意配光镜上的标记（箭头或字符），

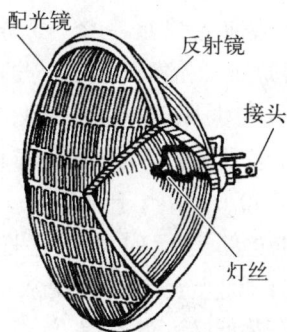

图 3-1-10　封闭式前照灯结构

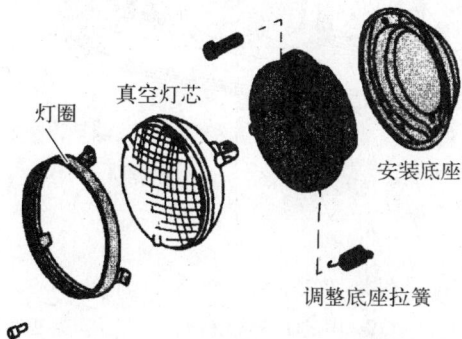

图 3-1-11　封闭式前照灯的更换

不应出现倒置或偏斜现象。封闭式前照灯完全避免了反射镜的污染,但价格较高。

(4) 投射式前照灯:采用凸形配光镜,反射镜为椭圆形,所以其外径很小,结构如图3-1-12所示。由于投射式前照灯的反射镜呈椭圆形状,有两个焦点。在第一个焦点处放置灯泡,光束经反射会聚至第二个焦点。凸形配光镜的焦点与第二个焦点相重合,灯泡发出的光被反射镜聚成第二个焦点,再通过配光镜将聚集的光投射到远方。投射式前照灯使用的光源为卤素灯泡。

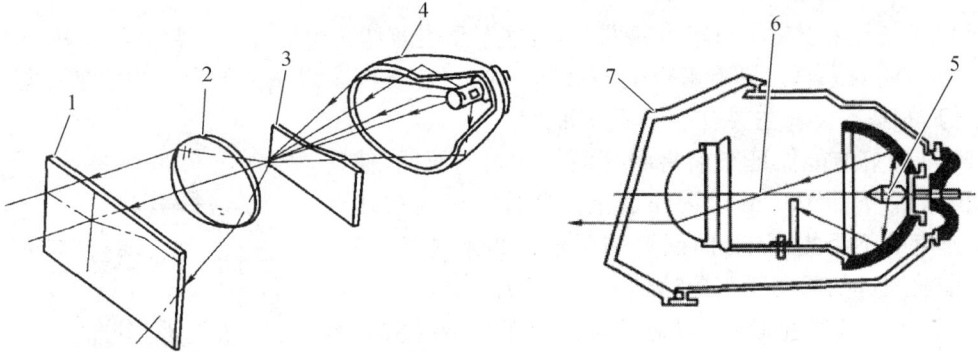

图 3-1-12 投射式前照灯的结构

1—屏幕;2—凸形配光镜;3—遮光镜;4—椭圆形反射镜;5—第一焦点(F1);6—第二焦点(F2);7—总成

在第二个焦点附近设有遮光板,可用于遮住投向上半部分的光,形成明暗分明的配光。它的这种配光特性可适用于前照灯近、远光灯,也可用做雾灯。

采用投射式前照灯,可利用的光束增多,若将反射镜做成扁长断面,很多光束便可横向扩散,不仅结构紧凑,而且经济实用。

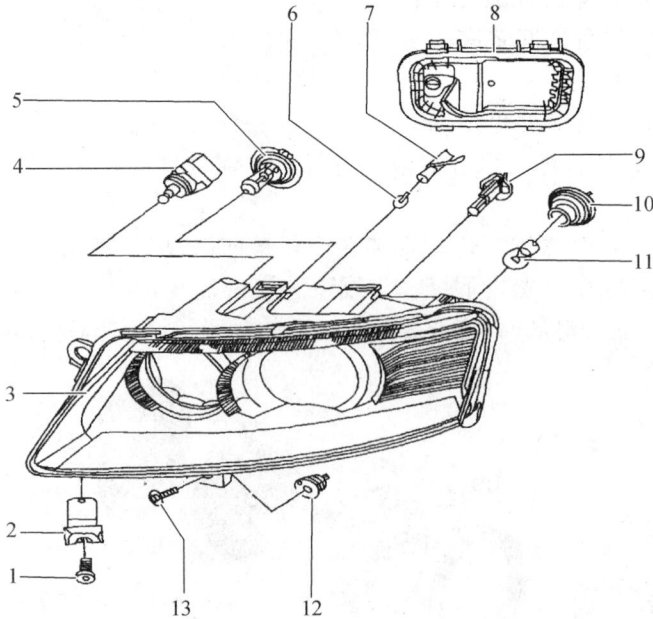

图 3-1-13 氙灯的结构

1、13—螺钉;2—固定件;3—大灯壳体;4—大灯射程调节电动机;5—远光灯泡;6—驻车灯;7、10—灯泡固定件;8—壳体后盖;9—近光灯;11—转向信号灯泡;12—调节螺母

(5) 氙灯:如图3-1-13所示,是一种含有氙气的新型前大灯又称高强度放电灯或气体放电灯,英文简称 HID(High Intensity Discharge Lamp)。灯泡发出的光的光色接近太阳光,灯光照射的范围更大、更远,可以拓宽驾驶员的可见区域,耗电更少,可靠性高,不受车上电压波动影响。一个 35 W 的放电大灯的通光量是一个 55 W 的普通卤素灯的 2 倍,其色温高达4 200 K以上,与太阳光相似。但含较多的绿和蓝成分,一般使用寿命 1 500~2 500 h,相当于汽车平均使用周期内全部运行时间。它还有一个突出的优点:当它出现故障时往往会逐渐变暗,而不是突然不亮,可以给驾驶者时间。

　　氙灯由小型石英灯泡、变压器和灯光控制 ECU 组成。接通电源后,通过变压器,在几 μs 内升压到 22 kV 的高压电。高压电封入弧形管的氙气被电解后,使电弧放电。电弧放电导致弧形管内的温度上升,因此,金属碘化物会汽化。汽化后的金属碘化物会在电弧中分解成金属原子和碘原子。金属原子变得很活跃,发出金属原子特定光谱的光线,工作流程如图 3-1-14 所示。灯开关接通的一瞬间,氙灯即产生与 55 W 卤素灯一样的亮度,约 3 s 达到全部光通量。

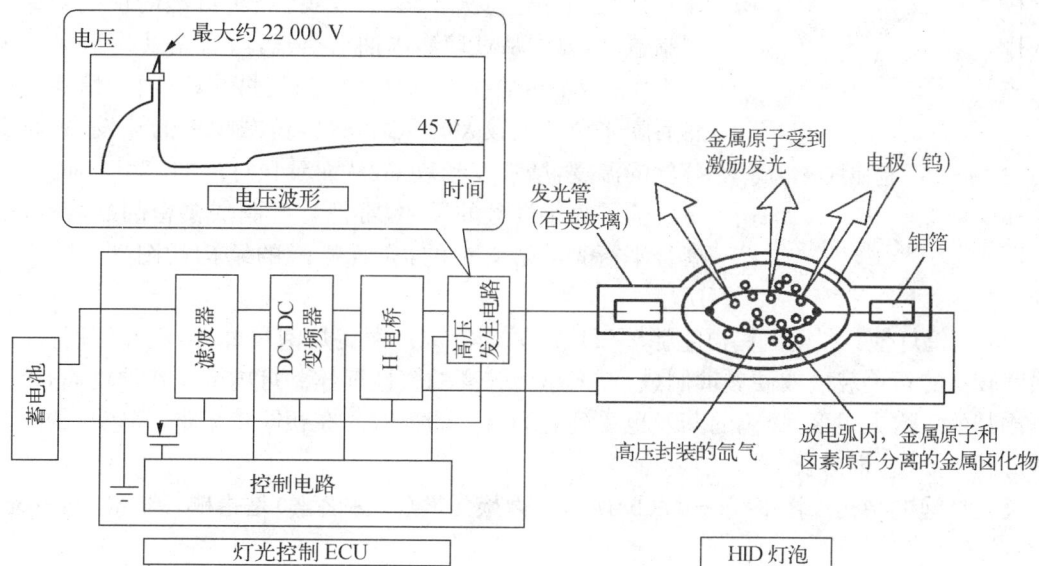

图 3-1-14　HID 灯泡照明工作的流程

　　由氙气所产生的白色超强电弧光,可提高光线色温值,类似白昼的太阳光芒,HID 工作时所需的电流量仅为 3.5 A,亮度是传统卤素灯泡的 3 倍,使用寿命比传统卤素灯泡长 10 倍。图 3-1-15 是氙气灯在前照灯的使用。

　　氙灯灯泡的玻璃用坚硬的耐温耐压石英玻璃(二氧化硅)做成,灯内充入高压氙气缩短灯被点亮的时间,灯的发光颜色则由充入灯泡内的氙气、水银蒸气和少量金属卤化物所决定。

图 3-1-15　氙气灯在前照灯的使用

　　电子控制器系统是一个独立的系统,包括变频器和 ECU,具有产生点火电压和工作电压两种功能。变频器将低电压变为高电压输出,ECU 的主要功能是限制氙灯灯泡的工作电流,向灯泡提供 2 kV 以上的点火电压和维持工作的低电压(80 V 左右)。

　　氙灯与卤素灯的主要区别在于,前者通过气体电离发光,后者通过加热钨丝发光。虽然氙灯的发光电弧与卤素灯的钨丝长度直径一样,但发光效率和亮度提高了 2 倍。由于不用灯丝,没有了传统灯易脆断的缺陷,寿命也提高了 4 倍。据测试,一个 35 W 的氙灯光源可产生 55 W 卤素灯 2 倍的光通量,使用寿命与汽车差不多。因此,安装氙灯不但可以减少电能消耗,还相应提高了车辆的性能,这对于轿车而言具有很重要的意义。

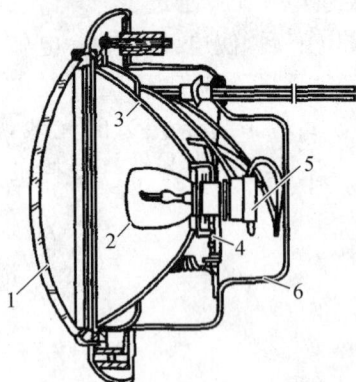

图 3-1-16　前照灯的组成
1—配光镜；2—灯泡；3—反射镜；
4—插座；5—接线盒；6—灯壳

### 3. 前照灯的构造

前照灯主要由灯泡、反射镜和配光镜三部分组成。如图 3-1-16 所示。

灯泡有充气灯泡、卤钨灯泡和新型高压放电氙灯等几种类型。

(1) 充气灯泡：灯泡灯丝用钨丝制成（钨的熔点高、发光强）。但由于钨丝受热后会蒸发，将缩短灯泡的使用寿命。因此制造时，要先从玻璃泡内抽出空气，然后充以约 86% 的氩和约 1.4% 氮的混合惰性气体。在充气灯泡内，由于惰性气体受热后膨胀会产生较大的压力，这样可减少钨的蒸发，故能提高灯丝的温度，增强发光效率，从而延长灯泡的使用寿命。

为了缩小灯丝的尺寸，常把灯丝制成紧密的螺旋状，这对聚合平行光束是有利的，充气灯泡的结构如图 3-1-17(a) 所示。

(2) 卤钨灯泡：利用卤钨再生循环反应的原理制成。卤钨灯泡尺寸小，泡壳用耐高温、机械强度较高的石英玻璃或硬玻璃制成，充入压力较高的惰性气体。灯内的工作温度高，工作气压也比其他灯泡大很多，故钨的蒸发也受到更为有力的抑制。在相同功率下，卤钨灯的亮度为白炽灯的 1.5 倍，寿命长 2~3 倍。

卤钨灯泡的结构如图 3-1-17(b) 所示。卤族元素（简称卤素）是指碘、溴、氯、氟等元素。

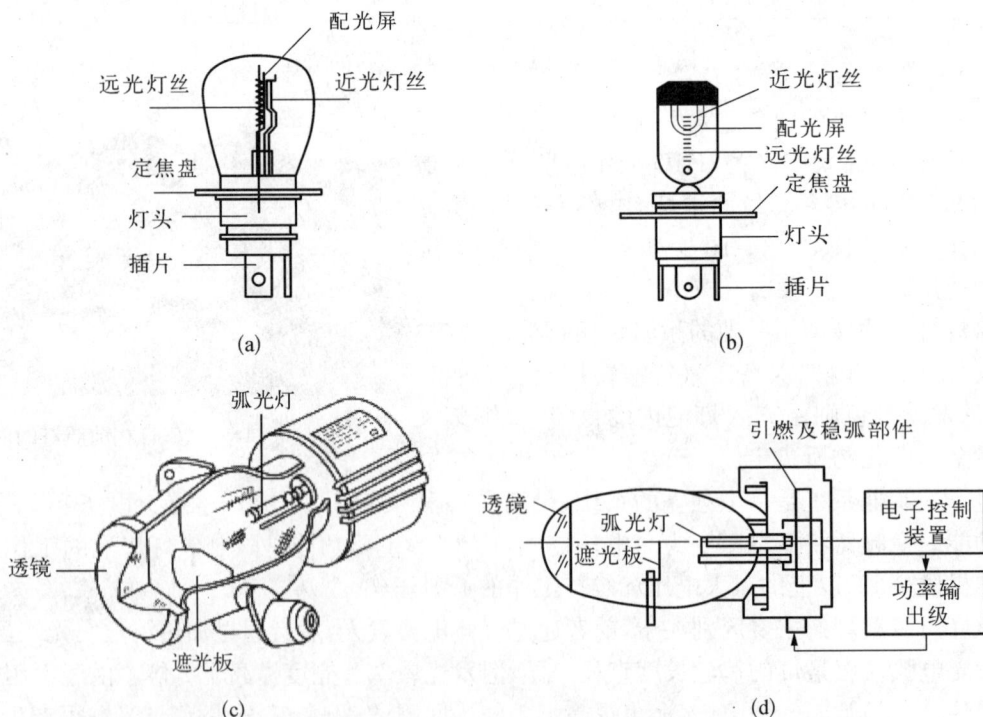

(a)

(b)

(c)

(d)

图 3-1-17　前照灯灯泡
(a) 充气灯泡；(b) 卤钨灯泡；(c) 高压放电氙灯；(d) 氙灯结构及原理

现在使用的卤素一般为碘或溴,由此制成的灯泡称为碘钨灯泡或溴钨灯泡。我国目前生产的是溴钨灯泡。

（3）氙气大灯：灯泡里没有灯丝,取而代之的是装在石英管内的两个电极,管内充有氙气及微量金属。克服了传统钨灯的缺陷,完全满足汽车夜间高速行驶的需要,其结构如图 3-1-17(c)、(d)所示。

4. 前照灯的防眩目措施

所谓"眩目"是指人的眼睛突然被强光照射时,由于视神经受刺激而失去对眼睛的控制,人会本能地闭上眼睛,或只能看到亮光而看不见暗处物体的生理现象。

夜间会车时,前照灯对迎面驾驶员造成的眩目容易引发交通事故。为了避免前照灯的眩目,在汽车上一般采用双丝灯泡的前照灯。灯泡的一根灯丝为"远光",另一根为"近光"。当夜间行驶无迎面来车时,可使用远光灯丝,前照灯光束射向远方,便于提高车速。当两车相遇时,使用近光灯丝,光束倾向路面,车前 50 m 内的路面也照得十分清晰,从而避免迎面来车驾驶员的眩目。我国交通法规规定,夜间会车时,须在距对面来车 150 m 以外互闭远光灯,改用防眩目近光灯。前照灯防眩目措施分为以下几种：

（1）采用双丝灯泡。前照灯采用双丝灯泡,其远光灯丝位于反射镜的焦点上,功率为 45～60 W;近光灯丝位于反射镜焦点的前方或上方,功率为 20～50 W。根据光学原理,当接通远光灯丝时,灯丝发出的光线经反射镜反射后,沿光学轴线平行射向远方;当接通近光灯丝时,射到反射镜上的光线由反射镜反射后投向车前 30 m 左右的路面,有效抑制了光线对迎面来车驾驶员的眩目作用,保证了夜间行车安全,如图 3-1-18 所示。但这种灯泡在接通近光灯丝时,射到反射镜上的部分光线反射后会向上倾斜,不利于行车安全。

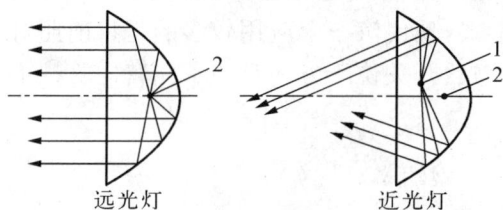

图 3-1-18　双丝灯泡的照射光线
1—近光灯丝;2—远光灯丝

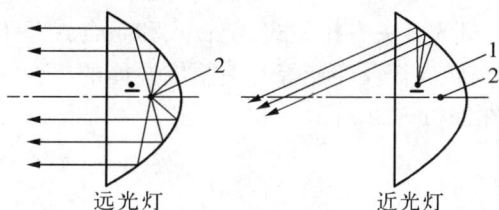

图 3-1-19　带有遮光罩双丝灯泡的照射光线
1—近光灯丝;2—远光灯丝

（2）采用带遮光罩的双丝灯泡。为了克服单纯双丝灯泡前照灯的缺陷,在近光灯丝的下方安装遮光罩,当打开近光灯时,遮光罩将近光灯丝射向反射镜下部的光线遮挡住,使之无法反射,从而增强了防眩目的效果,如图 3-1-19 所示,美系、日系车辆多采用这种配光方式。

由于以上两种前照灯的配光光线是对称的,因此,它们都属于对称形配光(即 SAE 配光)方式。

（3）采用非对称型配光。远光灯丝位于反射镜的焦点处,近光灯丝则位于焦点前方且稍高出光学轴线,其下方装有金属遮光罩,如图 3-1-20 所示。

由于近光灯丝射向反射镜上部的光线反射后倾向路面,而遮光罩挡住了灯丝射向反射镜下半部的光线,故没有向上反射能引起眩目的光线。

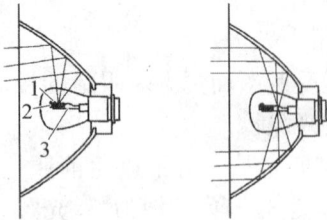

图 3-1-20　带遮光罩的前照灯灯泡
1—近光灯丝;2—遮光罩;3—远光灯丝

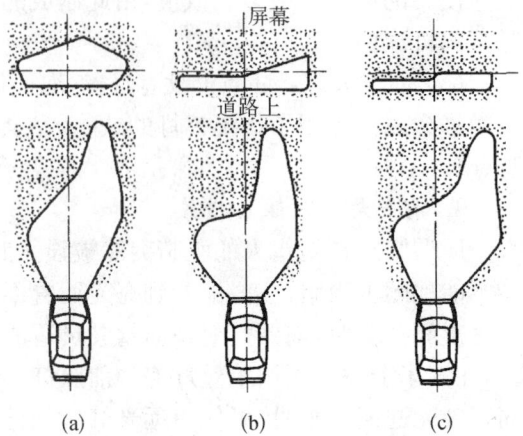

图 3-1-21　前照灯的配光形式
(a) 标准型;(b) 非标准型;(c) Z 型

遮光罩在安装时偏转一定的角度,使其近光的光形分布不对称而形成一条明显的明暗截止线。若明暗截止线呈 Z 形,则称为 Z 型配光。不仅可以避免迎面来车驾驶员的眩目,还可以防止迎面而来的行人和非机动车使用者的眩目,保证了汽车夜间行驶的安全。各种配光形式如图 3-1-21 所示。

5. 前照灯的控制电路分析

下面介绍前照灯控制电路的组成和灯光控制电路。

(1)组成:前照灯控制电路主要由灯光开关、变光开关、大灯继电器及前照灯组成。

灯光开关有拉钮式、旋转式和组合式等不同的形式,现代汽车上应用较多的是将前照灯、尾灯、转向灯及变光等开关制成一体的组合式开关,一般开关位于方向盘左下侧转向管柱上。如图 3-1-22 所示。

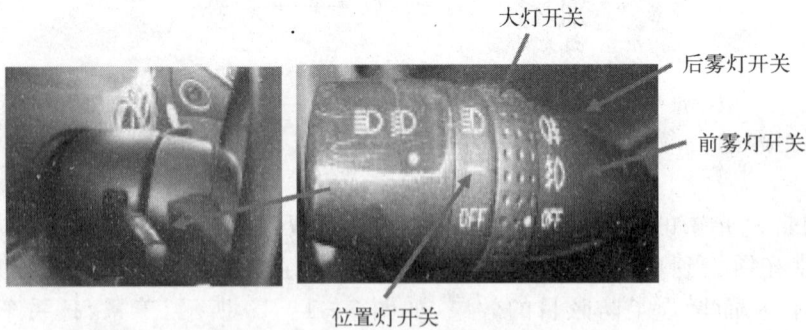

图 3-1-22　组合开关

转动开关端部便可依次接通尾灯(包括尾灯)和前照灯,将开关向下压,便由近光变为远光,将开关向上扳,亦可变为远光,不同的是,松手后开关自动弹回近光位置,此位置用来作为夜间行车时的超车信号。前后扳动开关,左右转向灯工作。

前照灯的工作电流较大,特别是四灯制前照灯。若用车灯开关直接控制前照灯,车灯开关易烧坏。因此在电路中设有前照灯继电器。图 3-1-23 是触点为常开式前照灯继电器的结构和引线端子,端子 SW 与前照灯灯开关相连,端子 E 接地,端子 B 与电源相连,端子 L 与变光开关相连。当接通前照灯开关后,继电器铁芯通电,触电闭合,通过变光开关向前照灯供电。

图 3-1-23　前照灯继电器

(2) 灯光控制电路。

常见的前照灯控制电路是指用灯开关控制继电器线圈电路,再用继电器常开触点控制前照灯的电源电路,继电器有单组控制的,也有组合控制的。

单组继电器控制方式的车型如 EQ1092、CA1092 等,其基本电路如图 3-1-24 所示。电路特点是:灯开关串联在电源与继电器之间,继电器控制变光开关的电源电路。

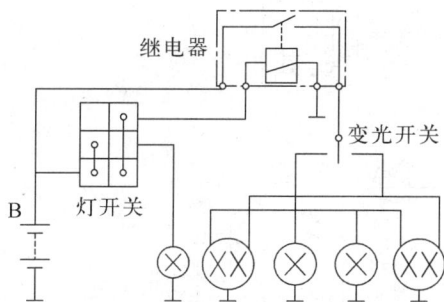

图 3-1-24　常见的前照灯控制电路

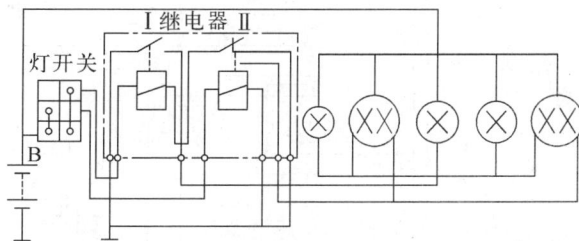

图 3-1-25　组合继电器控制式前照灯电路

组合继电器控制式前照灯电路如图 3-1-25 所示。电路特点是:前照灯电源直接由蓄电池供给,灯开关(用于分别控制组合继电器两组线圈电路)串联在电源与组合继电器之间,组合继电器控制前照灯电路的搭铁。其中继电器Ⅰ控制前照灯的远光电路的搭铁,继电器Ⅱ控制前照灯的近光电路的搭铁。

在保护型前照灯控制电路中,电源电路、熔断器、小灯或主前照灯等正常工作时,用于起保护作用的继电器不起作用。在电源电路短路、熔断器断开、小灯或主前照灯的电源搭铁或短路时,用于起保护作用的继电器起作用并自动接通辅助前照灯或前照灯的远光电路,以确保行车安全。

单组继电器控制式前照灯电路的特点是:灯开关(用于控制继电器线圈电路,可减少灯开关的负载,从而保护灯开关)串联在电源与变光开关之间,辅助前照灯的电源由继电器和灯开关共同控制,辅助前照灯在正常工作时由灯开关控制,在熔断器断开、小灯或主前照灯的电源

**笔记** 搭铁或短路等异常情况出现时,由继电器控制,如图 3-1-26 所示。

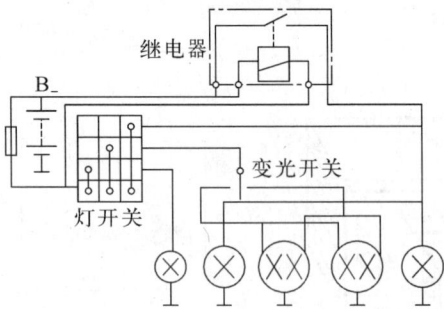

图 3-1-26　保护型单组继电器控制前照灯电路　　　图 3-1-27　保护型组合继电器控制前照灯电路

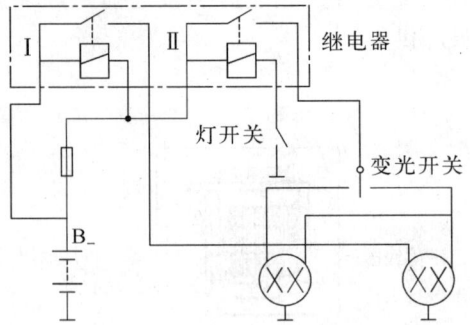

组合继电器控制式前照灯电路的特点是:组合继电器串联在电源与变光开关之间,灯开关用于控制组合继电器Ⅱ中线圈电路的搭铁,组合继电器Ⅰ中的线圈用于在电源电路短路、熔断器断开时自动接通前照灯的远光电路(前照灯异常工作电路),如图 3-1-27 所示。

(3)电路原理。下面以解放 CA1091 载货汽车照明系统电路来分析前照灯电路原理,如图 3-1-28 所示。

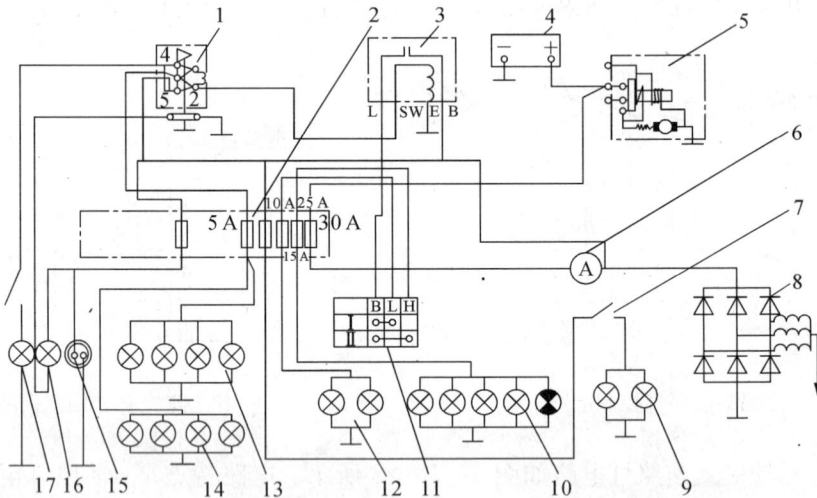

图 3-1-28　解放 CA1091 载货汽车照明系统电路
1—车灯开关;2—熔丝盒;3—前照灯继电器;4—蓄电池;5—起动机;6—电流表;
7—雾灯开关;8—发电机;9—雾灯;10—前照灯远光灯;11—前照灯变光开关;
12—前照灯近光灯;13—示廓灯/尾灯;14—仪表照明灯;15—工作插座;
16—顶灯;17—工作灯(发动机罩下灯)

电路特点:该照明电路使用了复合式车灯开关,其中推拉式开关有两档,Ⅰ档 4、1 触点相连接通示廓灯、尾灯、仪表照明灯等,Ⅱ档 5、1 和 5、2 触点相连,同时接通前照灯;旋钮开关(在车灯开关不拉出的位置时旋转按钮)接通顶灯。

前照灯开关(车灯开关Ⅱ档)控制前照灯继电器线圈通断电,继电器触点为常开,触点闭合时接通前照灯电路。

机械式变光开关用于前照灯的远光和近光切换,开关按压一次,前照灯就切换一次远近光。

电路原理:车灯开关拉至Ⅰ档时,示廓灯、尾灯、仪表照明灯等通电亮起,其电流通路为:蓄电池正极→30 A熔丝→电流表→车灯开关Ⅰ档触点→5 A熔丝→示廓灯/尾灯→仪表照明灯→搭铁→蓄电池负极。车灯开关拉至Ⅱ档时,前照灯继电器线圈同时通电,其电流通路为:蓄电池正极→30 A熔丝→电流表→车灯开关Ⅱ档触点→前照灯继电器线圈→搭铁→蓄电池负极。

前照灯继电器线圈通电吸合触点,接通前照灯电路,前照灯亮起,其电流通路为:蓄电池正极→30 A熔丝→电流表→前照灯继电器接线柱 B→前照灯继电器触点→前照灯继电器接线柱 L→前照灯变光开关→25 A 或 10 A 熔丝→前照灯远光灯或近光灯→搭铁→蓄电池负极。

在发动机工作、发电机正常发电时,上述电流通路的电源是发电机。由发电机供电时的前照灯电流通路为:发电机正极→前照灯继电器接线柱 B→前照灯继电器触点→前照灯继电器接线柱 L→前照灯变光开关→前照灯远光灯或近光灯→搭铁→发电机负极。

## 二、相关技能

### (一)前照灯的常见故障及原因

前照灯常见故障及原因如表 3-1-8 所示。

表 3-1-8　照明电路常见故障及原因

| 故障现象 | 故障原因 |
|---|---|
| 所有灯均不亮 | 蓄电池到点火开关之间火线断路;车灯开关损坏;电源总保险断开 |
| 前照灯远近光不全 | 变光开关损坏;远近光中的一个导线断路;双灯丝灯泡中某灯丝烧断;灯光继电器损坏;车灯开关损坏 |
| 前照灯一侧亮,另一侧暗 | 前照灯暗的一侧存在搭铁不良;变光开关接触不良;左右两侧灯泡的功率不同 |
| 前照灯灯光暗 | 电源电压低;大灯开关或继电器触点接触不良;保险丝松;导线接头松动 |

### (二)前照灯不亮故障的诊断

由于不同车型的灯光电路控制不同,因此,在检查和排除前照灯故障时,一定要参考故障车辆的灯光电路进行维修,以免多走弯路。下面以解放 CA1091 载货汽车照明系统电路来分析前照灯不亮的故障诊断方法。

(1)灯开关在Ⅰ档时,示廓灯及仪表灯均能亮,但前照灯远光灯、近光灯均不亮。将车灯开关拉至Ⅱ档位置时,前照灯不亮,操纵变光开关,前照灯仍然不亮。出现该种故障的可能原因是:车灯开关内部Ⅱ档触点接触不良;变光开关触点接触不良;前照灯继电器故障,如 继电器线圈有短路或断路、触点烧蚀、继电器搭铁不良等;前照灯线路有连接不良;远光灯及近光灯熔丝均烧断;所有前照灯灯泡已烧坏。

当出现该故障时,可通过以下方法对其进行检查:

① 打开熔丝盒,检查前照灯熔丝(15 A、25 A)是否已烧断。如果熔丝已烧断,更换熔丝,并检查前照灯及连接线路有无搭铁故障;如果前照灯熔丝正常,则进行下一步故障诊断。

② 将车灯开关拉至Ⅱ档,检测前照灯继电器 L 接线柱的对搭铁电压。如果为蓄电池电压,则说明灯开关、继电器、相关的连接线路均良好,故障在继电器 L 接线柱后的变光开关、前照灯及其连接线路,需按④步骤作进一步诊断;如果无电压,则进行下一步诊断。

③ 保持车灯开关在Ⅱ档位置,检测前照灯继电器 SW、B 接线柱的对搭铁电压。如果均有蓄电池电压,则说明前照灯继电器有故障,需拆修或更换前照灯继电器;如果只是 B 接线柱无电压,则检查 B 接线柱的连接导线;如果只是 SW 接线柱无电压,则说明车灯开关不良或车灯开关与前照灯继电器之间的线路有断路,需检查线路或更换车灯开关。

④ 车灯开关在Ⅱ档时检测变光开关三个接线柱的对搭铁电压。如果 B 接线柱无电压,则需检修变光开关至前照灯继电器之间的连接线路;如果 B 接线柱有蓄电池电压,而 L、H 接线柱均无电压,则需更换变光开关;如果 L、H 接线柱有蓄电池电压(无电压时,按一次变光开关就有电压),则需检修远光灯和近光灯相关连接线路、检查或更换前照灯。

(2) 前照灯只有远光或只有近光,通前照灯开关时,只有远光灯或近光灯能亮。出现该种故障的可能原因是:变光开关至近光灯或远光灯的连接线路有断路;近光灯或远光灯的熔丝烧断;变光开关连接近光灯或远光灯的触点接触不良;近光灯或远光灯灯泡已烧坏。

当出现该种故障现象时,可按以下方法对其进行检测:

① 检查近光灯熔丝或远光灯熔丝。如果熔丝烧断,则更换熔丝,并检查熔丝所连接线路有无短路;如果熔丝正常,则进行下一步诊断。

② 车灯开关在Ⅱ档时,检测变光开关 L 或 H 接线柱的搭铁电压。如果变光开关在近光灯或远光灯位置时,L 或 H 接线柱无电压,则说明变光开关有故障,需予以更换;如果变光开关在近光灯或远光灯位置时,L 或 H 接线柱有蓄电池电压,则需检修变光开关与前照灯之间线路,若线路正常,则需更换近光灯或远光灯灯泡。

### 三、案例剖析

1. 桑塔纳 2000GSi 型汽车前照灯不亮的故障排除

**故障现象:** 桑塔纳 2000GSi 型汽车在夜间行驶时,打开前照灯,两灯均不亮。

**故障分析:** 前照灯不亮的主要原因可能是:前照灯熔丝烧断;前照灯开关或变光开关故障;前照灯配线或搭铁不良;电源线松动或断路。

**故障诊断:** 经询问驾驶员,该车在长途行驶中,前照灯火线被掉入前照灯线束中的零件磨破而搭铁,使前照灯熔丝烧断。换上新的熔丝,并把搭铁处做好绝缘处理后,打开前照灯,不亮,经检查前照灯灯泡良好。根据问诊,该故障发生在前照灯火线搭铁之后,前照灯火线搭铁会有很大的电流流过前照灯开关和变光开关及熔丝等处,流过较大电流的电气元件,会产生高温而变形或烧坏,所以要从前照灯开关和变光开关查起。

先拆除组合开关的外壳,然后将组合开关解体,发现前照灯开关和簧片均烧坏并变形,当打开前照灯开关和变光开关时,动触点不能与定触点接触而成断路,使前照灯不亮,由于变形的触点及臂无法修复,只好更换组合开关。通电试验,所有灯光全部正常,故障排除。

**总结：**究其原因，该车前照灯熔丝容量肯定过大，不然不会将前照灯开关和变光开关烧坏。在维修电气故障时，经常发现驾驶员用铜丝来代替熔丝，这样做会损坏有关的部件，且很容易造成火灾。

**2. 帕萨特 B4 轿车灯光系统的故障排除**

**故障现象：**一辆帕萨特 B4 轿车，装备了 4 缸发动机，用户反映该车使用过程中出现了这样的症状：当打开示廓灯开关时，示廓灯没有亮，而前照灯的远光灯却被点亮了，且此时仪表板的远光指示灯常亮，但仪表灯却不亮，再仔细观察时，发现发电机充电指示灯在打开点火开关时，也不能正常点亮。

**故障排除：**根据诊断原则，决定先从比较简单的部分入手，打开点火开关，使发电机上的励磁线路搭铁，但仪表板上的充电指示灯仍然不亮。经查阅维修资料，用万用表测量发电机的励磁线路至仪表插座第 13 端子之间线路的阻值，在 1 Ω 以内。由于该车的发电机工作正常，初步判定仪表板线路存在问题。继续检查灯光系统，当打开灯开关至示廓灯位置，仪表板上的远光指示灯点亮，对于此项故障，首先检查前照灯开关，前照灯开关各端子的标注为：

| 58 | 58R | Xz | Xr | 56D | 56 | 58b | TFL | 58L | NL |
|----|-----|-----|-----|------|-----|------|------|------|-----|
| NSL | 30 | SRA | 31 | 空 | | | | | |

对应线束的插座：56D TFL 及 SRA 分别为空位。单独检查车灯开关时，检查结果如下：

开关关闭时：TFL - Xz - 56D 相通。

打开示廓灯时：Xz - 56D，30 - 58L - 58 - 58R 相通。

打开前照灯时：Xz - 56，SRA - 30 - 58L - 58 - 58 R 相通。

上述情况符合正常工作条件要求，证明前照灯开关没有问题。

接下来检查了前照灯开关线束与前照灯开关端子的连接情况，又检查了 30 号端子到仪表板线束 12 号端子的连接线束正常。由此，问题又到了仪表板线束，看来不解体仪表板是解决不了问题了，于是将仪表板解体，仔细观察仪表板的线路焊接情况，发现在线束插座的 28 个端子中，9 个端子焊接处已经脱焊，这些脱焊的焊点中包括充电指示灯及示廓灯的端子。将这些脱焊的焊点重新焊实后，该车恢复了正常。

**3. 北京现代索纳塔轿车前照灯时亮时不亮，仪表显示不良的故障排除**

**故障现象：**一辆北京现代索纳塔轿车在行驶中，打开前照灯，时亮时不亮。发动机熄火后再开前照灯或按喇叭按钮，开转向灯，仪表均有不同程度的显示。开前照灯时，所有仪表显示较明显，按喇叭时显示不明显，开转向灯时仪表指针随转向灯闪烁而轻微摆动。

**故障排除：**就该车而言，故障原因有：发动机和车身、车架之间搭铁线松动或没有连接线；蓄电池负极线与轿车车身接触不良或锈蚀。

因该车故障是严重撞车修复后出现的，所以第一种故障可能性大一些。

首先检查蓄电池负极搭铁线，经过除锈后重新接牢。接着用万用表直流电压档（20 V）检测仪表插头中的电源线（来自点火开关，打开有蓄电池电压，关闭无电的那一根），当打开前照灯、按喇叭、开转向灯时都有电压指示，为了精确检测，最好把万用表的负极表笔直接接触在蓄电池负极上。

　　经过以上的测量和分析,决定对轿车车身与发动机的搭铁进行检查。结果发现在修理厂检修后,维修人员没有接上搭铁线。更换一根质量较好的搭铁线,重新固定好,故障排除。

　　**总结:**该车在行驶过程中,因振动使断开的搭铁线在车身上乱动,即使是接触时也是时连时断。故前照灯也随着时亮时暗,有时还不亮。因为前照灯、喇叭、转向灯和仪表的搭铁线都与车身搭铁有关,所以会出现前述故障现象。

### 拓展学习

1. LED 车灯技术

　　LED 是发光二极管(Light Emitting Diode)的缩写,早在 20 世纪 60 年代已经产生。20 世纪 80 年代已经普遍用于家用电器产品上,如音响的音量指示、开关指示等。在 20 世纪 90 年代,有些新型的国产汽车仪表上开始采用 LED,主要用于充电指示、发动机转速显示等。20 世纪 90 年代中期,我国利用 LED 做高位制动灯并在汽车上得到应用。

　　LED 是一种可以自身发光的包含 PN 结的固体半导体元件。LED 的芯片是由 P 型半导体和 N 型半导体组成的晶片,在 P 型半导体和 N 型半导体之间有一个过渡层,称为 PN 结。当采用砷化镓(红外线)、砷磷化镓(红到黄)、磷化镓(绿)等半导体材料时,在这些半导体材料的 PN 结中,注入的少数载流子与多数载流子复合时会把多余的能量以光的形式释放出来,从而把电能直接转换为光能。当给 PN 施加正向电压,电流从 LED 的阳极流向阴极时,半导体晶体就发出从紫外到红外不同颜色的光线,光的强弱与电流大小有关。

　　LED 车灯的特点:

　　① 使用寿命长。一般可达几万乃至十万个小时。因此如果汽车照明灯使用 LED,那么在整个汽车使用寿命中不需要更换车灯。

　　② 节能。相对于普通卤素灯可以达到节能 50%。

　　③ 光线质量高,辐射小。LED 灯的色温为 6 000 K,接近于日光的色温,因此有利于驾驶员在夜间行车时看清楚道路情况,以使夜间行车更加安全。

　　④ LED 的结构简单,内部采用支架结构,四周用透明的环氧树脂密封,抗震性能好。如图 3-1-29 所示,图 3-1-30 是使用了 LED 的制动灯。

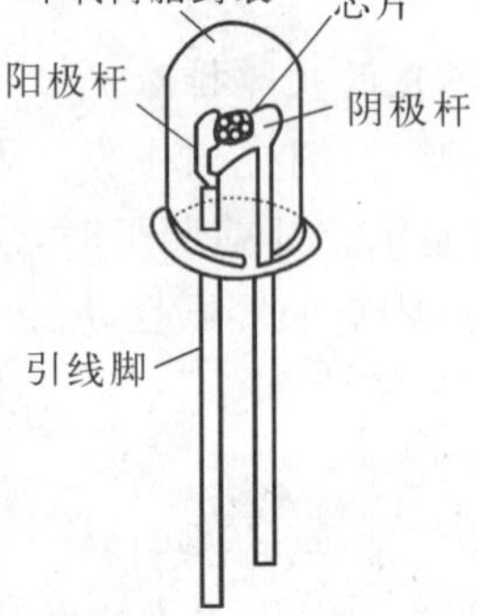

图 3-1-29　LED 的结构 　　　　　　图 3-1-30　LED 车灯的应用

　　⑤ 响应快。

　　⑥ 工作电压范围宽,可以在 6～12 V 正常工作。

⑦ LED 体积小,有利于车灯设计。

LED 可以应用于汽车的转向指示灯、近光灯、远光灯、驻车灯、白天行车灯等。现在应用了 LED 车灯的车型有斯柯达 Joyster 前灯组、劳斯莱斯幻影敞篷车 LED 头灯、2008 款奥迪 R8 大灯、2008 款雷克萨斯 LS 混合动力 LED 大灯等。

2008 款奥迪 R8 LED 车灯由 Magneti Marelli 汽车照明公司研制,是全球首次使用 LED 的前灯组,包括了所有的照明功能,近光、远光、转向指示灯、白云行车灯、位置指示灯等都是通过 LED 技术来实现的。

(1) 奥迪使用 LED 灯的情况。从 1992 年起奥迪就使用红色发光二极管(LED)作为制动灯和尾灯,并自 2004 年起使用白色 LED 灯作为日间行驶灯。LED 灯与传统灯泡相比具有明显的技术优点:首先,LED 灯点亮反应速度快,因此作为制动灯使用时,后车能够更早作出反应,缩短制动距离。其次,LED 灯使用寿命长。此外,LED 灯更节能、更紧凑。

(2) 奥迪打造未来的车头大灯。早在 2003 年,奥迪就在其派克峰概念车上启用条纹状的全功能 LED 灯。在同年的日内瓦车展上,奥迪 Nuvolari quattro 概念车的全 LED 头灯理念受到了各方赞誉。到了 2005 年,奥迪 allroad quattro 概念车已经开始"炫耀"自己的全功能 LED 车头大灯了。

(3) 奥迪全功能 LED 车头大灯。奥迪研发部门的工程师有一项重要的目标任务,那就是打造包括所有汽车前灯功能的 LED 车头大灯。除了日间行驶灯之外,这些功能还包括转向指示灯、远近光灯等。不同的发光二极管组经过排列组合,能够提供合适的光线分布和强度。每个大灯总共有 54 个 LED 灯源。在未来,可供选择的 LED 大灯将包含由 24 个白色 LED 组成的 LED 日间行驶灯,位于汽车下缘,清晰而醒目。

2. 主动转向大灯

主动转向大灯 AFS(Adaptive Front-lighting System)又称为自适应转向大灯系统,它能够根据汽车方向盘角度、车辆偏转率和行驶速度,不断对大灯进行动态调节,适应当前的转向角,保持灯光方向与汽车的当前行驶方向一致,以确保对前方道路提供最佳照明并对驾驶员提供最佳可见度,从而显著增强了黑暗中驾驶的安全性。在路面无(弱)灯或多弯道的路况中,扩大驾驶员的视野,而对对面来车是种提前提醒。图 3-1-31 为安装 AFS 主动转向大灯的车辆和未安装 AFS 主动转向大灯的车辆照明效果对比。

图 3-1-31　主动转向大灯的照明效果

国内常见的东风凯旋、丰田新皇冠等都装有主动转向大灯。

思考与练习

**一、填空题**

1. 汽车照明系统由_____、_____、_____等组成。

2. 前照灯内有远光和_____两根灯丝,以满足防眩目_____,有的还在灯丝的下端设置_____。

3. 前照灯应保证驾驶员能辨明车前_____m 内道路上的任何障碍物,并保证车前明亮

**笔记**

而均匀的照明,现代高速汽车的照明距离已经达到_____m,甚至有些高速汽车的照明距离已达到_____m。

4. 氙气大灯由_____、_____和_____三大部件组成,灯泡里没有_____,取而代之的是装在石英管内的两个电极,管内充有_____及微量金属。

5. 封闭式前照灯的总成本身就是一个_____。

6. 继电器在汽车电路中起_____和_____作用。

7. 前照灯主要由_____、_____和_____三部分组成。

8. 前照灯控制电路主要由_____开关、_____开关、大灯继电器及_____组成。

9. 灯光开关有_____式、_____式和_____式等不同的形式。

10. 汽车照明系统由_____、_____、_____等组成。

**二、判断题**

1. 尾灯装于汽车尾部,左右各一只,白色。(    )

2. 将尾灯、后转向信号灯、刹车灯、倒车灯等组合起来称为组合前灯。(    )

3. 前照灯主要用于夜间行车道路照明,有些车型也兼作超车信号灯。常见功率一般为30～60 W。(    )

4. 前照灯控制电路主要由点火开关、灯光开关、变光开关、大灯继电器及前照灯组成。(    )

5. 氙灯与卤素灯的主要区别在于,前者通过加热钨丝发光,后者通过气体电离发光。(    )

6. 安装遮光罩的作用是增强防眩目的效果。(    )

7. 前照灯的电流较大,因此,前照灯电路中设置了保护继电器。(    )

8. 机械式变光开关用于前照灯的远光和近光切换,开关按压一次,前照灯就切换一次远近光。(    )

9. 汽车前照灯反射镜的作用是将光源的光线聚集成强光束。(    )

10. 前照灯的近光灯丝位于反射镜的焦点上,远光灯丝位于焦点的前方。(    )

**三、选择题**

1. 前照灯灯泡的功率一般为(    )。

A. 20～40 W      B. 40～60 W      C. 60～80 W      D. 80～100 W

2. 对汽车大灯照明的要求,下列说法正确的是(    )。

A. 有防眩目装置                 B. 照亮前方100 m以上

C. 灯泡亮度随外界环境自动调节      D. 灯泡是卤钨灯泡

3. 下列说法错误的是(    )。

A. 前照灯的光束是可调的           B. 前照灯需要防水

C. 远光灯的功率比近光灯的功率大      D. 前照灯的灯泡是不能单独更换的

4. 顾客反映前照灯超常亮,常常更换灯泡,技师甲说,这可能是由于交流发电机输出电压过高而引起的;技师乙说,这可能是电路中额外的电压降造成的。谁正确?(    )。

A. 甲正确      B. 乙正确      C. 两人均正确      D. 两人均不正确

5. 在讨论半封闭式前照灯灯泡的更换时,技师甲说,必须小心不要用手指触摸灯泡外壳;技师乙说,不要对灯泡通电,除非已将它装配在灯插座中。谁正确?(    )。

笔记

A. 甲正确　　　　B. 乙正确　　　　C. 两人均正确　　　D. 两人均不正确

6. 我国交通法规规定，夜间会车时，须在距对面来车（　　）以外互闭远光灯，改用防眩目近光灯。

A. 200 m　　　　B. 100 m　　　　C. 50 m　　　　D. 150 m

**四、简答题**

1. 汽车照明系统由哪几部分组成？各部分的作用是什么？
2. 继电器的作用是什么？
3. 对前照灯的基本要求是什么？
4. 什么是 LED？
5. 前照灯防眩目的措施有哪些？
6. 试分析前照灯亮度不够的原因。
7. 汽车前照灯常见的故障及原因有哪些？

# 学习任务 3.2　前照灯光束的检测与调整

## 学习目标

1. 掌握前照灯的使用注意事项；
2. 掌握前照灯检测的技术要求；
3. 了解汽车灯光基础及检测原理；
4. 能对前照灯光束检测与调整。

## 学习时间

4 学时

## 学习情境描述

一辆 2007 年产上海通用别克陆尊 3.0 L 多功能车，据用户反映，该车的故障是自动前照灯需要等到外界光线非常暗了才会自动点亮，而此前已经不得不手动打开前照灯，所以前照灯已经失去了自动功能的意义。

**一、相关知识**

（一）前照灯的使用注意事项

（1）为保持前照灯的密封性，防止潮气侵入，要求配光镜和反射镜之间的密封圈应密封完好，如有损坏应及时更换，且不可随便拆下灯玻璃。

（2）反射镜应清洁，如有灰尘，可用棉花蘸热水轻轻地清洗，不要擦拭。反射镜表面有一层透明保护膜，清洁时千万不要破坏它；反射镜清洗后应晾干再装复，并注意安装位置。

（3）灯的搭铁应良好。如果前照灯架与车架搭铁不良，或灯头与灯架搭铁不良，或灯泡与灯头搭铁不良，都会导致灯不亮或发光较弱。

（4）更换的灯泡其功率应与原车灯泡的功率相同，尤其不能为了增加照明亮度而随意更换功率过大的灯泡，以防灯泡插座、电线及开关等承受不了太大的电负荷而产生火灾等危险。

（5）由于灯泡的玻璃表面污垢对灯泡的性能和使用寿命都有不良影响，故在拆装灯泡时，不要直接用手触摸灯泡的玻璃体。

（6）不能用白炽灯泡代替卤素灯泡。在灯泡亮时和刚熄灭后，因灯泡温度很高，不能直接用手旋转灯泡。在接通电源的情况下不能更换灯泡或使用器具清扫灯泡。

（7）换用真空灯时，应注意接线正确。真空灯有三只插脚，两股灯丝可透过灯罩看见，粗灯丝为远光，细灯丝为近光，两根灯丝共同连接的灯脚为搭铁极。如果装错，灯将不能正常发光。

（二）前照灯检测的技术要求

前照灯是汽车在夜间或在能见度较低的条件下，为驾驶员提供行车道路照明的重要设备，而且也是驾驶员发出警示，进行联络的灯光信号装置。所以前照灯必须有足够的发光强度和正确的照射方向。由于在行车过程中，汽车受到振动，可能引起前照灯部件的安装位置发生变动，从而改变光束的正确照射方向，同时，灯泡在使用过程中会逐步老化，反射镜也会受到污染而使其聚光的性能变差，导致前照灯的亮度不足。这些变化，都会使驾驶员对前方道路情况辨认不清，或在与对面来车交会时造成对方驾驶员眩目等，从而导致事故的发生。因此，前照灯的发光强度和光束的照射方向被列为机动车运行安全检测的必检项目。

1. 前照灯光束照射的位置要求

（1）机动车在检验前照灯的近光光束照射位置时，前照灯在距离屏幕 10 m 处，光束明暗截止线转角或中点的高度应为 $0.6H \sim 0.8H$（$H$ 为前照灯基准中心高度，下同），其水平方向位置向左向右偏差均不得超过 100 mm。

（2）四灯制前照灯其远光单光束灯的调整，要求在屏幕上光束中心离地高度为 $0.85H \sim 0.90H$，水平位置要求左灯向左偏不得大于 100 mm，向右偏不得大于 170 mm；右灯向左或向右偏均不得大于 170 mm。

（3）机动车装用远光和近光双光束灯时，以调整近光光束为主。对于只能调整远光单光束的灯，调整远光单光束。

2. 前照灯发光强度的要求

前照灯发光强度的要求如表 3-2-1 所示。

表 3-2-1　前照灯发光强度要求　　　　　　　　　　　　　　　　（cd）

| 检查项目 | 新注册车 | | 在用车 | |
|---|---|---|---|---|
| 车辆类型 | 两灯制 | 四灯制 | 两灯制 | 四灯制 |
| 汽车、无轨电车 | 15 000 | 12 000 | 12 000 | 10 000 |

（三）汽车灯光基础及检测原理

1. 光的基础知识

在衡量光的物理量中，与前照灯检测有密切关系的是发光强度和照度。

发光强度：发光强度的单位是坎德拉,简称"坎",单位符号用 cd 表示。

照度：照度的常用单位为勒克斯(lx)。它表示不发光物体被光源照明的程度,即表示受光面明亮度的物理量。

2. 前照灯的检测原理

前照灯检测仪的类型很多,但基本检测原理类似,一般均采用能把吸收的光能变成电流的光电池作为传感器,按照前照灯主光束照射光电池产生电流的大小和比例,来测量前照灯发光强度和光轴偏斜量。

(1) 发光强度的检测原理:测量前照灯发光强度的电路由光度计、可变电阻和光电池等组成,如图 3-2-1 所示。按规定的距离使前照灯照射光电池,光电池便按受光强度的大小产生相应的光电流使光度计指针摆动,指示出前照灯的发光强度。

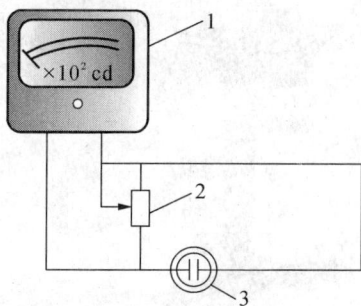

图 3-2-1　发光强度的检测原理
1—光度计;2—可变电阻;3—光电池

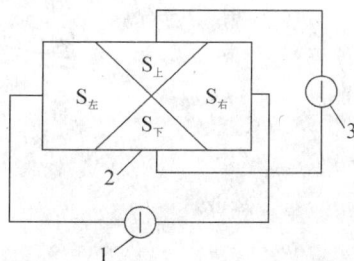

图 3-2-2　光轴偏斜量的检测原理
1—左右偏斜指示计;2—光电池;
3—上下偏斜指示计

(2) 光轴偏斜量的检测原理:测量前照灯光轴偏斜量的电路如图 3-2-2 所示,由两对光电池组成,左右一对光电池 $S_左S_右$ 上接有左右偏斜指示计,用于检测光束中心的左右偏斜量;上下一对光电池 $S_上S_下$ 上接有上下偏斜指示计,用于检测光束中心的上下偏斜量。当光电池受到前照灯光束照射时,如果光束照射方向偏斜,将分别使光电池的受光面不一致,因而产生的电流大小也不一致。光电池产生的电流差值分别使上下偏斜指示计及左右偏斜指示计的指针摆动,从而检测出光轴的偏斜方向和偏斜量。

二、相关技能

(一) 利用前照灯测试仪检测前照灯

前照灯光束检测包括光束照射位置检测和光束发光强度检测两个内容。前照灯光束的检测与调整方法中有一种使用前照灯测试仪检测前照灯。如图 3-3-3 所示。前照灯检测仪按测量方法不同分为聚光式、屏幕式、投影式、自动追踪光轴式、全自动式等多种,尽管使用方法各不相同,但检测原理大同小异,具体的使用方法可以参考其说明书进行操作。当前应用较多的是全自动式检

图 3-2-3　利用前照灯测试仪
进行光束检测

测仪。

具体操作如下：

1. 检测仪的准备

（1）在前照灯检验仪不受光状态下，检查光度计和光轴偏斜指示计的指针是否能对准机械零点。若指针失准，可用零点调整螺钉将其调整到零点上，如图3-2-4所示。

图3-2-4　指针调零

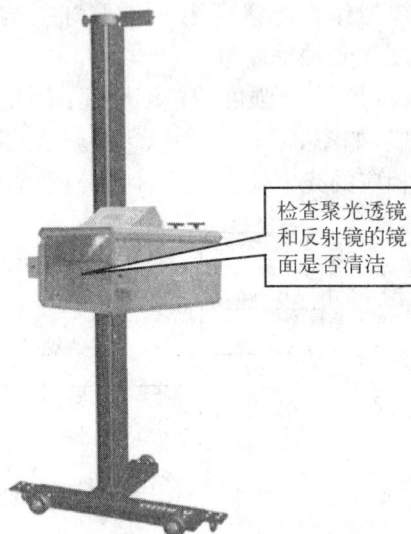

图3-2-5　检查聚光透镜和反射镜的镜面是否清洁

（2）检查聚光透镜和反射镜的镜面有无污物或模糊不清的地方。若有，可用柔软的布或镜头纸擦拭干净，如图3-2-5所示。

（3）检查水准器的技术状况。若水准器无气泡要进行修理，若气泡不在规定的框内，可用水准器调节器或垫片进行调整，如图3-2-6所示。

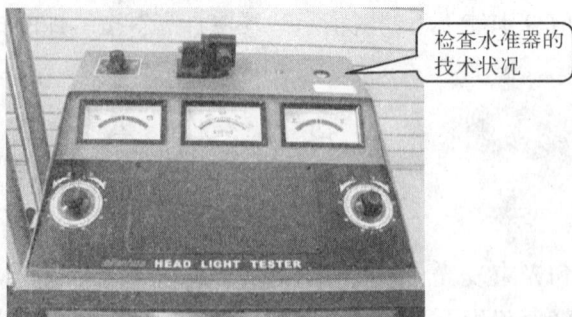

图3-2-6　检查水准器的技术状况

图3-2-7　检查轮胎气压

（4）检查导轨是否沾有泥土或小石子等杂物，有杂物时要清理干净。

2. 车辆的准备

（1）清除前照灯上的油污。

（2）检查轮胎气压，应符合汽车制造厂的规定，如图3-2-7所示。

（3）检查汽车蓄电池，应处于充足电状态。

3.检测过程

（1）检测前照灯近光，如图3-2-8所示。

① 打开前照灯近光灯。

② 检测近光光束的下倾值。提示：调整光束通过透镜射到仪器的屏幕上，由观察窗口观察并调整。

③ 检测近光光束的左右偏移值。提示：近光光束左右偏移量的测量是以近光光斑明暗截止线的转角点与仪器屏幕上 V－V 线偏差直接读数。

图3-2-8　检测前照灯近光

④ 检测近光的最大发光强度。提示：使近光光斑的明暗截止线左侧水平部分与仪器屏幕上的实现重合，按下近光按键并读数。

（2）检测前照灯远光。

① 检测远光光束方向。提示：打开远光，最亮部分与屏幕圆孔重合，直接检测光束是否符合要求。

② 检测远光亮度。

（二）利用常规方法检测调整前照灯

以日产俊逸汽车为例，说明前照灯光束的调整方法。

在进行对光调整之前，首先需要检查以下项目：

（1）所有的轮胎保持正常的压力。

（2）将车辆停放在平整的地面上。

（3）除了驾驶员（也可以在驾驶室放置与驾驶员相当的重量，通常为60 kg）以外，不要在车上放置任何载荷。冷却液、机油要适量，油箱要装满。

（4）使车前部对幕墙保持一定的距离（正面相对10 m）。

打开前照灯，如图3-2-9所示，利用"十字"旋具通过旋转前照灯总成上的上下调整螺钉和内外调整螺钉对其光束进行调整。调灯时以一只灯为单位调整，首先遮蔽其他前照灯；然后拧动上下和内外光束调整螺钉，使主光束（光度最高点）处于规定高度，如图3-2-10所示。

**三、案例剖析**

1.捷达王轿车驾驶室内有焦煳味的故障排除

**故障现象：**该车行驶途中，方向盘下部突然有股白烟冒出，车内有焦煳味，好像是哪根线烧焦了，过一会儿又恢复正常。

**故障排除：**捷达王轿车所有重要线束均集中在方向盘下部及左杂货箱处，如果某根线因搭铁而烧焦，那将是很危险的，必须根除故障。检查该车的所有保险丝，均未熔断。检查所有用电器，也都工作正常。检查发动机，工作正常，运转平稳。拆下组合开关上罩盖及左杂物箱，检查所有线束及中央配电盒，均无烧焦迹象。白烟来自方向盘下部，既然线路无故

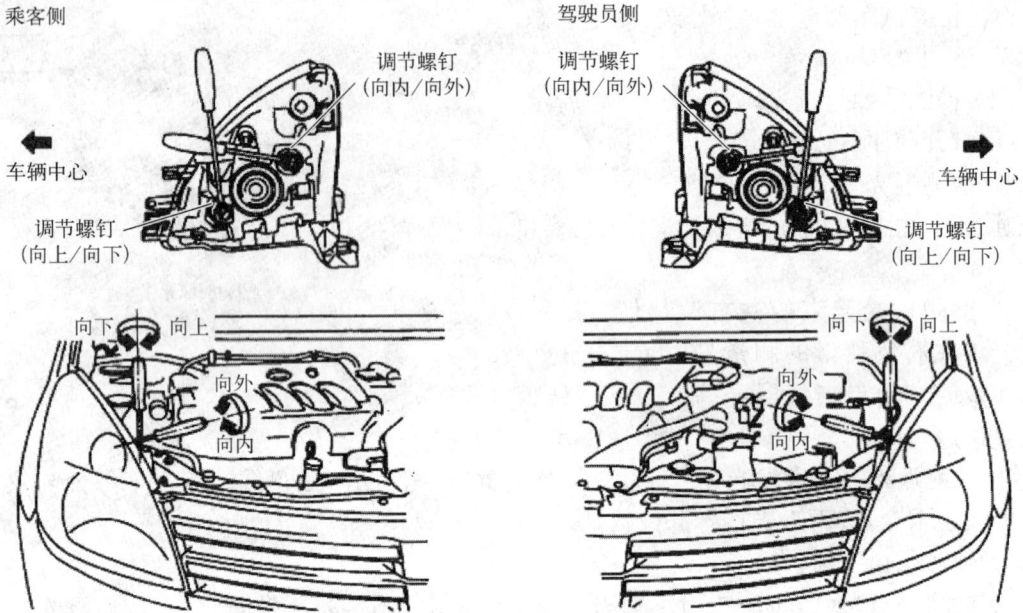

图 3-2-9　日产俊逸汽车前照灯光束的调整方法

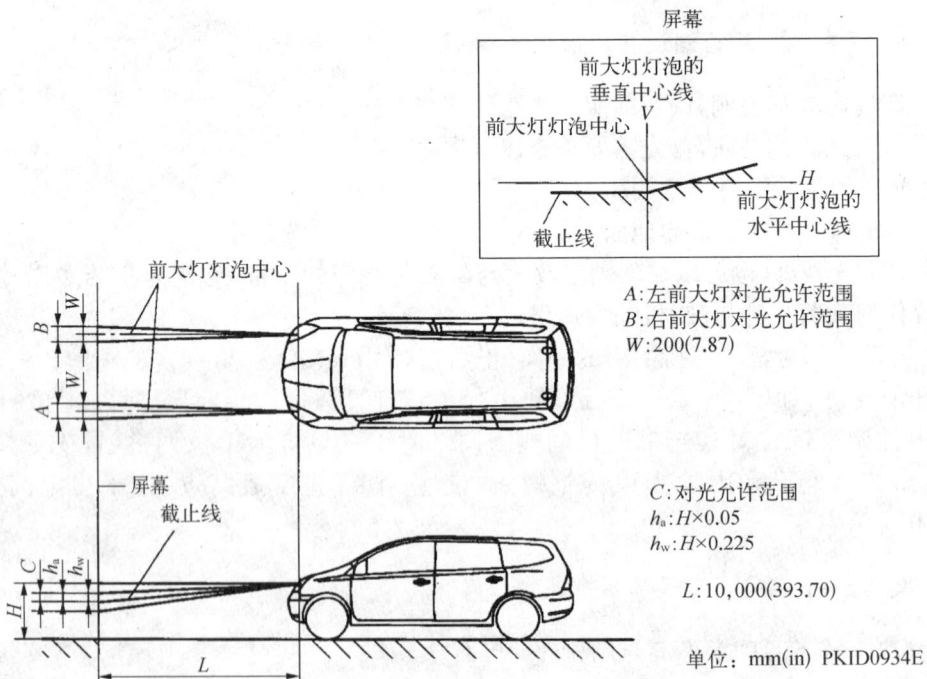

图 3-2-10　日产俊逸汽车前照灯光束的调整要求

障,那么可能是组合开关内部因振动或高温等原因偶然搭铁,电流瞬间增大,烧焦了组合开关内部塑料件。拆下组合开关检查,发现在大灯变光处有烧焦迹象,仔细一闻,有股焦煳味,故障就出在这里。更换组合开关中的大灯变光开关(与转向开关一体),试车,故障排除。

2. 奥迪 A6 更换氙气大灯总成后，前照灯时亮时不亮的故障排除

**故障现象：**一辆奥迪 A6 轿车肇事后到修理厂更换氙气大灯总成后，出现前照灯时亮时不亮的故障现象。

**故障分析及排除：**车辆开到 4S 店以后，询问驾驶员之前到一般的修理厂修理过，根据维修经验此车可能是更换大灯总成后没有匹配过而造成前照灯的不正常故障现象。

奥迪轿车氙气大灯自动调节装置的组成，包括前照灯照程调节控制单元 J431、安装于前后桥左侧的水平传感器 G76 和 G78、前照灯照程调节伺服电动机 V48 和 V89 等。在更换大灯总成后，需作氙气大灯的基本设定。用仪器进入氙气大灯系统，可读出故障码：大灯基本设定错误。具体设定方法如下：

（1）设定前应具备的条件：前照灯玻璃完好，清洁；反光镜和灯泡正常；轮胎压力正常；车辆和前照灯校正仪已校准；前照灯倾斜度已调好，前照灯上部的护板上压印有倾斜度（％），应按此值调节前照灯，该值相当于 10 m 照射距离。例如倾斜度为 1.2％换算成 12 m；放松驻车制动器，不要挂档；车上无驾驶员，不要移动车辆（包括车门开关，调整靠背和上下车）。

（2）使用设备：金奔腾 1552 解码器；前照灯校正仪。

（3）基本设定操作：

① 连接金奔腾 1552 接通点火开关，选择"大灯控制"屏幕显示功能选择界面。

② 选择"基本调整"屏幕显示"输入显示组号"。

③ 输入 001，按"确认"键，显示屏显示"请等待"；显示屏显示运动调整位置，此过程持续20 秒，接着显示"调节前照灯"。

④ 进行前照灯调整，将新检测屏（不带 15 度调整线），放于车前 10 m 处，检查内容有：打开近光灯，检查水平的亮暗；是否在垂直方向通过中央点；检查光束是否在垂直的右侧。如果检查结果不符合要求，应进行调整，调整时要用十字旋具转动相应的滤花小轮。

⑤ 调整后按"确认"，再次选择"系统基本调整"功能，按"确认"。

⑥ 输入 002 按"确认"，屏幕显示"已学习调整位值"。

⑦ 选择"查询故障存储值"功能，检查有无故障储存，若无故障，退出，关闭点火开关，断开诊断仪连接，调整过程结束。

⑧ 通过以上重新设定，试车，故障排除。

3. 一辆通用别克陆尊 3.0 L 轿车前照灯自动功能失效的故障排除

**故障现象：**一辆 2007 年产上海通用别克陆尊 3.0 L 多功能车，据用户反映，该车的故障是自动前照灯需要等到外界光线非常暗了才会自动点亮，而此前已经不得不手动打开前照灯，所以前照灯已经失去了自动功能的意义。

**故障分析：**根据维修人员的经验，别克车系自动前照灯的灵敏度是很高的。检查仪表板上的自动前照灯的光照强度传感器，发现传感器的安装位置不当。此车配置的是手动空调，没有空调光照传感器，自动前照灯光照传感器被安装在了空调光照传感器的孔内（右侧孔），结果一个透明的"圆头"很不自然地露在了仪表板上方。而正常情况下，前照灯光照传感器应安装在中间的孔内。空调光照传感器和前照灯光照强度传感器的形状基本相同，可以调换着安装在彼此的安装孔中，但是这两个传感器的安装孔是不通的，由安装孔的背面看，前照灯光照传感器的安装孔浅，空调光照传感器的安装孔深。所以，由正面看，前照灯的光照传感器始终沉在孔内，是看不到的，而空调的光照传感器头部凸出孔外，露出一个"黑头"。该车的前照灯光

照传感器安装在了空调光照传感器的孔内,始终暴露在外,严重影响了灵敏度,所以引起了该车的故障。

**故障排除:** 按正确位置安装好前照灯光照传感器,试车故障排除。此车曾经更换过前挡风玻璃,不知是否由此造成了传感器的安装位置错误。

拓展学习

前照灯光束自动调整控制

有些汽车,主要是装有氙气前照灯的汽车,具有前照灯自动调整系统。不论汽车当前处于什么状态,这种系统都能保持前照灯的照明范围不变。这种特性保证前照灯对道路照明处于最佳,并能避免对面来车的驾车者发生眩目。

当汽车进行加速或制动时以及汽车的负荷增加或减少时,前照灯的照射方向都会发生改变。自动调平系统一直监控并重新校准前照灯,以补偿乘客或货物质量(甚至油箱中的汽油量)的变化引起的光束偏差。调平系统还根据汽车加速或制动引起的角度变化对前照灯进行调整。

固定在悬架上的传感器监测汽车前、后弹簧的压缩率,电控单元对这两个压缩率进行处理,计算出汽车的瞬时倾斜度。自动调平系统还监测来自车速传感器的信号,使控制单元能够识别制动和加速。控制单元根据这些输入量决定前照灯在当前状态下的最佳角度,然后向电动机发出指令,调整前照灯的倾斜度。

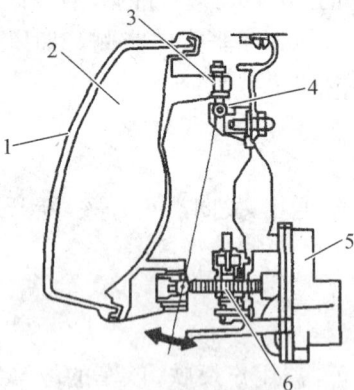

图3-2-11　前照灯光束调整机构
1—透镜;2—前照灯部分;
3—枢轴管;4—枢轴;
5—执行器;6—调整螺钉前照灯

执行器由电动机和齿轮机构组成,在进行光束轴调整时,执行器驱动调整螺钉正反向旋转,使调整螺钉左右移动并带动前照灯以枢轴为中心摆动,实现前照灯光束的调整,如图3-2-11所示。

光束调整的控制电路如图3-2-12所示。其工作过程如下。

(1) 降低光束照射位置。如图3-2-12(a)所示,当光束控制开关拨到"3"时,电流从车头灯光束控制执行器(促动器)端子6→降光继电器线圈→执行器端子4→光束控制开关端子6→搭铁构成回路。降光继电器触点闭合后通电,于是电流从执行器端子6→前照灯降光继电器→电动机→前照灯升光继电器→执行器端子5→搭铁构成回路。电动机工作,前照灯光束照射位置降低。电动机转过一定角度后,限位开关工作,执行器端子6与4之间断开,前照灯降光继电器断开,前照灯光束停留在"3"的水平位置上。

(2) 升高光束照射位置。如图3-2-12(b)所示,光束控制开关拨到"0"时,电流从灯光束控制执行器(促动器)端子6→升光继电器线圈→执行器端子1→光束控制开关端子1→光束控制开关端子6→搭铁构成回路。前照灯升光继电器触点闭合,于是电流从执行器端子6→前照灯升光继电器→电动机→前照灯降光继电器→执行器端子5→搭铁构成回路,电动机工作,使前照灯光束照射位置升高。电动机转过一定角度后,限位开关工作,执行器端子6与1之间断开,前照灯升光继电器断开,前照灯光束停留在"0"的水平位置上。

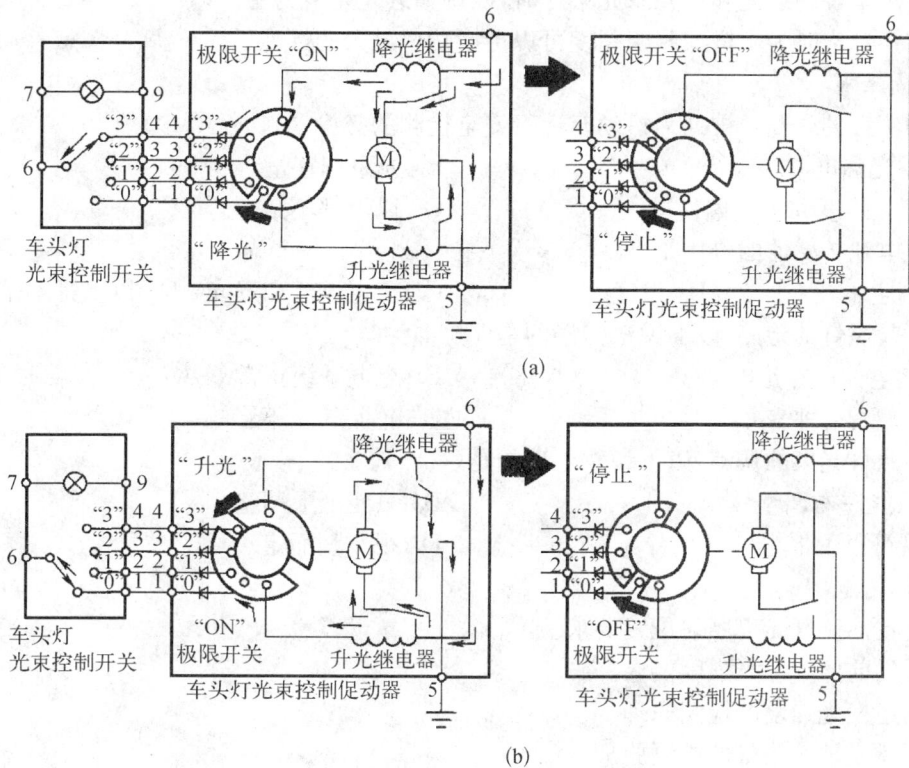

(a)

(b)

图 3-2-12 前照灯光束控制电路及工作过程

(a) 开关位于"3"时光束水平；(b) 开关位于"0"时光束升高

思考与练习

**一、填空题**

1. 前照灯光束检测包括_____检测和_____检测两个内容。

2. 发光强度的单位是_____，简称"_____"，单位符号用_____表示。

3. 前照灯检测仪按测量方法不同分为_____、_____、_____、_____、_____等。

4. 机动车在检验前照灯的近光光束照射位置时，前照灯在距离屏幕_____m 处，光束明暗截止线转角或中点的高度应为_____$H$（$H$ 为前照灯基准中心高度），其水平方向位置向左向右偏差均不得超过 100 mm。

5. 测量前照灯发光强度的电路由_____、_____和_____等组成。

**二、判断题**

1. 真空灯有三只插脚，两股灯丝可透过灯罩看见，粗灯丝为近光，细灯丝为远光，两根灯丝共同连接的灯脚为搭铁极。如果装错，灯将不能正常发光。（　　）

2. 如果前照灯架与车架搭铁不良，或灯头与灯架搭铁不良，或灯泡与灯头搭铁不良，都会导致灯不亮或发光较弱。（　　）

3. 充电系统不充电不影响灯光检测。（　　）

**笔记**

4. 机动车装用远光和近光双光束灯时，以调整近光光束为主。（　　）

5. 更换灯泡时为了增加照明亮度可以更换功率过大的灯泡。

### 三、选择题

1. 前照灯的（　　）被列为机动车运行安全检测的必检项目。

A. 发光强度　　　　　　　　　　　B. 光束偏移量

C. 发光强度和光束偏移量　　　　　D. 以上都不是

2. 光电池传感器的作用是（　　）。

A. 产生电流　　　B. 发光　　　C. 产生电流和发光　　D. 以上都不是

3. 对前照灯的检测，以下说法错误的是（　　）。

A. 蓄电池应充足电　　　　　　　　B. 充电系统正常

C. 车辆停在平整的场地　　　　　　D. 轮胎气压不影响

4. 前照灯光束的调整，以下说法正确的是（　　）。

A. 只能左右调整　　　　　　　　　B. 只能上下调整

C. 既可以上下也可以左右　　　　　D. 视车型而定

### 四、简答题

1. 简述前照灯光束照射位置要求。

2. 简述前照灯发光强度要求。

3. 简述发光强度的检测原理。

4. 简述光轴偏斜量的检测原理。

# 学习任务 3.3　前雾灯不亮故障的检修

**学习目标**

1. 了解雾灯及其他照明灯的功能及电路原理；

2. 掌握雾灯的故障检修方法。

**学习时间**

4 学时

**学习情境描述**

一辆 TOURAN（途安）1.8T 轿车，驾驶员反映右前雾灯有时亮有时不亮，曾有修理工把左前雾灯灯泡换到右前面，右前雾灯好了，左前雾灯却产生了同样的毛病。

## 一、相关知识

（一）雾灯的作用

雾灯分为前雾灯和后雾灯。前雾灯安装在前保险杠上，其作用是雨、雾天气用来照明，灯光为黄色（因为黄色有良好的透雾性），功率为 35～55 W；后雾灯安装在尾灯之中，灯光为红

笔记

色,用于警示后车。

**（二）雾灯电路原理**

在点火开关位于"ON"档时,在打开小灯的前提下,才可以开启前雾灯;而要开启后雾灯,必须要保证先开启前雾灯。以别克凯越的雾灯控制电路图 3-3-1 为例加以说明。

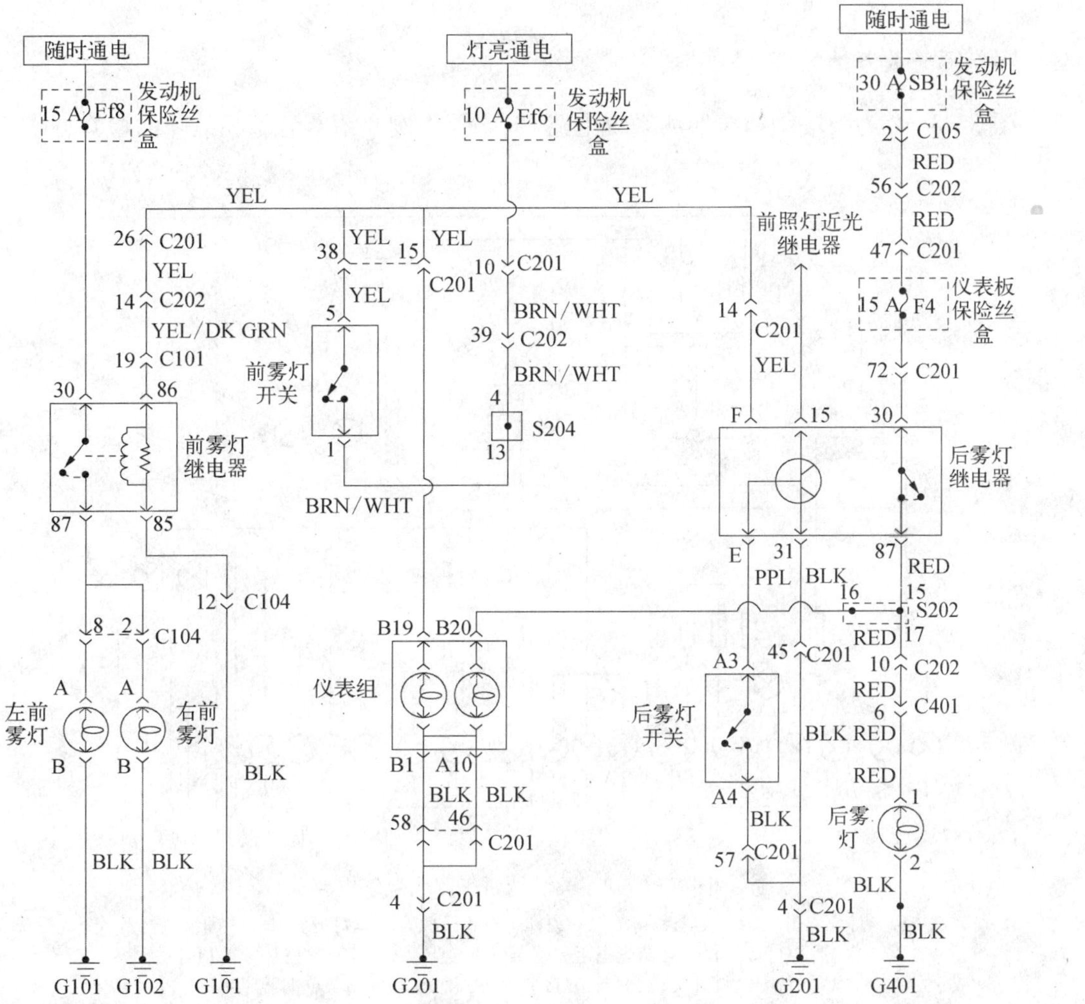

图 3-3-1　别克凯越前、后雾灯电路图

（1）前雾灯电路在点火开关位于"ON"档且小灯打开时 12 V 电源供给了 Ef6 保险丝,此时,打开前雾灯开关（开关闭合）,形成如下电路:

① 12 V 直流电源→Ef6 保险丝→S204 节点→前雾灯开关→YEL/DK GRN 线路→前雾灯继电器线圈→至 G101 搭铁,从而,前雾灯继电器电磁线圈通电,继电器触点吸合。

② 常电源（12 V）→Ef8 保险丝→前雾灯继电器闭合触点→分别至左、右前雾灯灯泡→分别至 G101、G102 搭铁,两前雾灯点亮。

（2）后雾灯电路在开启前雾灯的基础上,闭合后雾灯开关,此时,形成如下电路:

**笔记**

　　① 12 V 直流电源→Ef6 保险丝→S204 节点→前雾灯开关→YEL 线路→后雾灯继电器 F 端子→此时由于后雾灯开关的闭合而使后雾灯继电器线圈通电,继电器触点吸合。

　　② 常电源(12 V)→SB1 保险丝→F4 保险丝→后雾灯继电器闭合触点→后雾灯灯泡→至 G401 搭铁,于是,后雾灯点亮。

## 二、相关技能

雾灯不亮故障的检修

图 3-3-2 为桑塔纳轿车照明系统电路,以该图为例介绍雾灯不亮故障的检修方法。

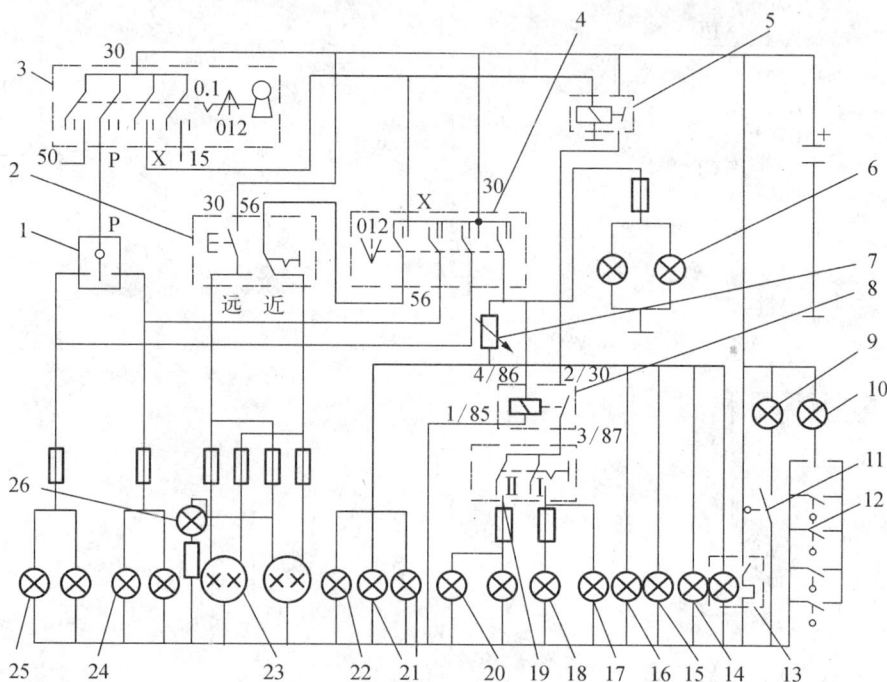

图 3-3-2　桑塔纳轿车照明系统电路

1—停车灯开关;2—变光和超车灯开关;3—点火开关;4—车灯开关;5—中间继电器;
6—牌照灯;7—仪表灯调光电阻;8—雾灯继电器;9—行李箱灯;10—前顶灯;
11—行李箱灯开关;12—前顶灯门控开关调光电阻;13—点烟器照明灯;
14—前后雾灯开关照明灯;15—后风窗除霜开关照明灯;16—暖气开关照明灯;
17—雾灯指示灯;18—后雾灯;19—前后雾灯开关;20—前雾灯;21—仪表灯;
22—时钟照明灯;23—前照灯;24—右前后示廓灯;25—左前后示廓灯;26—远光指示灯

### 1. 电路特点

　　桑塔纳轿车的雾灯开关电路中连接了中间继电器和雾灯继电器,中间继电器在点火开关处于点火档时接通,雾灯继电器是在车灯开关 I 档时接通。因此,只有在点火开关接通且车灯开关也接通时,才能用雾灯开关 I 档接通前雾灯、II 档同时接通前后雾灯。

### 2. 雾灯电路原理

　　雾灯电路原理接通点火开关(I 档),中间继电器线圈通电使其触点闭合,雾灯继电器电源端子接通电源;接通车灯开关(I 档或 II 档),雾灯继电器线圈通电,其触点闭合,使前后雾灯开关电源端子接通电源。此时,驾驶员就可通过前后雾灯开关接通前雾灯或前后雾灯。雾灯亮起时的电流通路为:蓄电池正极→中间继电器触点→雾灯继电器触点→雾灯开关→后雾灯或前后雾灯→搭铁→蓄电池负极。

3. 雾灯不亮故障的诊断

(1) 故障现象:照明灯及鼓风机等其他系统均正常,操纵雾灯开关时后雾灯或前后雾灯均不亮。

(2) 故障原因:雾灯继电器有故障;雾灯开关不良;雾灯连接线路或雾灯熔断器中的熔丝烧断;雾灯灯泡已烧坏。

(3) 检测诊断:

① 检查雾灯的熔断器熔丝有无烧断。如果熔丝已被烧断,则更换熔断器,并检查其连路有无短路;如果熔断器正常,则进行下一步故障诊断。

② 接通点火开关和车灯开关,检测雾灯继电器各端子的电压。如果 2/30 端子无蓄电池,则检修雾灯继电器至中间继电器之间的线路;如果 4/86 端子无电压,则需检修雾灯至车灯开关之间的线路;如果只是 3/87 端子无蓄电池电压,则需检查 1/85 端子搭铁是否良好,如不正常,则需更换雾灯继电器;如果 3/87 端子有蓄电池电压,则检查前后雾灯线路连接(插接器)有无不良、雾灯灯泡是否已烧坏。如果前后雾灯接线不良或雾灯已烧坏,予以修理或更换;如果前后雾灯及其线路连接均正常,则需检修雾灯开关。

### 三、案例剖析

1. 上海大众 TOURAN(途安)1.8T 轿车,右前雾灯时亮时不亮

**故障现象:**一辆 TOURAN(途安)1.8T 轿车,驾驶员反映右前雾灯有时亮有时不亮,曾有修理工把左前雾灯灯泡换到右前面,右前雾灯好了,左前雾灯却发生了同样的毛病。

**故障诊断:**接车后首先对左前雾灯灯泡进行了检查。直接接到蓄电池,亮度正常,把该灯泡装回到左前雾灯灯座上再打开前雾灯开关,灯泡不亮,在灯座上也测量不到电压。途安雾灯系统电路并不复杂。

根据线路图知道,当前雾灯开关接上后,它给了 U519(车载网络控制单元)一个请求工作信号,J519 根据这个请求,对两个前雾灯分别输出二路工作电流。按图查到 T5AA/1 插座,测不到电压,再向上查到 J519 上的插头 D/2 也无电压。

此时右前雾灯是亮的,在 J519 的 A/4 插头上能测到电压。据此推测,前雾灯开关请求工作的信号已被 J519 接收,右前雾灯被点亮就是 J519 进入工作状态的一个标志,而左前雾灯却不能接收到 J519 的输出电流,那么 J519 内部这一段工作可被视作怀疑的对象。为了对这一推测寻找依据或旁证,在 J519 的 D/2 这一插头上引入 30 号常火线,并在左前雾灯灯座上接上一个小灯泡,小灯泡是亮的,为防止此线上有虚接的地方,再接上一个大灯远光,也是亮的。当我们满怀信心把原来那只拆下来的左前雾灯灯泡接上去的时候,却不见它亮。用万用表测量它的通断时,却得到了一个 53 Ω(冷态)的阻值,而这个阻值却远远高于 55 W 雾灯 0.6 Ω(冷态)阻值。

当然用它直接接在蓄电池上也是不会亮的,实际接到蓄电池后确实也不亮。当把所有线路恢复原样,在打开前雾灯开关的情况下,用一个新的前雾灯灯泡(在蓄电池上试验时是亮的)换下那个有问题的灯泡时,右前雾灯是亮的,左前雾灯还是不亮,再测它的电压还是没有。这时候突然想起要关闭前雾灯开关。在把前雾灯开关关闭后再打开时,左右前雾灯都亮了。这

是途安车上雾灯和其他行驶灯的一个特点,当用灯电路发生断路或短路时,J519 车载网络控制单元在经过短暂冷(灯泡不工作)、热(灯泡工作)检测后,会自动切断该灯泡所在电路电流的供应。这也是在电路图中或车上找不到雾灯保险丝和雾灯继电器的原因。

**故障总结：**在这起故障排除过程中,我们意外地发现,在对前雾灯供应电源检测时,若我们用一个小灯泡或者说试一下电压是否存在或者说去替代左前雾灯,J519 也都不能对小灯泡供应电流。这也就是说,当电路中出现不正常的负载时,J519 控制单元同样也会拒绝供电。

左前雾灯发生故障时,组合仪表中间的显示屏会用文字告诉你这个故障,同时也切断了左前雾灯的电源供应。当故障排除后,冷热检测没有发现有不正常情况,仪表显示屏的"故障显示文字"会被自动删除,同时恢复对左前雾灯的供电。

本车的故障主要出在前雾灯灯泡上,它有一个飘忽不定的冷态电阻值(曾测到 4 个冷态阻值,其质量和性能将作进一步研究),最大达到 95 kΩ。它们所表达的灯光负载,有些是在 J519 允许范围内,大多数都不在 J519 工作范围内,因此灯光就会出现有时亮有时不亮现象。再加上途安车 J519 车载网络控制单元智能型控制方法,导致故障比较奇特。经过这次排故可以看到,按原来常规检查方法来分析本车故障,犯错误不算还会陷入困境。在对待带有新技术的部件发生问题时,我们既要弄清它的工作特征,又要用心去观察和发现有悖常理的事情,并发掘它们的现实意义。

**2. 东风悦达起亚千里马开启后雾灯时蜂鸣器长鸣**

**故障现象：**一辆 2003 年款东风悦达起亚千里马 1.3L 轿车,据用户反映,当开启后雾灯时蜂鸣器长鸣。

**检查分析：**检查门控开关,信号正常。查看雾灯电路图,如图 3 - 3 - 3 所示,并分析后雾灯与蜂鸣器的控制关系。后雾灯和蜂鸣器的控制电路走向如下。

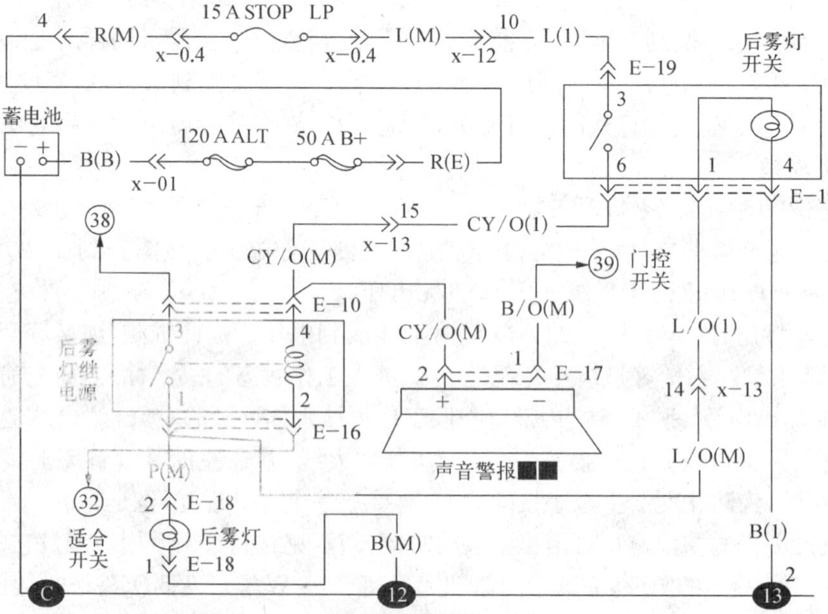

图 3 - 3 - 3　东风悦达起亚千里马雾灯电路图

(1) 后雾灯：蓄电池→120 A 发电机熔丝→插头 X - 04→15 A 制动灯熔丝→插头 X - 12→后雾灯开关(插头 E - 19)→后雾灯继电器(插头 E - 16)→组合开关。

（2）蜂鸣器：蓄电池电流到达后雾灯继电器（插头 E-16）后，分出一路到达蜂鸣器（插头 E-17）→门控开关。

因为蜂鸣器由门控开关控制搭铁，而且后雾灯工作正常，因此笔者分析问题应该出在后雾灯继电器（插头 E-16）与门控开关之间的线路上。顺着蜂鸣器的线路走向进行检查，拆下左前门门槛饰板，发现蜂鸣器的黑橙色控制线外皮破损而搭铁，如图 3-3-4 所示。

**故障排除：**用绝缘胶带妥善包裹线路破损处，开启后雾灯时蜂鸣器不再鸣响。

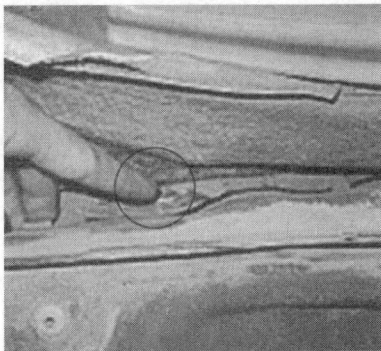

图 3-3-4　蜂鸣器的黑橙色
控制线外皮破损

**总结：**在此笔者简要介绍蜂鸣器的结构和工作方式。车辆上常见的蜂鸣器有两种，即压电式蜂鸣器和电磁式蜂鸣器。

（1）压电式蜂鸣器：主要由多谐振荡器、压电蜂鸣片、阻抗匹配器及共鸣箱以及外壳等部件组成，多谐振荡器由晶体管或集成电路构成。当接通电源后（1.5～15 V 直流电压），多谐振荡器起振，输出 1.5～2.5 kHz 的音频信号，阻抗匹配器推动压电蜂鸣片发声。

（2）电磁式蜂鸣器：主要由振荡器、电磁线圈、磁铁、振动膜片及外壳等组成。接通电源后，振荡器产生的音频信号电流通过电磁线圈，使电磁线圈产生磁场。振动膜片在电磁线圈和磁铁的相互作用下，周期性地振动发声。

拓展学习

**1. 顶灯**

（1）安装位置：顶灯位于驾驶室中间的顶棚上，如图 3-3-5 所示。

（2）作用：驾驶室内部照明。灯光为白色，功率为 5～8 W。

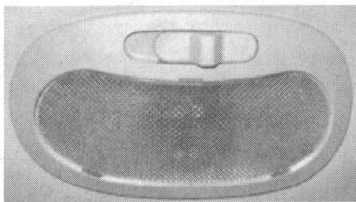

3-3-5　顶灯装置

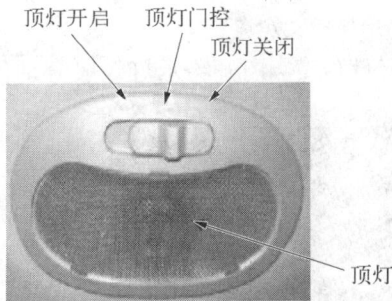

3-3-6　顶灯总成

（3）元件结构：顶灯总成如图 3-3-6 所示，主要由顶灯控制开关、顶灯等组成。

（4）工作原理：电路原理图如图 3-3-7 所示。

将顶灯开关置于"ON"档，内部开关搭铁使电路接通，顶灯点亮。将顶灯开关置于中间位置即门控档时，内部开关将灯的负极连接到 BCM 的 B7 号针脚，此时顶灯的点亮与否由 BCM 自动控制。当开关打在 DOOR 档且 IGN=OFF，若司机门/乘客门中任何一个门开则顶灯亮，门关闭后顶灯延时点亮 8 s 后经过 2 s 渐灭。在顶灯延时和渐灭的过程中如果 IGN=ON，则顶灯立即熄灭。当开关打在 DOOR 档且 IGN=ON，若司机门/乘客门中任何一个门开则顶灯亮，门关闭后顶灯立即熄灭。

图 3-3-7　室内照明系统控制电路

## 2. 门开警示灯

（1）元件位置：门开警示灯一般分别位于两前门内饰板上，如图3-3-8所示。

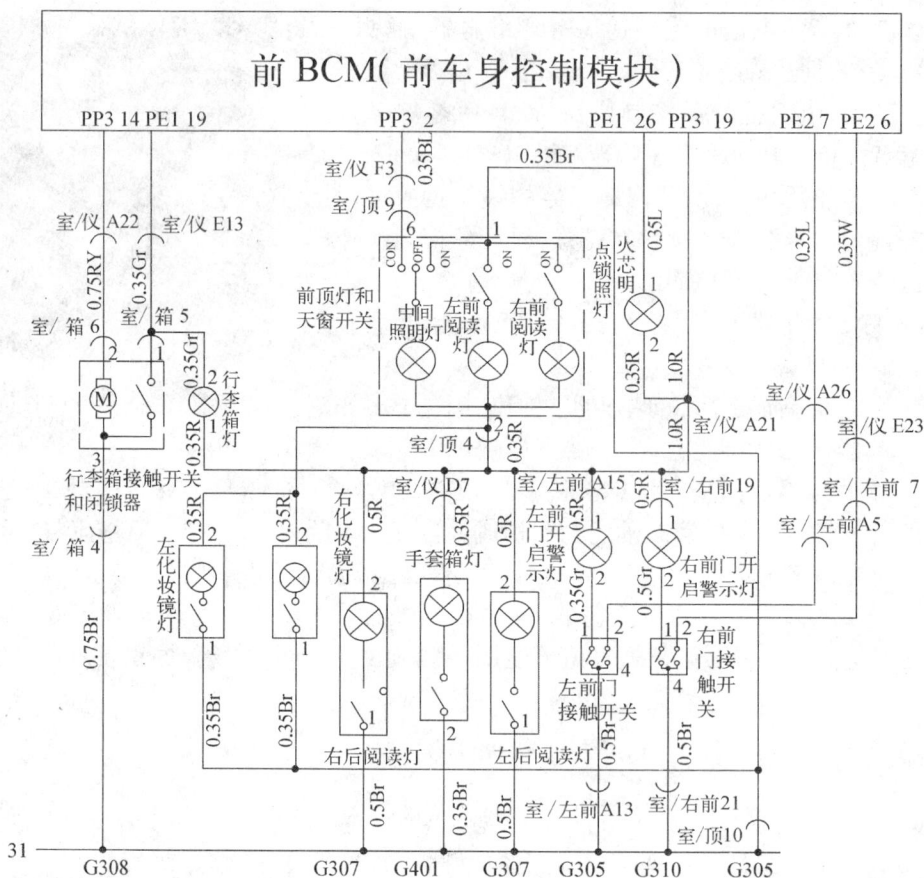

图 3-3-8　门开指示灯

图 3-3-9　行李箱灯位于行李箱左内侧位置

（2）元件作用：此灯开启警示门已打开。

（3）元件原理：电路原理如图3-3-7所示，当任一车门打开后，门接触开关闭合接通电路，点亮门开警示灯，门关闭后开关断开，灯熄灭。

## 3. 行李箱灯

（1）元件位置：如图3-3-9所示。

（2）元件作用：打开行李箱后为内部提供照明。

图 3-3-10　开关集成在行李厢锁体内

图 3-3-11　倒车灯开关位于变速箱上

（3）元件原理：电路原理图如图 3-3-10 所示，当后备厢开启时，位于后备厢锁体内的开关搭铁，点亮后备厢照明灯，同时将信号送给 BCM。

4. 倒车灯开关总成

（1）元件位置：倒车灯开关位于变速箱上，由换档机构控制接通或关闭，如图 3-3-11 所示。

（2）元件作用：用于车辆倒车时点亮倒车灯。

（3）工作原理：如图 3-3-12 所示，当换档手柄位于倒车档位时，倒车灯开关闭合，接通电路，点亮倒车灯并提供给倒车雷达模块电源。

思考与练习

一、填空题

1. 雾灯分为 ＿＿＿＿ 和 ＿＿＿＿。

2. 前雾灯作用是雨、雾天气用来照明，灯光为＿＿＿＿色。后雾灯安装在尾灯之中，灯光为＿＿＿＿色，用于警示后车。

3. 顶灯的作用是＿＿＿＿，灯光为白色。

4. 倒车灯开关位于＿＿＿＿上，由＿＿＿＿＿＿接通或关闭。

5. 门开警示灯的作用是＿＿＿＿＿＿。

二、判断题

1. 当后备厢开启时，位于后备厢锁体内的开关搭铁，点亮后备厢照明灯。（　　）

2. 大众车要开启雾灯时必须将车灯开关打到 I 档，点火开关打到 ON 档，然后操作雾灯开关。（　　）

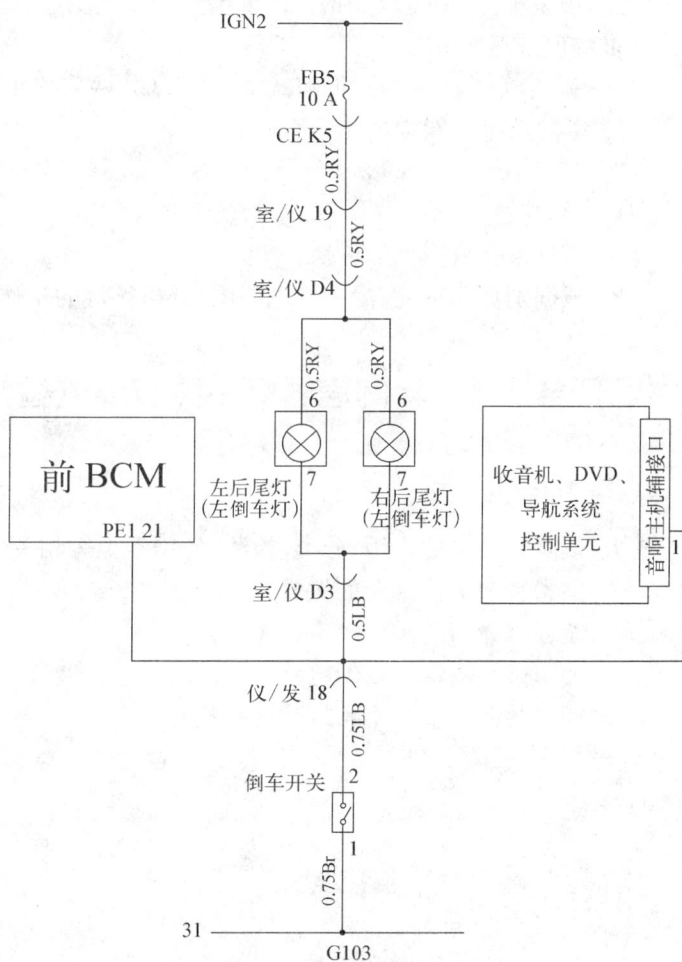

图 3-3-12　倒车灯电路原理图

3. 在点火开关位于"ON"档时,在打开小灯的前提下,才可以开启前雾灯;而要开启后雾灯,必须要保证先开启前雾灯。(　　)

**三、选择题**

1. 一位顾客新买了一台捷达轿车,当打开雾灯开关时,雾灯不亮,可能的原因是,技师甲说,雾灯继电器有故障;技师乙说,可能车灯开关没有打开。谁正确?(　　)。

A. 甲正确　　　B. 乙正确　　　　　C. 两人均正确　　　　D. 两人均不正确

2. 一辆北京吉普越野车倒车灯保险丝熔断以后,没有相同的保险丝,驾驶员问能否用导线代用,甲说不能,但可以用偏大的保险丝代用;乙说可以用,只要把导线线芯抽掉几根即可。请问谁的说法对?(　　)。

A. 甲正确　　　B. 乙正确　　　　　C. 两人均正确　　　　D. 两人均不正确

3. 雾灯功率一般为(　　)W。

A. 35～70　　　B. 35～55　　　　　C. 55～70　　　　　D. 70～100

**四、简答题**

1. 雾灯不亮故障如何诊断?

2. 根据别克凯越前、后雾灯电路图,分析雾灯的工作原理。

# 学习任务 3.4　转向信号灯不亮故障的检修

### 学习目标

1. 了解电容器的作用、分类、检测、使用常识等相关知识;
2. 熟悉转向信号装置的组成;
3. 掌握闪光器的类型及工作原理;
4. 能识读转向信号灯的电路原理;
5. 能对转向信号灯不亮故障进行检修。

### 学习时间

6 学时

### 学习情境描述

广州本田三厢飞度(手动档),行驶里程 57 000 km,打开转向灯开关,转向灯不亮。

**一、相关知识**

(一)电容器的相关知识

1. 电容器的构成

电容器是由彼此被绝缘物质隔开而又相互靠近的两个导体所组合形成的电气元件。任何两个彼此绝缘而又相互靠近的导体,都可以看作是电容器。组成电容器的两个导体称为电容器的极板,用导线引出;中间的绝缘物质称为电介质。常见的电介质有空气、蜡纸、云母等。

### 2. 电容器的作用

电容器主要有两个方面的作用：

(1) 存储和释放电荷，即充、放电作用。

(2) 隔直作用，即电容器在电路中能够起到隔断直流电、通过交流电的作用。

电容器的作用可以用一个与水管连接的水塔来形象地描述。水塔可用来"存储"水压——当供水系统的水泵供应的水量超过城镇所需水量时，多余的水将被存储到水塔中。然后，当水的需求量较高时，多余的水将从水塔中流出以维持水压。电容器以同样的方式存储电子，并且以后可以再将电子释放出来。

### 3. 电容器的分类

电容器的种类有很多，可按如下几种方式划分。

(1) 按容量是否可变分类：分为固定电容、可变电容。

(2) 按是否有极性分类：分为有极性电容、无极性电容。

(3) 按制造材料分类：分为电解电容、瓷片电容、云母电容、钽电容等，其中电解电容是有极性的，其正负极通常都有明显的标志，更换该类型电容时，一定要注意极性方向，否则会导致元件损坏。

电容器的结构和符号如图3-4-1所示。

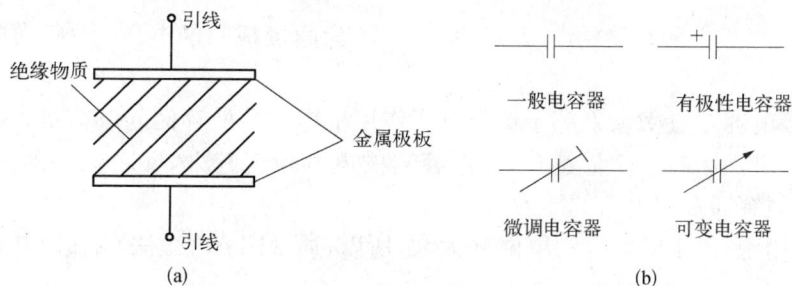

图3-4-1　电容器的结构与符号

(a) 结构；(b) 符号

各种电容器的外形如图3-4-2所示。

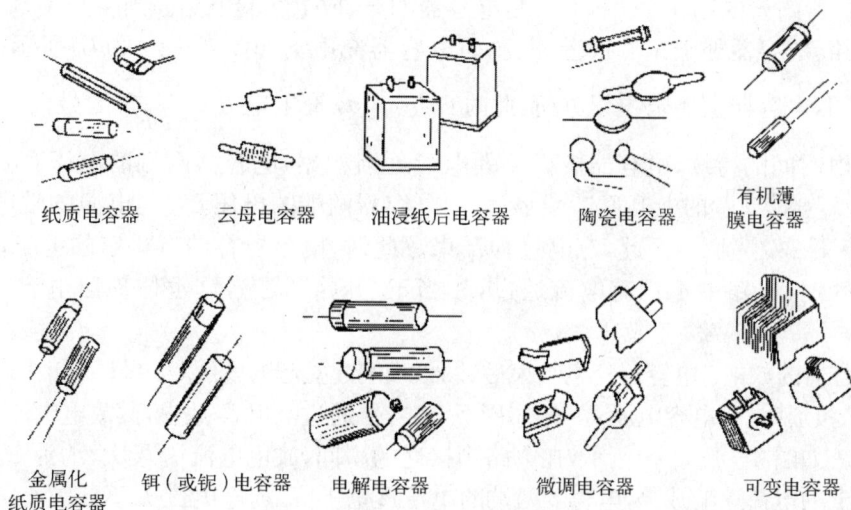

图3-4-2　各种电容器的外形

**4. 电容器的主要参数**

固定电容器的参数有很多,在实际应用中,一般只考虑工作电压、绝缘电阻和电容量三个方面。

(1) 工作电压:电容器的工作电压也称耐压值,是指电容器在连续使用中所能承受的最高的电压。耐压值一般直接印在电容器上。需要注意的是,电容器上标明的耐压值,都是指直流电压,如果电容器用在交流电路中,则应使所加的交流电压的最大值(峰值)不能超过电容器上所标明的电压值。

(2) 绝缘电阻:电容器中所用的任何介质都不是绝对的绝缘体,因此电容的电阻不可能为无穷大,一般在百兆欧以上,这个电阻就称作电容器的绝缘电阻或称漏电阻。绝缘电阻越大,说明电容器的质量越好。

(3) 电容量:电容器存储电荷的能力称为电容量。电容量是表示电容器存储电荷能力大小的一个物理量,电容量简称电容,用符号 $C$ 表示,单位为 F(法拉)。实验证明:对于结构一定的电容器,其电容量等于任意极板上所存储的电量与两极板之间的电压的比值,即

$$C = \frac{Q}{U}$$

式中:$Q$ 为任一极板上所存储的电量,C(库仑);$U$ 为两极板间的电压,V;$C$ 为电容器的电容量,F(法拉或法)。

上式表明,电容 $C$ 在数值上等于单位电压作用下电容器所存储的电荷量。在电压一定的条件下,电容器所存储的电荷量越多,该电容器的电容量就越大,反之就越小。所以,电容 $C$ 的大小反映了电容器存储电荷的能力大小。

在实际应用中,由于电容量的单位 F 太大,所以,通常用 $\mu$F(微法)和 pF(皮法)为单位,其换算关系为

$$1 \text{ F} = 10^6 \ \mu\text{F}; \quad 1 \ \mu\text{F} = 10^6 \text{ pF}$$

**5. 电容器的充、放电**

(1) 电容器的充电:图 3-4-3(a)是电容器的充、放电实验电路。当将开关 $S_A$ 合向 1 时,构成充电电路,电容器处于充电状态,电源向电容器充电。如图 3-4-3(b)所示,在开关 $S_A$ 接通 1 的瞬间,电容器上还未积累电荷,此时,$U_C = 0$,充电电流 $I = \frac{E}{R_1}$ 为最大。

随着充电时间的持续,电容器极板上的电荷逐渐积累,电容器两端的电压 $U_C$ 逐渐上升,而充电电流 $I_C$ 随着 $U_C$ 的上升逐渐减小,直到电容器两端的电压 $U_C$ 与电源的端电压 $U$ 相等时,充电电流 $I_C$ 减小到零,至此,充电过程结束。此时,电容器存储有一定的电场能量。当电容器充电结束时,电路中不再有电流通过,相当于"开路"状态,这也体现出电容器的"隔直"作用。

(2) 电容器的放电:电容器充电结束后,两极板间建立起的电压 $U_C \approx U_0$。当图 3-4-3 中的开关 $S_A$ 与 2 接通时,在电容电压 $U_C$ 的作用下,电容器通过电阻 $R_2$ 放电,其放电电流 $I_F$ 与充电电流方向相反。如图 3-4-3(c)所示,在电路刚接通的瞬间,放电电流 $I_F$ 最大,约为 $U_C/R_2$。随着电容器极板上的电荷逐渐减少,电容器两端的电压逐渐下降,放电电流 $I_F$ 不断减小,直到电容器极板上的电荷为零,电容器两端的电压 $U_C$ 与放电电流 $I_F$ 也等于零,放电过程结束。

笔记

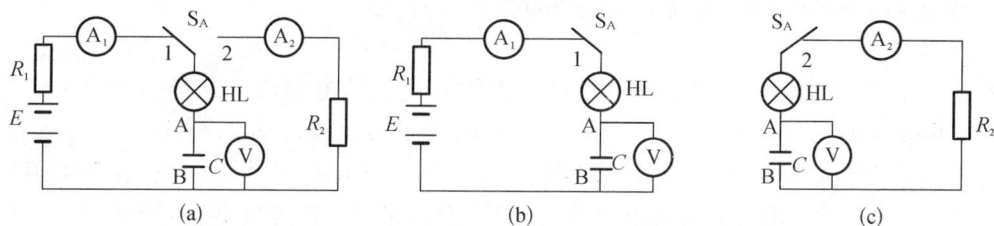

图 3-4-3  电容器的充、放电实验电路

（a）实验电路；（b）充电电路；（c）放电电路

电容器的充电和放电过程，实质上是存储和释放电荷的过程。此时，电路上将产生充、放电电流。充、放电电流是电荷在电容器外部的电路上移动所形成的，而不是电流从电容器的一个极板穿过其内部的电介质到达另一个极板。

6. 电容的串联与并联

（1）电容的串联：如图 3-4-4（a）所示，若干个电容串联，等于增加了绝缘介质的厚度（即增加了两块金属电极之间的距离），因此总容量减小，并小于其中最小的一个电容的容量。总容量的倒数等于各电容量的倒数之和，即

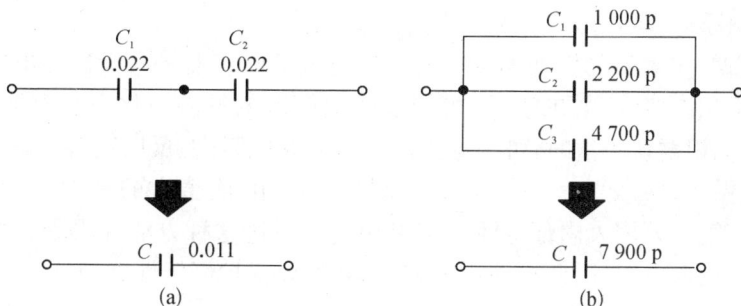

图 3-4-4  电容器的串联与并联

（a）串联；（b）并联

$$\frac{1}{C} = \frac{1}{C_1} + \frac{1}{C_2} + \frac{1}{C_3} + \cdots$$

那么，如果两个电容串联，其总容量为

$$C = \frac{C_1 C_2}{C_1 + C_2}$$

串联后电容的工作电压，在电容量相等的情况下，等于每个电容的工作电压之和，所以串联后电容的工作电压升高。如果工作电压为 12 V 的两个电容量相等的电容串联，相当于一个工作电压为 24 V 的电容。

（2）电容的并联：如图 3-4-4（b）所示，将若干个电容并联起来就等于两块金属电极的面积增大，因此，并联后的总电容量增大，并等于各个电容器的容量之和，即

$$C = C_1 + C_2 + C_3 + \cdots$$

电容并联时，每个电容器上所承受的电压相等，所以，如果工作电压不同的几只电容器并

联使用,必须以其中最低的工作电压作为并联后的工作电压。

7. 电容器的检测

测量电容器的电容量要用电容表,也可以使用万用表的电容档。电容的测量一般包括漏电阻测试和极性测试。

(1) 漏电阻测试(适用于 $0.1\ \mu F$ 以上容量的电容):选用指针式万用表,将其电阻档调到 $R\times 1\ k$ 或 $R\times 10\ k$ 档,用表笔接触电容器的两端,表针先向 $0\ \Omega$ 方向摆动,当达到一个很小的电阻读数后便开始反向摆动,最后慢慢停留在某一大阻值读数上。

静电容量越大,表针偏转的角度应当越大,指针返回也应当越慢。

① 如果指针不摆动,则说明电容内部已开路。

② 如果指针摆向 $0\ \Omega$ 或靠近 $0\ \Omega$ 的数值,并且不向无穷大的方向回摆,则表明电容内部已击穿。

③ 如果指针指向 $0\ \Omega$ 后能慢慢返回,但不能回摆到接近无穷大的读数,则表明电容存在较大的漏电,且回摆指示的电阻越小,说明漏电越大。

对于容量小于 $0.01\ \mu F$ 的电容器,用万用表只能判断是否短路。因为电容器的容量太小,所以在表针还没有来得及反应时,充、放电过程就已经结束了。由于表针不摆动,无法判断电容是否断路,所以在维修时,如果怀疑电容器有问题,可以换一个新电容器进行试验,如果故障现象消失,则说明原电容器有问题。

(2) 极性测试:电容器的极性测试主要是针对电解电容器等有极性的电容器。电解电容器的正、负极性不允许接错,如果接反,可能会因电解液的反向极化引起电解电容器的爆裂。在电容器的极性标识辨认不清时,可根据正向连接时漏电阻大、反向连接时漏电阻小的特点来判断极性。具体做法是:交换表笔前后两次测量漏电阻,阻值大的一次,黑表笔接触的是正极,这是因为黑表笔与万用表内部电池的正极相连。不过这种方法并不是在所有情况下都能明确地区分出正、反向电阻,因此在使用电解电容时,要保护好极性标识。

8. 电容器的使用常识

(1) 电容器在电路中所承受的电压不能超过其耐压值。在滤波电路中,其耐压值不能小于交流电有效值的 1.42 倍。

(2) 使用电解电容时,要注意其正、负极性,不能接反。

(3) 对于不同的电路,应该选用不同类型的电容器。谐振回路可以选用云母、高频陶瓷电容器,隔直流可以选用纸介质、云母、电解、陶瓷等电容器,旁路交流可选用涤纶、纸介、陶瓷、电解电容器,滤波电路可选用电解电容器。

(4) 电容器在装入电路前,需要检查它有无短路、断路和漏电现象,并需核实它的电容量。

(二) 汽车信号装置的组成

汽车信号装置包括灯光信号装置和声音信号装置两部分。主要作用是通过声、光信号向环境(如人、车辆)发出警告、示意信号,以引起有关人员注意,确保车辆行驶的安全。灯光信号有:

(1) 转向信号灯:装于汽车前后或侧面,用于在汽车转弯时发出明暗交替的闪光信号。

(2) 危险报警灯:当车辆出现故障停在路面上时,按下危险警报开关,全部转向灯同时闪亮,危险报警灯与转向信号灯共用。

（3）示宽灯（前小灯）：装于汽车前后两侧边缘，白色，用于标示汽车夜间行驶或停车时的宽度轮廓。

（4）尾灯：装于汽车尾部，左右各一只，红色。用于在夜间行驶时向后面的车辆或行人提供位置信息。

（5）制动灯：装于汽车后面，用于当汽车制动或减速停车时，向车后发出灯光信号，以警示随后车辆及行人。

（6）倒车灯：装于汽车尾部，左右各一只，白色。用于照亮车后路面，并警告车后的车辆和行人，该车正在倒车。

声音信号有：倒车蜂鸣器、语音、电喇叭等。

（三）汽车转向灯及其闪光器

转向信号装置一般由转向开关、转向信号灯、转向指示灯和闪光器等组成，其中闪光器是主要器件。

1. 汽车转向灯

用以显示车辆行驶方向。前转向灯为橙色，后转向灯为橙色或红色。转向信号灯的闪光频率国标中规定 60～120 次/min，日本转向闪光灯规定（85±10）次/min，而且亮暗时间比（通电率）在 3：2 为佳。转向信号灯由转向开关控制，其闪光频率由闪光器控制。

2. 闪光器

常见闪光器有电热式、电容式、电子式三类，其中电热式有直热翼片式和旁热翼片式两种；电子式有晶体管式和集成电路式两类。电热式闪光器结构简单，成本低，但闪光频率不够稳定，使用寿命短，已被淘汰。而电容式闪光器闪光频率稳定，电子式闪光器具有性能稳定、可靠等优点，故被广泛应用。

（1）电容式闪光器：主要由一个继电器和一个电容器组成，其结构如图 3-4-5 所示，其中的灭弧电阻与触点并联，用以减小触点火花，延长触点的使用寿命。

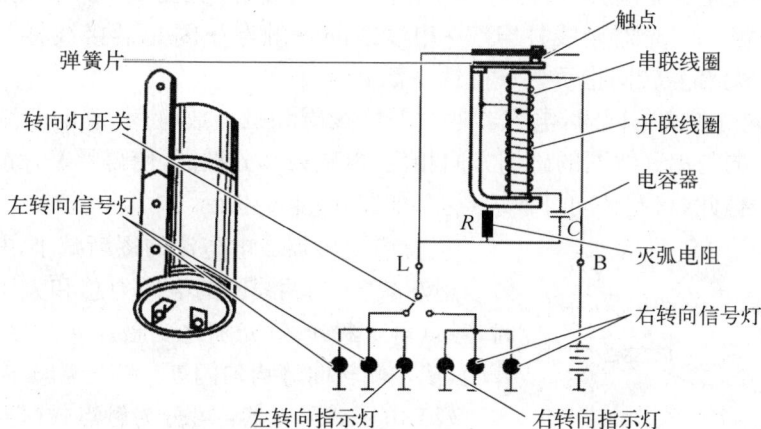

图 3-4-5　电容式闪光器的结构原理图

电容式闪光器的工作原理是利用电容器的充、放电延时特性，使继电器的两个线圈产生的电磁力时而相加，时而相减，使触点周期性的打开或关闭，从而使转向灯闪烁。其具体的工作

**笔记**

流程是：

① 如图 3-4-6 所示，将转向灯开关打到左侧，此时，形成的电路为：蓄电池正极→闪光器接线柱"B"→串联线圈→触点→闪光器接线柱"L"→转向灯开关→左转向信号灯和左转向指示灯→搭铁→蓄电池负极。这时，由于并联线圈和电容器被触点短路，而串联线圈产生的电磁力大于弹簧片的弹力使触点断开，因此，左转向信号灯处于暗的状态。

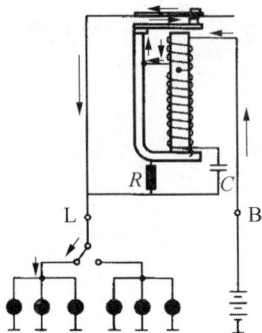

图 3-4-6　电容式闪光器电路的工作过程

图 3-4-7　电容式闪光器电路的工作过程

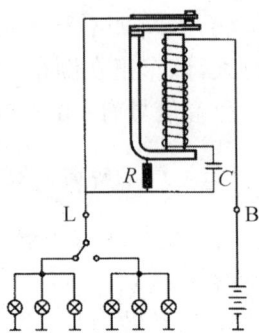

图 3-4-8　电容式闪光器电路的工图作过程

② 触点断开后，形成一个新的电路为：蓄电池正极→闪光器接线柱"B"→串联线圈→并联线圈→电容器→闪光器接线柱"L"→转向灯开关→左转向信号灯和左转向指示灯→搭铁→蓄电池负极。在此期间，电容器被充电，由于并联线圈的阻值较大，电路电流较小，所以左转向信号灯仍处于暗的状态。同时由于充电电流通过串联线圈、并联线圈所产生的电磁力方向相同，大于弹簧片的弹力，触点仍处于断开状态，如图 3-4-7 所示。

③ 随着电容器充电的不断进行，电容器两端电压逐渐升高，其充电电流逐渐减小，两个线圈的电磁力也随之减小，当电磁力不足以克服弹簧片的弹力时，触点重新闭合。这时，通过左转向信号灯的电流增大，左转向信号灯和左转向指示灯变亮，如图 3-4-8 所示，其形成的电路为：蓄电池正极→闪光器接线柱"B"→串联线圈→触点→闪光器接线柱"L"→转向灯开关→左转向信号灯和左转向指示灯→搭铁→蓄电池负极。

④ 在左转向灯点亮的同时，电容器通过并联线圈和触点放电，其放电电流通过并联线圈所产生的磁场方向与串联线圈的磁场方向相反，电磁力部分抵消，使得弹簧片的弹力大于磁场力，触点继续闭合，此时，左转向灯继续点亮，如图 3-4-8 所示。

⑤ 随着电容器放电电流的逐渐减小，并联线圈产生的磁场逐渐减弱，当两线圈的电磁力总和大于弹簧片的弹力时，触点再次断开，灯光随之变暗。如此反复，触点的不断开闭，使左侧转向灯均匀闪烁。

（2）电子式闪光器：可分为触点式（带继电器）和无触点式（不带继电器）两种，不带继电器的电子闪光器又称为全电子闪光器。

① 触点式电子闪光器：图 3-4-9 所示为带继电器触点式晶体管闪光器的电路图。当汽车向右转弯时，转向

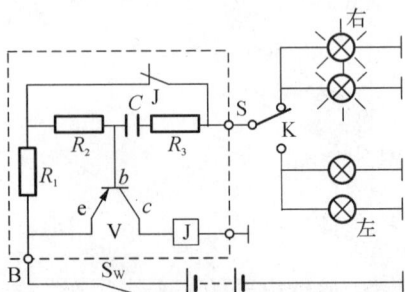

图 3-4-9　触点式晶体管闪光器

开关 S 接通右转向灯,主线路为蓄电池"＋"极→电源开关 $S_W$→接线柱B→$R_1$→继电器J的触点→接线柱 S→转向开关→转向灯及转向指示灯(左或右)→搭铁→蓄电池"－"极,转向灯亮。

同时,$R_1$ 上的电压降使三极管导通产生集电极电流。集电极电流通过继电器J的线圈,使继电器常闭触头立即断开,右转向信号灯熄灭。

三极管导通的同时,基极电流向电容器 C 充电。充电电路为:蓄电池正极→电源开关 $S_W$→接线柱 B→三极管的发射极 e、基极 b→电容器→电阻 $R_3$→接线柱 S→转向灯开关 K→右转向信号灯→搭铁→蓄电池负极。在充电过程中,随着电容器电荷的积累,充电电流逐渐减小,三极管的集电极电流也随之减小。当此电流不足以维持衔铁的吸合而释放时,继电器J的常闭触点J又重新闭合,转向信号灯再次发亮。这时电容器 C 通过电阻 $R_2$、继电器的常闭触点J、电阻 $R_3$ 放电。放电电流在 $R_2$ 上产生的电压降为三极管提供反向偏压,加速了三极管的截止,使继电器J的常闭触点迅速断开。当放电电流接近零时,$R_1$ 上的电压降又为三极管提供正向偏压使其导通。因此,电容器 C 不断地充电和放电,三极管也就不断地导通与截止,控制继电器的触点反复地闭合、断开,使转向信号灯发出闪光。

② 无触点式电子闪光器:又称全电子式闪光器,其特点是把触点式闪光器中的继电器去掉,并采用大功率晶体管来取代原来的继电器,如图 3－4－10 所示。

它是利用电容器充放电延时的特性,控制晶体管 $VT_3$ 的导通和截止,来达到闪光的目的。

接通转向开关后,晶体管 $VT_1$ 的基极电流由两路提供,一路经电阻 $R_2$,另一路经 $R_1$ 和 C,使 $VT_1$ 导通。$VT_1$ 导通时,$VT_2$、$VT_3$ 组成的复合管处于截止状态。由于 $VT_1$ 的导通电流很小,仅 60 mA 左右,故转向信号灯暗。与此同时,电源对电容器 C 充电,随着电容 C 两端的电压升高,充电电流减小,$VT_1$ 的基极电流减小,$VT_1$ 由导通变为截止。此时 A 点电位升高,当其电位达到 1.4 V 时,$VT_2$、$VT_3$ 导通,于是转向信号灯亮。此时电容器 C 经过 $R_1$、$R_2$ 放电,放电时间为灯亮时间。电容 C 放完电,接着又充电,$VT_1$ 再次导通使 $VT_2$、$VT_3$ 截止,转向信号灯又熄灭,电容 C 的充电时间为灯灭的时间。如此反复,使转向信号灯发出闪光。改变 $R_1$、$R_2$ 的电阻值和电容 C 的大小以及 $VT_1$ 的 $\beta$ 值,即可改变闪光频率。

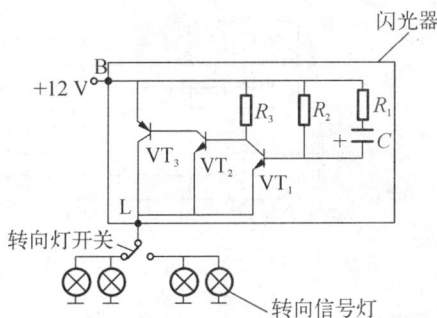

图 3－4－10　无触点式晶体管闪光器

**3. 转向及危险报警灯电路**

图 3－4－11 所示的是一简单的转向信号灯与危险报警灯电路,下面分别说明各自的工作过程。

(1) 转向信号灯电路。转向信号灯电路通常都受点火开关控制,也就是说,只有当点火开关位于"ON"档的条件下,才可以操控转向灯开关,使转向信号灯闪烁。

在将点火开关置于"ON"档的前提下,将转向灯开关拨至左侧,此时左侧转

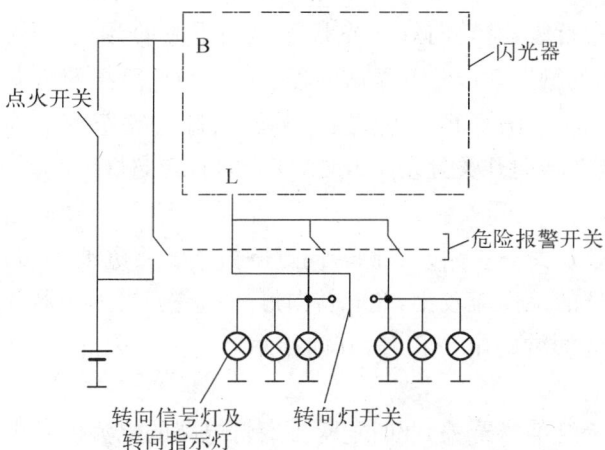

图 3－4－11　转向与危险报警灯电路

向信号灯和转向指示灯开始闪烁工作,其工作电路为:蓄电池正极→点火开关"ON"档→闪光器接线柱"B"→闪光器接线柱"L"(供给均匀通断的电源)→转向灯开关→左转向信号灯和左转向指示灯→搭铁→蓄电池负极。

(2)危险报警灯电路。危险报警灯电路不受点火开关控制,即使在点火开关位于"OFF"档的情况下,只要按下危险报警开关,使开关闭合,报警灯就会闪烁。应当注意,图 3-4-11中所示的危险报警开关是一个联动开关,即只要一个开关动作,其他几个开关均会同时向同一方向动作。其工作电路为:蓄电池正极→危险报警开关的左侧开关闭合→闪光器接线柱"B"→闪光器接线柱"L"(供给均匀通断的电源)→危险报警开关的中间和右侧开关闭合→所有转向信号灯和左转向指示灯→搭铁→蓄电池负极。

图 3-4-12 所示为捷达轿车转向信号灯及危险报警信号灯的工作电路。

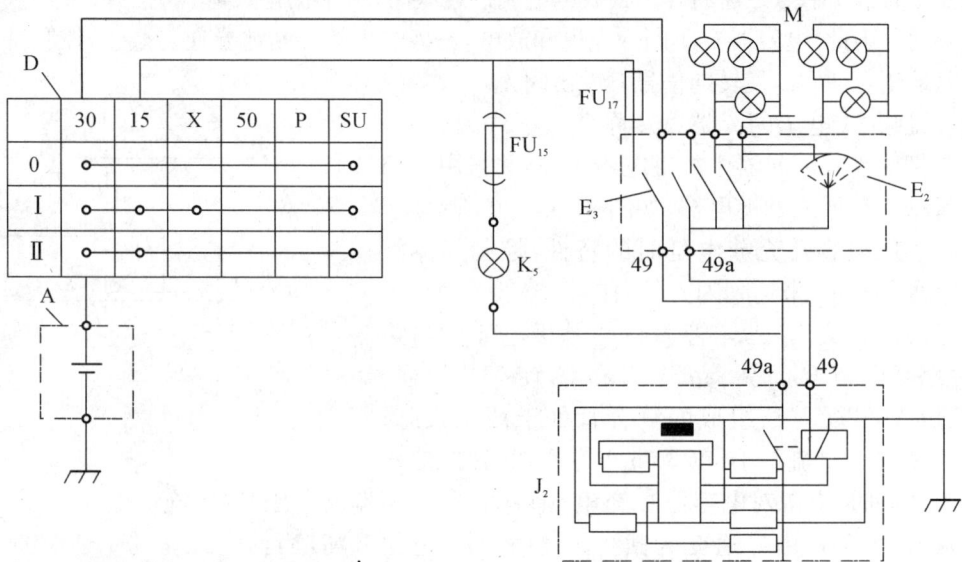

图 3-4-12 捷达轿车转向信号与危险报警灯工作电路
A—蓄电池;D—点火开关;E₃—危险报警灯开关;E₂—转向灯开关;FU₁₅、FU₁₇—熔断器;
M—转向灯泡;K₅—转向指示灯;J₂—闪光器

点火开关处于 I 档时,如果车辆向左转弯行驶,将转向灯开关 $E_2$ 手柄向下搬动,则左侧转向灯电路的工作电流由蓄电池(+)经点火开关触点 30 与 15 至熔断器 $FU_{17}$,经危险报警灯开关 $E_3$ 的常闭触点、闪光器触点 49 和 49a,转向灯开关 $E_2$ 的触点、左侧转向灯搭铁至蓄电池(-),左侧转向灯闪亮。右转向时,工作电流在转向开关处发生改变,变为向右转向灯供电。

转向指示灯的工作电路为:蓄电池(+)→点火开关触点 30 与 15→熔断器 $FU_{15}$→转向指示灯 $K_5$→转向灯开关 $E_2$ 的触点 49a→转向灯开关→左侧或右侧转向灯→搭铁→蓄电池(-),形成回路,转向指示灯点亮。由于转向指示灯的工作流较小,此时转向灯并不亮。当闪光器的触点闭合后,转向灯亮。此时,转向指示灯 $K_5$ 两端的电位相等,转向指示灯熄灭。因此,转向指示灯与转向信号灯的频闪状态相反。

当汽车发生故障或紧急情况时,打开报警灯信号开关,此时危险报警灯电路的电流由蓄电池(+)经危险报警灯开关直接至闪光器 49 触点,再由闪光器 49a 触点经危险报警开关至所有的转向灯,再流回蓄电池(-),形成回路,所有转向灯闪亮。同时,转向指示灯也进入工作状态。

## 二、相关技能

(一)转向信号灯不工作故障的检修

(1)故障现象:打开点火开关,接通转向信号灯开关,转向信号灯均不亮。

(2)故障原因:熔断器熔断、电源线路断路或灯系中有断路;
闪光继电器损坏;转向信号开关损坏。

(3)故障诊断与排除:

① 检查熔断器是否熔断。若熔断,可在断路的熔断器两端串上一只试灯,再将转向信号开关的输入导线拆下,此时熔断器上串联的试灯被点亮,则为熔断器至转向信号灯开关一段线路中有搭铁故障,可采用断路法逐段找出搭铁部位。

② 上述检查中若熔断器未断,则应检查线路中是否有断路故障。此时应注意的是,有时某一边转向信号灯线路搭铁,闪光器被烧坏,造成线路断路的现象,而实际上是线路搭铁故障。

因此,检查线路是否断路时,应先短接闪光器的两个接线柱,接通转向信号灯开关,若转向信号灯亮,则为闪光器损坏,应更换;若出现一边转向信号灯亮而另一边不但不亮,且当短接上述两接线柱时出现强火花,则表明不亮的一边转向信号灯线路中某处搭铁。必须先排除线路搭铁故障,再换上新的闪光器。

排除线路搭铁故障的方法是串接一试灯于闪光器两接线柱上,将转向信号开关拨至有搭铁故障的一边,再采用断路法找出搭铁部位。

若短接闪光器两位线柱后,接通转向信号灯开关时转向信号灯全不亮,而接通危险报警灯开关时转向灯全亮,则说明转向开关或转向开关到闪光器线路段有故障;如果接通危险报警开关时转向灯仍不亮,应按电路图重点检查线路故障。

(二)转向信号灯闪光频率不正常故障的检修

(1)故障现象:转向信号灯工作时,左右转向信号灯的闪光频率不一致或闪光频率均不正常。

(2)故障原因:导线接触不良;灯泡功率先用不当或某一边有光泡损坏;闪光器故障。

(3)故障诊断与排除:首先检查闪光器、转向信号灯开关接线柱上的导线是否松动,灯泡功率是否与规定相符,左右转向灯灯泡功率是否相同。若灯泡功率均符合规定,则应检查是否有灯泡损坏。

若左右转向信号灯频率都高于或低于规定值,一般为闪光器故障,应更换新件。

(三)桑塔纳 2000 型转向灯电路常见故障的诊断

(1)转向灯电路,如图 3-4-13 所示。

(2)转向灯电路故障检修:转向灯电路常见故障包括:两侧转向灯都不亮、一侧转向灯不亮、危险警报灯不工作等故障。可能原因及检修方法见表 3-4-1 所示。

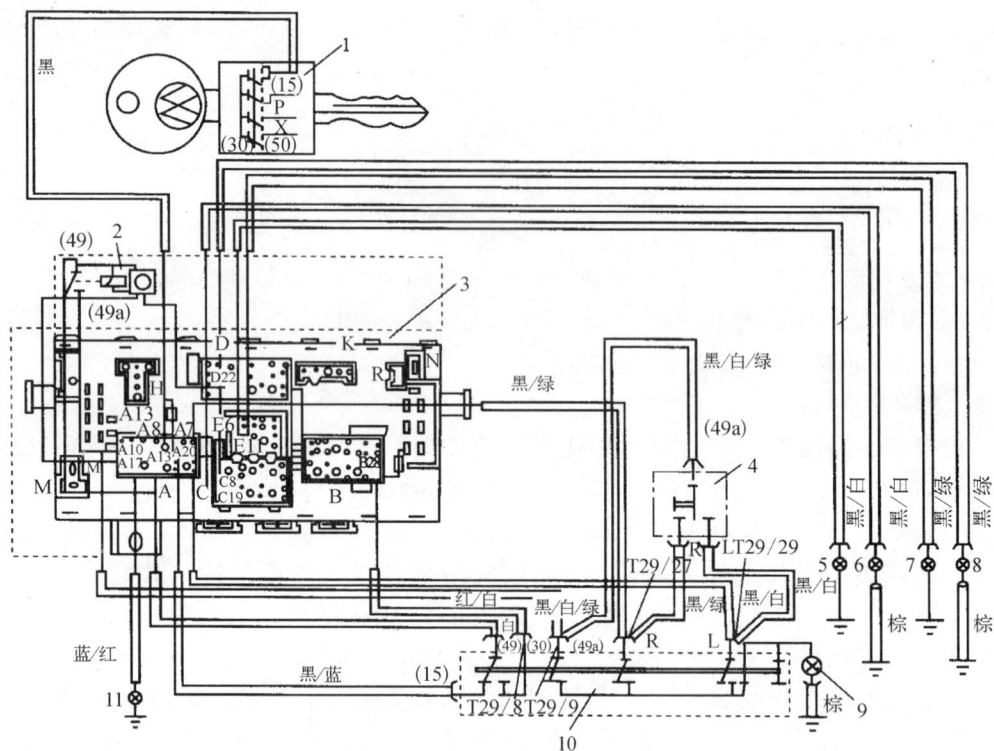

图 3-4-13　桑塔纳 2000 型汽车转向灯电路

1—点火开关；2—转向/报警灯继电器；3—中央线路板；4—转向灯开关；5—前左转向灯；6—后左转向灯；
7—前右转向灯；8—后右转向灯；9—危险警报指示灯；10—危险警报灯开关；11—仪表板转向指示灯

表 3-4-1　转向灯电路常见故障诊断

| 常见故障 | 可能原因 | 检修方法 |
|---|---|---|
| 危险报警闪光灯和转向灯都不工作 | 灯泡与灯座接触不良 | 修理或更换灯泡和灯座 |
| | 棕色导线搭铁不良 | 检修导线 |
| | 熔丝熔断 | 更换熔丝 |
| | 继电器损坏 | 修理或更换继电器 |
| 危险报警闪光灯和转向灯工作正常，仪表板上的指示灯不亮 | 仪表板插接器上蓝/红色导线断路 | 更换导线 |
| | 中央线路板接头 A17 接触不良 | 检修中央线路板 |
| | 指示灯损坏 | 更换指示灯 |
| 一侧转向灯不亮 | 灯泡故障 | 更换灯泡 |
| | 转向灯开关或连接导线有故障 | 修理或更换开关和导线 |

故障原因确认方法：
1. 一侧转向灯不亮时可目测灯泡好坏，或用万用表检测
2. 将测试灯一端接地，另一端分别接转向灯开关的 R、L 端子，分别打开转向灯开关，测试灯单侧不闪为转向灯开关故障
3. 危险报警闪光灯和转向灯都不工作，可以用零件替换法判断转向/报警灯继电器、危险警报灯开关的好坏

### 三、案例剖析

1. 本田飞度转向灯不工作故障的排除

**故障现象**：广州本田三厢飞度（手动档），行驶里程 57 000 km，打开转向灯开关，转向灯不亮。

**诊断与分析**：经检查，此车在打开左侧转向灯开关时转向灯不亮，开右侧转向灯则工作正常，打开危险警告开关时，系统也能正常工作。

根据转向灯电路原理图如图 3-4-14 所示，转向灯用的是 15 号熔丝，危险警告灯开关用的是 14 号熔丝。经检查左右转向灯泡均良好，熔丝也正常。由于此车安装了防盗器，在用防盗器的遥控器遥控车锁时转向灯均亮，为此笔者怀疑是安装防盗器造成的，于是决定断开防盗器确定故障原因。但在将防盗器拆除后，故障依旧。经询问用户得知，防盗器已经安装了 1 年有余，可转向灯的故障却是最近才出现的。通过仔细分析线路图和车辆的实际故障症状，笔者初步判定故障出在危险警告灯开关到蓄电池之间的线路上。在用数字万用表测量危险警告灯开关处的几个端子时，发现 1 号端子在打开点火开关时没电，正常情况下此端子应有 12 V 电压。但检查位于仪表板下的熔丝盒内的 15 号熔丝正常，用数字万用表测量熔丝处也有 12 V 的电压，根据以上的检测结果，可以判定故障出在仪表板下熔丝盒到危险警告灯开关 1 号端子的黄色导线上。

通过对此线进行检查，终于找到了故障点，原来是在加装防盗器时相关人员把主机固定在

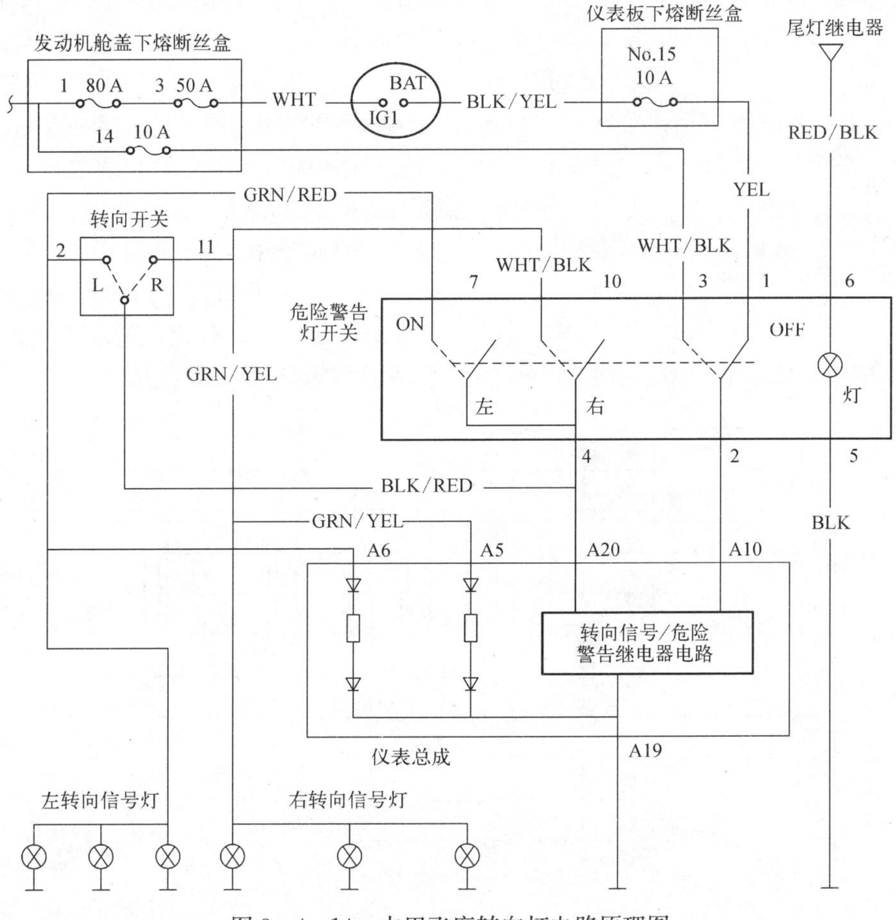

图 3-4-14　本田飞度转向灯电路原理图

了此线的后部,这样在长时间的颠簸后,导致此线虚接,从而造成了上述故障的发生。

**故障排除:**在对防盗器的主机进行正确固定后,故障排除。

2. 荣威轿车转向灯工作异常故障的排除

**故障现象:**一辆 2007 年产上汽荣威 750E 轿车,用户反映操作转向开关时,仪表板上的转向指示灯与外部的转向灯不同步闪烁。

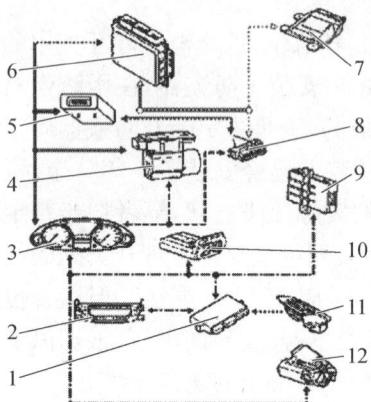

图 3-4-15　车辆通信网络

B—K 总线;C—诊断总线;D—CAN 总线;H—驾驶员车门组合开关总线;J—诊断总线;1—车身控制单元 BCU;2—自动空调控制单元 ATC;3—组合仪表 IPC;4—ABS 控制单元;5—自动变速器控制单元 TCU;6—发动机控制单元 ECM;7—保护装置控制单元 DCU;8—诊断接口;9—网关模块 GIM;10—灯光控制模块 LSM;11—驾驶员车门组合开关 DDM;12—天窗电机

**故障分析:**首先进行故障现象验证,用户描述的现象确实存在,即将转向开关拨到左转向或右转向位置时,有时仪表板上转向指示灯的指示会比外部的转向灯延迟 2～3 s;转向灯开关回位后,仪表上的转向指示灯仍在闪烁。有时打开右转向灯时,仪表上的左转向指示灯闪烁。

查阅维修手册,了解到转向灯的控制过程。转向开关将左、右转向信号送给灯光控制模块 LSM,LSM 控制车外转向灯的点亮,并能监控转向灯泡的好坏(但不监控翼子板上的转向灯)。LSM 通过 K 总线将信号送给仪表,由仪表点亮转向指示灯。K 总线是个低速网络,主要由事件驱动,即一个控制单元仅对来自另一个控制单元的要求信息或来自一个开关或传感器的输入信息做出反应而输出一个信息。K 总线网络有一个低阻抗,使其具备一定的抗干扰能力。维修人员通过该车的故障现象分析,转向开关和转向灯线路是没有问题的,故障主要是转向信号的传输或控制出了问题,可能原因主要包括:K 总线故障或 K 总线受到了干扰;灯光控制模块 LSM 故障;仪表故障。

从车辆通信网络可以看出,如图 3-4-15 所示,连接在 K 总线上的模块主要是车身电气模块,一共有 6 个。车身控制单元 BCU 与驾驶员车门组合开关 DDM 是通过另外一根硬线进行通信,自动空调控制单元 ATC 与 BCU 之间通过专用的 K 总线通信。K 总线的正常信号是 0～12 V 变化的脉冲信号,用示波器观察 K 总线信号,如图 3-4-16 所

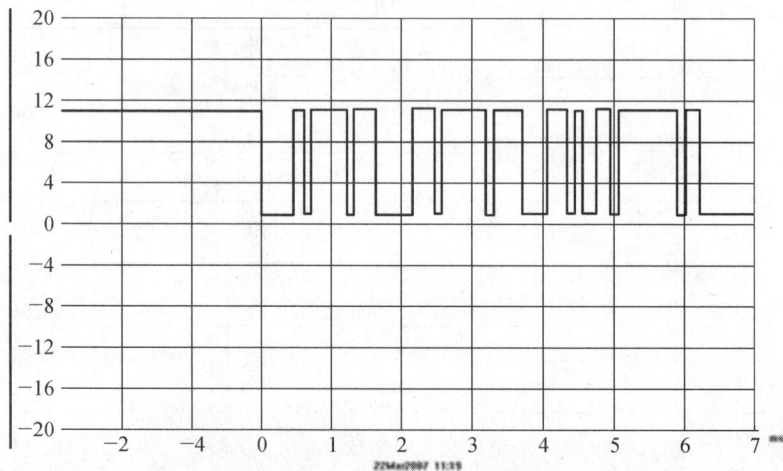

如图 3-4-16　K 总线信号

示,无论是信号的幅度、频率还是形状都没有发现明显的异常。根据维修经验,对于通信数据线的诊断与维修,可以采用以下的方案:

(1)首先利用故障诊断仪检查连接在 K 总线上的模块是否存储有故障码,可以先按照故障码的提示进行故障排查。

(2)如果怀疑 K 总线有干扰信号,经常采用逐一断开 K 总线上的控制模块的方式来排除干扰源。

(3)检查或断开点火线圈和火花塞,以排除最大的干扰源。

(4)检查车辆是否加装了其他的用电设备。

(5)逐一拔下相关模块的熔丝,来缩小故障范围。

接下来按照上面的分析进行检查。首先使用故障诊断仪 T5 检查连接在 K 总线上的每个模块,发现只有网关模块 GIM 中存储有故障码 U1001,含义为 K 总线故障,且该故障码无法清除,这说明 K 总线或网关模块 GIM 有故障。检查 GIM 的电源线、搭铁线以及线束插头,没有发现可疑情况;断开网关模块 GIM,故障现象并没有排除。看来问题的关键很可能是 K 总线故障,维修人员怀疑 K 总线有干扰信号。

根据上面的思路,按照先简单后复杂的维修步骤,先拆下组合仪表 IPC,拔下组合仪表的线束插头,再用故障诊断仪 T5 检查网关模块 GIM,发现 GIM 中的故障码 U1001(K 总线故障)还是无法清除,为当前故障码。然后逐一断开 K 总线上连接的控制模块,当断开 BCU 后,GIM 中的故障码可以清除,试车发现仪表转向指示灯延时的故障现象消失。采用以上的维修方法,使故障范围缩小了很多。仔细检查 BCU 的电源线、搭铁线以及线束插头,未发现异常情况。由于 BCU 与 ATC 之间也是通过 K 总线通信,于是安装好 BCU,在尝试断开 ATC 后,GIM 中的故障码可以清除,故障现象排除。检查 ATC 的线束和插脚,但未见异常。

**故障排除**:将 ATC 重新插回后,多次模拟试验,故障现象再没有出现。

**回顾总结**:经过检查发现,由于该车的用户自行加装了 GPS 系统,在加装的过程中很可能拆装过 ATC 线束插头。维修人员怀疑当时的安装人员没有将 ATC 线束插头安装到位,导致接插件内的管脚接触不良,使得 ATC 向通信网络中发送干扰信号,而引起了该车的故障。

3. 三菱帕杰罗越野车左侧转向灯不正常的处理方法

**故障现象**:一辆三菱帕杰罗越野车打开左侧转向灯,左侧转向灯不亮。

**故障分析**:开始怀疑三菱帕杰罗越野车左侧转向灯不正常的故障与交流发电机中性点连接线有关,启动发动机,拔下交流发电机上磁场线与中性点连线的插头,但故障仍然存在,说明故障不在此处。重新插好此插头,进一步观察发动机舱和仪表板下面的外露线束,检查是否有线束短路、磨破的现象,结果外露线束均良好,未发现有破损现象。后来又拆下仪表板检查是否有与转向指示灯线路短路之处,并用万用表测量仪表上的二极管和其他电器元件是否有损坏的地方,结果没有发现异常情况。

接着怀疑故障与底盘线路有关。拔开底盘线路连接器,此时发动机为运转状态,发动机立即熄火,且故障现象也随之消失。从插头上找出左后转向灯的火线,把这根火线从插头上单独拔出后重新插好连接器,起动发动机,发动机运转正常,左侧转向灯点亮。显然,故障为左后转向灯电线与其他电线有短路之处。关闭点火开关,使发动机熄火,拔下底盘线路连接器,拆开地板压条,拉出底盘线束,从前向后逐段仔细检查,结果发现线束在脚踏板拐角处有磨损外伤,左后转向灯火线与另一根火线因磨破而连在一起。经检查确定这根火线为燃油泵继电器的输

**笔记**

出火线(此车为电动汽油泵)。用绝缘胶带包好磨损的电线,使左后转向灯火线复位,重新插好连接器,启动发动机,故障排除。

4. 2011 款 POLO 劲取 1.4L 手动档轿车制动灯不亮

**故障现象:**该车一次行驶途中突然出现制动灯不亮的故障。

**故障分析:**制动信号系统由电源、导线、制动灯开关、制动灯组成。制动灯不亮的主要原因有:

(1) 制动灯保险丝烧断或线路有故障。

(2) 制动灯开关损坏。

(3) 制动开关线路有断路、短路故障。

(4) 灯泡损坏或接触不良。

(5) 灯泡搭铁线路断路或接触不良。

先用螺丝刀将制动开关两导线短接,制动灯亮,表明开关有故障,应修理或更换;制动灯不亮,表明故障在电源或开关至制动灯这一段线路中。如果两接线柱相连时,火花强烈,表明开关至制动灯这一段线路有搭铁处。试验结果是制动灯不亮,接着用万用表直流电压档(20 V)测量制动开关电源线电压(应是蓄电池电压),随后检查制动灯保险丝,结果保险丝已烧断。换上 10 A 保险丝,重新短接制动灯开关两接线柱,制动灯仍然不亮。这时对制动灯开关导通情况也进行了检查,导通正常。用万用表直流电压档(20 V)测量制动灯开关至制动灯插接器处的电压(应为蓄电池电压),为 12 V 左右,说明故障不在电源和制动灯开关处,而在制动灯插接器和制动灯之间。插上插接器,打开制动灯灯罩,再拧掉制动灯灯泡,踩下制动踏板,测量制动灯火线电压,无电压,说明该段导线有断路处。打开保护盖,发现离插接器不远的车身穿线孔处导线磨断(防护套丢失)。将此处导线连接牢固并做好绝缘处理,同时自制一个橡胶套装在车身穿线孔中。插上插接器,踩下制动踏板,制动灯还是不亮。继续查找故障原因,发现一个制动灯灯泡损坏(搭铁良好),另一个制动灯良好,可是搭铁线固定螺丝丢失。最后,换上新灯泡,固定好搭铁线,再踩下制动踏板,两制动灯同时发亮,故障彻底排除。

5. 一辆捷达王轿车制动、倒车灯不亮

**故障现象:**车主说该车安装防盗器后,制动时制动灯不亮,挂倒档后倒车灯不亮。

**故障分析:**捷达王轿车制动灯电路图如图 3 - 4 - 17 所示,可看出制动灯不亮可能故障原因有:S20 保险丝熔断,制动灯开关故障,线束 E、线束 K 插头松动或脱落,制动灯灯泡损坏,红/黑线、红/黄线或黑/红线有断路处,尾灯灯架上的搭铁线断路或锈蚀松脱。

捷达王轿车倒车灯电路图如图 3 - 4 - 18 所示。如果倒车灯不亮,故障原因可能有:S14 保险丝熔断,倒车灯开关故障,线束 F、线束 K 插头松动或脱落,倒车灯灯泡损坏,黑/红线、黑/蓝线或黑线有断路处,尾灯灯架上的搭铁线有断路处。该车倒车灯、制动灯同时不亮,可能是同一故障原因造成的,能够使二者同时出现故障的原因有:K 线束插头松脱,尾灯灯架处的搭铁线断路或搭铁不良。

根据先简后繁的故障诊断原则,首先检查中央配线盒 K 线束插头,经检查发现果然脱落,重新将其插牢,倒车灯、制动灯工作均恢复正常。

6. 一辆 2010 款雅阁 2.0L 手动档轿车左右转向信号灯闪光频率不均匀

**故障现象:**该车在一次电气故障排除之后,出现左右转向信号灯闪烁频率不均匀现象,右侧快,左侧慢。

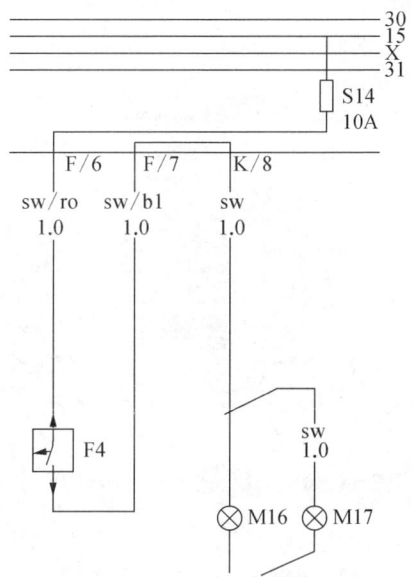

图 3-4-17　制动灯电路图　　　　　　　图 3-4-18　倒车灯电路
F—制动灯开关；M9、M10—制动灯　　　　F4—倒车灯开关；M16、M17—倒车灯

　　**故障排除：**这种故障在各种汽车上都比较常见，其主要原因有导线接触不良，灯泡功率选配不当，闪光器有故障等。对转向信号灯开关、闪光器接线端等进行检查，未发现松动和接触不良的地方。检查转向信号灯灯泡功率，均符合规定且两侧的功率一样。闪光器是不可调的电容式，换上正常的同型号的闪光器，故障依旧，那么故障可能性最大的是转向信号灯开关了。解体转向信号灯开关，用万用表电阻档对左、右转向信号灯输出线导通情况进行检查：分别打开转向信号开关至左和右，测得的右侧阻值远大于左侧阻值，说明右侧转向信号灯开关接触不良。继续拆检，发现右侧转向信号灯开关触点烧蚀严重，接触电阻增大，致使右侧转向信号灯总阻值增大，功率变小，闪光频率变快。因开关触点烧蚀十分严重，无法修复，只好换一个新的组合开关。组装好后通电试验，两侧转向信号灯闪光频率一样，故障排除。

　　拓展学习

　　（一）制动与倒车信号装置

　　（1）制动信号装置：主要由制动信号灯和制动信号灯开关组成。制动信号灯开关常见的有气压式和液压式两种。

　　① 气压式制动信号灯开关通常安装在制动系统管路中或制动阀上，控制制动信号灯的火线。结构如图 3-4-19 所示。制动时，气压推动橡皮膜向上拱曲，压缩弹簧，使触点接通制动信号灯电路，制动信号灯亮。当抬起制动踏板时，气压下降，橡皮膜复原，触点断开，切断电路，制动灯熄灭。

　　② 液压式制动信号灯开关通常安装在制动总泵的前端。结构如图 3-4-20 所示。

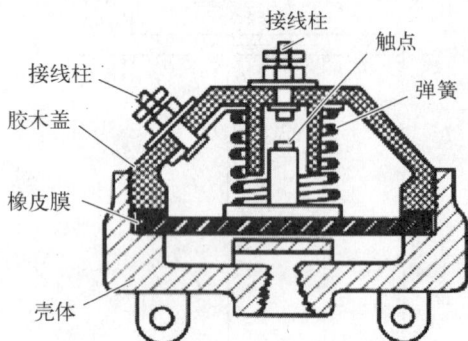

图 3-4-19　气压式制动信号灯开关

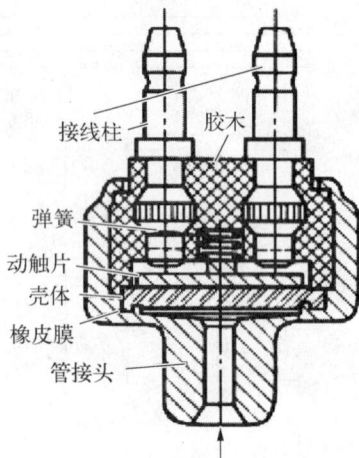

图 3-4-20　液压式制动信号灯开关

当踏下制动踏板时,制动系中液压增大,橡皮膜拱曲,接触片与接线柱接触,制动信号灯通电发光。当松开制动踏板时,液压降低,橡皮膜挺直,在弹簧作用下,接触片原位,信号灯熄灭。

(2)倒车信号装置:主要由倒车信号灯、倒车报警开关和警报器组成。倒车报警开关结构如图 3-4-21 所示。钢球平时被顶起,当变速杆拨至倒车档时,倒档轴叉上的凹槽恰好对准钢球,钢球在弹簧作用下带动膜片和接触片下移,触点与接触片接触,倒车灯点亮。倒车警报器电路如图 3-4-22 所示。

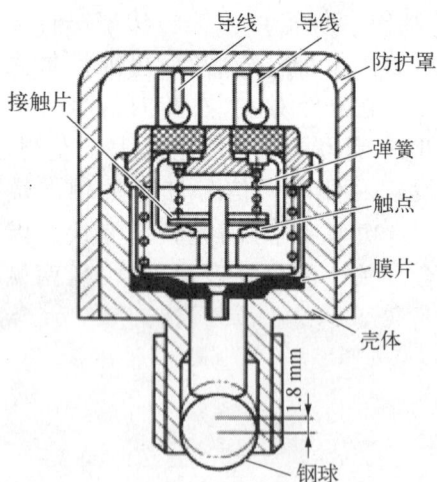

图 3-4-21　倒车信号开关

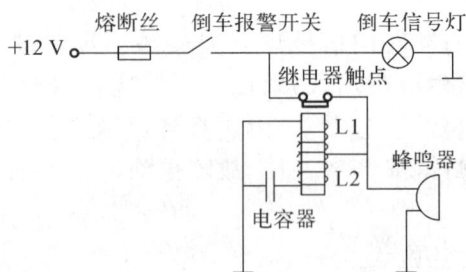

图 3-4-22　倒车警报器

工作原理:当变速杆拨至倒车档时,+12 V→熔断丝→倒车报警开关→常闭继电器触点→蜂鸣器→电源负极。蜂鸣器发出声响。同时,电流还通过线圈 L2 对电容器进行充电,由于流入线圈 L1 和 L2 的电流大小相等,方向相反,电磁吸力互相抵消,故继电器触点继续闭合。随着电容器两端的电压逐渐上升,L2 产生的电磁吸力减小,而线圈 L1 产生的电磁吸力不变,当吸力差大于触点的弹簧拉力时,触点被吸开,警报器停止发出声响。在继电器触点打开时,电容器又通过线圈 L2 和 L1 放电,使线圈产生磁力,触点仍继续打开。当电容两端电压下降到一定值时,触点重又闭合,报警器通电发出声响,电容器重又开始充电。如此反复,继电器触点不断开闭,倒车警报器发出断续的声响。

### (二)喇叭和喇叭继电器

汽车上一般采用电喇叭,它具有结构简单、使用维修方便、体积小、声音悦耳等优点。电喇叭有普通电喇叭和电子电喇叭两种。在中小型汽车上多采用螺旋形和盆形的普通电喇叭。下面以盆形电喇叭为例,介绍普通电喇叭工作原理。

1.电喇叭结构与原理

(1)盆形电喇叭:结构如图 3-4-23 所示。

当按下喇叭按钮时,喇叭线圈的供电电路为:蓄电池正极→喇叭线圈→触点→喇叭按钮→搭铁→蓄电池负极。喇叭线圈通电后产生电磁吸力,吸动上铁

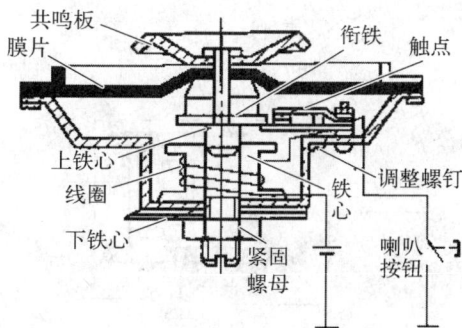

图 3-4-23　盆形电喇叭

芯及衔铁下移,带动膜片向下变形,同时,衔铁下移将触点打开,线圈断电,电磁力消失,上铁芯及衔铁在膜片弹力的带动下复位,触点再次闭合。重复周期开始,使膜片与共鸣板产生共鸣发声。

(2)电子电喇叭:由于普通电喇叭存在触点易烧蚀、氧化,故障率较高等缺陷。现生产轿车中已开始用无触点的电子电喇叭替代普通电喇叭。其电路如图 3-4-24 所示。

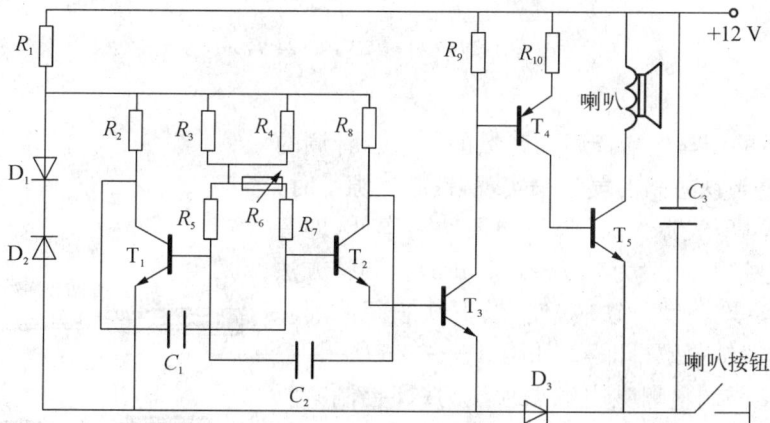

图 3-4-24　电子电喇叭

$T_1$、$T_2$ 和 $C_1$、$C_2$ 及 $R_1 \sim R_8$ 组成多谐振荡电路,$T_3$、$T_4$、$T_5$ 组成功率放大电路。$D_2$ 向多谐振荡电路提供稳压电源,$D_1$ 有温度补偿作用,使振荡频率稳定,$D_3$ 防止电源反接,起保护作用。$C_3$ 防止电磁波干扰。$R_6$ 可用于调节喇叭的音量。

当按下喇叭按钮时,电路被通电,$T_1$、$T_2$ 都有导通的可能。由于电路参数不可能完全一致,设在电路接通瞬间 $T_1$ 先导通,$T_1$ 的集电极电位先下降,则会产生如下正反馈过程:$T_1$ 的集电极电位下降经 $C_1$ 使 $T_2$ 基极电位下降,引起 $T_2$ 的集电极电位上升,经 $C_2$ 使 $T_1$ 基极电位升高。这样就使 $T_1$ 迅速饱和导通,而 $T_2$ 迅速截止,电路进入暂时稳态。同时,$C_1$ 充电使 $T_2$

的基极电位升高,当达到 $T_2$ 的导通电压时,$T_2$ 开始导通,电路又形成正反馈过程,使 $T_2$ 迅速导通,而 $T_1$ 迅速截止,电路进入新的暂时稳态。同时,$C_2$ 的充电又使 $T_1$ 的基极电位升高,使 $T_1$ 又导通,电路又产生一个正反馈过程,使 $T_1$ 迅速饱和导通,而 $T_2$ 迅速截止。周而复始,形成自激振荡。$T_2$ 截止时,$T_3$ 也截止,$T_4$、$T_5$ 导通,喇叭线圈中有电流通过,产生电磁力吸动膜片,喇叭发出声响。

$T_2$ 导通时,$T_3$ 也导通,$T_4$、$T_5$ 截止,喇叭线圈中无电流通过,膜片复位。

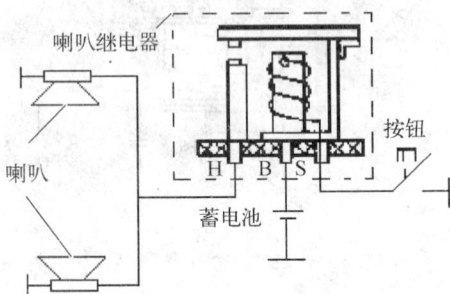

图 3 - 4 - 25　喇叭继电器结构原理

**2. 喇叭继电器**

(1) 喇叭继电器结构:汽车上常装有两个不同音频的喇叭,其耗用的电流较大(15～20 A),若用按钮直接控制,按钮容易烧坏。故常采用喇叭继电器控制,其结构与接线方法如图 3 - 4 - 25 所示。

喇叭继电器由一个磁化线圈和一对常开的触点构成。当按下喇叭按钮时,喇叭继电器线圈通电产生电磁力,触点闭合,大电流通过触点臂、触点流入喇叭线圈,喇叭发音。由于喇叭继电器线圈的电阻较大,因此通过按钮的电流很小,故可起到保护按钮作用。

(2) 电喇叭的型号。电喇叭的型号如下所示:

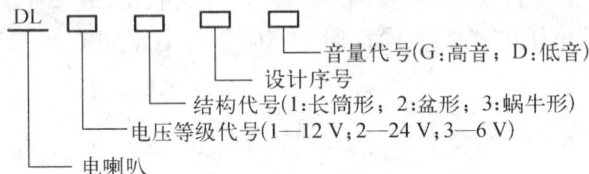

(3) 电喇叭的调整包括音调和音量的调整。音调的调整靠调整衔铁与铁芯间的气隙来实现,铁芯气隙小时,膜片的振动频率高,气隙大时,膜片的振动频率低(即音调低)。铁芯气隙值(一般为 0.7～1.5 mm)。调整方法是:松开锁紧螺母,转动下铁芯,使上、下铁芯间的间隙调至合适量,拧紧锁紧螺母即可,如图 3 - 4 - 26 所示。

音量的调整靠调整喇叭内触点顶压力(即控制喇叭线圈的电流大小)来实现,触点的接触压力增大时,喇叭的音量则变大,反之音量变小。调整方法是:旋转音量调节螺钉,逆时针方向转动时,触点压力增大,音量增大,顺方向转动时,触点压力减小,音量减小。如图 3 - 4 - 24 所示。

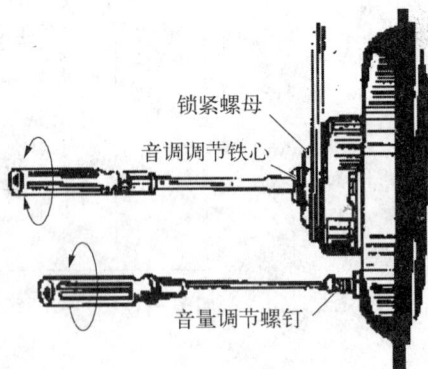

图 3 - 4 - 26　盆形喇叭的调整

思考与练习

**一、填空题**

1. 信号装置的作用是通过声＿＿＿＿＿、光等信号向其他车辆的驾驶员和行人发出

_____,以引起注意,确保车辆_____的安全。

2. 转向信号装置一般由_____、_____、_____和_____等组成,其中闪光器是主要器件。

3. 制动信号装置主要由_____和_____组成。制动信号灯开关常见的有_____和_____两种。

4. 电容式闪光器的工作原理是利用电容器的_____特性,使继电器的两个线圈产生的电磁力时而相加,时而相减,使触点周期性地_____,从而使转向灯闪烁。

5. 汽车转向灯用以显示车辆_____。前转向灯为_____色,后转向灯为_____色。转向信号灯的闪光频率国标中规定_____次/min。

**二、判断题**

1. 安装继电器的目的是为了保护灯开关或喇叭按钮。(　　)

2. 电喇叭的音调大小取决于通过喇叭线圈中的电流大小。(　　)

3. 电喇叭的音量可通过调整喇叭触点的接触压力改变其大小。(　　)

4. 转向灯灯泡灯丝烧断,会使转向灯闪烁频率变快。(　　)

5. 捷达轿车打转向时转向指示灯和前后转向灯同时闪烁。(　　)

6. 大多数车辆操作危险报警灯和转向指示灯,要将点火开关打到 ON 这一档,危险报警灯和转向指示灯才能工作。(　　)

7. 电容量是表示电容器存储电荷能力大小的一个物理量,电容量简称电容,用符号 $C$ 表示,单位为 F(法拉)。(　　)

8. 只有当点火开关位于"ON"档的条件下,才可以操控转向灯开关,使转向信号灯闪烁。(　　)

**三、选择题**

1. 当转向开关打到某一侧时,该侧转向灯亮而不闪,故障可能是(　　)。

A. 闪光继电器坏　　　　　　　　　　B. 该侧的灯泡坏

C. 转向开关有故障　　　　　　　　　D. 该侧灯泡的搭铁不好

2. 当转向开关打到左右两侧时,转向灯均不亮,检查故障时应首先做的是(　　)。

A. 检查继电器

B. 检查熔断器

C. 检查转向开关

D. 按下紧急报警开关观看转向灯是否亮,以此来判断闪光继电器

3. 闪光继电器常见的故障是(　　)。

A. 触点烧蚀　　　　B. 触点间隙不当　　　C. 触点松动　　　　D. 触点氧化

4. 汽车的转向信号只在左转向时工作,技师甲说,闪光器坏了;技师乙说,熔丝熔断了。谁正确?(　　)。

A. 甲正确　　　　　B. 乙正确　　　　　　C. 两人均正确　　　D. 两人均不正确

5. 一台轿车打转向时,转向灯闪烁频率变快,技师甲说,可能有转向灯泡损坏;技师乙说,可能闪光器有问题。谁正确?(　　)。

A. 甲正确　　　　　B. 乙正确　　　　　　C. 两人均正确　　　D. 两人均不正确

6. 以下不是灯光信号的是:(　　)。

A. 转向信号灯　　　B. 危险报警灯　　　C. 示宽灯（前小灯）　D. 门灯

## 四、简答题

1. 汽车转向信号系统有哪些常见的故障？其原因是什么？
2. 说明盆形电喇叭的工作原理及调整方法。
3. 说明电容式闪光器的工作原理。
4. 转向灯闪烁过快的原因有哪些？
5. 简述转向信号灯不亮的故障检修方法。
6. 分析转向信号灯电路和危险报警灯电路的异同。

# ▶ 学习情境 4

## 汽车组合仪表工作异常故障的检修

### 学习任务 4.1　车速表不指示故障的检修

学习目标

1. 了解车速表的类型、结构及工作原理；
2. 能对车速里程表进行故障检修；
3. 能正确拆装汽车组合仪表；
4. 能对汽车仪表及传感器进行检测；
5. 能诊断并能正确排除汽车仪表常见故障。

学习时间

10 学时

学习情境描述

一辆 2008 年产一汽大众宝来 1.8L 手动档轿车，车主反映车辆在正常行驶时车速表和里程表不指示。车主将车送到 4S 店进行该故障维修，请问你应该如何分析和处理这种故障？

**一、相关知识**

（一）车速里程表的结构原理

车速表用来显示汽车行驶速度，里程表用来累计汽车行驶里程，两者组合在一起称为车速里程表。常用的车速里程表有磁感应式车速里程表和电子式车速里程表。

1. 磁感应式车速里程表

图 4-1-1 所示为常用磁感应式车速里程表的结构。车速里程表的主动轴由变速器输出轴的传动蜗杆经软轴驱动。车速表是由与主动轴紧固在一起的永久磁铁、带有轴与指针的铝罩、罩壳和紧固在车速里程表外壳上的刻度盘等组成。

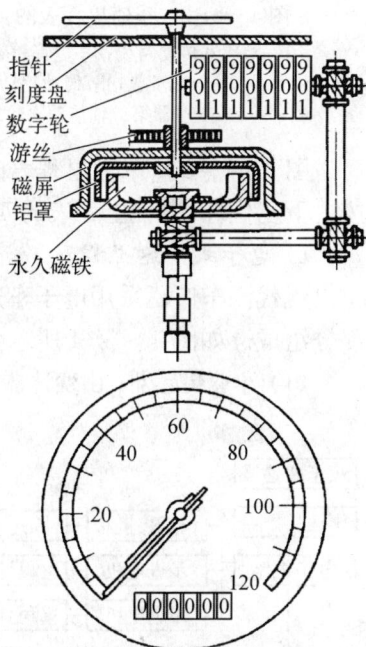

指针
刻度盘
数字轮
游丝
磁屏
铝罩
永久磁铁

图 4-1-1　磁感应式车速里程表的结构原理图

车速表的工作过程是：汽车静止时，铝罩在游丝的作用下，其指针位于刻度盘的零位。当汽车行驶时，主动轴带着永久磁铁旋转，永久磁铁的磁力线在铝罩上引起涡流，涡流产生一个磁场，旋转的永久磁铁磁场与铝罩磁场相互作用产生转矩，克服游丝的弹力，使铝罩朝永久磁铁转动的方向旋转，与游丝相平衡。于是铝罩带动指针转过一个与主动轴转速大小成比例的角度，即比例于汽车行驶速度的角度，指针便在刻度盘上指示相应的车速。

车速越高，永久磁铁旋转越快，铝罩上的涡流也就越大，因而转矩越大，使铝罩带着指针偏转的角度越大，因此指针在刻度盘上指示的车速也就越高。

里程表由蜗轮、蜗杆机构和数字轮组成。汽车行驶时，主动轴经 3 对蜗轮、蜗杆驱动里程表最右边的第 1 数字轮。第 1 数字轮上所刻的数字表示 1/10 km。每两个相邻的数字轮之间，又通过本身的内齿和进位数字轮传动齿轮，形成 1∶10 的传动比。当第 1 数字轮转动一周，数字由"9"翻转到"0"，时，便通过内齿带动相邻的第 2 数字轮转动 1/10 周，形成十进位递增方式。其余数字轮，由低位到高位的显示、计数方式均依此类推。由此，便可累计出汽车行驶里程。通常，汽车里程表上共有 6 位数字轮，其能记录最大里程是 999 999 km。如果超过了这些里程后，则全部数字轮上的"9"字又被"0"所代替，又重新开始记录。传动路线如图 4-1-2 所示。

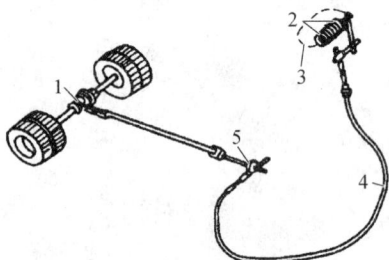

图 4-1-2　车速里程表的传动路线

1—差速器传动路线；2—里程表数字轮表；
3—刻度盘；4—传动轮轴；
5—变速器第二轴传动涡轮蜗杆

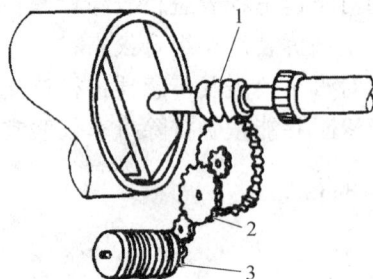

图 4-1-3　里程表的减速齿轮系和计数轮

1—车速表蜗杆；2—减速齿轮系；
3—计数轮

图 4-1-3 所示为里程表的减速轮系和计数轮。车速表上还有单程里程表复位杆，只要按一下复位杆，单程里程表的四个数字均复位为零。

**2. 电子式车速里程表**

现代汽车广泛采用电子车速里程表。它主要由车速传感器、电子电路、车速表和里程表四部分组成。如图 4-1-4 所示。

（1）车速传感器：由变速器驱动，其作用是产生正比于汽车行驶速度的电信号。如图 4-1-5

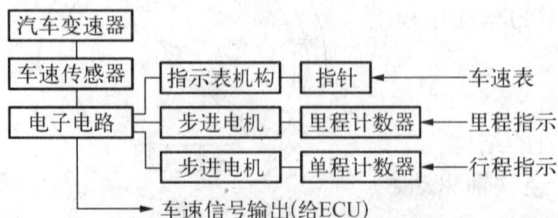

图 4-1-4　电子式车速里程表的结构框图

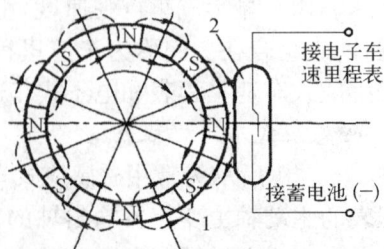

图 4-1-5　奥迪 100 型轿车电子式车速里程表

1—塑料环；2—舌簧开关管

所示,它由一个舌簧开关和一个含有 4 对磁极的转子组成。转子每转一周,舌簧开关中的触点闭合 8 次,产生 8 个脉冲信号,汽车每行驶 1 km,车速传感器将输出 4 127 个脉冲。

(2) 电子电路:将车速传感器送来的具有一定频率的电信号,经整形、触发,输出一个与车速成正比的电流信号。如图 4-1-6 所示,该电子电路主要包括稳压电路、单稳态触发电路、恒流源驱动电路、64 分频电路和功率放大电路。

(3) 车速表:实际上是一个磁电式电流表,当汽车以不同车速行驶时,从电子电路接线端 6 输出的与车速成正比的电流信号便驱动车速表指针偏转,即可指示相应的车速。车速表刻度盘上 50~130 km/h 的区域用红色标志,表示经济车速区域。

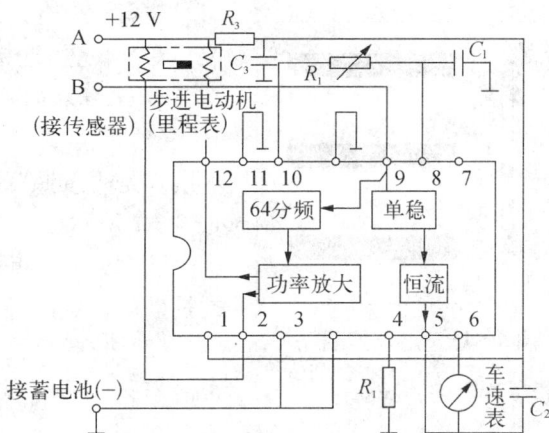

图 4-1-6　电子式车速里程表电子电路

(4) 里程表:由一个步进电动机及 6 位数字的十进位齿轮计数器组成。步进电动机是一种利用电磁铁的作用原理将脉冲信号转换为线位移或角位移的电动机。车速传感器输出的频率信号,经 64 分频后,再经功率放大器放大到具有足够的功率,驱动步进电动机,带动 6 位数字的十进位齿轮计数器工作从而积累行驶的里程。

(二) 车速里程表故障的检修

车速里程表的常见故障有车速表不指示、车速表指针跳动、里程表计数轮不转等故障。当出现这些故障时,可按如下方法进行检修。

(1) 车速表不指示。指针不动的主要原因是软轴连接松脱、表内有发卡现象或软轴扭断等。应拆开仪表进行修理。

(2) 车速表指针跳动。指针跳动的主要原因是磁铁轴承磨损导致磁铁旋转时窜动而碰撞感应罩所致,因此需要更换轴承。

(3) 里程表计数轮不转。计数轮不转的主要原因是软轴连接处松脱、表内有发卡现象或软轴扭断等。如果仅有部分计数轮不转,则其原因是计数轮之间的进位拨销折断或传动齿轮损坏,需要更换新品。

下面是威驰轿车车速里程表的检测方法:

1. 车速表的检测

(1) 用车速表检测仪,检查车速表所允许的指示误差。车速表指示的偏差范围低于 0.5 km/h。

(2) 模拟仪表信号的检查:

① 伏特表正极(+)与模拟仪表的连接端子 $C6～C13$ 连接,负极(-)与端子 $C6～C14$ 连接。

② 当驾驶车辆开到 10 km/h 时,检查组合仪表总成的端子 $C6～C13$ 与 $C6～C14$ 之间的电压。标准在 4.5~5.5 V 之间波动,每 1 s 内有 7 次重复的低于 1 V 以下的波形。

(3) 数字仪表信号的检查:

① 把伏特表正极(+)与模拟表的端子 $C8～C5$ 连接,负极(-)与端子 $C8～C15$ 连接。

② 当驾驶车辆开到 10 km/h 时,检查组合仪表总成的端子 C8~C5 与 C8~C15 之间的电压。标准应在 4.5~5.5 V 之间波动,每 1 s 内有 7 次重复的低于 1 V 以下的波形。

**注意:**在检查模拟代表信号和数字仪表信号时,保持点火开关位于 ON 位置,连接器接通。

**2. 里程表的检测**

(1) 把点火开关转到 ON 位置,检查当按压里程开关时,看指示模式是否按照"ODO"→"TRIP A"→"TRIP B"的顺序变化,如图 4-1-7 所示。

**注意:**当把点火开关转到 ON 位置,首先出现在显示屏上的模式是以前选定的模式。

(2) 按下开关 0.8 s 后,检查"TRIP A"和"TRIP B"的数据是否清零。

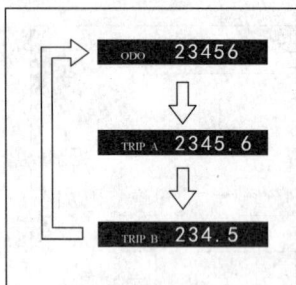

图 4-1-7 车速里程表的检查数值

## 二、相关技能

### (一)汽车组合仪表的拆装

汽车组合仪表的形状各异、种类繁多,其拆装和检测也各有特点,丰田威驰轿车既有模拟仪表,又有数字仪表,下面以威驰轿车为例,对汽车仪表的拆装和检测加以阐述。

丰田威驰轿车组合仪表的拆装程序如下:

(1) 拆下蓄电池负极接线柱。

(2) 用装饰条拆除器,松开 7 个卡扣,拆下中央装饰板总成。

(3) 拆下夹钳,松开 10 个卡扣,拆下仪表装饰板总成。

(4) 数字表拆下 4 个螺钉;模拟表拆下 2 个螺钉。

(5) 断开连接器,拆下组合仪表总成。

(6) 安装组合仪表时按上述相反顺序进行。

### (二)汽车仪表及传感器的检测

**1. 燃油表及传感器的检测**

检测电磁式燃油表时,可用万用表分别测量指示表线圈和传感器电阻的阻值,均应符合相应规定,否则应更换总成。

检测燃油指示表是否准确,按图 4-1-8 所示电路将被试指示表与标准传感器进行连接,然后闭合开关 K,将标准传感器的浮子与垂直轴线分别成 31°和 89°。此时,指示表必须对应指在"0"和"1"的位置上,其误差不得超过 10%,否则应更换新表。

**2. 冷却液温度表及传感器的检测**

用万用表分别测量指示表与传感器的电阻值,应符合相应规定。若电阻值小于规定值,则表示内部有短路;若电阻值很大,则表示内部有断路或接触不良。

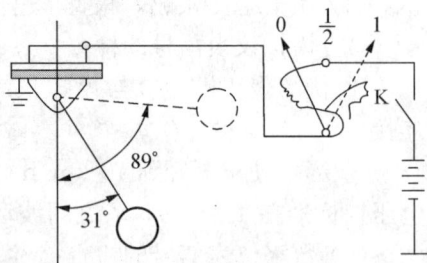

图 4-1-8 燃油表的检测

将被测试指示表接在如图 4-1-9 所示的电路中,接通点火开关,调节可变电阻,当毫安表指示 80 mA、160 mA、240 mA 时,指示表应指在 100℃、80℃、40℃的位置上,其误差应符合规定。

笔记

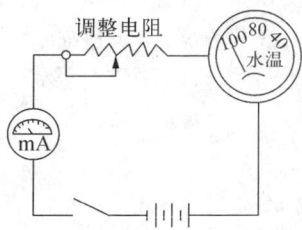

图 4-1-9　冷却液温度指示表的检测

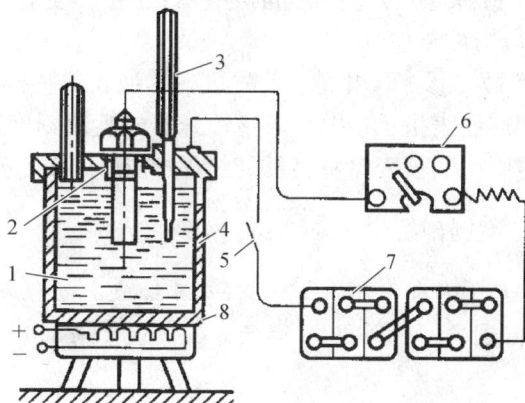

图 4-1-10　冷却液温度传感器的检测
1—加热槽;2—被测试传感器;3—水银温度表;
4—热水;5—开关;6—标准冷却液温度表;
7—铅蓄电池;8—加热电炉

将传感器和水银温度表放在正在加热的水槽中,并与标准的指示表相连接,如图 4-1-10 所示。将水加热到 40～100℃时,观察两个温度表的指示值,若两指示值一致或误差在允许范围内,则说明传感器正常,否则应更换新件。

（三）汽车仪表常见故障的诊断与排除

**1. 冷却液温度表指针不动**

(1) 故障现象:发动机工作时,冷却液温度表指针不动,反映不出发动机冷却液温度。

(2) 故障原因:稳压器工作不正常;冷却液温度自身故障(如双金属片发热线圈断路或脱落);冷却液温度表传感器故障(如热敏电阻失效);线路有断路。

(3) 故障诊断与排除:将冷却液温度表传感器的接线插头拔下,使该导线直接搭铁,打开点火开关,观察冷却液温度表的指针情况,若指针开始移动,则说明故障在传感器;若指针仍无指示,则说明仪表自身、稳压器有故障或线路有断路。如果冷却液温度表与燃油表同时出现故障,则稳压器或线路出现故障的可能性较大,应首先检查稳压器工作是否正常,线路有无断路。在排除稳压器和线路故障之后即可断定故障发生在仪表自身。

**2. 冷却液温度报警灯常亮**

(1) 故障现象:汽车在行驶过程中,发动机无论冷态还是热态,冷却液报警灯常亮。

(2) 故障原因:冷却液温度报警开关故障;线路有搭铁处;储液罐中冷却液液面过低;冷却液液位开关故障。

(3) 故障诊断与排除:首先检查发动机冷却液温度是否真的过高,及储液罐液面是否过低。若这些都正常,但仍然报警的话,可拔下储液罐液位开关插头,如果报警灯熄灭,说明故障在液位开关。如果报警灯仍然亮,接好液位开关插头,拔下冷却液温度报警开关插头,若此时报警灯熄灭,说明故障在冷却液温度报警开关;反之,若仍然亮,则说明线路有搭

笔记　铁处。

3. 燃油表指针总指向无油位置

（1）故障现象：无论油箱内燃油多少，燃油表的指针总指向无油位置不动。

（2）故障原因：燃油表自身故障；稳压器工作不正常；线路有断路处；燃油表传感器故障或浮子机构被卡住。

（3）故障诊断与排除：首先拔下燃油表传感器接线插头，使该导线直接搭铁，打开点火开关，观察燃油表指示情况。若指针开始向满油刻度移动，则说明故障在燃油表传感器；若仍没有反应，则说明仪表自身、稳压器有故障或线路有断路，需进一步采用排除法进行诊断。

### 三、案例剖析

1. 大众宝来1.8L手动档轿车车速表和里程表不动作故障的诊断

**故障现象：**一辆2008年产一汽大众宝来1.8L手动档轿车，用户反映车速表和里程表不动作。

**检查分析：**首先检查车速传感器至仪表的线路正常，使用故障诊断仪VAS5051进入仪表，输入功能码03来执行功能测试，可以看到车速表能够正常工作，于是更换了车速传感器，试车故障排除。过了几天，用户又因为相同的故障进厂维修，再次更换车速传感器，故障又排除了。为什么会这样呢？是什么原因造成车速传感器在这么短的时间内损坏，肯定有其他原因造成了传感器被击穿。

测量蓄电池电压，发现用户后加装了氙气灯。会不会是这个原因引起的故障呢？于是试车时打开前照灯，果然车速表就不动作了。

**故障排除：**将氙气灯发生器安装在距离车速传感器较远的位置，并用锡纸包住后固定，试车故障再未出现。

**总结：**打开前照灯时，氙气灯发生器会产生很高的瞬间电压，正好发生器的安装位置距离车速传感器较近，因此车速传感器被击穿了。

2. 奥迪A4轿车里程表不工作，车速表无规律摆动

**故障现象：**一奥迪A4五缸车先是出现里程表不计程，后又出现车速表指针无规律上下摆动。

**故障检查：**经检查，最后断定里程表不计程是电子电路上的焊接材料及绝缘漆掉入步进电机内使电机卡死所致；而速度表出现无规律抖动是由于车速里程表的电源线在印刷电路板上开焊所致。

为究其原因，我们先来看一下车速里程表的工作原理，受变速器驱动的永久磁铁首尾相连而成的、安装在输出轴上的圆磁铁的回转速度与车轮速度相同（其每转一周，可为车速里程表内的电子单元提供8个电子信号），即能够产生正比于汽车行驶速度的电信号。电子电路则把车轮速度传感器送来的具有一定频率的电信号变为有用方波电压信号，以控制车速表的电路和驱动里程表步进电机。速度出现无规律抖动是因为尽管传感器的信号送到了电子电路，但由于电子电路的电源时通时断，致使电子电路工作不良，故表针无规律抖动或停止工作；表针正常摆动而里程表不计程则是因为：虽然从车速传感器到电子电路都工作正常，但由于电子电路输出方波电压信号控制的步进电机受卡而不能正常工作所致。

**总结：**若上述两故障同出一车，表面看来好像有其因果关系，实际则不然，因此解决问题

时要按基本原理进行推理检修。

3. 广州本田雅阁里程表故障维修案例

**故障现象：** 一辆广州本田雅阁车，现仪表盘里程表不指示。在一个普通修理厂诊断为里程表损坏，随后则换了一个新仪表总成仍不显示，后来去广州本田的 4S 店进行维修。

**故障检测：** 路试的时候发动机运转正常，里程表指针与里程显示系统的确不工作。拆下仪表总成连接线但不拔下的状态找到车速信号端子，用模拟信号发生器驱动，指针显示里程并且计数器运转。初步判断仪表总成并无故障。故障应该发生在车速传感器或信号线路上。接下来寻找车速传感器。此传感器应该为三线霍尔式车速传感器。用电脑诊断仪进行诊断，此时发现在数据流里能够读取到车速信号，此时将车辆举起，挂上 D 档，车速信号能随油门加大而升高，这就说明已经有车速信号进入到发动机电脑里面。可为什么里程表没有显示呢？试着进入自动变速系统及 ABS 系统，都能读出车速信号，但为什么仪表还是不显示呢？

重新查阅资料，在广本电脑端子数据说明中发现，在 32 芯中 9 号头是发送车速传感器信号，而 16 芯中 10 号头为中间轴转速传感器，检测的是中间转速信号。此时明白了，在装有自动变速系统的广州本田雅阁中根本没有装车速传感器，而只是手动档的车型中才装配有车速传感器。在自动档车型中采取的是检测自动变速箱中间轴的转速，再经发动机电脑换算出来的车速信号，它经 9 号头输出给各系统。

**故障排除：** 从仪表板顺着车速信号线检测到线束直接接到发动机电脑的 9 号头，顺着发动机电脑 9 号端车速输出信号检查线路，发现此线分别进入了仪表盘、驾驶员侧多路传输装置、巡航系统、防抱死系统。试着依次断开上述装置中的车速信号线，发现当断开巡航系统中的蓝白线时仪表盘车速指示正常显示。至此故障点已经明确，在巡航电脑上。因为巡航电脑损坏而直接影响到了车速信号的输出。此时驾驶员才想起此车巡航系统早已不好用，也没有修理。所以断开至巡航电脑中的蓝白线，也就是发动机电脑输出的车速信号线，故障排除！装复车辆，并将旧仪表盘恢复，路试一切正常。

**总结：** 现在车型更新换代特别快，不能凭以往的经验来修车，尤其随着 CAN - BUS 系统的广泛应用，整车各系统电脑共用一个信号，当某一系统出现故障时，应充分想到各系统之间的关联作用。在此车型中，有车速传感器的车都配置手动变速器，而装有自动变速器 AT 的就没有此传感器。

---

拓展学习

（一）常用指示仪表

为使驾驶员随时了解观察汽车各系统的工作状况，汽车仪表板上都装有各种指示仪表，常用的有电流表（或电压表）机油压力表、水温表、转速和里程表、燃油表等。不同车型装用的个数及结构类型有所不同。

1. 电流表

电流表主要用来指示蓄电池充、放电电流值，同时监视电源系统的工作情况。表后盖有两个接线柱分别标有"＋"和"－"，在负极搭铁汽车上，电流表的"－"线柱接电池的"＋"极，电流表的"＋"线柱接发电机的"＋"极。当发电机向蓄电池充电时，示值为"＋"；蓄电池向用电设备

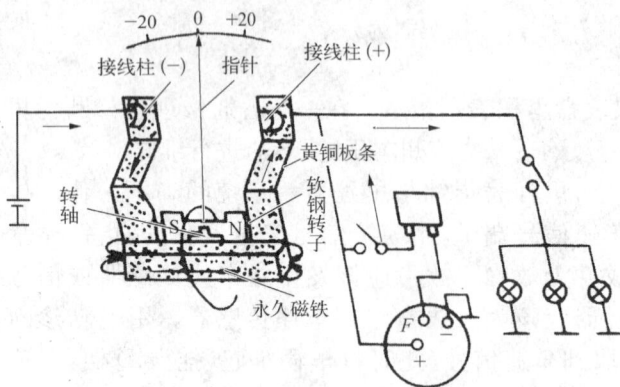

图 4-1-11　电磁式电流表

放电时,示值为"一"。汽车上一般使用电磁式电流表,其结构和工作原理如图 4-1-11 所示。

(1) 结构:黄铜条板固定在绝缘底板上,两端与接线柱相联,条形永久磁铁两端分别与黄铜条板固定连接,磁铁内侧的转轴上安有带指针的软钢转子,指针安装在软钢转子中间。

(2) 工作原理:当电流表中无电流通过时,软钢转子被永久磁铁磁化,由于磁场方向相反,相互吸引,使指针停在中间"0"标度上。

蓄电池放电时,其电流通过黄铜片产生的磁场与永久磁铁形成逆时针偏转的合成磁场,使软钢转子逆时针偏转,示值为"一"。放电电流越大,合成磁场越强,偏转角度越大,指针指示读数越大。

发电机向蓄电池充电时,其电流通过黄铜片产生的磁场与永久磁铁形成顺时针偏转的合成磁场,使软钢转子顺时针偏转,示值为"+"。

2. 电压表

电压表用来指示发电机和蓄电池的端电压。它不仅能监控发电机和调节器的工作状况,还能指示蓄电池的技术状况,比电流表更为直观与实用。常用的有电磁式电压表,其结构和工作原理如图 4-1-12 所示。

(1) 结构:由两只十字交叉布置的电磁线圈、永久磁铁、转子、指针及刻度盘等组成,两只线圈始端分别与稳压管和限流电阻串联。

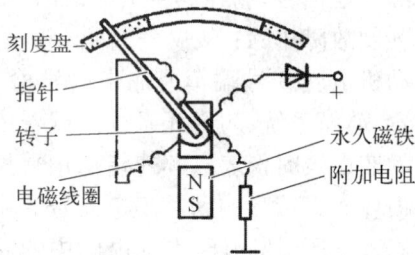

图 4-1-12　电磁式电压表

(2) 工作原理:点火开关关闭时,永久磁铁将转子磁化,使指针在初始位置。接通点火开关后,电源电压击穿稳压管,两线圈产生的磁场与永久磁铁产生的磁场相互作用,其合成磁场使转子带动指针偏转,显示电压值。电源电压越高,通过线圈中的电流就越大,其合成磁场越强,指针偏转角度就越大,指示电压值越高。

(3) 电压表对电源系统工况的显示:接通点火开关,电压表立即显示蓄电池的端电压。如:12 V 电系一般为 12.5～12.6 V,起动机瞬间,电压为 9～10 V。若起动时电压表显示值过低,说明蓄电池亏电或有故障。发电机正常工作时,电压表应显示为 13.5～14.5 V 的规定范围内。若起动时,电压表读数无变化,说明发电机没有发电;若显示值超出规定范围,说明调节器调整不当或损坏。

3. 水温表

水温表用来显示发动机冷却水的工作温度。常用的有电热式和电磁式两种。其中电热式水温表与电热式机油压力表结构工作原理相似。电磁式水温表结构、原理如图 4-1-13 所示。

(1) 结构:由装在气缸盖水套中的热敏电阻传感器和装在仪表板上的水温显示表两部分

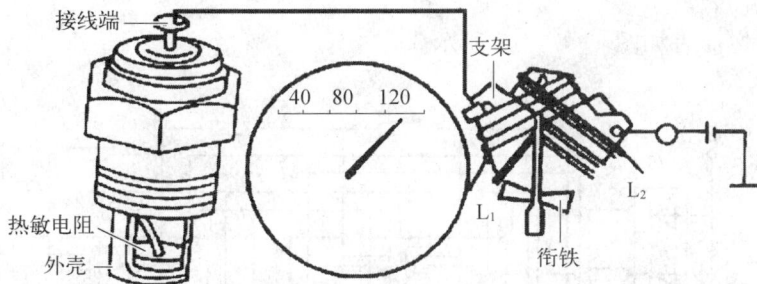

图 4 - 1 - 13　电磁式水温表

组成。传感器由外壳、接线端子、负温度系数热敏电阻(有些车型采用正温度系数热敏电阻)组成,水温显示表由塑料支架、两个串联线圈 $L_1$、$L_2$、带指针的衔铁等组成。

(2) 工作原理:当电源开关接通时,电流由蓄电池正极→点火开关→线圈 $L_1$→分两路(一路流经热敏电阻;另一路流经线圈 $L_2$)→搭铁→蓄电池负极构成回路。

当水温低时,传感器中热敏电阻的阻值大,电流经 $L_1$ 后,大部分流入 $L_2$ 中,产生的合成磁场使带指针的衔铁会向左偏转,使表针指向低温刻度;当水温高时,传感器中热敏电阻的阻值减小,$L_2$ 中的电流相对减少,产生的合成磁场使带指针的衔铁会向右偏转,使表针指向高温刻度。

4. 燃油表

燃油表用来显示燃油箱内燃油的多少。常用的有电热式、电磁式、电子式三种。其中电热式燃油表的结构与原理与电热式机油压力表基本相同,下面主要介绍电磁式和电子燃油表。如图 4 - 1 - 14 所示。

(1) 电磁式燃油表。

结构:由装在燃油箱内的浮筒传感器和装在仪表板上的燃油指示表组成。浮筒传感器由电阻、滑杆、浮子组成。燃油指示表由两个绕在铁芯上的线圈、转子、指针、分流电阻等组成。

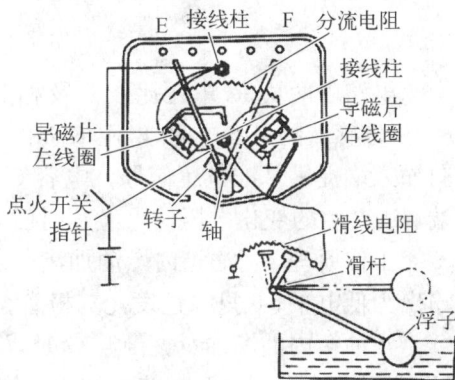

图 4 - 1 - 14　电磁式燃油表

工作原理:当油箱无油时,浮子下沉,滑线电阻上的滑片移至最右端,将右线圈短路,电流由蓄电池正极→点火开关→接线柱(上)→左线圈→接线柱(下)→浮子滑片→滑杆→搭铁→蓄电池负极。左线圈产生的磁场使转子带动指针左偏,使指针在"E"位上。

当油量增加时,浮于上升,滑线电阻部分接入,这一部分电阻与右线圈并联,同时又与左线圈串联,电流由蓄电池正极→点火开关→接线柱(上)→左线圈→接线柱(下)→两路(一路经滑线部分电阻;另一路经右线圈)→搭铁→蓄电池负极。左线圈由于串联了电阻使左线圈中的电流相对减小,磁场减弱,而右线圈中有电流通过,电流相对增大,合成磁场使转子带动指针右偏,指示出油箱中的油量。

当油箱中装满油时,浮子带着滑片移到电阻的最左端,电阻全部接入电路中。此时左线圈中电流更小,磁场更弱,而右线圈中电流增大,磁场加强,转子便带着指针向右移,使指针在"F"(满)位上。

（2）电子燃油表。

结构：电子燃油表如图 4-1-15 所示。

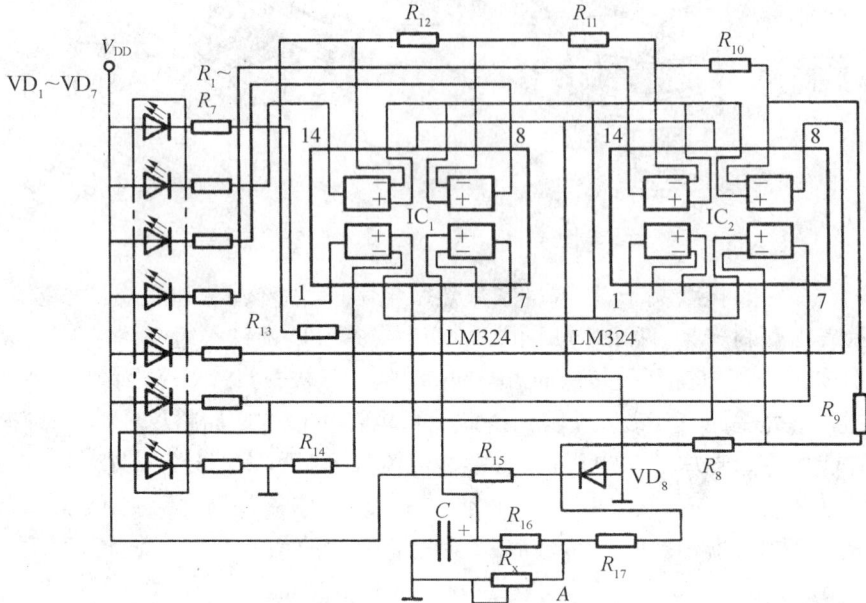

图 4-1-15 电子燃油表电路图

电路由两块 IC 电压比较器及相关电路、发光二极管显示器、浮筒传感器三大部分组成。$R_x$ 是传感器的可变电阻，电阻 $R_{15}$ 和二极管 $VD_8$ 组成稳压电路，给 $IC_1$、$IC_2$ 两块电压比较器反向输入端提供基准电压信号。电容 $C$ 和电阻 $R_{16}$ 组成延时电路，接到电压比较器的同向输入端，$R_x$ 产生的变化电压信号经延时后与基准电压信号进行比较放大。

工作原理：当油箱内燃油加满时，$R_x$ 阻值最小，$A$ 点电位最低，$IC_1$、$IC_2$ 两块电压比较器输出为低电平，6 只绿色发光二极管全部点亮，而红色发光二极管 $VD_1$ 熄灭，表示油箱已满。

当油箱内的燃油量逐渐减少时，$R_x$ 阻值逐渐增大，$A$ 点电位逐渐增高，绿色发光二极管 $VD_7$、$VD_6$、$VD_5$、…、$VD_2$ 依次熄灭。燃油量越少，绿色发光二极管亮的个数越少。

当油箱内燃油用完时，$R_x$ 的阻值最大，$A$ 点电位最高，$IC_1$、$IC_2$ 两块电压比较器输出为高电平，6 只绿色发光二极管全部熄灭，而红色发光二极管 $VD_1$ 亮，表示油箱无油。

5. 发动机转速表

发动机转速表用来显示发动机运转速度。常用的是电子式转速表。如图 4-1-16 所示。

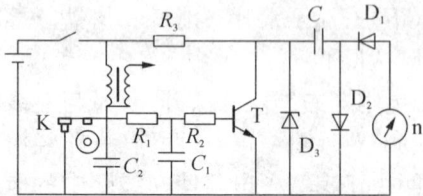

图 4-1-16 电子式转速表

（1）结构：电子式转速表由 $R_1$、$R_2$、$C_1$ 组成的积分电路（作用是给开闭脉冲信号整形）、充放电电容 $C$、放大管 $T$、稳压管 $D_2$（使电容 $C$ 充电电压稳定，提高转速表的测量精度）及转速表 n 等组成。其转速信号取自于点火系统初级电路的脉冲信号。$D_3$ 起保护作用，防止 $T$ 集电极出现瞬间高电压被击穿。

（2）工作原理。发动机工作使断电器触点 K 闭合时，三极管 T 的基极搭铁无偏压处于截止状态，电源正极→$R_3$→$C$→$D_2$→搭铁→电源负极。给电容 $C$ 充电；当触点断开时，三极管 T

的基极电位接近电源电压,T 由截止转为导通,此时电容 C 上充满的电荷→T→转速表 n→二极管 $D_1$→C 构成放电回路,驱动转速表。触点重复开闭,电容 C 不断进行充放电,使转速表 n 显示通过电流的平均值。断电器触点的开闭频率与发动机的转速成正比,通过转速表 n 的放电电流平均值也与发动机的转速成正比。

（二）电子仪表

1. 电子仪表的优点

汽车电子仪表的优点如下:

（1）能迅速、准确地处理各种复杂的信息,并以数字、文字或图形显示出来,供汽车驾驶员了解并及时处理。

（2）能满足小型、轻量化的要求。

（3）具有高精度和高可靠性。

（4）具有一"表"多用的功能。

2. 电子仪表的组成

电子仪表盘采用发光二极管或液晶显示技术,发动机熄火时,仪表盘呈黑色,插入点火钥匙后,仪表盘显示出各种参数值或模拟出传统机电仪表的指针指示值,如图 4-1-17 所示。

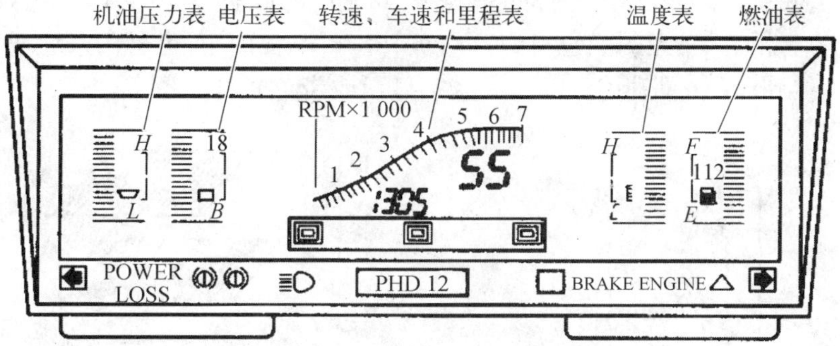

图 4-1-17　电子仪表

电子式仪表显示的数据来自各系统的传感器,其电路与多路传输系统各 ECU 和仪表测量微机系统连接。仪表测量微机系统将各测量系统组合在一起,形成总的仪表测量系统。

仪表测量微机系统包括 A/D 转换、多路传输、CPU、存储器及 I/O 接口等,测量时,各传感器的输出信号经 A/D 转换和多路传输输入微机信号处理,通过 I/O 接口与仪表盘显示器相连,分时循环显示或同时在不同区域显示各种测量参数。

3. 电子仪表的显示器件

目前在汽车上使用的电子仪表显示器可分为发光型和非发光型。发光型显示器件自身发光,容易获得鲜艳流行色显示,主要有发光二极管（LED）、真空荧光管（VFD）、阴极射线管（CRT）、等离子显示器件（PDP）和电致发光显示器件（ELD）等。非发光型显示器件靠反射环境光显示,主要有液晶显示器件（LCD）和电致变色显示器件（ECD）等。

（1）真空荧光管（VFD）：其结构如图 4-1-18 所示。钨灯丝为阴极,接电源负极。涂有荧光物质的屏幕为阳极,接电源正极,其上制有若干字符段图形,每个字符段由电子开关单独控制通电状态。栅格置于灯丝和屏幕之间。整个装置密封在被抽真空的玻璃罩内。

图 4-1-18　真空荧光管(VFD)的结构

1—电子开关；2—涂有荧光物质的屏幕(阳极)；
3—栅格；4—钨灯丝(阴极)；5—玻璃罩；
6—电位器(亮度调节)

图 4-1-19　真空荧光管的工作原理

1—钨灯丝(阴极)；2—栅格；
3—字符段(阳极)；4—屏幕

真空荧光管的工作原理如图 4-1-19 所示。当阴极灯丝 1 通电时,灯丝发热,释放电子,电子被电位较高的栅格 2 吸引,并穿过栅格,均匀地打在电位最高的屏幕字符段 3 上。凡是由电子开关控制通电的字符段受电子轰击后发亮,而未通电的字符段发暗。由此,通过控制字符段通电状态,就可形成不同的显示数字。

(2) 发光二极管(LED)：是一种将电能转换成光能的固态发光器件,是一种晶体管,其结构如图 4-1-20 所示。发光的颜色有红、绿、黄、橙,可单独使用,也可用来组成数字。实际应用中,常将其焊接到印刷电路板上,以形成数字显示或带色光杆显示。

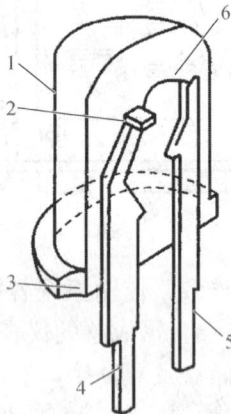

图 4-1-20　发光二极管的结构

1—塑料外壳；2—二极管芯片；
3—阴极缺口标记；4—阴极射线；
5—阳极引线；6—导线

图 4-1-21　液晶显示器的结构

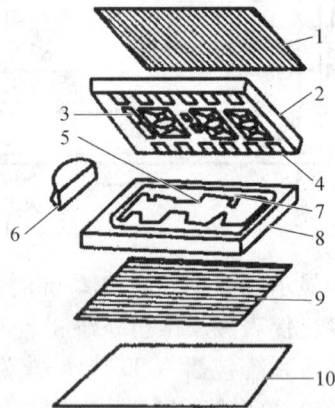

1—前偏振片；2—前玻璃板；3—笔画电极；
4—接线端；5—背板；6—反射光；7—密封面；
8—玻璃背板；9—后偏振片；10—反射镜

(3) 液晶显示器(LCD)：液晶是一种有机化合物,在一定温度范围内,既具有普通液体的流动性质,也具有晶体的某些光学特性。液晶显示器的结构,如图 4-1-21 所示。前玻璃板 2 和玻璃背板 8 上涂有透明的导电材料,以形成电极图形。之间注入主层 5~20 μm 厚的液晶,再在两玻璃板的外表面分别贴上起偏振片和检偏振片并将整个显示板完全密封。

如图 4-1-22(a)所示,当液晶不加电场时,液晶的分子排列方式可将来自垂直偏光镜的垂直方向的光波旋转90°,再经水平偏光镜后射到反射镜上,经反射后按原路回去,这时透过垂直偏光镜看液晶时,液晶呈亮的状态。

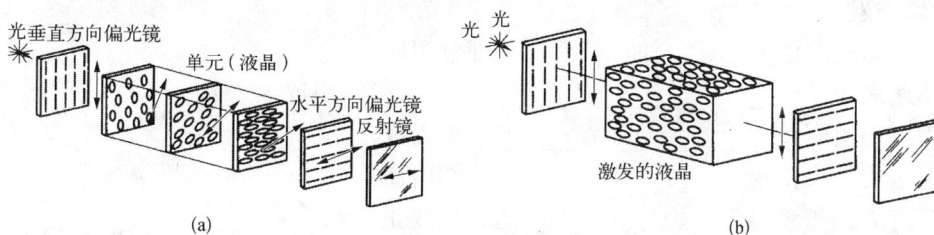

图4-1-22　液晶显示器(LCD)的工作原理

(a) 当液晶不加电场时,液晶将垂直光波旋转90°;(b) 当液晶加电场时,液晶不能将光波旋转

如图4-1-22(b)所示,当液晶加一电场时,液晶的分子排列方式改变,不能将来自垂直偏光镜的垂直方向的光波旋转,不能通过水平偏光镜达到反射镜,这时透过垂直偏光镜看液晶时,液晶呈暗的状态。

将液晶制成字符段,通过控制每个字符段的通电状态,就可使液晶显示不同的字符。

4. 传感器

电子式汽车仪表的主要传感器有速度传感器、冷却液温度传感器、发动机转速传感器及开关信号传感器等,如图4-1-23所示。

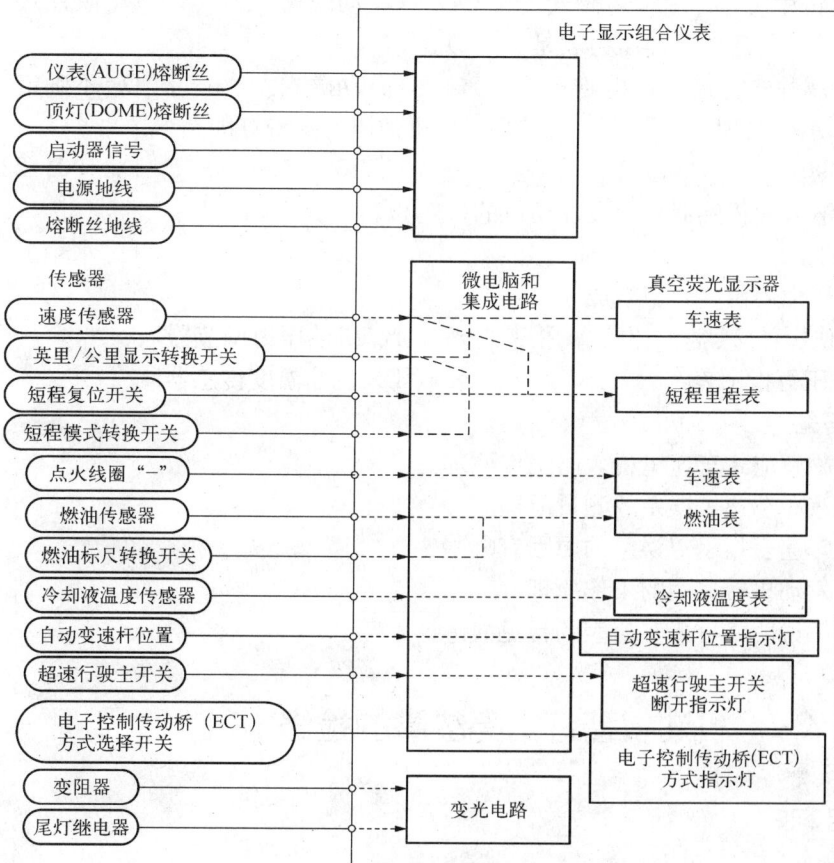

图4-1-23　汽车电子仪表相关传感器

思考与练习

**一、填空题**

1. 车速里程表由_____和_____两部分组成。

2. 车速表由_____、_____、_____、_____组成。

3. 里程表由_____、_____、_____等组成。

4. 电压表用来指示_____和_____的端电压。

5. 车速表的指示值仅仅是与_____的转速成正比。

**二、判断题**

1. 现在大部分汽车是将车速表与里程表做在一起。（　　　）

2. 车速表上表盘指针所指刻度就是反映当前发动机的实际转速。（　　　）

3. 汽车的行驶速度相当于驱动轮的线速度,显然线速度不仅与转动速度有关,还与车轮的半径有关。（　　　）

4. 汽车的行驶速度相当于驱动轮的线速度,线速度只与转动速度有关。

5. 汽车轮胎的工作状况与技术参数会影响车速表的误差。

**三、选择题**

1. 下列哪种形式不是常用的机油压力表?（　　　）

A. 双金属片式　　　B. 电磁式　　　　C. 动磁式　　　　D. 膜片式

2. 应用比较广泛的机油压力表是（　　　）。

A. 双金属片式　　　B. 电磁式　　　　C. 动磁式　　　　D. 不确定

3. 当发动机机油压力低于（　　　）kPa 时,机油压力报警灯即亮。

A. 50～90　　　　　B. 100～150　　　C. 150～190　　　D. 190～220

4. 冷却液温度传感器是装在发动机的（　　　）。

A. 节温器上　　　　B. 主油道上　　　C. 水套中　　　　D. 水箱上

5. 机油压力表由（　　　）组成。

A. 机油压力传感器　　　　　　　　　B. 机油压力调节器

C. 机油压力指示表　　　　　　　　　D. 机油温度传感器

**四、简答题**

1. 简述磁感应式车速里程表的工作原理。

2. 简述汽车车速表误差的测量原理。

3. 造成车速表指示值误差的原因有哪些?

4. 简述发动机转速表的工作原理。

5. 请举例说明并分析车速表的常见故障。

# 学习任务 4.2　机油报警灯常亮故障的检修

学习目标

1. 了解机油报警灯类型、结构工作原理;

2. 了解机油报警灯一般故障现象及诊断方法。

笔记

学习时间

0 学时

学习情境描述

一辆桑塔纳 GLi 型轿车,行驶里程 10 万 km。该车机油灯长亮,但并没有伴随蜂鸣器的报警。在维修人员接手该故障时,此车已经由于上述现象而进行了大修,并且第 2 次解体发动机,测量调整曲轴轴承(大瓦)和连杆轴承(小瓦)间隙的工作也都已完成,但故障现象依旧存在。

**一、相关知识**

(一)机油压力报警装置

机油压力报警装置由机油压力传感器和机油压力指示表两部分组成。

机油压力报警装置

机油压力报警装置有膜片式和弹簧管式两种,最常见的是弹簧管式机油压力报警装置。

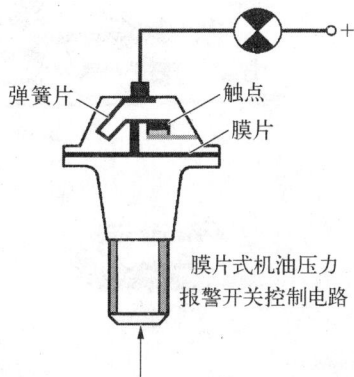

(1)弹簧管式机油压力报警装置。机油压力报警灯电路是由安装在发动机主油道的弹簧管式机油压力报警开关和安装在仪表板上的红色报警灯组成,如图 4-2-1 所示。

其报警开关内有一管形弹簧,管形弹簧的一端与主油道相通,另一端有一对触点,固定触点经连接片与接线柱相接,活动触点经外壳搭铁。

发动机正常工作,当机油压力低于标准值时,管形弹簧向内弯曲,触点闭合,机油压力报警灯亮,以示警告;当机油压力正常时,管形弹簧产生的弹性变形增大,使触点分开,机油压力报警灯熄灭,以示机油压力正常。

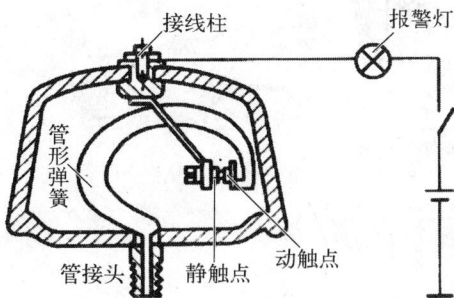

图 4-2-1　弹簧管式机油压力报警装置　　　　图 4-2-2　膜片式机油压力报警开关

(2)膜片式机油压力报警开关。当机油压力正常时,机油压力推动膜片向上弯曲,推杆将触点打开,机油压力报警灯熄灭;当机油压力低于标准值时,膜片在弹簧压力作用下向下移动,从而使触点闭合,机油压力报警灯亮,警告驾驶员机油压力不足,如图 4-2-2 所示。

（二）机油压力表及机油压力传感器

目前进口汽车基本上都已取消了机油压力表而用机油压力报警灯代替，国产大多数汽车还同时装有机油压力表和机油压力报警灯。机油压力表内装有中双金属片，其上绕有加热线圈，线圈两端分别与机油压力表接线柱相接，机油压力表接线柱与机油压力传感器相接，机油压力表接线柱经点火开关与电源相接。双金属片的一端弯成钩形，扣在指针上。

（1）机油压力表的作用、组成及安装。

作用：用来指示发动机润滑系统机油压力的大小。

组成：机油压力表的电路由机油压力表和机油压力传感器两部分组成。

安装：机油压力表安装在组合仪表内，机油压力传感器安装在润滑主油道上。

（2）机油压力表及机油压力传感器的分类。机油压力指示表可分为电热式、电磁式和弹簧式三种。机油压力表最常用的为电热式机油压力表，电热式机油压力表又称为双金属片式机油压力表。

机油压力传感器可分为双金属片式和可变电阻式两种。常用的是电热式机油压力指示表配双金属片式机油压力传感器和电磁式机油压力指示表配可变电阻式机油压力传感器。

（三）电热式机油压力表与电热式机油压力传感器的结构原理

1. 结构

电热式机油压力表也称双金属片式机油压力表，其与电热式传感器的基本结构如图4-2-3所示。

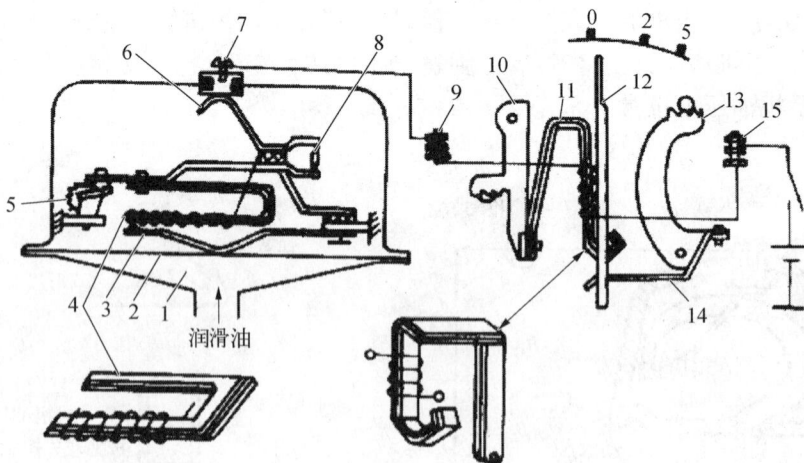

图4-2-3　电热式机油压力表与电热式传感器

1—油腔；2—膜片；3—弹簧片；4—双金属片；5—调节齿轮；6—接触片；7—传感器接线柱；8—校正电阻；9—机油压力表传感器接线柱；10，13—调节齿扇；11—双金属片；12.指针；14—弹簧片；15—机油压力表电源接线柱

2. 原理

当点火开关置"ON"时，电流流过双金属片4的加热线圈，双金属片4受热变形，使触点分

开;随后双金属片 4 又冷却伸直,触点重又闭合。如此反复,电路中形成一脉冲电流,其波形如图 4-2-4 所示。

　　当油压降低时,传感器膜片 2 变形小,触点压力小,闭合时间短,打开时间长,变化频率低,电路中平均电流小,双金属片 11 弯曲变形小,指针偏摆角度小,指向低油压;反之,当油压升高时,指针偏摆角度大,指向高油压。

　　**注意:**在安装传感器时,必须使传感器外壳上的箭头(安装记号)向上,不应偏出垂直位置 30 度。发动机低速运转时,机油压力不应小于 0.15 MPa,发动机高速运转时,机油压力不应超过 0.5 MPa。正常压力应为 0.2 Mpa～0.4 Mpa。

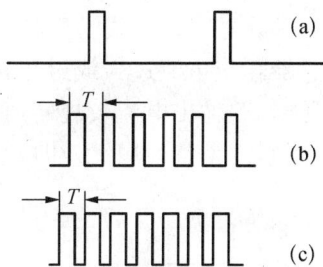

图 4-2-4　电热式机油压力表加热线圈中电流的波形图

(a) 油压为 0,$f=15$ 次/min,$I=0.06$ A;(b) 油压为 0.2 Mpa,$f=70$ 次/min,$I=0.17$ A;(c) 油压为 0.5 Mpa,$f=125$ 次/min,$I=0.24$ A

### (四)电磁式机油压力表与可变电阻式机油压力传感器

#### 1. 结构

电磁式机油压力表与可变电阻式机油压力传感器的基本结构如图 4-2-5 所示。

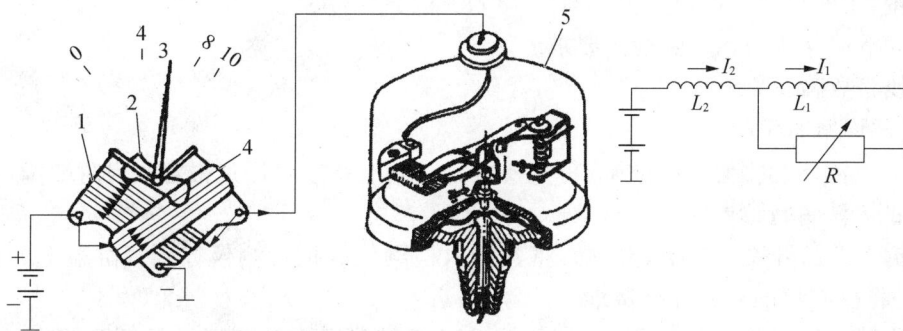

图 4-2-5　电磁式机油压力表与可变电阻式机油压力传感器

1—$L_1$ 线圈;2—铁磁转子;3—指针;4—$L_2$ 线圈;5—可变电阻式机油压力传感器

#### 2. 原理

　　当油压降低时,传感器 5 的电阻值增大,线圈 $L_1$ 中的电流减小,线圈 $L_2$ 中的电流增大,转子 2 带动指针 3 随合成磁场的方向逆时针转动,指向低油压;当油压升高时,传感器 5 的电阻值减小,线圈 $L_1$ 中的电流增大,线圈 $L_2$ 中的电流减小,转子 2 带动指针 3 随合成磁场的方向顺时针转动,指向高油压。

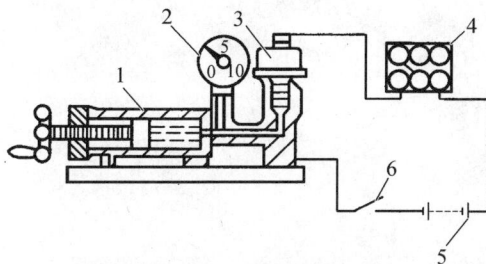

图 4-2-6　传感器的检测

1—油压机;2—标准油压表;3—被测传感器;4—标准油压指示表;5—铅蓄电池;6—开关

## 二、相关技能

### (一)机油压力表及传感器的检测

#### 1. 传感器的检测

　　如图 4-2-6 所示,接通开关 6,摇转手柄改变电压,当标准油压指示表 4 的压力与标准油压表 2 的压力对应相同时,则被试传感器工作正常,否则应予以调整或更换。

调整机油压力传感器时,可在传感器和指示表之间串入电流表。若油压为"0"压力时,传感器输出电流过大或过小,应烫开被试传感器的调整孔,拨动调整齿扇进行调整。当油压为高压时,若输出电流较规定值偏低时,应更换传感器的校正电阻,若在任何压力下电流均超过规定值,而调整齿扇无效时,则应更换传感器。

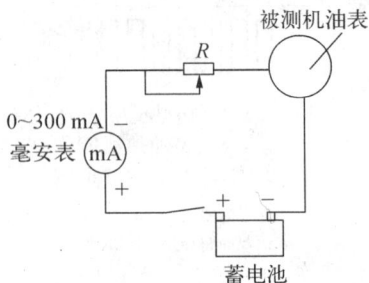

图 4-2-7　机油压力指示表的检测

**2. 油压指示表的检测**

将被试油压指示表串联在图 4-2-7 所示的电路中,接通开关,调整可变电阻,当毫安表分别指在规定值时,指示表应对应指在规定的位置上。其误差不超过允许的范围。

**(二)机油报警灯常亮故障的检修**

**1. 故障现象**

汽车在行驶过程中,发动机机油压力报警灯常亮。

**2. 故障原因**

(1)机油压力报警开关故障(有的车辆采用两个报警开关同时监控,如桑塔纳、捷达、奥迪轿车都装有低压 30 kPa 报警开关和高压 180 kPa 报警开关)。

(2)润滑油路压力达不到规定要求。

(3)线路故障。

**3. 故障诊断与排除**

当出现机油压力报警灯亮故障,首先要区分是润滑系故障还是报警系自身故障,通常采用测量油压的方法进行诊断。

(1)拆下低压开关(30 kPa 开关),将其拧入检测仪。把检测仪拧到气缸盖上的机油低压开关处,并将检测仪的褐色导线接地。

(2)用辅助导线将二极管测试灯 V. A. G1527 接到蓄电池正极及低压开关 A 上时,发光二极管被点亮。启动发动机,慢慢提高转速,当压力达到 15～45 kPa 时,发光二极管必须熄灭,若不熄灭说明低压开关有故障。再令发动机怠速运转,机油压力应大于 45 kPa,发光二极管应熄灭,若压力低于 15 kPa,则说明润滑系有故障。

(3)将二极管测试灯连接到高压开关(180 kPa 开关)B 上,慢慢提高发动机转速,当机油压力达到 160～200 kPa 时,发光二极管必须亮,若不亮说明高压开关有故障。进一步提高转速,当转速达到 2 000 r/min 时,油压至少应达到 200 kPa,若达不到则说明润滑系有故障。

**(三)汽车组合仪表工作异常故障的检修**

以威驰轿车为例对汽车组合仪表工作异常进行检修。

**1. 威驰车组合仪表电路图(如图 4-2-8 所示)**

**2. 故障检修过程**

(1)检查熔断丝。

① 检查 DOME 熔断丝应导通;

② 检查仪表熔断丝应导通;

③ 检查 AM1 熔断丝应导通。

笔记

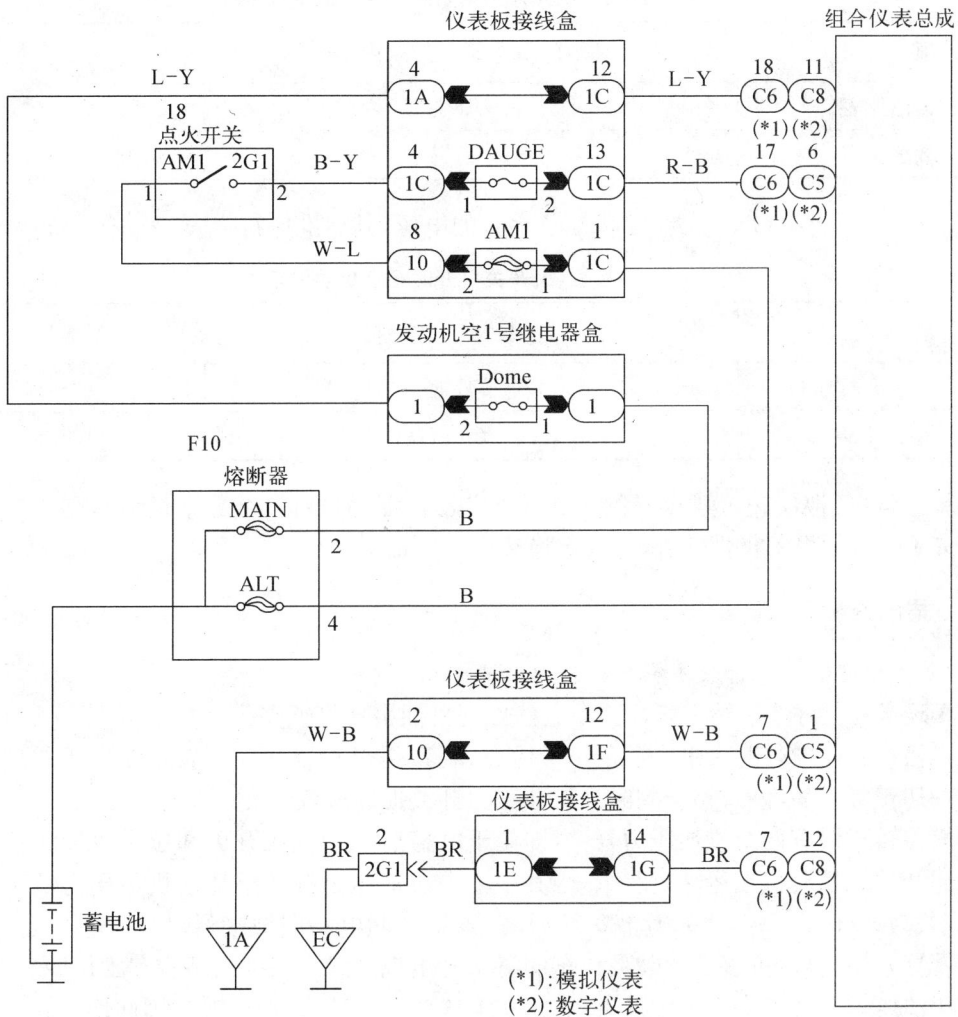

图 4-2-8    组合仪表电源电路

如果不正常,则更换熔断丝;如果正常,则转到下一步骤。

(2) 检查组合仪表总成。

① 检查导通性:从组合仪表总成断开连接器,测量端子之间电阻,其标准应符合表 4-2-1 的要求。

表 4-2-1    组合仪表连接器端子的导通性

| 项　　目 | 测 试 器 连 接 | 标准状态 |
|---|---|---|
| 模拟仪表 | C6～C7 搭铁、C6～C8 搭铁 | 导　通 |
| 数字仪表 | C5～C1 搭铁、C8～C12 搭铁 | 导　通 |

② 检查电压:从组合仪表总成上断开连接器,测量端子之间的电压,其标准应符合表 4-2-2 的要求。

**表 4-2-2　点火开关关闭时组合仪表的电源**

| 项　目 | 测试器连接 | 标准状态 |
|---|---|---|
| 模拟仪表 | C6～C18 搭铁 | 10～14 |
| 数字仪表 | C8～C11 搭铁 | 10～14 |

把点火开关转到"ON"位置,测量端子之间的电压,其标准应符合表 4-2-3 所示。

**表 4-2-3　点火开关打开时组合仪表的电源**

| 项　目 | 测试器连接 | 标准状态 |
|---|---|---|
| 模拟仪表 | C6～C17 搭铁 | 10～14 |
| 数字仪表 | C5～C6 搭铁 | 10～14 |

如果正常(模拟仪表),则检查和更换组合仪表总成;如果正常(数字仪表),则检查和更换组合仪表 ECU;如果不正常,则修理或更换线束或连接器。

### 三、案例剖析

**1. 上海桑塔纳轿车行驶中突然出现机油报警灯长亮**

**故障现象:** 上海桑塔纳轿车行驶中突然出现机油报警灯长亮。

**故障检修:** 首先对机油和油底壳作了检查,观察是否有缺油或油底壳被碰坏的现象。结果发现一切正常。凭经验,初步判断为机油压力开关损坏所致。

桑塔纳轿车装有两个机油压力开关,即位于缸盖后端的低压开关和位于机油滤清器支架上的高压开关。发动机在运转过程中,当其中一个机油压力开关损坏或机油压力低于标准值(低压开关为 30 kPa,高压开关为 180 kPa)时,该系位的电路即被接通,位于仪表盘上的机油压力报警灯开始闪烁,以警示驾驶员该车润滑系统出现故障。根据其结构和工作原理,我们着手检查机油压力开关。由于手中没有压力表,无法对机油压力进行测量,因此换用新的压力开关,以作鉴别。分别对低压开关和高压开关作换件试验,故障依旧。接着对该系统电路部分检查,未发现什么问题。不过在测试机油压力开关过程中,发现发动机运转时,机油报警灯闪烁,同时伴有气门挺柱的响声。于是分析可能是机油泵滤网太脏或机油泵损坏,无法提供正常油压,造成机油压力太低,达不到机油压力开关所需要的工作压力,压力开关接通指示电路,机油报警灯开始闪烁。

揭掉油底壳,拆检机油泵,发现机油泵滤网并不脏,新、旧机油泵件对比后,也没有发现什么问题。为节约维修时间,决定装用新件。装复后起动试车,故障仍未排除。

由于前面一系列检查没有排除故障,因此怀疑故障真正原因并不在这些机件上。目前尚未检查的是发动机缸体部分。经过分析,认为问题极有可能出现在轴瓦上。由于曲柄连杆机构经常磨损,使得曲轴与主轴瓦之间的配合间隙增大,从而造成机油压力降低的现象。

接下来开始检查缸体部分。经过把发动机解体并对曲轴测量后发现,曲轴的确磨损比较严重,需进行磨轴。按照曲轴的磨损度磨轴,并装用与磨轴后尺寸相配套的主轴瓦,更换必要的附件后装复发动机。启动试车,机油报警灯仍继续闪烁。我们对这起突发故障颇为不解,甚至认为这是一个"怪病"。因为几乎对整个发动机都作了检查,而且所选用的材料均为纯正部件,问题究竟在什么地方呢? 难道是我们检查不够仔细,疏忽了对某些细节方面的检查?

于是又依据该车润滑系统的结构、工作原理、故障现象,并结合前面一系列检查过程,综合分析后认为,问题出现在缸体部分。此时,车主告诉我们,前段时间因水管漏水,发动机出现过高温现象。根据这一新情况,决定再次拆检发动机,着重检查缸体的每一个细节,果然,在彻底清洗缸体并用压缩空气吹主油道过程中,发现三缸主油道口有一横向裂纹。这也许就是机油压力降低的根本原因! 由于此处裂纹位于主油道口,维修起来有一定困难,于是建议车主换用新缸体,并严格按照维修要求对发动机进行组装。装复后起动试车,故障彻底排除。

**故障分析:**通过对故障原因进行分析,我们认为主要是因缺水而造成的。由于缺水,发动机未能正常冷却,发动机的温度骤然增高,缸体膨胀。当高温缺水给发动机补充水的过程中,受膨胀的缸体遇低温度水而迅速收缩,而造成缸体炸裂,出现泄压而使机油压力降低。在检测过程中没有及时发现问题,导致问题复杂化,并且在检测过程中走了一定的弯路。

2. 威驰轿车的发动机机油报警灯常亮

**故障现象:**威驰轿车的发动机机油压力过低引起机油报警灯常亮。

**故障分析:**一般发动机机油报警灯亮都表明发动机润滑系统出现故障啦,比如常见的机油压力过高和过低都可能引起机油报警灯点亮。该故障主要是因为发动机机油压力过低报警灯常亮,其原因主要有以下几个方面:

(1) 润滑油质量差,黏度过低或被燃油稀释。

(2) 发动机温度过高,机油受高温影响,使其黏度过低。

(3) 机油集滤器堵塞。

(4) 机油泵工作性能下降,泵油能力降低。

(5) 限压阀密封不好,弹簧弹力过小或失效。

(6) 发动机本身状况影响,如轴瓦配合间隙过大而造成机油泄漏过多等。

**故障检修:**为了找到故障原因,首先检查机油质量,发现黏度正常,质量良好,油面高度正常,启动发动机试车,在冷态低速工作时,油压报警灯即发亮,冷却液升温后,发动机到中等转速以上时,油压报警灯才熄灭。机油滤清器更换不久,于是换上在其他车上工作良好的油压过低报警开关进行试验,故障依旧没有消除,这表明机油压报警系统是正常的。

在以上检查都正常的情况下,得检查一下机油泵。此款发动机采用的是转子式机油泵。先打开油底壳,观察机油泵、机油集滤器和各油管等都没有发现异常,于是将其分解进行了更进一步的检查。

① 将限压阀分解,检查限压阀柱塞发现无发卡现象,弹簧弹力正常,可以断定其工作可靠,于是将其装复。

② 用厚薄规测量内转子齿顶与外转子内廓面的间隙,标准值为不大于 0.20 mm,最大极限为 0.25 mm,但实测为 0.35 mm,超过了标准值。

③ 用厚薄规测量外转子与泵体的间隙,标准值为 0.10~0.15 mm,实测值为 0.35 mm,也超过了规定的极限值。

④ 用厚薄规测量转子端面与泵体端面的间隙,即轴向间隙,其标准值应为 0.03~0.09 mm,但实测值为 0.25 mm,超过了极限值。

以上检测结果显示:该车发动机油压力过低的原因是由于机油泵经过长期使用后,其磨损致各装配间隙增大导致。经检测已确定故障原因及部位,由于此故障无法修复所以只需更换了新的机油泵,即可故障排除。

**3. 桑塔纳2000机油压力报警灯闪亮且蜂鸣器响**

**故障现象:**起动发动机后怠速转动时,并不报警,只要发动机转速表指示超过2 000 r/min,机油压力报警灯闪亮且蜂鸣器响。行驶里程:48 500 km。

**故障分析与排除:**拔下位于机油滤清器上部机油压力开关上的黄色接线并搭铁,报警停止。关闭发动机,接上大众公司专用工具VAG1342,当发动机怠速运转时,机油压力读数为220 kPa。当发动机转速为2 100 r/min时,机油压力为310 kPa,这说明机油压力正常,机油压力报警闪亮是电路故障。更换此压力开关,机油不再报警。

高压开关位于机油滤清器上部,平时它的触点常开,当机油压力超过180 kPa时,触点闭合。此例故障原因是高压开关损坏,当机油压力超过180 kPa时,触点仍不能闭合,使黄色接线处于常断状态,电控单元收到此信号后,便控制报警灯闪亮,蜂鸣器响。

**拓展知识**

**1. 冷却液温度报警装置**

常见的冷却液温度报警装置如图4-2-9所示。它由双金属片式温度传感器、仪表板上的冷却液温度报警灯两部分组成。当发动机冷却液的温度达到或超过极限温度时,传感器内双金属片受热温度高,变形程度大,使其内动静触点闭合,报警灯中有电流通过,灯亮。提醒驾驶员及时停车检查和冷却。当发动机冷却液的温度正常时,传感器内双金属片受热温度较低,变形程度小,其内动静触点断开,报警灯中无电流通过,灯灭。

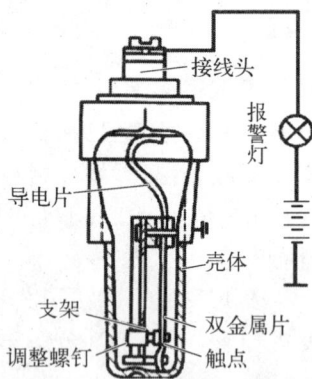

图4-2-9 冷却液温度报警装置 图4-2-10 热敏电阻式燃油报警装置

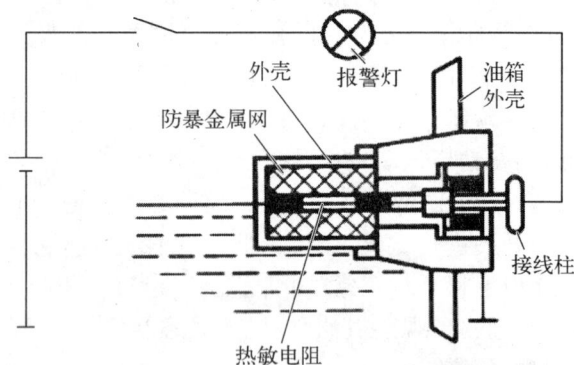

**2. 燃油量报警装置**

图4-2-10所示为常见的燃油量报警装置。它由负温度系数热敏电阻传感器、仪表板上的燃油量报警灯两部分组成。当油箱燃油量较多时,热敏电阻完全浸泡在燃油中,由于其散热快,温度低,阻值大,报警灯电路中相当于串联了一个很大的电阻,流过报警灯的电流很小,灯灭。当燃油减少到热敏电阻露出面时(规定值以下),温度升高,散热慢,电阻值减小,流过报警灯的电流增大,灯亮。

**3. 制动系统低压报警装置**

气制动的汽车,必需装备制动系统低压报警装置。图4-2-11所示为常见的制动系统低压报警装置。它由装在制动系统储气筒或制动阀压缩空气输入道中的低气压报警传感器、仪表板上的红色报警灯两部分组成。当制动气压下降到规定值时,作用在膜片上的压力减小,复位弹簧使触点闭合,电路接通,报警灯亮。提醒驾驶员注意,否则会因制动系统不能正常工作,造成交通事故。当气压达到规定值后,作用在膜片上的压力增大,压缩复位弹簧使触点断开,电路切断,报警灯熄灭。

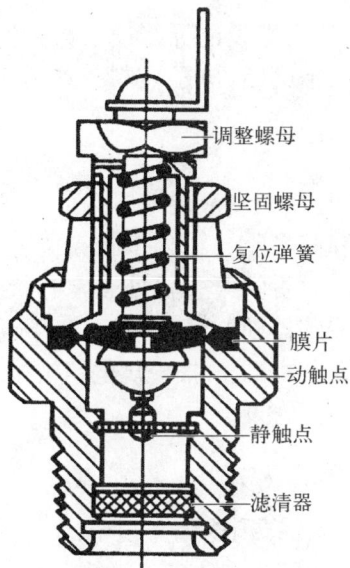

图 4-2-11　低气压报警装置

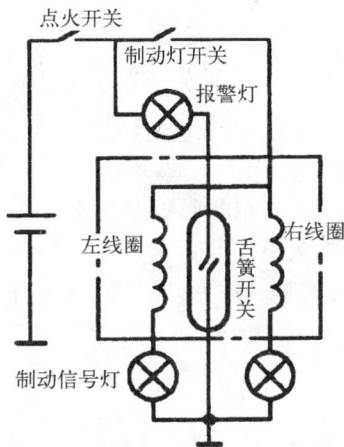

图 4-2-12　制动灯信号断线报警装置

### 4. 制动灯信号断线报警装置

制动灯信号断线报警装置如图 4-2-12 所示。它由电磁线圈与舌簧开关构成的控制器、仪表板上的报警灯两部分组成。汽车制动时,制动灯开关闭合,电流分别经点火开关、制动灯开关、控制器两并联线圈、左右制动信号灯、搭铁。使制动信号灯亮。同时两线圈所产生的磁场相互抵消,舌簧开关维持常开状态,报警灯不亮。当某一侧制动信号灯线路出现故障时,控制器线圈中,只有一个有电流通过,通电的线圈产生电磁吸力使舌簧开关闭合,报警灯亮。

### 5. 制动蹄片磨损过量报警装置

制动蹄片磨损过量报警装置的作用是当制动磨擦片磨损到使用极限厚度时点亮,发出报警信号。监测报警装置两种结构型式的原理图如图 4-2-13 所示。

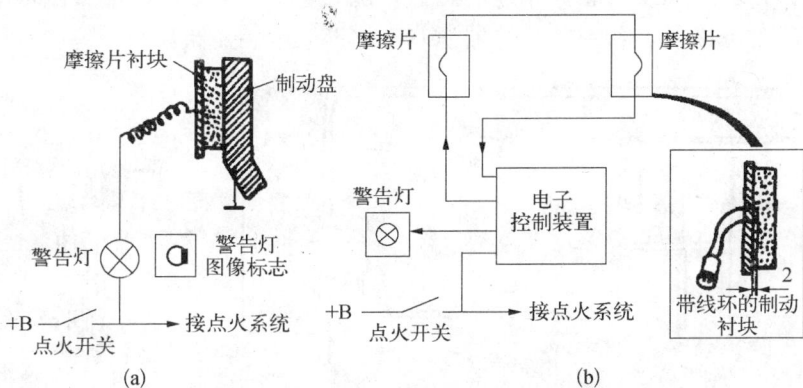

(a)　　　　　　　　　　　(b)

图 4-2-13　两种结构型式的制动蹄片磨损过量报警装置

在如图 4-2-13(a)所示的装置中,是将一个金属触点埋在摩擦片内部。当摩擦片磨损至使用极限厚度时,金属触点就会与制动盘(或制动鼓)接触而使警告灯与搭铁接通,仪表板上的警告灯便会亮起,以示警告。

在如图 4-2-13(b)所示的装置中,则是将一段导线埋设在摩擦片内部,该导线与电子控制装置相连。当接通点火开关后,电子控制装置便向摩擦片内埋设的导线通电数秒钟进行检查,如果摩擦片已磨损到使用极限厚度,并且埋设的导线已被磨断,电子控制装置则使警告灯亮起,以示制动摩擦片需要更换。

### 6. 制动液面报警装置

图 4-2-14 所示为制动液面过低报警装置。它由安装在制动液储液罐内的浮子式传感器和报警灯两部分组成。制动液充足时,浮子式传感器随制动液上浮,处于较高位置,其内永久磁铁与舌簧开关的位置较远,对舌簧开关的吸引力较弱,故舌簧开关仍处于常开状态,报警灯电路无法接通,报警灯不亮。制动液充不足时,浮子式传感器随制动液下浮,当下浮到规定值以下时,永久磁铁与舌簧开关的位置较近,磁力吸动舌簧开关闭合,报警灯电路被接通,报警灯亮。提醒驾驶员注意,防止制动效能下降而出现安全事故。

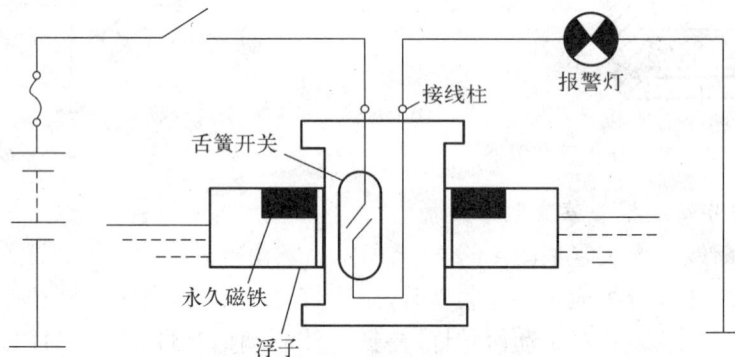

图 4-2-14 制动液面过低报警装置

### 7. 空气滤清器堵塞报警装置

常见的空气滤清器堵塞报警装置如图 4-2-15 所示。它由与空气滤清器滤芯内外侧相连通的气压式开关传感器和报警灯两部分组成。气压式传感器是利用其上、下气室产生的压力差,推动膜片移动,从而使与膜片相连的磁铁跟随移动。磁铁的磁力使舌簧开关开或闭,控制报警灯电路接通或断开。若空气滤清器滤芯未堵塞,则传感器上、下气室间压差小,膜片及

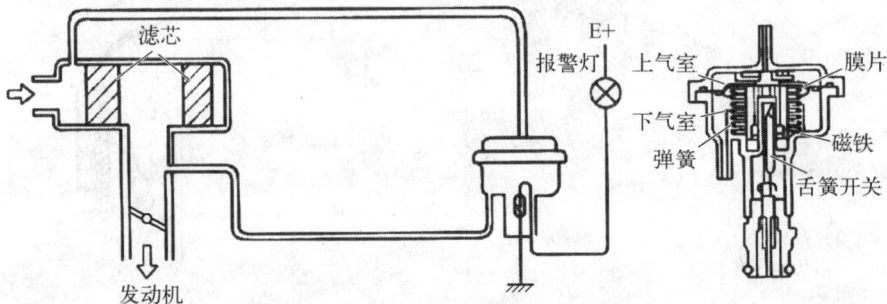

图 4-2-15 空气滤清器堵塞报警装置

磁铁的移动量小,舌簧开关处于常开状态;若空气滤清器滤芯被堵塞,则传感器上、下气室间压差增大,膜片及磁铁的移动量增大,磁铁磁力吸动舌簧开关而闭合,报警灯电路被接通,报警灯亮。

## 思考与练习

### 一、填空题

1. 机油压力报警装置由_____和_____两部分组成。

2. 机油压力表安装在_____,机油压力传感器安装在_____。

3. 机油压力指示表可分为_____、_____和_____三种。

4. 机油压力表最常用的为电热式机油压力表,电热式机油压力表又称为_____。

5. 发动机低速运转时,机油压力不应小于_____;发动机高速运转时,机油压力不应超过_____;正常压力应为_____。

### 二、判断题

1. 发动机正常工作,当机油压力低于标准值时,机油报警灯将点亮,以示报警。(　　)

2. 机油报警灯亮说明机油压力低于标准压力。(　　)

3. 目前进口汽车基本上都已取消了机油压力表而用机油压力报警灯代替,国产大多数汽车还同时装有机油压力表和机油压力报警灯。(　　)

4. 在安装传感器时,必须使传感器外壳上的箭头(安装记号)向上,不应偏出垂直位置 30 度。(　　)

5. 机油报警灯用来指示发动机润滑系统机油压力的大小。(　　)

### 三、选择题

1. 下列哪种形式不是常用的机油压力表?(　　)。

A. 双金属片式　　　B. 电磁式　　　　　C. 动磁式　　　　　D. 膜片式

2. 应用比较广泛的机油压力表是(　　)。

A. 双金属片式　　　B. 电磁式　　　　　C. 动磁式　　　　　D. 不确定

3. 当发动机机油压力低于(　　)kPa 时,机油压力报警灯即亮。

A. 50～90　　　　　B. 100～150　　　　C. 150～190　　　　D. 190～220

4. 冷却液温度传感器是装在发动机的(　　)。

A. 节温器上　　　　B. 主油道上　　　　C. 水套中　　　　　D. 水箱上

5. 机油压力表由(　　)组成。

A. 机油压力传感器　　　　　　　　B. 机油压力调节器

C. 机油压力指示表　　　　　　　　D. 机油温度传感器

### 四、简答题

1. 简述机油压力传感器的作用及工作原理。

2. 分析机油报警各种状态所表示的意思。

3. 简述水温报警装置的工作原理。

4. 简述燃油报警装置的工作原理。

5. 分析引起机油报警灯亮的故障原因有哪些?

# ➡ 学习情境 5

# 风窗刮水清洗系统不工作故障

## 学习任务 5　风窗刮水清洗系统不工作故障的检修

### 学习目标

1. 了解风窗刮水清洗系统的组成及工作原理；
2. 掌握风窗刮水清洗系统各装置的作用常见故障；
3. 掌握风窗刮水清洗系统各装置的控制电路；
4. 能对风窗刮水清洗系统常见故障进行诊断、检测、维修。

### 学习时间

10 学时

### 学习情境描述

一辆丰田轿车雨天行车时当打开雨刮控制开关突然发现雨刮无法工作，后来车主将此车送到就近的 4S 店进行维修，车主反映以前可从来没出现过这种现象，请你帮忙解决该车的这个故障。

### 一、相关知识

（一）电动刮水器

1. 电动刮水器的作用

电动刮水器作用是清除风窗玻璃上的雨水、雪、尘土或污物，保证驾驶员有良好的驾驶视线。

2. 电动刮水器的结构原理

汽车上采用的刮水器按动力源的不同有真空式、气动式、电动式三种。因电动刮水器动力大、容易控制、不受发动机工况影响，故目前汽车上广泛应用的是电动式刮水器。一般汽车在前风窗装有刮水器，部分汽车前后风窗都装有刮水器。

（1）电动刮水器的结构：电动刮水器由直流电动机、传动机构、刮臂和刮片组成，如图5-1所示。由一个微型直流电动机、蜗轮箱组成驱动部分，蜗轮的旋转运动由曲柄、连杆、摆杆变成左右往复摆动，刮水臂装在摆杆轴上。

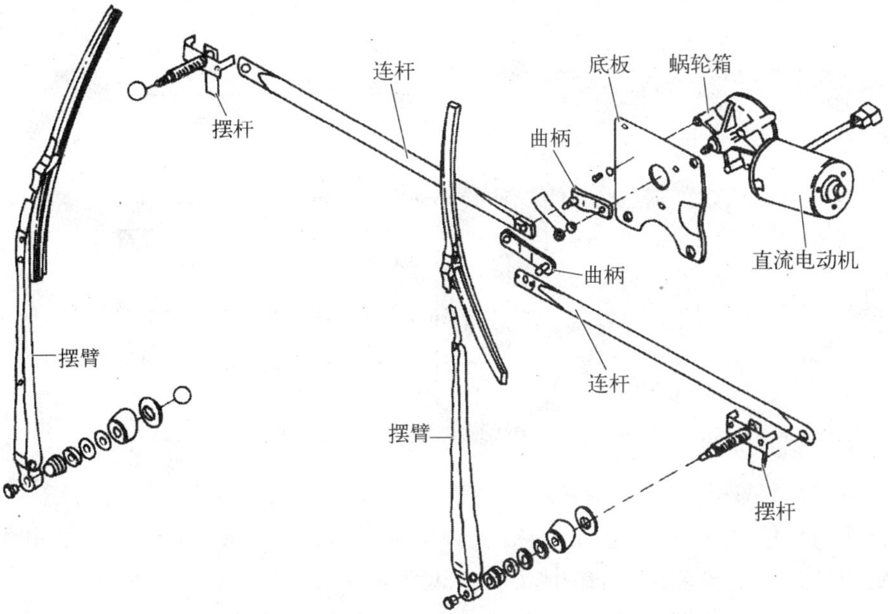

图 5-1　电动刮水器的构造

电动机电流由车辆电源提供,磁场结构分为绕线式和永磁式两种,其中永磁式应用广泛。

(2) 绕线式电动机变速原理:绕线式磁场由通电线圈产生,其绕线式电动机的变速原理是由于电动刮水器的动力来源是直流电动机,故刮水器的变速就是直流电动机的变速。直流电动机的转速公式为

$$n = \frac{U - IR}{kZ\phi}$$

式中:$U$ 为电动机端电压;$I$ 为通过电枢绕组的电流;$R$ 为电枢绕组的电阻;$k$ 为常数;$Z$ 为正、负电刷间串联的绕组(导体)数;$\phi$ 为磁极磁通。

在实际应用中,$I$、$R$、$K$ 均为定数,可见改变直流电机的磁通 $\phi$ 和两电刷之间的电枢绕组数 $Z$ 均能改变直流电机的转速。当磁极磁通 $\phi$ 减小时转速 $n$ 上升,反之则转速下降。当导体数目增多时,转速 $n$ 也下降,反之则上升如表 5-1 所示。

表 5-1　绕线式刮水器电机对照表

| 档位 | 励磁电路电阻 | 励磁电流/磁场强度 | 电动机转速 |
| --- | --- | --- | --- |
| L | 小 | 大 | 慢 |
| H | 大 | 小 | 快 |

磁通改变变速工作原理:磁通改变变速工作,它只适合于绕线式直流电动机,如图 5-2 所示。

当刮水开关在 I 位置(低速)时,电流经由蓄电池"+"→点火开关→熔断器→接线柱①→接触片后,分为两路:

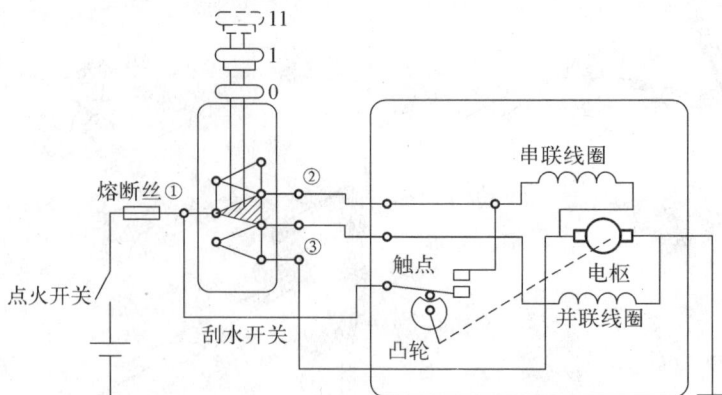

图 5-2 绕线式电动刮水器调速原理

一路经过接线柱②→串联线圈→电枢→搭铁→蓄电池负极形成回路；

另一路经过接线柱③→并联线圈→搭铁→蓄电池负极而形成回路。此时，由于并联线圈的分流作用使电枢中的电流减小，故电动机以低速运转。

当刮水器开关在Ⅱ位置（高速）时，电流由蓄电池"＋"→点火开关→熔断器→接线柱①→接触片→接线柱②→串联线圈→电枢→搭铁→蓄电池负极形成回路。此时由于并联线圈回路被隔断，电流全部流经电枢，故电动机以高速运转。

（3）永磁式电动机变速原理：永磁式磁场由永久磁铁提供，永磁式电动机变速原理是利用3个电刷来改变正负电刷之间串联的线圈数实现变速，结构如图5-3所示。永磁电动机工作时，在电枢内同时产生反电动势，其方向与电枢电流的方向相反。要使电动机旋转，外加电压必须克服反电动势的作用。当电动机转速升高时，反电动势增加，只有当外加电压等于反电动势时，电枢的转速才能稳定，如图5-3所示。

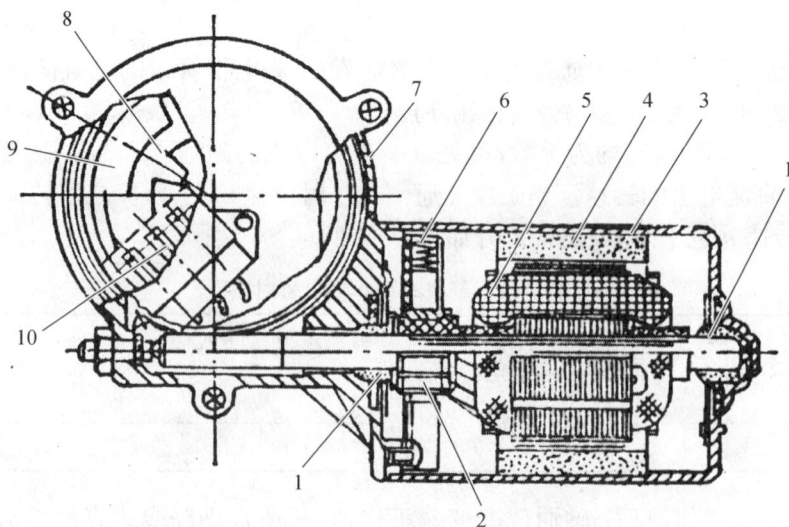

图 5-3 永磁式刮水电动机

1—球轴承；2—换向器；3—壳体；4—磁极；5—电枢；6—电刷及弹簧；
7—减速器；8—铜环；9—蜗轮；10—触点臂

改变电刷间的导体数目变速会改变变速工作,这只适合于永磁式直流电动机。如图 5-4 所示,采用三刷式结构,$B_1$ 为低速运转电刷,$B_2$ 为高速运转电刷,$B_3$ 为公共电刷。$B_1$ 与 $B_2$ 相差 $60°$,电枢采用对称叠绕式。

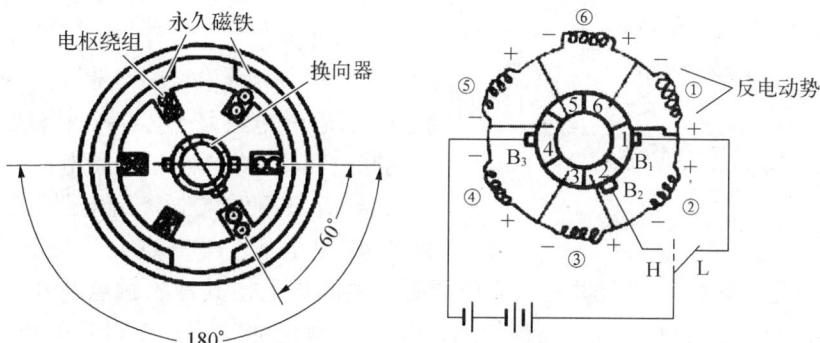

图 5-4　永磁式电动刮水器调速原理

当电动机工作时,在电枢内同时产生反电动势,其方向与电枢电流的方向相反。只有当外加电压 U 与反电动势几乎相等时,电枢的转速才趋于稳定。

当开关拨向 L 时,电源电压 U 加在 $B_1$ 与 $B_3$ 电刷之间,电流经过由①、⑥、⑤与②、③、④组成的两条并联分流回路,每条回路中串联的有效线圈各三个,串联线圈(导体)数相对较多,故反电动势较大,电动机以较低转速运转。

当开关拨向 H 时,电源电压 U 加在 $B_2$ 和 $B_3$ 电刷之间,电流经过由②、①、⑥、⑤与③、④组成的两条并联分流回路,由于线圈②和线圈①、⑥、⑤的绕线方向相反,②产生方向相反的电动势与①反电动势互相抵消,只有两个线圈的反电动势与电源电压平衡,故反电动势较小,电动机以较高转速运转。可见,并联回路中串联线圈(导体)数目减少,能使电动机转速升高。

(4)刮水器自动复位装置。当刮水器停止工作时,为了避免刮水片停在挡风玻璃中间,影响驾驶员视线,汽车上电动刮水器都设有自动复位装置。其功能是在切断刮水器开关时,刮水片能自动停在驾驶员视野以外的指定位置,电路如图 5-5 所示。

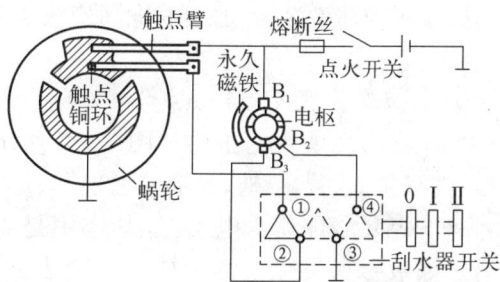

图 5-5　刮水器复位装置原理图

当刮水器开关推到 0 档时,若刮水片没有停在规定的位置,由于触点与铜环接触,电流由蓄电池"+"→点火开关→熔断器→慢速电刷 $B_1$ →电枢绕组→公共电刷 $B_3$ →刮水器开关接线柱②→刮水器开关接线柱①→触点臂→触点→铜环→搭铁→蓄电池"—"形成电流回路,电动机仍以低速运转,直至蜗轮转到特定位置时,铜环将两触点短接,电动机电枢绕组被短路。由于电动机存在惯性,不能立即停转,以发电机方式运行,产生很大的反电动势,产生制动力矩,电机迅速停转,使刮水片停在指定位置。

(5)刮水器电子间歇控制。汽车在小雨或雾天行驶,风窗玻璃上微量水分和灰尘会形成一层发黏的表面,如果刮水器仍按原来那样不断地工作,会使玻璃模糊影响视线,引起刮片的颤动,同时也会对玻璃有损伤。电动刮水器的电子间歇控制按其间歇时间能否调节可分为可调式和不

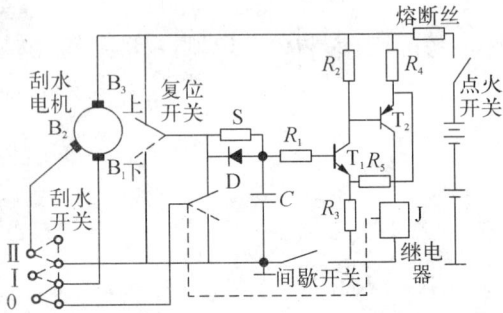

图 5-6 同步间歇刮水器控制电路

可调式。下面以同步振荡电路控制的间歇刮水器为例介绍其工作过程,电路如图5-6所示。

电路中电阻 $R$、电容 $C$、二极管 $D$ 组成间歇时间控制电路,调整其参数可改变间歇时间的长短。当刮水器开关置"0"档,且间歇开关闭合时,电流由蓄电池"+"→点火开关→熔断丝→复位开关"上"触点(常闭)→电阻 $R$→电容 $C$→搭铁→蓄电池"一"形成充电回路;使电容 $C$ 两端电压上升,达一定值时,$T_1$ 导通,$T_2$ 随之导通。继电器 J 中有电流通过,回路为:蓄电池"+"→点火开关→熔断丝→$R_4$→

$T_2$→J→间歇开关→搭铁→蓄电池"一";继电器磁化线圈通电使其常闭触点断开(实线位置),常开触点闭合(虚线位置)刮水电机电路被接通,回路为:蓄电池"+"→点火开关→熔断丝→公共电刷 $B_3$→电枢→低速电刷$B_1$→刮水开关"0"位→继电器常开触点→搭铁→蓄电池"一"形成供电回路;使刮水电机低速工作。当复位开关常闭触点被复位装置顶开至常开"下"位置时,电容 $C$→$D$→复位开关"下"位置→搭铁,快速放电,一段时间后,$T_1$ 截止,$T_2$ 截止,继电器断电,其触点复位,但此时电机仍运转,回路为:蓄电池"+"→点火开关→熔断丝→公共电刷 $B_3$→电枢→低速电刷 $B_1$→刮水开关"0"位→继电器常闭触点→复位开关常开触点→搭铁→蓄电池"一",只有当复位开关常开触点被复位装置顶回至常闭"上"位置时电机才停止。电容 $C$ 再次充电,重复周期开始。

(二)风窗清洗装置

1. 风窗清洗装置的作用

汽车上增加风窗玻璃清洗装置,是为了更好地消除附在风窗玻璃上的灰尘污物,它与刮水器配合使用,保证驾驶员有良好的视线,同时避免划伤玻璃。为此现在许多汽车的刮水系统中增设了风窗清洗装置,必要时向风窗表面喷洒专用清洗液或水,在刮水片配合下,保持风窗表面洁净。

2. 风窗清洗装置的组成

风窗清洗装置的组成如图5-7所示,主要由贮液罐、洗涤泵、软管、三通、喷嘴等组成。

洗涤泵俗称喷水电动机,其作用是将清洗液加压,通过输液管和喷嘴喷洒到挡风玻璃表面。它一般由永磁直流电机和离心式液片泵组装成为一体,安装在贮液罐上或管路内,喷射压力达 70~88 kPa。

喷嘴安装在风窗玻璃下面,其喷射方向可以调整,使水喷射在风窗玻璃的合适位置,使用时应先开洗涤泵

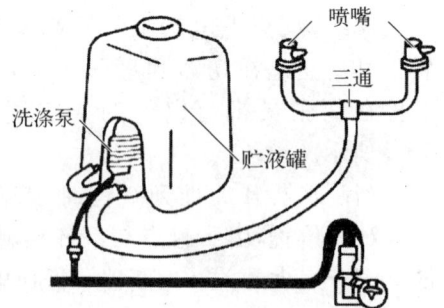

图 5-7 风窗清洗装置

后开刮水器。洗涤泵连续工作的时间一般不超过 1 min,在喷水停止后,刮水器应继续刮 2~5次,以达到较好的洗涤效果。

储液罐由塑料制成,其内盛有水、酒精或洗涤剂等配制的洗涤液。有些储液罐上装有液面传感器,以便监视储液罐洗涤液量。常用的洗涤液是硬度不超过 $4.1\ mg/L$ 的清水。为能刮掉挡风玻璃上的油、蜡等物质,可在水中添加少量的去垢剂和防锈剂。

笔记

### 3. 工作原理及控制电路

风窗清洗装置一般和电动刮水器共用一个熔断器。有的汽车清洗开关单独设置安装,有的则和刮水器合在一起。当清洗开关接通时,清洗电动机带动液压泵转动,将清洗液加压,通过输液管和喷嘴喷洒到挡风玻璃表面。丰田轿车风窗清洗装置控制电路如图 5-8 所示。

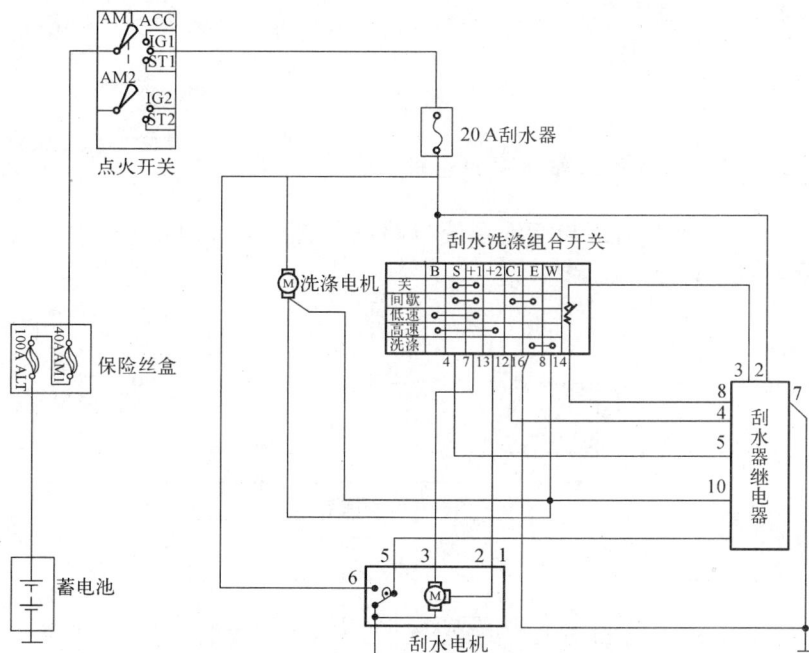

图 5-8　丰田轿车风窗清洗装置控制电路

工作过程如下:

(1) 刮水器低速工作:当点火开关打至 IG1 档且刮水开关置低速位时,电流由蓄电池"+"→保险丝→点火开关 IG1 档→刮水器 20 A 保险→刮水洗涤组合开关 B 接线柱→低速开关→7 接线柱→刮水电机低速电刷→电枢→公共电刷→搭铁→蓄电池"-";形成电流回路,刮水电机低速运转。

(2) 刮水器高速工作:当点火开关打至 IG1 档且刮水开关置低速位时,电流由蓄电池"+"→保险丝→点火开关 IG1 档→刮水器 20 A 保险→刮水洗涤组合开关 B 接线柱→高速开关→13 接线柱→刮水电机高速电刷→电枢→公共电刷→搭铁→蓄电池"-";形成电流回路,刮水电机高速运转。

(3) 刮水器间歇工作:当点火开关打至 IG1 档且刮水开关置间歇位时,电流由蓄电池"+"→保险丝→点火开关 IG1 档→刮水器 20 A 保险→刮水器继电器 2 脚→刮水器继电器 5 脚→刮水洗涤组合开关 4 接线柱→间歇开关→刮水洗涤组合开关 7 接线柱→刮水电机低速电刷→电枢→公共电刷→搭铁→蓄电池"-";形成电流回路,刮水电机低速运转。刮水器继电器决定间歇时间。

(4) 刮水器停机复位:当刮水器开关打至"关"档位置时,若刮水片没有停在规定位,则刮水器电机内复位装置将 5 号端子与 6 号端子接通,电流由蓄电池"+"→保险丝→点火开关 IG1 档→刮水器 20 A 保险→刮水电机 6 号端子→刮水电机 5 号端子→刮水器继电器 1 脚→刮水器继电器 5 脚→刮水洗涤组合开关 4 接线柱→"关"开关→刮水洗涤组合开关 7 接线柱→刮水电机低速电刷→电

**笔记** 枢→公共电刷→搭铁→蓄电池"－";形成电流回路。直至刮水器处在规定的停止位置上。

（5）洗涤器工作：当点火开关打至 IG1 档且刮水洗涤开关置洗涤位时,电流由蓄电池"＋"→保险丝→点火开关 IG1 档→刮水器 20 A 保险→洗涤电机→刮水洗涤组合开关 8 接线柱→洗涤开关→刮水洗涤组合开关 16 接线柱→搭铁→蓄电池"－"。同时,刮水器继电器被触发工作,使刮水器配合洗涤器工作一段时间。

### 二、相关技能

（一）风窗刮水清洗系统不工作故障的检修

（1）雨刮开关的检测：雨刮与清洗系统电路图如图 5 - 9、图 5 - 10 所示。开关在常态

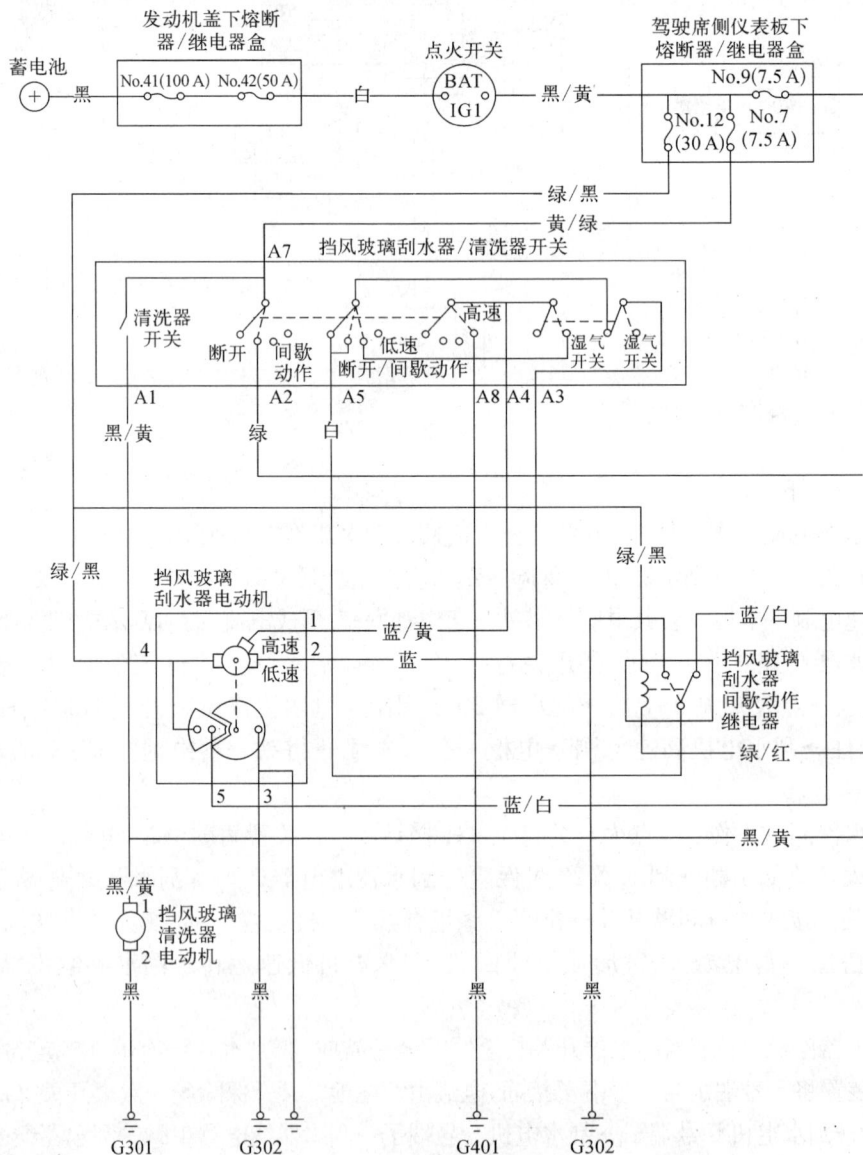

图 5 - 9　雨刮与清洗电路图

下,A3 与 A5 之间导通;开关在间歇位置,A2 与 A7 之间导通,A3 与 A5 之间导通;开关在低速位置,A3 与 A8 之间导通;开关在高速位置,A4 与 A8 之间导通;清洗开关接通,A1 与 A7 之间导通;湿气开关接通,A4 与 A8 之间导通;转动间歇控制电阻,B1 与 B2 之间电阻为 $0\sim30$ kΩ。

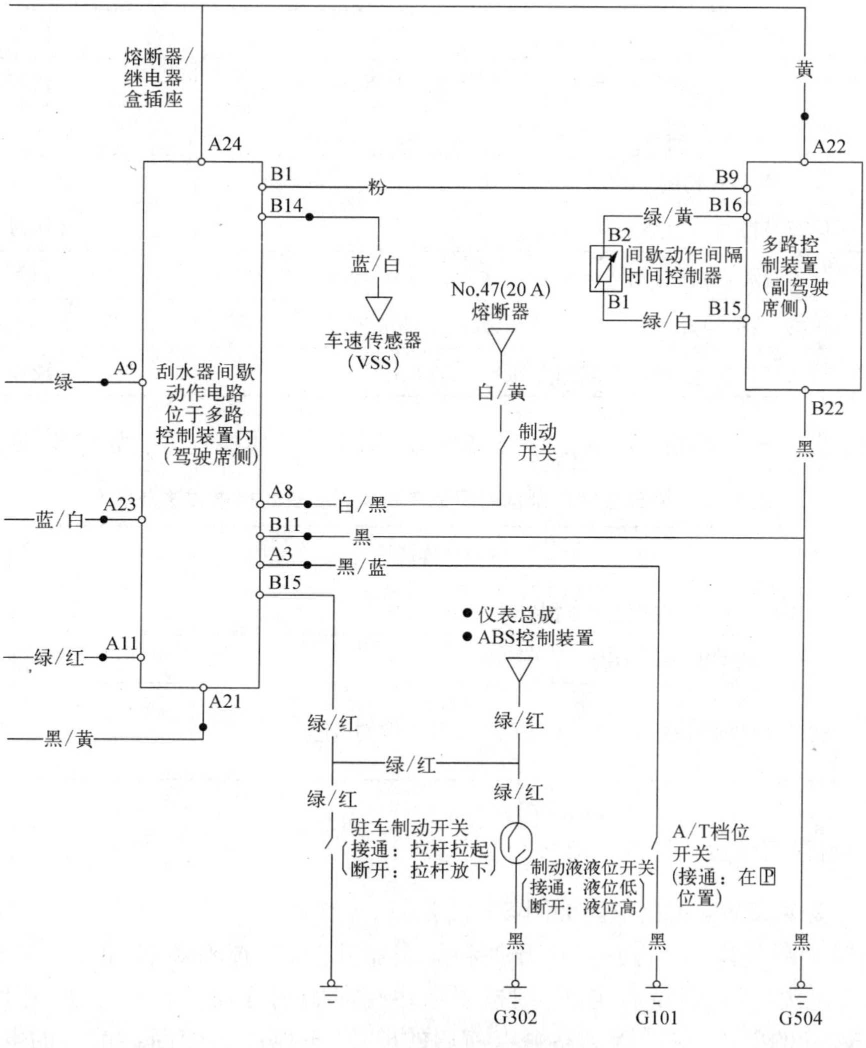

图 5-10　雨刮与清洗电路图

(2) 雨刮电机的检测:将雨刮电机 5 芯插头拔下,分别给相应的端子通入电源,检查电机工作情况,4 号端子接电源正极,2 号端子接地,电机应低速运转;4 号端子接电源正极,1 号端子接地,电机应高速运转;在电机运转过程中,检查 3 号端子与 5 号端子间的电压应为 4 V以下。

(3) 洗涤电机的检查:将洗涤电机的 2 芯插头拔下,给 1 号端子接入电源正极,2 号端子接入负极,电机应运转。

(4) 刮水器间歇多路控制装置的检查(驾驶室侧):将控制器插头拔下再进行检查,具体检查方法如表 5-2 所示。

表 5-2　驾驶室侧刮水器间歇多路控制装置的检查方法及标准

| 端子 | 检 查 条 件 | 正常结果 |
|---|---|---|
| A9 | 接通点火开关,雨刮开关处于间歇位置,检查与地间电压 | 12 V |
| A23 | 接通点火开关,检查与地间电压 | 12 V |
| A11 | 接通点火开关,检查与地间电压 | 12 V |
| A21 | 接通点火开关和洗涤器开关,检查与地间电压 | 12 V |
| B15 | 拉紧驻车制动器,检查与地间电压 | 低于 1 V |
| A3 | A/T 置于 P 档位,检查与地间电压 | 低于 1 V |
| B11 | 检查与地间的通路情况 | 导通 |
| A8 | 踩下制动,检查与地间电压 | 12 V |
| B14 | 转动车轮,检查与地间电压(插上控制器插头) | 0～5 V 间摆动 |
| A24 | 接通点火开关,检查与地间电压 | 12 V |

　　(5) 刮水器间歇多路控制装置的检查(副驾驶室侧):具体检查方法如表 5-3 所示。

表 5-3　副驾驶室侧刮水器间歇多路控制装置的检查方法及标准

| 端子 | 检 查 条 件 | 正常结果 |
|---|---|---|
| A22 | 接通点火开关,检查与地间电压 | 12 V |
| B22 | 检查与地间的导通情况 | 导通 |
| B16<br>B15 | 转动间歇时间控制开关,检查 B16 与 B15 间的电阻 | 0～30 kΩ |

　　(二) 后窗除霜装置故障的诊断与检修

　　(1) 后窗除霜装置:控制电路如图 5-11 所示。

　　(2) 故障诊断与检测:打开点火开关和除霜器开关,检查除霜器"正极"端子与地间的电压,应为蓄电池电压,若没有电压,则按照从终端向始端逐段检查的方法,逐段检查车窗天线线圈 A1 处的电压、除霜继电器触点前后的电压、电路中各熔断器前后的电压,直到检查有电压,若继电器触点前端有电压而后端无电压,则应检查继电器线圈前后端有无电压,同时还应检查除霜器开关的好坏;关闭点火开关和除霜器开关,检查除霜器"负极"端子与地间的导通情况,应该导通,否则说明搭铁回路断路;保持点火开关和除霜器开关打开状态,检查除霜器每条导线中点与地间的电压,应为 6 V,若不是 6 V,则为除霜器导线有断路现象。

### 三、案例剖析

　　1. 桑塔纳 2000 后风窗除霜装置不工作

　　**故障现象:**风窗除霜装置不工作。

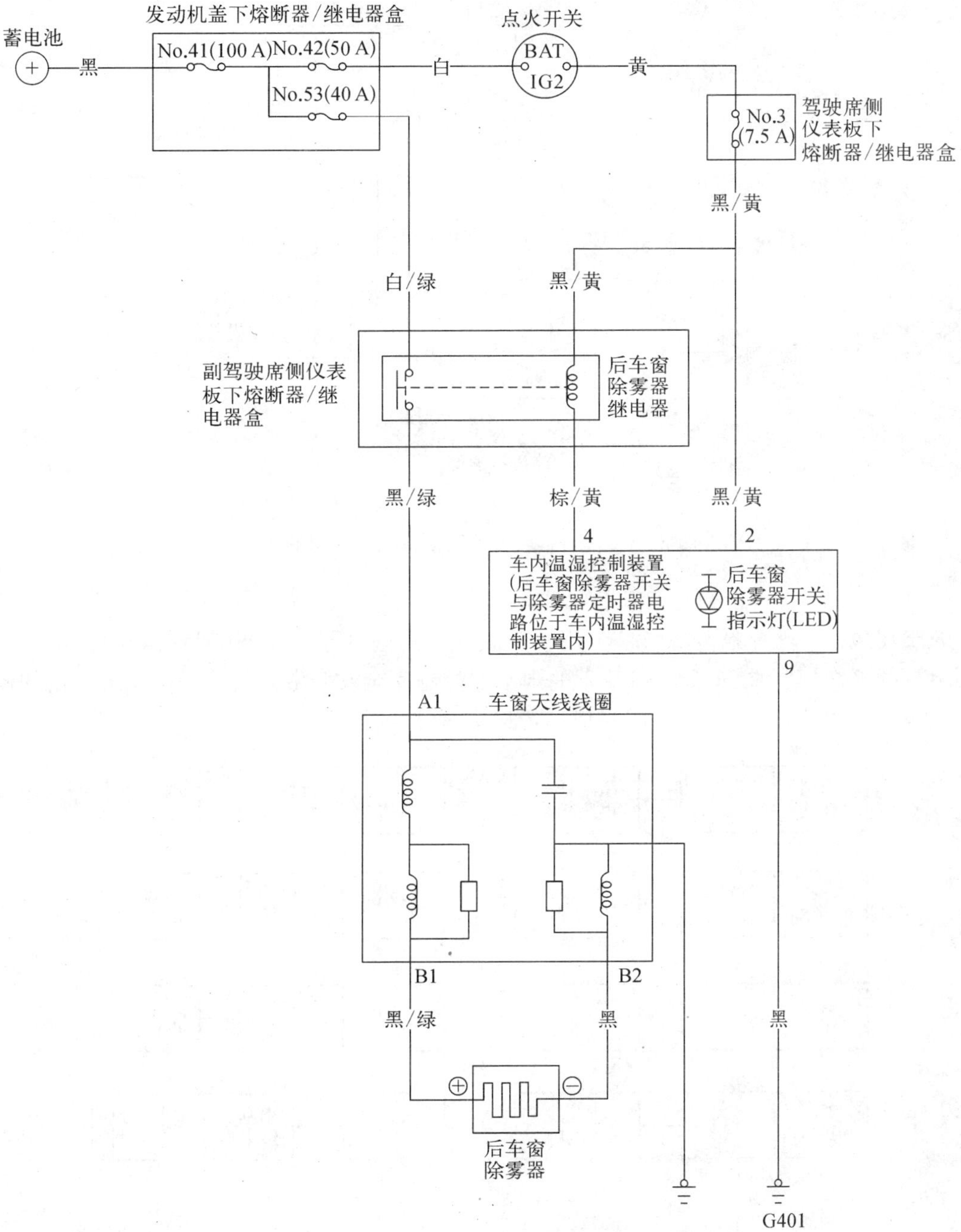

蓄电池

发动机盖下熔断器/继电器盒

点火开关

黑　No.41(100 A) No.42(50 A)　白　BAT IG2　黄

No.53(40 A)

No.3 (7.5 A)　驾驶席侧仪表板下熔断器/继电器盒

黑/黄

白/绿　黑/黄

副驾驶席侧仪表板下熔断器/继电器盒

后车窗除雾器继电器

黑/绿　棕/黄　黑/黄

4　2

车内温湿控制装置(后车窗除雾器开关与除雾器定时器电路位于车内温湿控制装置内)

后车窗除雾器开关指示灯(LED)

9

A1　车窗天线线圈

B1　B2

黑/绿　黑　黑

后车窗除雾器

G401

图 5-11　后窗除霜装置电路

**故障原因：**熔断器或控制线路断路，加热丝或开关损坏。

**诊断与排除：**首先检查熔断器是否正常，然后将开关接通后检查加热丝火线端电压是否正常。如果电压为零，应该检查开关和电源线路；否则检查电热丝是否断路。若电热丝断路，可以用润滑脂清理加热丝端部，并用蜡和硅脱膜剂清理加热丝断开头，再用专用修理剂进行修补，将断点处连接起来，保持适当时间后即可使用，如图 5-12 所示。

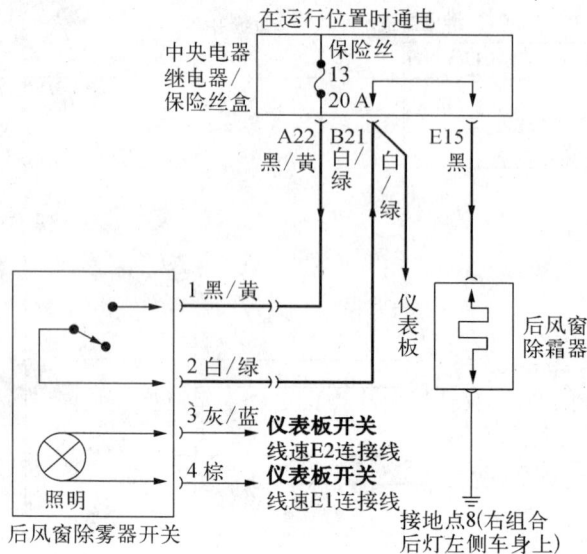

图 5-12　桑塔纳 2000 后风窗除霜控制电路

**2. 奔驰 S320 轿车雨刮器间歇档只能动一次，以后不再持续工作**

**故障现象：** 一辆奔驰 S320 轿车，用户反映该车的雨刮器第一档（间歇档）只能动一次，以后不再持续工作，其他档正常。该款车的雨刮器控制完全改变由开关信号控制继电器的模式，由控制单元之间的 CAN-BUS 网络信号传输进行综合控制，如图 5-13 所示。

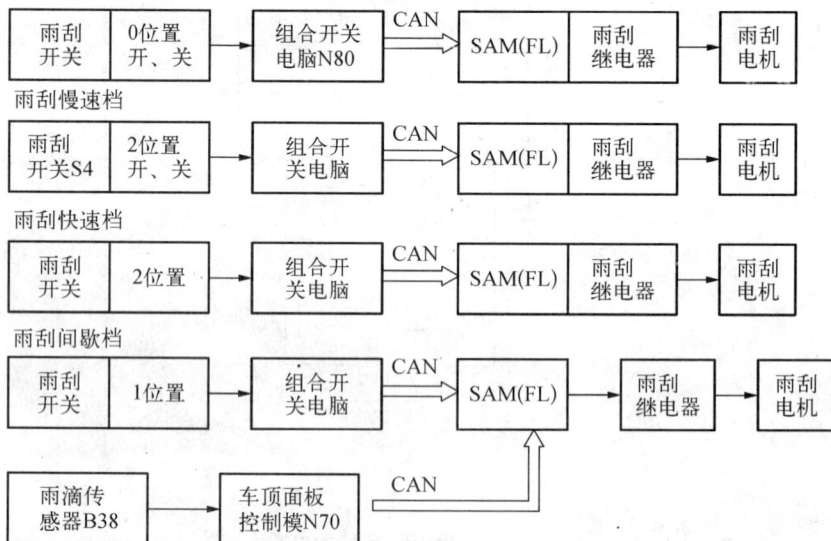

图 5-13　CAN-BUS 网络信号传输综合控制图

**故障检修：** 此车雨刮器电路系统由雨刮器开关（组合开关总成 S4）、组合开关控制单元（N80）、SAM、雨滴传感器（采用光电式传感器）、车外温度传感器、喷水电机和挡风玻璃喷嘴（备加热功能）组成。雨刮电机的控制过程如图 5-13 所示。因此造成间歇档失效的可能原因有：组合开关间歇档开关损坏，组合开关控制单元 N80 损坏，SAM(FL)损坏，雨刮继电器(1、2

档)损坏,雨滴传感器及其线路有故障,以及车顶面板控制模块故障。

由于 LO 和 HI 档都工作正常,结合雨刮系统工作原理分析,怀疑故障可能发生在头顶面板控制模块或雨滴传感器及其线路上。首先检查雨滴传感器,用万用表测量雨滴传感器 1 号端子电压和 3 号端子与车身之间电阻均在标准值之内;然后测量 SAM(FL)B2 电压,发现用高压水枪喷射前挡风玻璃或前挡风玻璃没有水时,B2 端子电压一直都为 2 V 左右,说明雨滴传感器已损坏。拆下雨滴传感器后,发现雨滴传感器是不久前用双面胶粘贴上的。询问用户后,得知该车在前不久因前挡风玻璃出现裂纹更换了前挡风玻璃。在没更换玻璃之前,雨刮器每个档位都工作正常,但更换前挡风玻璃之后一直都没有用过雨刮器的间歇档,前几天下小雨用间歇档才发现上述故障。

至此,故障已经明了。在把雨滴传感器表面的双面胶去除后,直接把雨滴传感器贴在前挡风玻璃上(同时开启雨刮的间歇档),然后用水洒在前挡上,间歇档正常工作。查询相关资料后,得知该车的雨滴传感器必须使用特殊胶合剂粘贴在挡风玻璃上,不可使用双面胶,否则雨滴传感器无法感应雨滴量。最后,在将雨滴传感器用奔驰专用胶合剂粘贴于挡风玻璃上后,故障排除。

### 拓展学习

#### 1. 雨滴感知型刮水装置

现代轿车中可调式刮水器,大多数采用雨滴感知型刮水装置,它能根据雨量的大小自动调节刮水器刮水频率。

(1) 雨滴感知型刮水装置的组成:雨滴感知型刮水装置主要由雨滴传感器、间歇控制电路、刮水电机三大部分组成。其中雨滴传感器有压电型和电阻阻值改变型两种,压电型是利用雨滴下落撞击传感器的振动片,将振动能量传给压电元件,从而将雨量的大小转变为与之相对应的电信号,如图 5-14 所示。

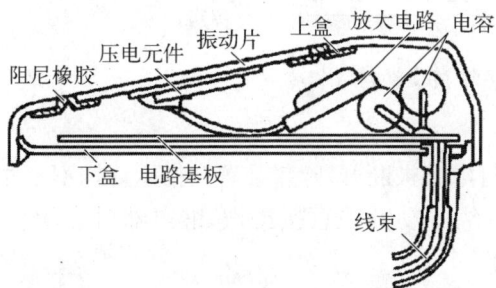

图 5-14　压电型雨滴传感器的结构　　　图 5-15　电阻阻值改变型雨滴传感器的结构

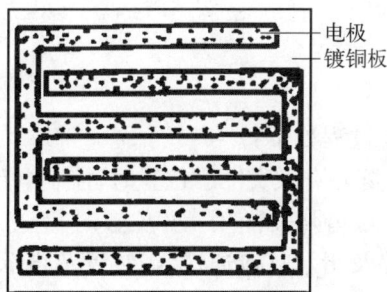

电阻阻值改变型是利用雨滴流量检测电极,雨水落在两电极之间,使它们的电阻值明显变化,将雨量的大小转变为与之相对应的电信号,如图 5-15 所示。

(2) 工作原理:以压电型为例,原理如图 5-16 所示。工作时,雨滴传感器将雨量的大小转变为与之相对应的电信号,经放大后送入间歇控制电路,给充电电路进行充电,使充电电路中电容两端电压上升,当电压上升至与基准电压相等时,驱动电路使刮水电机工作一次,雨量越大,感应出电信号越强,充电速度越快,间歇工作频率越高,相反工作频率越低。但当雨量很小时,雨滴传感器没有电压信号输出,只有定时电路对充电电路进行定时充电,一段时间后,充

**笔记**

电电路的输出电压与基准电压相等,刮水器动作一次。根据下雨量的大小,电路可以实现无级调速。

图 5-16 雨滴感知型刮水装置控制原理图

**2. 除霜装置**

汽车挡风玻璃在下雪天、气温较低的情况下易结霜,刮水器无法清除,严重影响驾驶员视线,因此汽车上安装有除霜装置。汽车前、侧挡风玻璃上的霜层通常是利用空调系统中产生的暖气,达到清除结霜的目的,后挡风玻璃多使用电热式除霜。

自动控制除霜装置由开关、传感器、控制器、电热丝、连接线路组成。传感器安装在后风窗玻璃上,采用热敏电阻,结霜越厚,阻值越小。电热丝采用正温度系数的细小镍铬丝,自身具有一定电流调节功能。后风窗玻璃除霜装置电路如图 5-17 所示。

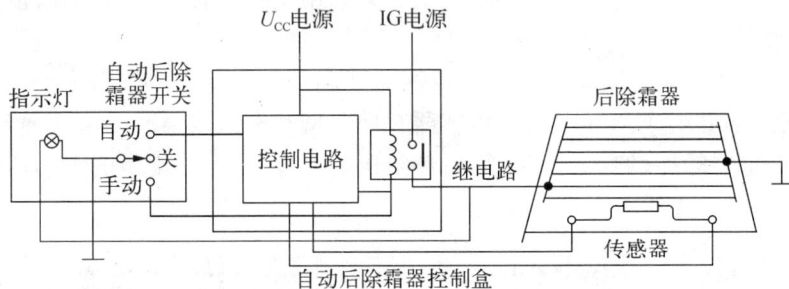

图 5-17 后风窗玻璃除霜装置电路

工作过程如下:

(1) 除霜开关置"关"位置时,控制电路及指示灯电路被断开,除霜装置及指示灯均不工作。

(2) 除霜开关置"手动"位置时,继电器线圈可经手动开关直接搭铁,继电器触点闭合,使除霜电路及指示灯接通,除霜装置及指示灯均工作。

(3) 除霜开关置"自动"位置时,若结霜达到一定厚度,传感器电阻值急剧减小到某一设定值,控制电路使继电器线圈通电,继电器触点闭合。由点火开关 IG 接线柱向电阻丝供电,同时点亮仪表板上的指示灯,表示除霜装置正在工作。当玻璃上结霜减少到某一程度后,传感器电阻值增大,控制电路切断继电器线圈回路,触点断开,电阻丝断电,除霜装置停止工作,同时指示灯灭。

思考与练习

**一、填空题**

1. 风窗刮水清洗系统由_____、_____与_____三部分组成。

2. 汽车的刮水器按动力源的不同可分为_____、_____、_____三种。

3. 风窗清洗装置主要由_____、_____、_____、_____、_____等组成。

4. 自动控制除霜装置由_____、_____、_____、_____、_____等组成。

5. 储液罐由塑料制成,其内盛有_____、_____或_____等配制的洗涤液。

**二、判断题**

1. 永磁式刮水电动机是通过改变正、负电刷之间串联线圈的个数实现变速的。（　　）

2. 为了更好地消除浮在风窗玻璃上的污物,在汽车上增设了风窗玻璃洗涤器。（　　）

3. 汽车的前、后风窗玻璃装设了除霜装置,一般前风窗玻璃采用的是电栅加热除霜。（　　）

4. 汽车刮水装置在晴天则不需要工作。（　　）

5. 电动风窗刮水器故障会导致喷嘴不喷水、刮水器不工作和刮水片不能复位。（　　）

**三、选择题**

1. 目前轿车上安装的刮水器大多是（　　）。

A. 气动式　　　　　B. 电动式　　　　　C. 液动式　　　　　D. 真空式

2. 洗涤泵连续工作时间一般不要超过（　　）。

A. 10 s　　　　　B. 30 s　　　　　C. 1 min　　　　　D. 5 min

3. 后风窗玻璃除霜继电器在初次通电后,（　　）后自动断开。

A. 5 min　　　　　B. 10 min　　　　　C. 5 s　　　　　D. 10 s

4. 目前汽车上安装的刮水器大多是（　　）。

A. 气动式　　　　　B. 电动式　　　　　C. 液动式　　　　　D. 真空式

5. 电动刮水器的作用是用来清除风窗玻璃上的（　　）。

A. 雨水　　　　　B. 结冰　　　　　C. 雪　　　　　D. 尘土

6. 电动刮水器间歇控制一般在（　　）使用。

A. 雨停的时间　　　B. 洗涤的时间　　　C. 毛毛雨时　　　D. 雨量稀少时

7. 风窗玻璃洗涤器主要由洗涤液罐、三通（　　）等组成。

A. 洗涤泵　　　　　B. 喷嘴　　　　　C. 雨量传感器　　　D. 刮水器

**四、简答题**

1. 简述风窗刮水清洗系统的作用。

2. 洗涤泵的作用是什么?

3. 简述风窗清洗装置的工作过程。

4. 什么叫雨滴感知型刮水装置?

5. 简述电动刮水器的变速原理。

# ▍▍▍▶ 学习情境 6

# 电动车窗操作失灵故障的检修

## 学习任务 6　汽车电动车窗系统的检修

### 学习目标

1. 掌握电动车窗的组成及电机工作原理；
2. 能读懂电动车窗系统电路原理图；
3. 能够分析电动车窗工作不正常故障的产生原因；
4. 能够正确地拆装和更换组合开关、车窗电机；
5. 能对电动车窗操作失灵进行故障检修。

### 学习时间

10 学时

### 学习情境描述

　　一辆 2007 年产奇瑞瑞虎 SUV，搭载三菱 4G63 发动机，QR523 手动变速器，行驶里程 7 万 km。用户反映该车打开点火开关后所有车门的玻璃都无法升降，关闭点火开关玻璃升降正常。车主已将车开到 4S 店，请你解决本车的电动车窗系统故障。

### 一、相关知识

（一）电动车窗的作用

　　电动车窗可以使驾驶员更加集中精力驾车，方便驾驶员及乘客的操作。驾驶员操作时，可以使四个车窗中的任意一个上升或下降，乘员只能使所在的车窗上升或下降。

（二）电动车窗的特点

　　每个车窗都装有一个电动机，通过开关控制其电流方向，使车窗玻璃实现上升或下降。一般有两套控制开关：一套是主开关，置于仪表板或侧车门扶手上（驾驶员）；另一套是分开关，分别置于每个乘客门上。主开关上装有断路装置，其断时时，分开关不起作用。装有一个或多个热敏开关，防电路过载。有的专门装有一个延迟开关，使点火开关断开后仍能提供电源以供关闭车窗（10 min 内）。

(三)电动车窗的构造

电动车窗系统主要由双向直流电动机、车窗玻璃升降器、控制开关、继电器、断路器等装置组成。电动机有永磁式和双绕组串励式两种。每个车窗都装有一个电动机,通过开关控制它的电流或磁场方向,使车窗玻璃上升或下降。

1. 双向直流电动机

由于车窗的动作是双向(升降)的,所以采用直流双向电动机即工作电流方向不同,电动机的转向不同,如图6-1所示。每个车门各有一个电动机,通过开关控制电动机的电流方向,从而控制玻璃的升降。

图6-1  车窗电动机

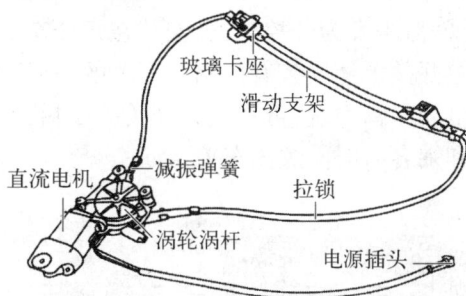

图6-2  钢丝滚筒式车窗玻璃升降器

2. 电动玻璃升降器

电动玻璃升降器按其结构可分为双导轨式、单导轨式和叉臂式等,目前以前两种结构居多。电动玻璃升降器是由控制器、永磁式直流电动机、减震机构、钢丝绳、滑轮、滑块和导轨等部件组成。

车窗玻璃升降器常见的有钢丝滚筒式、齿扇式和齿条式三种,如图6-2、图6-3、图6-4所示。

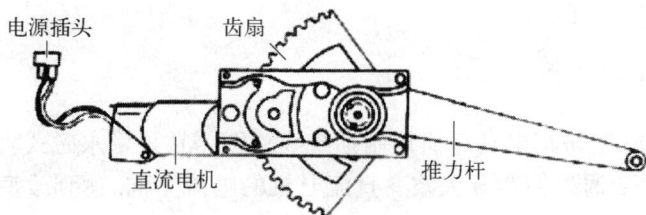

图6-3  齿扇式车窗玻璃升降器

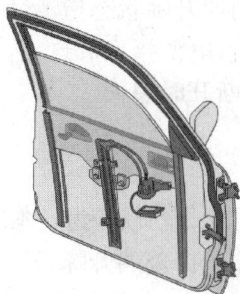

图6-4  齿条式车窗玻璃升降器

钢丝滚筒式玻璃升降器双向直流电动机前端安装有减速机构,其上安装一个绕有钢丝的滚筒,玻璃卡座固定在钢丝上且可在滑动支架上移动。齿扇式玻璃升降器双向直流电机带动蜗轮蜗杆减速改变方向后,驱动齿扇,从而使玻璃上下移动,齿扇上安有螺旋弹簧,当门窗下降时螺旋弹簧收缩,当门窗上升时螺旋弹簧伸展,达到直流电机双向负荷平衡的目的。

**3. 断路器**

为了防止电机过载,在电路或电动机内装有一个或多个双金属片式热敏断路器,用以控制电机中的电流。若车窗玻璃因某种原因卡住(如结冰),即使操纵开关没有断开,双金属片式热敏断路器会因电流过大发热,双金属片变形自动断路。

**4. 继电器**

主继电器的作用是接通或断开门窗电路。当接通点火开关电路时,同时也接通了主继电器的线圈电路,主继电器接通门窗的电路。当关断点火开关时,主继电器同时也断开门窗的电路,以防损坏电气组件和发生意外。

**5. 控制开关**

控制开关有两套:一套为主控开关,安装在驾驶员侧车门扶手上或仪表板,由驾驶员控制玻璃升降;另一套为分控开关,安装在每个车门扶手上,可由乘客控制玻璃升降,如图 6-5 所示。主控开关上还安装有控制分开关的总开关,如果它断开,分开关就不起作用。若带有延迟开关的电动车窗系统,可在点火开关关断后约 10 min 内,或在车门打开以前,仍提供电源,使驾驶员和乘客有时间关闭车窗。

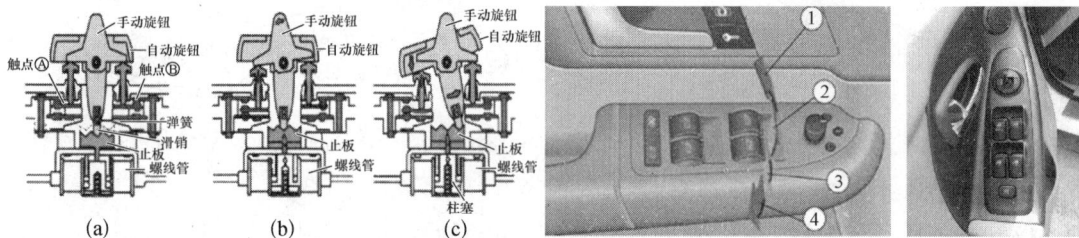

图 6-5 电动车窗控制开关总成
(a) 停动位置;(b) 手动位置;(c) 自动位置
① 自动上升;② 手动上升;③ 手动下降;④ 自动下降

**6. 指示灯**

指示灯用来指示门窗电路的工作状态。它主要有电源指示灯、乘员门窗电路指示灯和驾驶员侧门窗升降状态指示灯几种。电源指示灯的点亮或熄灭表示电源电路的通断。即门窗电路导通时,电源指示灯点亮,电源断开时指示灯熄灭。当接通窗锁开关时,乘员门窗电路指示灯点亮,断开时熄灭。

**(四)永磁型直流电机电动车窗**

如图 6-6 所示,为日本凌志 LS400 型轿车电动车窗控制系统线路图。它采用永磁式直流电机驱动车窗玻璃升降,其基本原理是:通过控制开关改变直流电机的电流方向,达到改变电机的运转方向,从而使玻璃上升或下降。

工作过程:

(1) 当点火开关闭合时,由蓄电池"+"→熔断丝→点火开关→主继电器磁化线圈→搭铁→蓄电池"−";主继电器触点闭合,给电动车窗控制电路提供电源,同时,电源指示灯亮。

(2) 当总开关(图中窗锁开关)断开时,除驾驶侧外,其他车门窗玻璃驱动电机的搭铁线均被切断,驾驶侧由对应的分开关控制。如驾驶侧车窗玻璃上升时,由蓄电池"+"→熔断丝→断

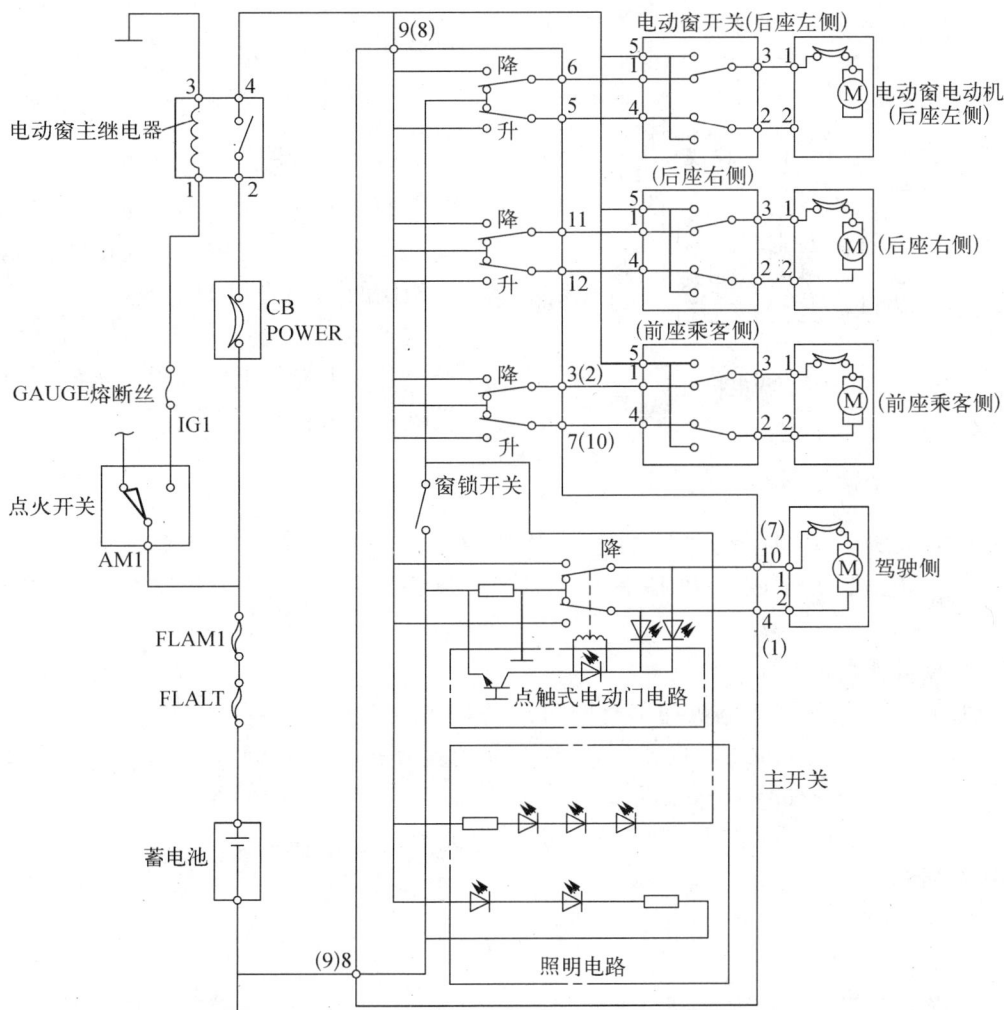

图 6-6　凌志 LS400 型轿车电动车窗控制系统线路图

路器→主继电器触点→"9"接柱→驾驶侧控制开关"升"→"10"接柱→驾驶侧电机→"4"接柱→蓄电池"-",完成上升动作。另外,驾驶侧车门窗玻璃在下降的同时也可受触点式开关电路的点动控制。

(3) 当总开关闭合时,驾驶员对其他车门窗玻璃的控制。如驾驶员按下主开关相应的后座左侧门窗上升开关时,电流由蓄电池"+"→熔断丝→断路器→主继电器→主开关后座左侧开关"升"→后座左侧开关→电动机→断路器→后座左侧开关→主开关后座左侧开关"降"→窗锁开关→搭铁→蓄电池"-",使门窗上升。

(4) 当总开关闭合时,乘客对相应车门窗玻璃的控制。如乘客按下分开关相应的后座左侧门窗上升开关时,电流由蓄电池"+"→熔断丝→断路器→主继电器→后座左侧开关"升"→断路器→电动机→后座左侧主开关→窗锁开关→搭铁→蓄电池"-",使门窗上升。

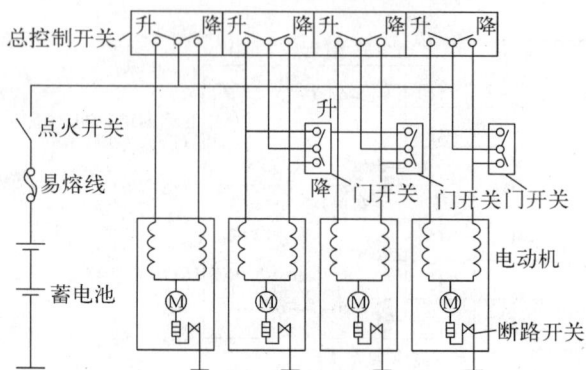

图 6-7　双绕组串励式直流电机电动车窗控制电路

（六）电动车窗控制电路的原理

不同车型所采用的电动车窗的电机及其控制电路各不相同。电机可分成直接搭铁式和控制搭铁式两种。

1. 直接搭铁式

电机的一端直接搭铁，电机内部有两组磁场线圈。通过接通不同的线圈，使电机的转向不同，实现车窗的上升和下降动作，其控制电路如图6-8所示。

（1）驾驶员主控开关控制右前车窗上升时电流方向，如图6-9所示。

（5）其他门窗的升降操纵与上述操纵方法相同。

（五）双绕组串励式直流电动机电动车窗

典型的双绕组串励式直流电动机电动车窗控制电路如图6-7所示。其基本原理是：通过控制开关控制直流电机内两个绕向相反的磁场绕组的电流，产生相反方向的磁场，使电机的运转方向改变，从而使玻璃上升或下降。工作过程与永磁式直流电机电动车窗相同。

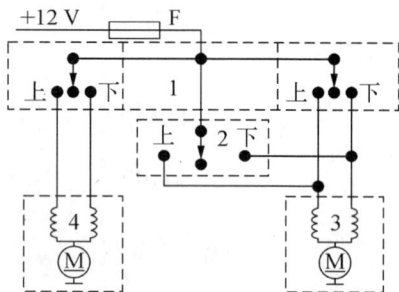

图 6-8　直接搭铁式控制电路

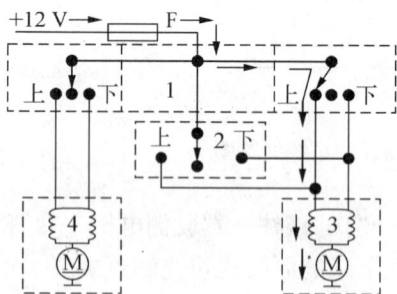

图 6-9　驾驶员主控开关控制右前
车窗上升时电流方向

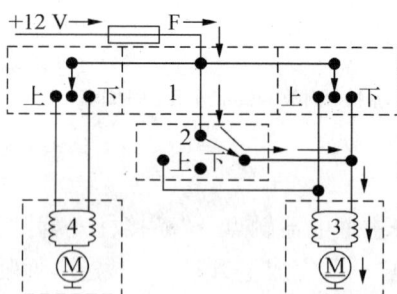

图 6-10　独立操作开关控制右前
车窗下降时电流方向

（2）独立操作开关控制右前车窗下降时电流方向，如图6-10所示。

2. 控制搭铁式

电动车窗的电机结构简单，开关和控制线路复杂一些，在实际当中应用较广泛。其基本控制电路如图6-11所示。

（1）驾驶员主控开关控制左后车窗上升时电流方向，如图6-12所示。

（2）独立操作开关控制左后车窗下降时电流方向，如图6-13所示。

笔记

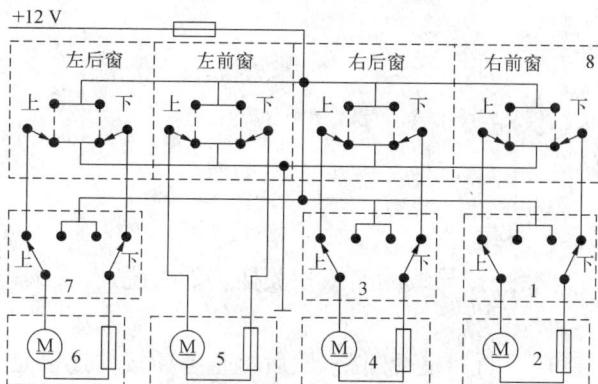

图6-11　搭铁式控制电路

1—右前车窗开关；2—右前车窗电机；3—右后车窗开关；
4—右后车窗电机；5—左前车窗电机；6—左后车窗电机；
7—右前车窗开关；8—驾驶员主控开关组件

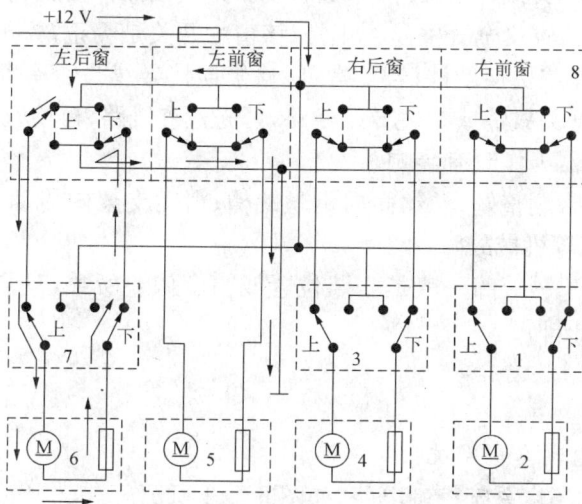

图6-12　驾驶员主控开关控制左后车窗上升时电流方向

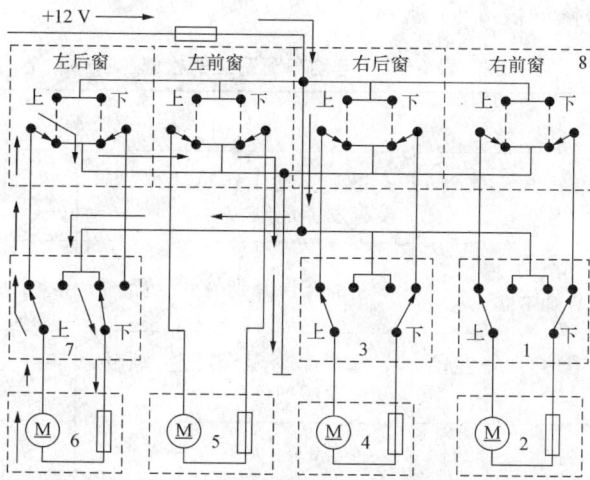

图6-13　独立操作开关控制左后车窗下降时电流方向

## 二、相关技能

（一）电动车窗的故障诊断

故障分析

（1）电动玻璃升降器不工作。

主要原因：熔断器断路；连接导线断路或相关插接件松脱；有关继电器、开关损坏；电动机损坏；搭铁线锈蚀、松动。

诊断与排除：首先检查熔断器是否断路，然后检查各插接件连接是否紧固可靠；检查电源线是否有电，电压是否正常；检查搭铁线搭铁是否良好可靠；最后检查开关、继电器及电机是否损坏，如确属零部件损坏则应更换新件。

（2）某车窗不能升降或只能一个方向运动。

主要原因：该车窗开关或电机损坏；该处导线断路或插接件松脱；安全开关故障。

诊断与排除：首先检查安全开关是否正常；该窗的开关是否正常；再通电检查该窗电机是否正常，如有故障应检修或更换新件；若正常，应检修连接导线是否有断路处。如车窗只能朝一个方向运动，一般是开关故障或相关导线断路，可先检查线路，再检查开关。

（3）电动玻璃升降器工作时有异响。

主要原因：安装时未调整好；卷丝筒内钢丝跳槽；滑动支架内传动钢丝夹转动；电动机盖板或固定架与玻璃碰擦等机械故障。

诊断与排除：这类机械故障一般是安装位置或精度偏差所致，只需对所在位置的螺钉进行重新调整或紧固、矫正即可。

（二）实例

1. 上海别克轿车电动车窗系统控制电路

上海别克轿车电动车窗系统控制电路，如图 6-14 所示。

2. 电动车窗系统检修

电动车窗系统的检修如表 6-1 所示。

表 6-1　电动车窗系统的检修

| 步骤 | 操 作 方 法 | 正 常 结 果 | 不正常结果 |
|---|---|---|---|
| 1 | 将点火开关转至"RUN"位置 | 每个车窗工作迅速、顺畅，没有发涩现象 | 所有车窗均不工作 |
| 2 | 从左前车窗开关上操纵各个车窗使之上升和下降 | 左前车窗降到最低位置 | 个别车窗不工作 |
| 3 | 左前车窗上升时，压下左前车窗开关至下降处 | 每个车窗工作迅速、顺畅，没有发涩现象 | 电动车窗快速模式不工作 |
| 4 | 确保左前车窗开关上的保持开关处于"OFF"位置 | 各自的开关不能使车窗工作；仅用左前车窗开关时工作 | 所有车窗均不工作 |

笔记

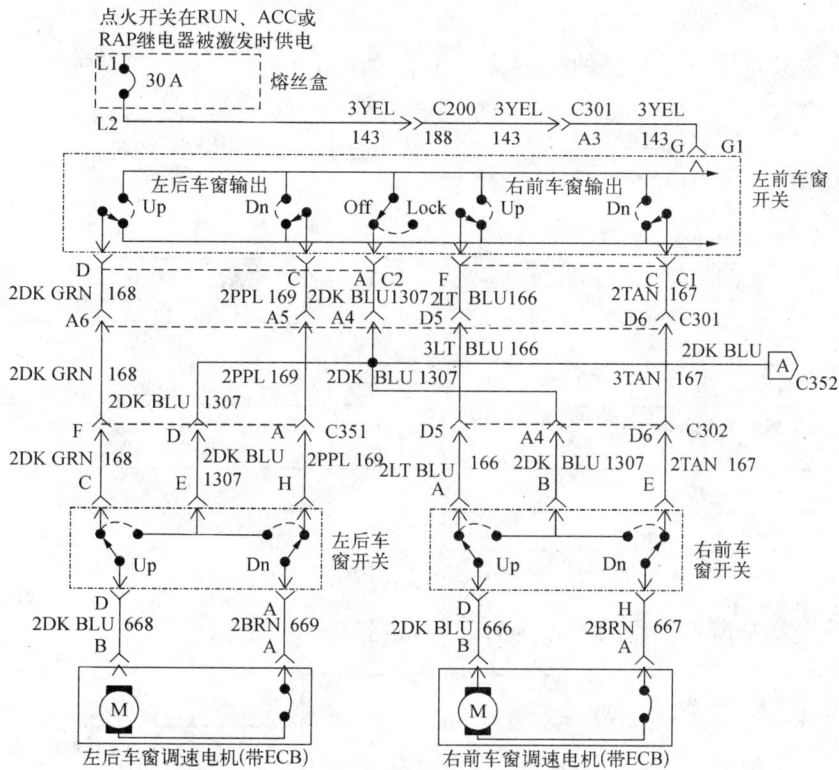

(a)

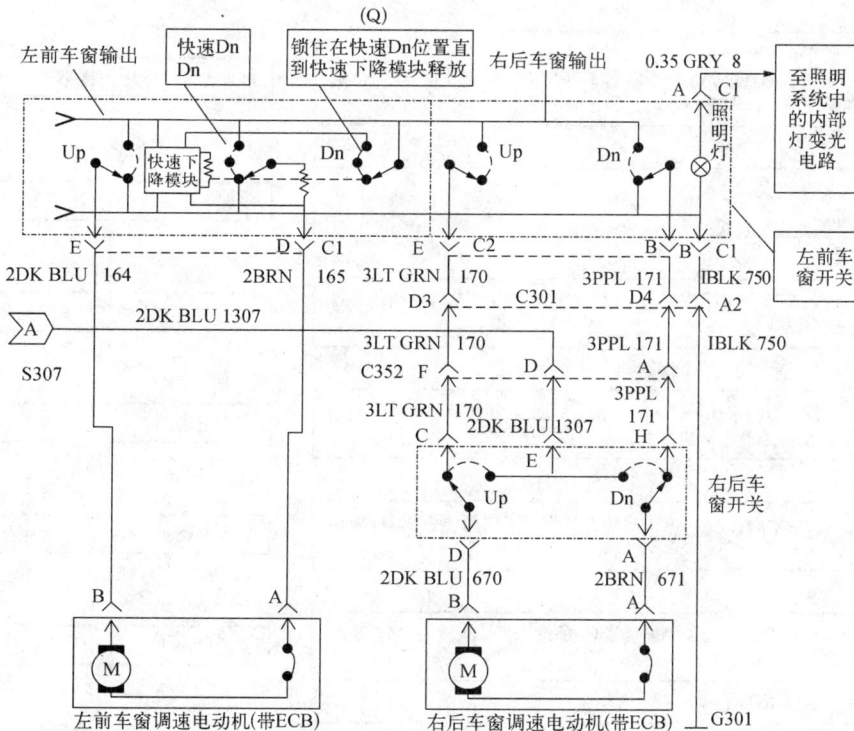

(b)

图 6-14　上海别克轿车电动车窗系统控制电路

### 3. 电动车窗不工作的故障诊断

（1）所有电动车窗都不工作的故障诊断程序，如图6-15所示。

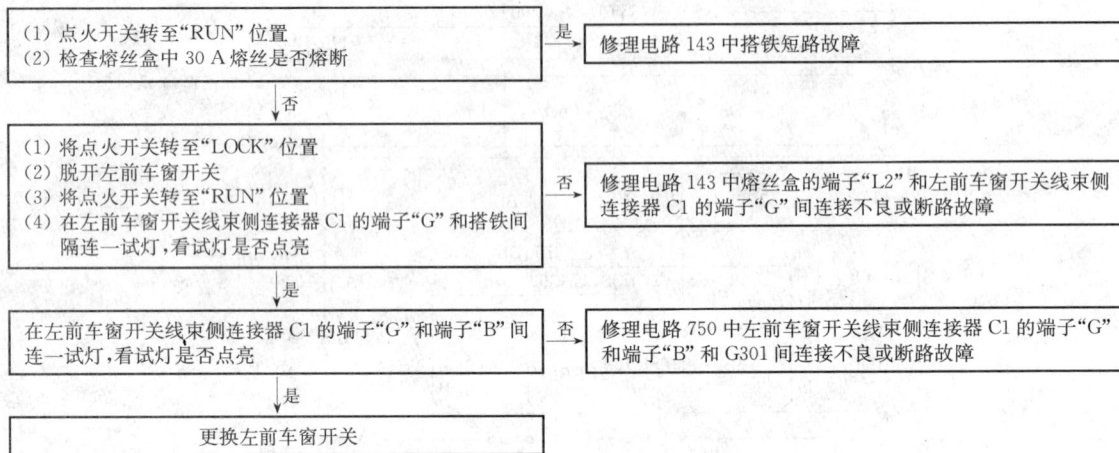

```
┌─────────────────────────────────┐
│ (1) 点火开关转至"RUN"位置        │─是→ 修理电路143中搭铁短路故障
│ (2) 检查熔丝盒中30 A熔丝是否熔断  │
└─────────────────────────────────┘
              │否
              ▼
┌─────────────────────────────────────┐
│ (1) 将点火开关转至"LOCK"位置          │
│ (2) 脱开左前车窗开关                  │─否→ 修理电路143中熔丝盒的端子"L2"和左前车窗开关线束侧
│ (3) 将点火开关转至"RUN"位置           │     连接器C1的端子"G"间连接不良或断路故障
│ (4) 在左前车窗开关线束侧连接器C1的端子"G"和搭铁间 │
│     隔连一试灯，看试灯是否点亮        │
└─────────────────────────────────────┘
              │是
              ▼
┌─────────────────────────────────────┐
│ 在左前车窗开关线束侧连接器C1的端子"G"和端子"B"间 │─否→ 修理电路750中左前车窗开关线束侧连接器C1的端子"G"
│ 连一试灯，看试灯是否点亮              │     和端子"B"和G301间连接不良或断路故障
└─────────────────────────────────────┘
              │是
              ▼
┌─────────────────────────┐
│      更换左前车窗开关      │
└─────────────────────────┘
```

图6-15　所有电动车窗都不工作的故障程序

（2）左前电动车窗不工作的故障诊断程序，如图6-16所示。

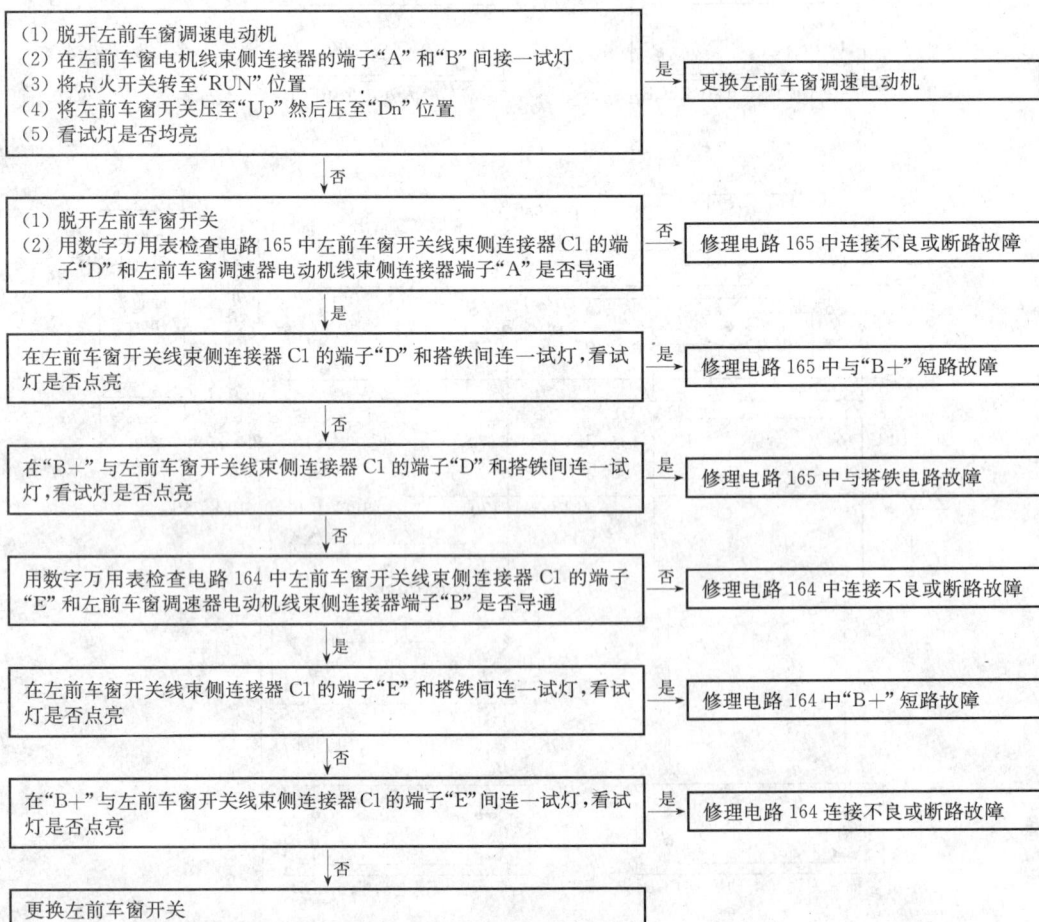

```
┌─────────────────────────────────────┐
│ (1) 脱开左前车窗调速电动机            │
│ (2) 在左前车窗电机线束侧连接器的端子"A"和"B"间接一试灯 │─是→ 更换左前车窗调速电动机
│ (3) 将点火开关转至"RUN"位置           │
│ (4) 将左前车窗开关压至"Up"然后压至"Dn"位置 │
│ (5) 看试灯是否均亮                    │
└─────────────────────────────────────┘
              │否
              ▼
┌─────────────────────────────────────┐
│ (1) 脱开左前车窗开关                  │
│ (2) 用数字万用表检查电路165中左前车窗开关线束侧连接器C1的端 │─否→ 修理电路165中连接不良或断路故障
│     子"D"和左前车窗调速器电动机线束侧连接器端子"A"是否导通 │
└─────────────────────────────────────┘
              │是
              ▼
┌─────────────────────────────────────┐
│ 在左前车窗开关线束侧连接器C1的端子"D"和搭铁间连一试灯，看试 │─是→ 修理电路165中与"B+"短路故障
│ 灯是否点亮                            │
└─────────────────────────────────────┘
              │否
              ▼
┌─────────────────────────────────────┐
│ 在"B+"与左前车窗开关线束侧连接器C1的端子"D"和搭铁间连一试 │─是→ 修理电路165中与搭铁电路故障
│ 灯，看试灯是否点亮                    │
└─────────────────────────────────────┘
              │否
              ▼
┌─────────────────────────────────────┐
│ 用数字万用表检查电路164中左前车窗开关线束侧连接器C1的端子 │─否→ 修理电路164中连接不良或断路故障
│ "E"和左前车窗调速器电动机线束侧连接器端子"B"是否导通 │
└─────────────────────────────────────┘
              │是
              ▼
┌─────────────────────────────────────┐
│ 在左前车窗开关线束侧连接器C1的端子"E"和搭铁间连一试灯，看试 │─是→ 修理电路164中"B+"短路故障
│ 灯是否点亮                            │
└─────────────────────────────────────┘
              │否
              ▼
┌─────────────────────────────────────┐
│ 在"B+"与左前车窗开关线束侧连接器C1的端子"E"间连一试灯，看试 │─是→ 修理电路164连接不良或断路故障
│ 灯是否点亮                            │
└─────────────────────────────────────┘
              │否
              ▼
┌─────────────────────────┐
│      更换左前车窗开关      │
└─────────────────────────┘
```

图6-16　左前电动车窗不工作的故障诊断程序

笔记

### 三、案例剖析

**1. 宝来轿车4门玻璃升降器同时失效**

**故障现象：**一辆2009年产宝来1.6L轿车，行驶里程5万km。用户反映该车4门玻璃升降器均失效。

**检查分析：**维修人员确认故障后，检测车身控制单元，发现3个故障码：01331——驾驶员侧车门控制单元J386，无通信，偶发故障；01332——前排乘客侧车门控制单元J387，无通信，偶发故障；03020——局部数据总线2(车门LIN线)，电路中存在电气故障。这些控制单元同时失效，表明LIN线信号传输故障的可能性较大。查阅网格拓扑图如图6-17所示，得知4个车门控制单元数据端口均连在车门LIN线上。测量车身控制单元J519的LIN线端口T73a/17(如图6-18所示)的波形，发现波形为直流低电压信号，这说明故障为对地短路，短路使整条LIN线失效。按照短路故障的检查方法，决定逐一断开各控制单元的LIN线连接，并同时观察LIN线的信号波形。当断开车门插接器T10h时，LIN线信号波形恢复正常，如图6-19所示。该插接器与右前门控制单元J387的LIN线端口相连，所以短路点应在J387内部。

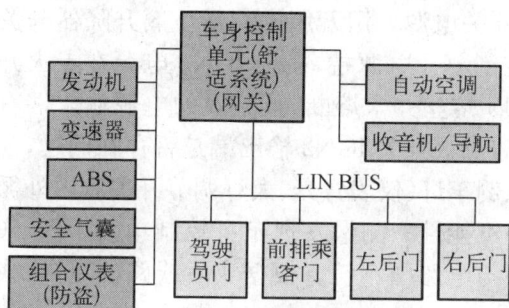

图6-17　网格拓扑图

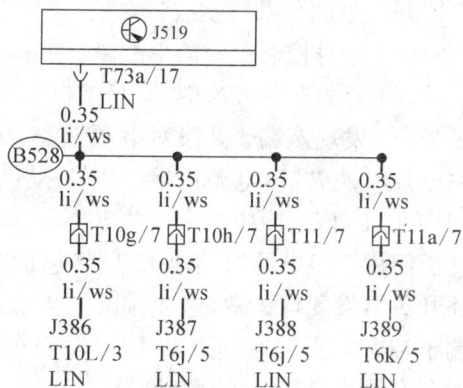

图6-18　电路图

**故障排除：**更换J387，故障排除。

**回顾总结：**LIN线是以幅度为12V的电压脉冲信号来传递数据的(如图6-20所示)，在线的控制单元各自选择收发自己的数据。为提高系统的容错能力，控制单元对LIN线信号采用了门限检测方式来加以处理(如图6-21所示)。这样只要高电压高于电源电压的60%(上限)即判为逻辑1，低电压只要低于电源电压的40%(下限)即判为逻辑0。当LIN线中存在短

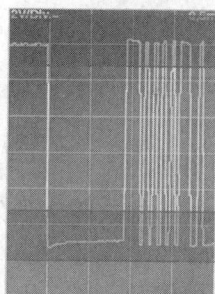

图6-19　信号波形

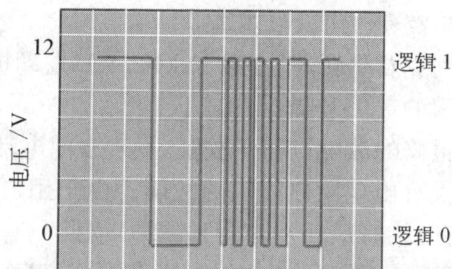

图6-20　12V的电压脉冲信号

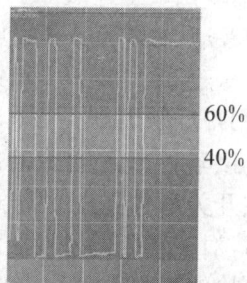

图6-21　处理后波形

路点时,一种情况是对电源短路,这使信号的低电压不能低于下限,丢失数据 0;另一种情况是对地短路,这使信号的高电压不能高于上限,丢失数据 1。出现上述情况时,整条 LIN 线会表现为瘫痪状态,这正是 LIN 线短路故障的明显特征。

**2. 奇怪的奇瑞瑞虎玻璃升降器故障**

**故障现象:** 一辆 2007 年产奇瑞瑞虎 SUV,搭载三菱 4G63 发动机,QR523 手动变速器,行驶里程 7 万 km。用户反映该车打开点火开关后所有车门的玻璃都无法升降,关闭点火开关玻璃升降正常。

**检查分析:** 维修人员接车后,首先确认了故障,并根据故障现象判断该系统相关硬件及玻璃升降器线路正常。查阅资料得知,该车玻璃升降电机是由车身控制单元控制的,控制原理如下:操作玻璃升降器开关,向车身控制单元提供低电压信号,作为玻璃升降请求信号。车身控制单元接收到请求信号后,在满足下列条件后使玻璃升降电机工作:① 具备 30 号常电;② 具备点火开关电源;③ 搭铁正常。

根据上述玻璃升降电机工作原理,维修人员认为故障可能原因有:

(1) 在点火开关 ON 时,电源与玻璃升降器开关 11 端子短路(11 端子为驾驶员侧玻璃升降器开关上的公共搭铁线)。

(2) 车身控制单元内部故障。

(3) 点火开关 ON 时,车身控制单元缺少点火开关电源。用万用表测量玻璃升降器开关 11 端子,发现该端子并没对电源短路。测量车身控制单元电源端,发现 IGN2 电源在点火开关打开时缺失,该电源由熔丝 F15 提供,而检查 F15 熔丝并未熔断,且熔丝的电源输入端有 12 V 电压,该电压由点火开关 IGN2 端输出。为检查点火开关 IGN2 输出端是否存在问题,检查了使用该路电源的其他用电器(包括电动后视镜、倒车灯、仪表背光、大灯调节开关和内外循环开关),发现均正常,这便排除了点火开关损坏的可能性。测量发现车身控制单元 PE3/10 端子与 F15 不导通,进一步检查发现车辆实际线路与电路图不符。根据实际线路的走向,找到在右侧出风口后方存在断路。

**故障排除:** 将损坏的线路修复后,试车故障排除。

**回顾总结:** 由于该车的电路图有误,使故障诊断走了不少弯路。F15 并不向车身控制单元供电,而是由点烟器熔丝 F5 为其供电。那为什么在关闭点火开关后,玻璃升降正常呢? 这是因为在关闭点火开关后车身控制单元进入了延时状态,在延时状态下相关用电器在设定时间内能继续工作,这时的车身控制单元是在点火开关 IGN2 无输出的条件下工作的。而打开点火开关后,车身控制单元进入正常工作状态,这时由于未满足点火开关 IGN2 有输出这一条件,所以出现上述故障。

**3. 别克君越轿车玻璃升降器为何间歇性不工作**

一辆 2007 年产上海通用别克君越轿车,搭载 ECO 2.4 L 发动机,匹配 4T45E 型自动变速器,用户反映该车 4 个电动车窗的玻璃升降器有时不工作。

接车后,笔者首先对用户报修的故障进行了验证,发现 4 门电动车窗升降器都能够正常受集控开关和各自开关控制,并没有出现用户反映的故障。由于用户反映该车的故障为偶发性故障,对于此类偶发性故障,有时维修最耗费时间和精力,因此只有等到故障出现才更方便梳理出检修流程确定具体的故障部位。因还有其他车辆在维修,该车在厂内停放了约 2 h 后反复试车也没有试出用户报修的故障。

　　鉴于该车的故障是偶发性故障,结合笔者维修该车电动车窗系统的经验,笔者初步判定造成该车故障的原因可能涉及线束插头或继电器虚接、控制开关或执行器间歇性出现故障。于是笔者按照预先整理好的维修思路对该车进行了简单的排查。考虑到 4 个开关或执行器同时存在故障的可能性极小,因此排除了第 2 种可能的故障原因。随后笔者又对线束插头进行了检查,没有发现虚接或进水腐蚀等迹象。但在拆装检查该车驾驶侧车门的集控开关(如图 6 - 22 所示)时发现,在开关的缝隙内有一些黏稠状的物质。笔者怀疑

图 6 - 22　驾驶侧车门集控开关

用户将可乐之类的饮料洒落在了开关上,导致电动车窗玻璃升降器发生了间歇性故障,于是更换了驾驶侧电动车窗集控开关。经试车,故障始终未出现,暂将车交付用户使用。

　　第 2 天该车因相同故障返厂。笔者接手后试车发现,与第 1 次进厂不同,此次车辆带故障进厂,4 个车门上的电动车窗开关均无法对玻璃升降器进行控制。由于存在着明显的故障症状,车辆就容易检修了。笔者将驾驶侧车门集控开关拆下,结合电路图,在不断开线束连接的情况下进行了线束测量。经测量发现,J1 - 4 接脚有 12 V 电压,依次向上、向下按动集控开关上的驾驶侧玻璃升降器、前排乘客侧玻璃升降器、左后门玻璃升降器及右后门玻璃升降器的按钮,相应的 J1 - 5 和 J1 - 6、J1 - 2 和 J1 - 3、J1 - 9 和 J1 - 10 及 J1 - 11 和 J1 - 12 接脚均有 12 V 电压输出,证明集控开关没有问题。测量驾驶侧门饰板上的 P303 插接器在操作开关时相应的线束均有 12 V 电压输出,且在晃动线束时无变化,表明 P303\J303 连接器也不存在虚接现象。随后笔者决定拆开驾驶侧车门内饰板测量电机端是否有正常的电压存在。将内饰板拆开,重新连接线束进行测试发现,此时开关又能控制玻璃升降器工作了,且无论怎样操作,开关都能对各车门的玻璃升降器进行正常控制。是不是刚才所插拔的线束插头虚接呢?但在之前的测量中并没有发现虚接迹象,于是笔者决定将 J1 及 P303\J303 插头重新断开查看针脚的连接状况。经仔细检查,并没有发现异常。

　　抱着试试看的态度对各针脚进行处理,又重复试验几次,开关依然能够对玻璃升降器进行正常控制。鉴于该车的故障为间歇性故障,且又是第 2 次返厂维修,所以笔者建议用户将车留厂多试验几次,以确定故障是否真正排除,用户表示同意。第 1 天试验正常,第 2 天继续试验仍然正常,本以为故障已经排除,随即将驾驶侧车门的内饰板装复。但当车辆全部恢复后,试车故障出现。为了找到一个突破口,笔者再次将驾驶侧车门的门内饰拆开,找到电机的线束插头,经仔细观察发现,电机插头上共有 5 根线,3 根细线、2 根较粗线,与电路图有很大区别,如图 6 - 23(a)所示。以往接触的该款车电机

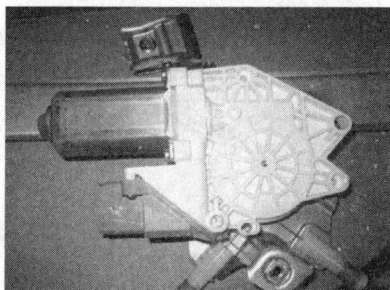

(a)

(b)

图 6 - 23　车窗电机

端只有 2 根线直接受开关控制,如图 6-23(b)所示。经过检查与测量发现,电机上的 2 根细线与开关相连,且中间没有另引线束,还有 1 根是与其他 3 根线束汇集后与 BCM 的 J1-20 相连,另外 2 根较粗的线应该是实现电机升与降功能的线路。

　　查阅维修手册中的电路图发现,君越 3.0 L 轿车的电路图(如图 6-24 所示)与该车布线相同。该车具有玻璃快速上升与下降功能,且具有锁车后玻璃自动上升功能。另外,若将除驾驶侧车门外的其余 3 个车门上的电动车窗开关断开,驾驶侧的集控开关仍然能够实现对其他 3 个车门玻璃升降器的控制。测量该玻璃升降器上的 3 根控制线发现,在执行上升、下降或锁车后玻璃自动上升功能时,均有正确的电压输出,只是玻璃升降器没有相应的动作,因此证明这 3 根细线是信号线,其他 2 根线为玻璃升降器电机的电源线与接地线,且为常电源与常接地,升降器的上升与下降功能的实现是由电机内部的控制模块实现的。由此可知,即使在不操纵玻璃升降器开关的时候,用万用表测量红色的线也应该有 12 V 电压,测量接地也应为常接地。经用万用表测量绿色的接地线对地电阻发现,其电阻值为 1.2 Ω,为正常值。测量红色线无电压,正常应为电源电压。至此,可以判定导致玻璃升降器不工作的故障原因为电机没有工作电压。

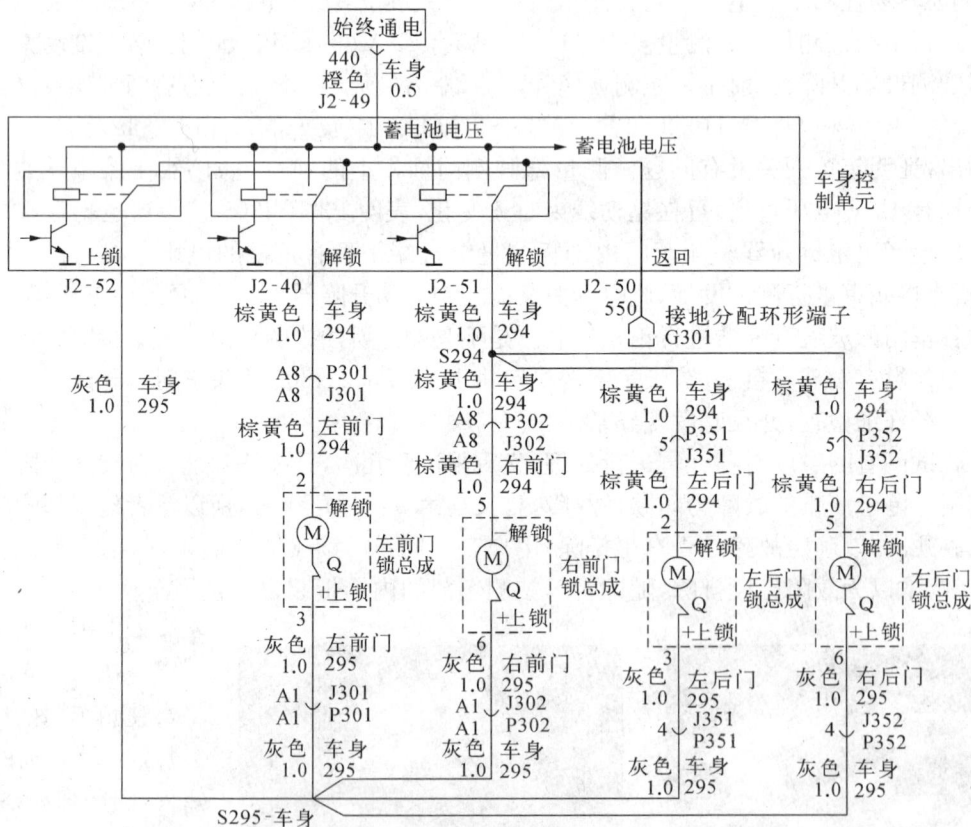

图 6-24　君越 3.0 L 轿车的电路图

　　经仔细测量发现,驾驶侧车门与车身 A 柱的连接器车身侧相对应的插头仍然没有电源。查找该系统的电路图可知,玻璃升降器的电源是由 1 个 25 A 断路器控制。于是打开位于仪表板右侧的熔丝盒,找到在其背面的 2 个 25 A 断路器(如图 6-25 所示),当试图将其中 1 个拔掉时,测量断路器端无电源电压。检查发动机舱内的熔丝盒上的主蓄电池电源熔丝 2(如图 6-26 所示)已熔断。安装新的熔丝后,测量有电源电压。装上断路器后,操纵电动车窗的集控开关,玻璃升降器能够正常工作。但准备将断路器复位时发现,它已经发烫,看来线路应该存在问题。将断路器拔下,测量断路器两端的对地电阻,一端无穷大,另一端对地电阻为 2 Ω,可以断定线路存在对地短路现象。由于此断路器后部连接的线束比较多而且都有饰板掩盖,如果凭直觉进行拆装,工作量较大且费时费力,于是笔者决定采用断开线束插头的方法逐一排查。将 4 个车门与车身连接的线束插头 J301、J302、J351 及 J352 断开后试验,断路器不再发热,由此可以断定是由于某一车门内的线束存在对地短路的故障。于是将断开的线束插头重新连接,每连接 1 根线束插头后停留一段时间触摸短路器是否发热,当将右后门的线束 J352 连接上后断路器再次发热,因此可以确定右后门内的线束存在对地短路的地方。随后笔者将右后门饰板拆下,发现玻璃升降器电机的线束已经被磨破皮与门铁皮接触在一起。仔细观察发现,之所以会出现这样的情况,是因为玻璃升降器线束的走向不对,导致线束与升降器拉索干涉,造成右后门玻璃升降器工作时拉索将线束挤在拉索与车门铁皮之间,时间长了便致使线束绝缘皮磨破与车门铁皮接触。当操纵右后门电动车窗开关使玻璃升降器工作后,造成断路器过热断开电路,从而也就出现了操纵任何车门电动车窗开关均不起作用的现象。当断路器冷却一段时间线路恢复后,玻璃升降器又能正常工作。因线路出现故障,当经常操纵电动车窗开关时,玻璃升降器工作造成断路器频繁接触、断开,由于断路器长时间受热出现粘连,从而导致发动机舱内熔丝熔断。

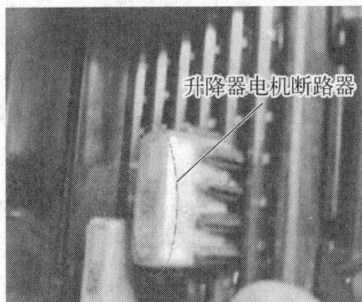

图 6-25　升降器断电器

图 6-26　蓄电池主电源

　　在将破损的线束重新包扎并正确布置好线束走向,并更换熔丝与断路器后,反复试车故障排除。

　　**总结:**经过查阅该车的维修记录发现,该车此前右后门做过钣金喷漆,并更换了右后门玻璃升降器。由于钣金维修人员在更换玻璃升降器时错误布置了线束走向,导致线束绝缘皮被玻璃升降器拉索挤压磨破。虽然该车的故障已经排除,但这又是一起由于人为原因导致的故障。这就提醒我们,在维修换件时,一定要记清楚部件正确的安装位置与线束布置的走向,如果记不清,请查阅维修手册。随着新车型的日益增多,每款车型也会有很多不同的配置(例如君越的驾驶侧电动车窗集控开关就有 3 种型号),这就造成了相同车型却有不相同的部件、线束与控制方式。在维修这些车辆时,就要求广大维修从业人员在对车辆进行维修时,必须对车辆的配置有所了解,并有针对性地制订维修方案,以免在故障维修工作中走不必要的弯路。

4. 帕萨特 B5 电动玻璃升降器维修案例

**故障现象**：一辆大众帕萨特 B5 轿车，据车主描述称，该车电动玻璃升降器控制功能失灵。

**故障检修**：维修人员先检查了舒适系统熔丝，结果发现舒适系统熔丝熔断。维修人员首先更换了熔断的熔丝，经反复试验，故障均未出现，于是将车辆交付车主。没过几天，车主反映故障再次出现。维修人员再一次检查了电动玻璃升降器，但没有发现任何问题。于是仔细询问了车主，车主反映晚上回家时升降器还是好的，但第 2 天早上便不好用了，其间只是打开过行李舱，再上车玻璃升降器就失灵了。根据询问车主得到的信息，维修人员初步判定问题出在行李舱相关线路上，于是维修人员着手对行李舱线束进行检查。为此他们剖开了行李舱线束在行李舱合页附近的相关线束，由于线束反复弯折，线束绝缘皮已开裂露出铜线。根据检查所发现的情况，维修人员更换了线束，经反复试验，故障未再出现。

电线的绝缘皮破损，从而导致线路搭铁短路，最终造成舒适系统熔丝熔断，这样解释合情合理。为此维修人员确认该车的故障已经排除，于是信心十足地向车主保证故障已经彻底排除。可车辆在使用了几天后故障再次出现，维修人员感觉到问题比较棘手。

对于这种车线路短路的故障，根据我们维修站现有的诊断设备并结合笔者的维修经验，我们决定利用大众车专用的故障诊断仪 VAS5051 上附带的电流感应钳来排除该车的故障。

由于此种诊断工具可以直观地"看到"线路中流过的电流，我们可以很迅速地找到线路中的短路点。对于该工具的具体特点、工作原理及使用注意事项已经在前面介绍过，这里不再赘述。在将 VAS5051 的电流感应钳连接到蓄电池负极接线上后，维修人员反复开启、关闭行李舱，同时观察故障诊断仪 VAS5051 上显示的电流值的变化。经过多次试验，故障终于出现，线路中瞬时流过了 23 A 左右的电流，产生如此大的电流，舒适系统熔丝必将熔断。由于故障属于偶发性的，我们进一步试验发现，故障只偶尔出现在行李舱开启的瞬间，那么会不会是行李舱的开启电机有问题呢？在更换了行李舱开启电机后，经试验故障依然出现。经仔细检查发现，行李舱锁机构有时会动作不顺畅，故障原因是否就在于此呢？经再次模拟试验，维修人员确定当行李舱锁运动不顺畅时就会出现线路电流过大，熔丝熔断的现象。

经过对行李舱锁机构进行调整、润滑，故障终于被彻底排除。

**检修分析**：该车产生故障的原因比较简单，由于锁机构的卡滞，造成行李舱开启电机工作阻力。此类偶发性故障的排除的确较为复杂，由于在前 2 次的维修中维修人员排除了看似可以引致故障的疑点，而故障当时又没有出现，所以造成了误诊。因此在解决偶发性故障时一定要尽量把可能引发故障的原因都找到，并进行足够次数的模拟，更为重要的是要仔细分析故障现象、抓住产生故障的本质原因。

5. 奇瑞风云玻璃升降器故障检修

一辆奇瑞风云轿车，行驶里程 80 000 km。用户反映该车每次在不起动时，只要操作玻璃升降器开关，无论是上升或下降，收放机都会停顿一下，但当发动机起动后，只要稍加一点油门故障就没有了。

考虑到是新车，维修人员初步检查线路应该没有问题。经对玻璃升降器进行检查，由于玻璃升降时也没有任何阻力，维修人员认为玻璃升降器也应该是没有问题的。因为是在维修站，维修人员更换了1台新的收放机进行替换,结果故障依旧。

根据维修人员以往的经验,维修人员认为该车的故障应该是电流消耗过大引起的,于是着手进行检查。首先,既然收放机已经换过了,那么它出问题的可能性可以排除。其次,既然维修人员判定该车的线路及附件正常,维修人员暂时未考虑此方面的故障。根据上述分析的情况,维修人员觉得问题应该在于蓄电池上。经对蓄电池的电压进行测量,发现蓄电池的电压达不到标准值,估计是蓄电池内部存在问题。

在更换了1块新的蓄电池后进行试验,故障排除。事后经对维修车辆用户进行电话回访,证实故障未再出现。后来在相同型号的3辆车上均出现了同样的故障,因此广大同行在遇到同样的问题时,可以借鉴。

拓展学习

(一)丰田花冠轿车的电动车窗

丰田花冠轿车的电动车窗控制开关分为总开关和分开关,如图6-27所示。总开关设置在驾驶员侧车门上,可控制四个车门的车窗;分开关设置在每个车窗上,只能控制单独一个车窗。另外,主开关上还设置了安全断路开关,可切断所有车窗开关的工作电路。

(1)接通点火开关,起动发动机,正常运转。

(2)分别按下主开关上控制每个车窗的开关,观察车窗是否能正常工作。

(3)分别按下每个车窗的分开关,观察车窗是否能正常工作。

(4)按下主开关上的安全断路开关,再按下控制车窗的开关,观察车窗是否动作。

图6-27　丰田花冠轿车的电动车窗控制开关

(二)无传感器电动车窗的防夹伤控制器

1. 主要用途
汽车电动车窗的防夹伤控制以及升降电机的过载保护。

2. 功能简介
在电动车窗正常上升过程中,当在任意位置有物体被夹住时,控制器会立即停止上升动作,并自动返回到下死点,然后立即断电停机,以释放被夹物,保护司乘人员的安全(特别是6岁以下的儿童)。在上下死点位置,无论升降开关是否松开,控制器均会自动断电,以避免电机因长时间堵转而烧毁。如果电动车窗出现机械故障被卡住,控制器也会立即断电,有效保护电机不烧毁。该防夹控制器不仅增加了汽车的安全性,提高了汽车的档次,同时也大大延长了电动车窗的使用寿命。

3. 防夹电动车窗
目前,汽车的防夹电动车窗(包括防夹电动天窗)的防夹功能的实现需要"触觉"、"视觉"的配合。

笔记

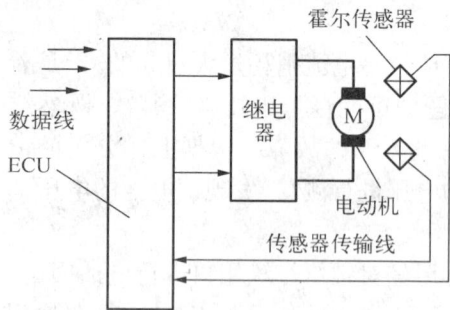

图 6-28　防夹电动车窗电路原理

所谓"触觉",就是当电动车窗机构感触到有异物在玻璃上,会自动停止玻璃上升工作。防夹电动车窗的电路原理如图 6-28 所示,在车窗上升的过程中,驱动机构中有电子控制单元(ECU)及霍尔传感器(脉冲发生器)时刻检测电动机的转速。当霍尔传感器检测到转速有变化时就会向 ECU 传送信息,ECU 向继电器发出指令,使电动机停转或反转(下降),车窗也就停止上升或反转下降。

当然,这种车窗玻璃移动过程中的阻力变化与车窗玻璃到达终端的阻力是不一样的,后者阻力远较前者阻力大得多,因此控制方式也不一样。当车窗玻璃到达关闭的终端时因阻力变大电动机过载电流也变大,继电器靠过载保护装置会自动切断电流。有的汽车设有玻璃升降终点的限位开关,当玻璃到达终端时压住限位开关,电流被切断电动机就停止运转了。

所谓"视觉",是一套光学控制系统。它检测有无异物在电动车窗移动范围内,从而控制玻璃移动,无需异物直接接触到玻璃。这个光学控制系统的主要元件是光学传感器,它由红外线发射器和接收器组成,安装在车窗的内饰件上,能连续精确地扫描指定的区域。这个区域一般指车窗玻璃向上移动时,距离车窗开占框上边缘 40~200 mm 范围内。一旦检测到有异物,传感器会把信息反馈至 ECU,ECU 发出指令使电动机停止运转。由于这种装置小巧,装嵌隐蔽,控制技术先进,所以有人称之为"智能无接触防夹玻璃"。

（三）采用 CAN 总线的轿车车窗智能控制系统

现在各中高档轿车都安装有电动车窗,按钮控制车窗玻璃的升降。如果车窗无智能,司机在没有注意到乘客的手或物体伸出窗口的情况下按下按钮,乘客容易被车窗夹伤。为了安全,很多乘车都采用电动防夹车窗。在充分研究有关 CAN 总线在汽车电子系统中的应用和电动车窗防夹方案的基础上,提出一种基于 CAN 总线的轿车车窗智能控制系统,实现车窗在正常工作模式下防夹控制功能和紧急情况下(异常工作模式)快速升降车窗控制功能。

目前,以微控制器为代表的汽车电子在整车电子系统中应用广泛,汽车控制正由机电控制系统转向以分布式网络为基础的智能化系统。CAN 总线是一种支持分布式和实时控制的串行通信网络,以其高性能和高可靠性在自动控制领域广泛应用。作为目前最具应用潜力的现场总线之一,CAN 总线技术为我国汽车产业升级、降低成本,扩大市场占有率提供支持。

1. CAN 总线通信实现原理

CAN 总线属于多路复用总线的一种,最早是由德国 Bosch 公司研制的主要用于汽车电器系统控制的总线规范。它采用非破坏总线仲裁技术,多种方式工作。直接通信距离最远可达 10 km,通信速率最高可达 1 Mb/s,帧消息采用 CRC 校验和其他检错措施,具有自动关闭错误严重的节点功能。CAN 节点通过报文的标识符滤波实现数据传输,不同优先级满足不同实时要求,节点数取决于总线驱动电路,通信介质可为双绞线、同轴电缆或光纤,选择灵活。报文采用短帧结构,传输时间短,受干扰概率低,保证数据出错率极低。汽车网络系统中的总线以报文为单位传输数据,节点对总线的访问采用位仲裁方式。报文起始发送节点标识符分为功能标识符和地址标识符。CAN 总线系统节点分为不带微控制器的非智能节点和带微控制器的智能节点。该系统采用智能节点设计,轿车车窗按 CAN 总线结构和电器元件在汽车中的物理位置划分为左前、右前、左后和右后 4 个节点单元。其中左前节点为主控制单元,除负责本地(左前)车窗的升降,还可以远程控制其他车窗。各节点采用独立的带 CAN 功能的微控制器设计,其CAN 网络结构如图 6-29 所示。

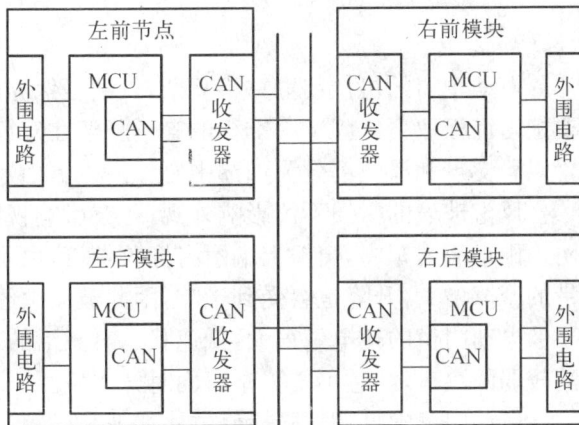

图 6-29　CAN 总线网络结构

### 2. 车窗的智能控制

电动车窗系统每个车门都有一个车窗玻璃升降机构,与传统的手摇机构相似,只不过是采用直流永磁电机驱动。电机尺寸非常小,可以安装在车门里面,并且带有一套减速机构,用来增加输出扭矩、减小输出转速。电机转动方向(即车窗的上下移动)通过改变输入电压的极性来实现,车窗升降速度取决于输入电压的大小。

系统使用一个小阻值(约 1 Ω)的电阻作为电流传感器,传感电阻与电机串联,其压降与电机的工作电流成正比,通过检测电阻两端的电压检测流过电机的电流。在传感电阻上的电压未到达设定的阈值前,电机一直工作,一旦传感器的压降达到阈值,电机停止转动,检测车窗位置。如果车窗位置未达到最终位置,说明车窗遇到障碍,车窗将自动退回初始位置。如果车窗到达行程终点,电机电路断开。为了完成该操作控制,需要实时控制车窗位置,为此在车窗导轨的顶部和底部各安装压电传感器,根据压力产生的电压来判断车窗是否到达预先设定的极限位置。

该系统设计除了在正常情况下实现自动防夹功能,还要求在突发事件(如歹徒抢劫或乘客遇险逃生等)时司机能够控制车窗的强制关闭或打开。系统对每个节点单元都有 3 个用于车窗控制的按键(K1、K2 和 K3)。其中 K1 用于控制车窗的上升和下降,是一个 2 值信号开关;K2 暂停/恢复按键用于车窗上升或下降途中的暂停,再次按下 K2 将继续运动;K3 模式选择按键,其默认为执行正常工作模式(带防夹功能),按下 K3 后执行异常工作模式(不带防夹功能),具有最高优先级,用于快速设定车窗上升或下降。主控节点单元即左前节点单元,除负责本地车窗的升降外,还控制所有节点单元的车窗同步动作,在前 3 个控制按键基础上,增加了本地/全局控制模式按键 K4,默认为本地控制模式,按键后切换控制模式。以主控节点单元按键动作说明车窗的智能控制过程,其结构逻辑如图 6-30 所示。

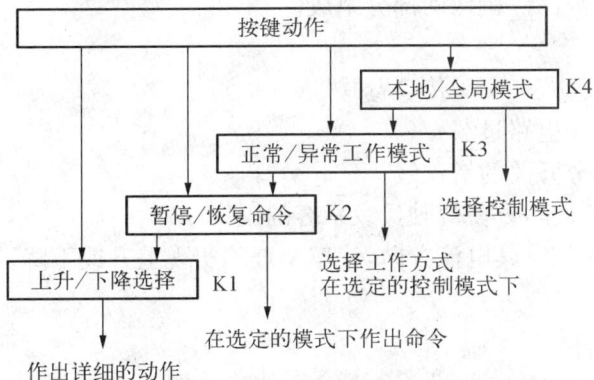

图 6-30　车窗智能控制机构图

**笔记**

（四）电动车窗的保养与检修

电动车窗的机械装置并不复杂，供油是保养的主体。但是由于机械装置位于车门内部，需要把内饰板取下。固定内饰板的螺丝隐蔽在车门把手的凹部内侧。使用齿轮、钢索的升降装置以臂支点和滑块部分为加油中心。内盖下面盖有防水用塑料，将其恢复原状非常重要。

风窗玻璃的污损不仅影响外观，还会影响视野，过分脏污更影响到电动开关车窗的动作。防止雨水流入车内，窗框上端附有橡胶带，这也是与玻璃经常接触的地方。玻璃污损后与橡胶带的摩擦增大，升降也会受到影响，因此玻璃须经常保持干净。

电动门窗的耗电量很大，低速状态时激活的一刹那甚至会使发动机声音发生变化，所以电池较弱的汽车，注意不要将车窗同时开或关。

电动门窗常见的故障检修方法如下：

（1）电动开关车窗动作不顺畅的原因多为升降机里的油分耗尽，应取下内饰板加上油。

（2）若是玻璃完全不能动作，则有可能是开关故障。如果是开关的故障，只能更换新件。

（3）电子装置如果不能动作，检查保险丝是一般常识。仔细检查哪一条保险丝是用于电动车窗的。

（4）开关的动作情况变差且车窗不能顺利开启，开关发生故障的可能性很高。

（5）为内部机械装置加油之前，首先取下内饰板。取下隐蔽螺丝钉、拆下快动开关即可。

（6）取下内饰板，剥开下面防水用的塑料纸，露出车窗的升降机构。在臂支点、齿轮的内部加注油脂。一边上下移动，一边喷涂就可以使很细小的部分也能润滑。

（7）为使玻璃顺利升降，重要的是尽量减少阻力。玻璃的污损也会成为阻力，应经常保持车窗的洁净。

**思考与练习**

**一、填空题**

1. 电动车窗由_____和_____组成。

2. 电动车窗主要由_____、_____、继电器、开关等组成。

3. 车窗升降器主要有_____式升降器、_____式升降器及_____式升降器。

4. 控制开关有两套：一套为_____；另一套为_____。

5. 车窗升降器主要由车窗_____和_____机构两部分组成。

**二、判断题**

1. 电动车窗升降器常见的类型有钢丝滚筒式和交叉传动臂式。（　　　）

2. 电动车窗系统中的热敏断路开关能防止电路过载。（　　　）

3. 电动车窗主控开关上的总开关是控制分开关的搭铁线。（　　　）

4. 电动车窗可以使驾驶员更加集中精力驾车，方便驾驶员及乘客的操作。（　　　）

5. 每个车窗都装有一个电动机，通过开关控制其电流方向，使车窗玻璃实现上升或下降。（　　　）

**三、选择题**

1. 为了防止电机过载，在电路或电动机内装有一个或多个双金属片式热敏（　　　），用以控制电机中的电流。

A. 断路器　　　　B. 继电器　　　　C. 开关　　　　D. 直流电机

2. 以下关于电动车窗,那项说法是错误的?(　　)。

A. 由车窗(玻璃)、升降器、继电器、开关组成

B. 系统一般装有两套控制开关,主(总)开关可控制每个车窗的升降

C. 在主开关上有断路开关,可切断分开关的电路

D. 防止电路过载,系统中装有热敏断路开关

3. 每个电动车窗应装(　　)个可逆永磁电动机。

A. 1　　　　　　　B. 2　　　　　　　C. 3　　　　　　　D. 4

4. 车窗电动工作电压是(　　)。

A. 24 VAC　　　　B. 24 VDC　　　　C. 12 VDC　　　　D. 12 VAC

5. 一个车窗在两个方向都不能运动的原因有(　　)。

A. 传动机构卡住　　　　　　　　B. 车窗电动机有故障

C. 分开关到电动机的导线断路　　D. 以上三项都符合

### 四、简答题

1. 一个车窗只能向一个方向运动的原因有哪些?

2. 两个车窗的分开关不起作用的原因有哪些?

3. 所有车窗都不能升降或有时不能升降的原因有哪些?

4. 电动玻璃升降器工作时有异响的原因有哪些?

5. 电动玻璃升降器不工作的原因有哪些?

# ⏭⏭ 学习情境 7

# 电动座椅无法调节的故障

## 学习任务 7　电动座椅无法调节故障的检修

### 学习目标

1. 了解电动座椅的类型、组成及工作原理；
2. 掌握普通座椅与电动座椅的区别；
3. 能正确分析电动座椅的控制电路并对电路进行检测；
4. 能对电动座椅的常见故障进行诊断、检测并排除故障。

### 学习时间

10 学时

### 学习情境描述

一辆凌志 L400 早上出车时驾驶员调节座椅时却无法调节,此款车原车配有电动座椅,现已经行驶了近 50 000 km 从无大修或肇事记录,车主已将车开到 4S 店,请你帮忙解决该车电动座椅无法调节故障。

**一、相关知识**

（一）概述

电动座椅是指以电动机为动力,通过传动装置和执行机构来调节座椅的各种位置,使驾驶员或乘员乘坐舒适的座椅。

在一些高级轿车中,乘客的电动座椅控制系统依靠电力可以实现座椅滑行、倾斜的调整;驾驶员的电动座椅控制系统不仅可以实现座椅滑行、倾斜的调整,而且还可以实现前垂直、后垂直、头枕和腰垫位置的调整,有的还带有位置存储功能。

1. 电动座椅的类型

（1）根据使用电动机的数量电动座椅可分为单电动机式、双电动机式、三电动机式和四电动机式等。

单电动机式：单电动机式只能对电动座椅的前后两个方向进行调整。

双电动机式：双电动机式可以对电动座椅的 4 个方向进行调整,即不仅前后两个方向的位置可以移动,其高低也可以进行自动调整。

三电动机式:三电动机式可以对电动座椅的 6 个方向进行调整,即不仅能向前后两个方向移动,还可分别对座椅的前部和后部的高低进行调整。

四电动机式:四电动机式的调整功能除了具有以上三电动机式的调整功能以外,还可对靠背的倾斜度进行调整。

电动座椅装用的电动机最多可达 8 个,除了保证上述基本运动外,还可对头枕高度、座椅长度和扶手的位置进行调整。

(2) 根据有无加热器,电动座椅可分为无加热器式与有加热器式两种。有加热器式电动座椅可以在冬季寒冷的时候对座椅的坐垫进行加热,以使驾驶员或乘客乘坐更舒适。

(3) 根据有无存储功能,电动座椅可分为无存储功能与有存储功能两种。有存储功能的电动座椅,可以将每次驾驶员或乘客调整电动座椅后的数据存储下来,作为以后重新调整座椅位置时的基准。

此外,在座椅中还附加了一些特种功能的装置,如在气垫座椅上使用电动气泵,对各个专用气囊(腰椎支撑气囊、侧背支撑气囊、座位前部的大腿支撑气囊)进行充气,起到调节支撑腰椎、侧背、大腿的作用。具有 8 种功能的电动座椅如图 7-1 所示,具有全方位可调节功能的电动座椅如图 7-2 所示。

图 7-1　具有 8 种功能的电动座椅

1—座椅前后调节;2—靠背倾斜调节;
3—座椅上下调节;4—靠枕上下、前后调节;
5—座椅前部支撑调节;6—侧背支撑调节;
7—腰椎支撑气垫调节

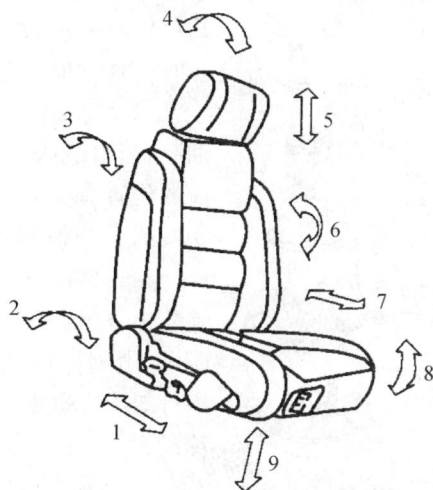

图 7-2　具有全方位可调节功能的电动座椅

1—座椅前后移动调节;2—靠背倾斜度调节;
3—靠背上部调节;4—靠枕前后调节;
5—靠枕上下调节;6—侧背支撑调节;
7—腰椎支撑气垫调节;8—座椅前部支撑调节;
9—座椅高度调节

2. 电动座椅的组成

电动座椅主要由各电动机、执行(传动)机构、调节开关、存储和复位开关、位置传感器、电子控制器 ECU 等组成,如图 7-3 所示。

(1) 电动机:电动座椅大多采用永磁式电动机驱动,并通过装在座位侧板上或门扶手上的肘节式控制开关来控制电路通路和电流方向,使某一电动机按所需的方向运转,以达到调整座椅的目的。

笔记

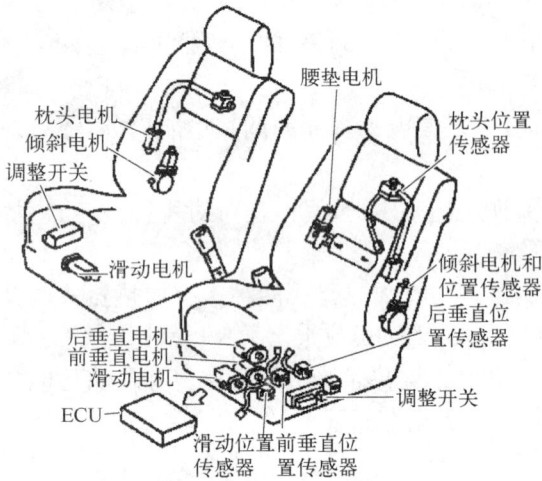

图 7-3　电动座椅结构

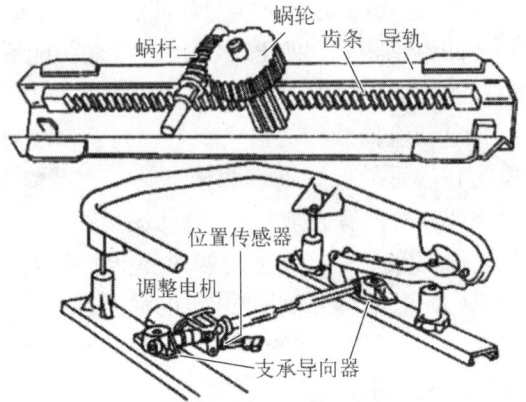

图 7-4　电动座椅前后调整传动机构

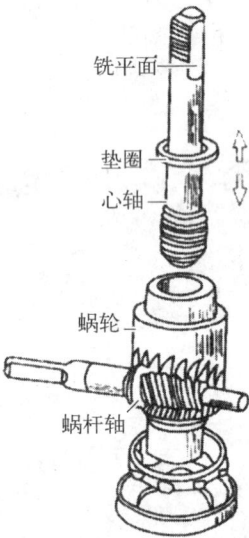

图 7-5　电动座椅上下调整传动机构

为了防止电动机过载，大多数永磁式电动机内装有热过载保护断路器。有些电动座椅采用串激电动机来驱动，并装有两个磁场线圈，使其可作双向运转。这种电动机多使用继电器控制电流方向，当开关换向时，可听到继电器动作的"咔嗒"声。

(2)传动机构：电动座椅的传动机构主要由变速器(蜗轮蜗杆)、联轴装置、电磁阀等组成。其作用是把直流电机产生的旋转运动，变为座椅的位置调整。

前后调整传动机构如图 7-4 所示，由蜗杆、涡轮、齿条、导轨等组成，齿条装在导轨上。调整时，直流电机产生的力矩经蜗杆传至两侧的蜗轮上，经齿条的带动，使座椅前后移动。上下调整传动机构如图 7-5 所示，由蜗杆轴、蜗轮、心轴等组成。调整时，直流电机产生的力矩带动蜗杆轴，驱动蜗轮转动，使心轴在蜗轮内旋进或旋出，带动座椅上下移动。

(3)手动调节开关：主要用来调整座椅的各种位置。当按下此开关后，电控单元就会控制相应电动机运转，按照驾驶员的要求调整座椅的位置。

(4)存储和复位开关：主要是用来存储或恢复驾驶员已经调整好的座椅位置。只要按下此按钮，就能按存储的各个座椅位置的要求调整座椅的位置。

(5)位置传感器：主要用来检测座椅的各种位置，其结构如图 7-6 所示。它主要由齿轮、滑块和螺旋杆(可变电阻器)组成，其工作原理和一般电位计相似。螺旋杆由电动机通过齿轮驱动旋转，并带动滑块在电阻器上滑动，从而使输出电压信号发生变化。电控单元

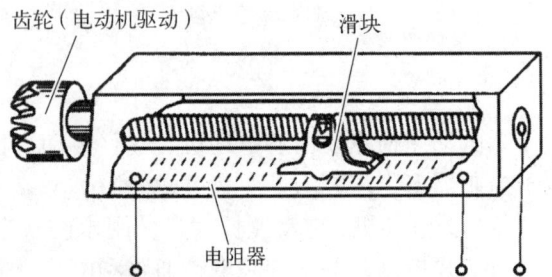

图 7-6　座椅位置传感器

根据此电压信号决定座椅的位置。只要座椅位置调定后,驾驶员按下存储和复位开关,电控单元就把这些电压信号存储起来,作为重新调整位置时的基准。

（6）ECU 及其控制:主要用来控制靠手动调节开关的座椅调节装置,也能根据从转向柱倾斜与伸缩 ECU、位置传感器等送来的信号存储座椅位置。考虑到驾驶员的不同体型和喜好的驾驶姿势,自动调节系统能在该 ECU 中存储 2 种不同的座椅位置供选择,靠"单独"开关的点动,ECU 即可将座椅调整到驾驶员所期望的位置。

座椅进行调整时,由手动调节开关通过电控单元控制调整量,然后利用存储和复位开关控制某一位置的数据存储;座椅位置信号取自变阻器上的电压降。根据每个自由度上的电动机驱动座椅,从而使变阻器随动。根据变阻器的电压降,控制单元识别座椅的运动机构是否到达"死点",如果到达"死点"位置时,电控单元及时切断供电电源,保护电动机和座椅驱动机构。

3. 电动座椅的控制电路

（1）无存储功能的电动座椅:主要由座椅本体、座椅调节器开关、座椅调节器和调节器电动机等组成。其控制电路如图 7 - 7 所示。

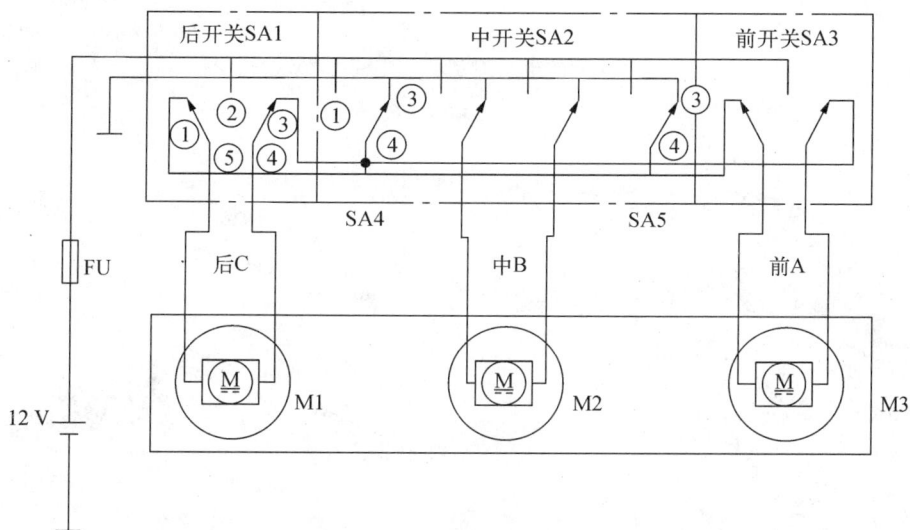

图 7 - 7　电动座椅控制电路图

（2）有存储功能的电动座椅:现代高级轿车的电动座椅多采用 6 向调整方式,这种系统除具有改变座椅的前后、高低、靠背斜度位置的电子驱动装置外,还设了一个具有存储功能的电子控制装置,该装置只要一按按钮,就能按存储的各个座椅位置的要求调整位置。图 7 - 8 是一种典型的电子控制可调座椅结构原理框图。它有 4 个电动机用来调整座椅,还有一个单独的存储器存储 4 个座椅的位置。

（二）普通电动座椅的工作原理

1. 基本组成

为了实现座椅位置的调节,普通电动座椅包括若干个双向电动机、传动装置和控制电路(包括控制开关)3 个主要部分,其结构和电机的安装位置分别如图 7 - 9 和图 7 - 10 所示。

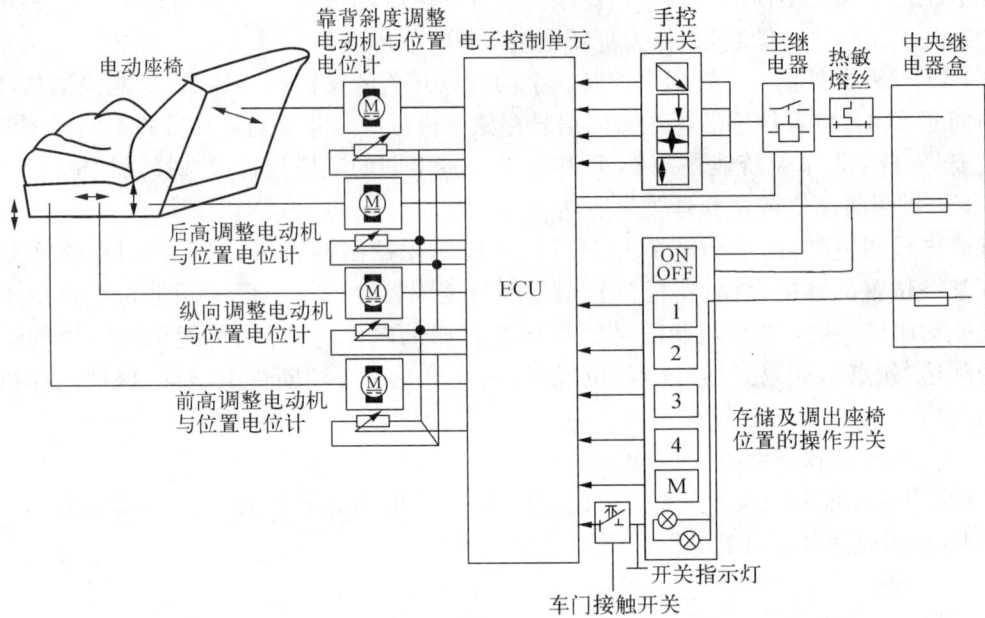

图 7-8 典型的电子控制可调座椅结构原理框图

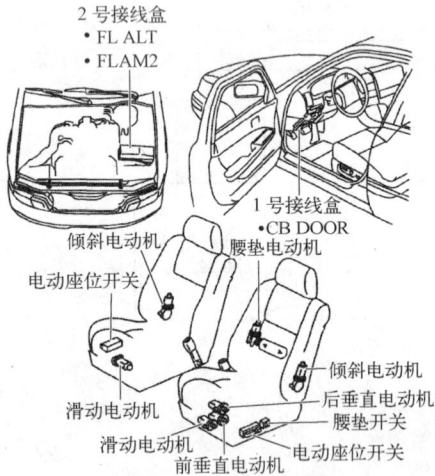

图 7-9 典型电动座椅的结构

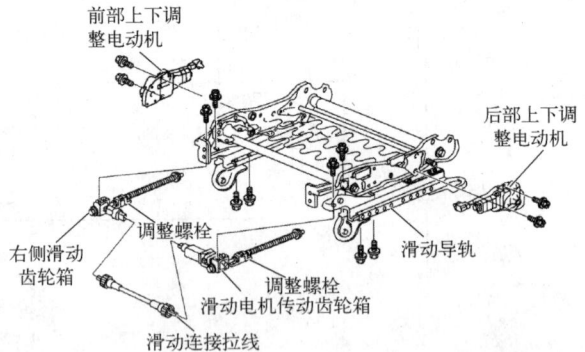

图 7-10 座椅电动机的安装位置

双向电动机产生动力,传动装置可以把动力传至座椅,通过控制开关实现座椅不同位置的调节。

(1)电动机:电动座椅中使用的电动机一般为永磁式双向直流电动机。它通过控制开关来改变流经电机内部的电流方向,从而实现转动方向的改变。

(2)传动装置:电动座椅的传动装置主要包括变速器、联轴节、软轴及齿轮传动机构等。变速器的作用是降速增扭。电动机轴分别与软轴相连,软轴再和变速器的输入轴相连,动力经过变速器的降速增扭以后,从变速器的输出轴输出,变速器的输出轴与蜗杆轴或齿轮轴相连,最终蜗轮蜗杆或齿轮齿条带动座椅支架产生位移。

　　（3）控制电路：如图 7-11 所示为雷克萨斯 LS400 轿车电动座椅控制电路（不带储存功能），该电动座椅包括滑动电机、前垂直电动机、倾斜电动机、后垂直电动机和腰椎电动机，可以实现座椅的前后移动、前部高度调节、靠背倾斜程度调节、后部高度调节及腰椎前后调节。

　　电路中有 5 个开关，分别控制 5 个电动机。开关有一个共同特点：均为常搭铁型结构，即电动机没有动作时，电动机两端通过开关搭铁；当开关打向其一侧时，动作侧开关接通电源。每个电动机中均设有断路器，当座椅位置调整到极限时，流过电动机的电流增加，断路器断开，切断电动机电流，保护电动机不被烧损；松开调整开关，冷却后，断路器又重新复位。下面以座椅靠背的倾斜调节为例，介绍电路的控制过程。

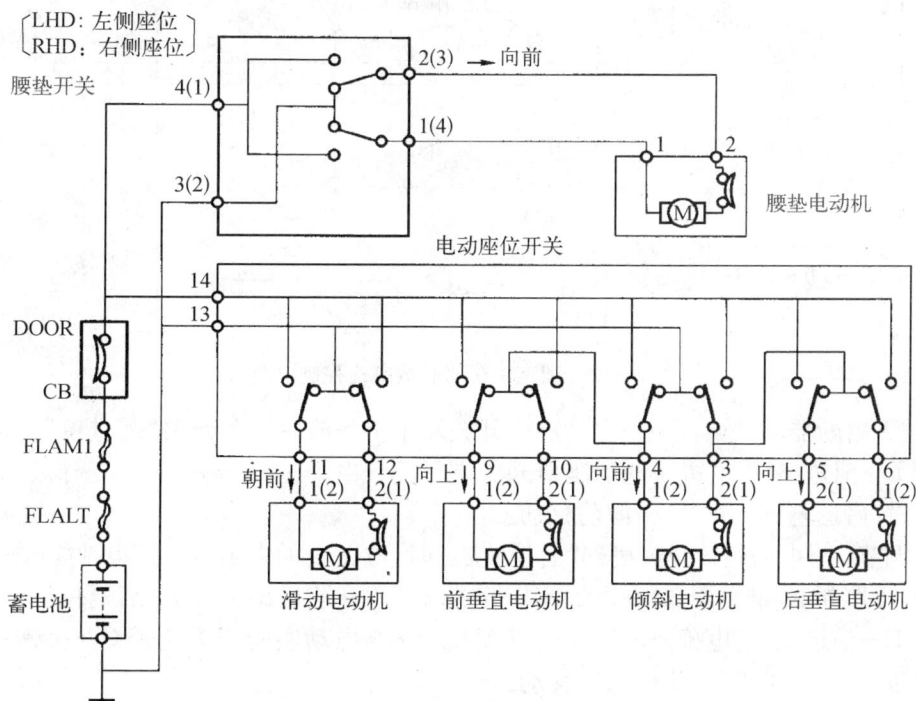

图 7-11　雷克萨斯 LS400 轿车电动座椅控制电路

　　当电动座椅的开关处于倾斜位置时，如果要调整靠背向前倾斜，则闭合倾斜电机的前进方向开关，即端子 4 置于左位时，电路为：蓄电池正极→FLALT→FLAM1→DOOR CB→端子14→（倾斜开关"前"）→端子 4→1(2)端子→倾斜电动机→2(1)端子→端子 3→端子 13→搭铁。此时，座椅靠背前移。

　　当端子 3 置于右位时，倾斜电动机反转，座椅靠背后移。此时的电路为：蓄电池正极→FLALT→FLAM1→DOOR CB→端子 14→（倾斜开关"后"）→端子 3→2(1)端子→倾斜电动机→1(2)端子→端子 4→端子 13→搭铁。

　　**2. 电动座椅控制电路原理**

　　电动座椅控制电路的原理与电动车窗的控制电路相似，通过调整开关控制双向直流电动机的电流方向，图 7-12 为别克轿车驾驶员座椅控制电路，它有六种可调方式，座椅前部上、下调节；后部上、下调节；座椅前、后调节。如电动座椅前、后调节，其电路为：

　　向前调节：将电动座椅开关拨到"前进"位置时，电路中的电流为：蓄电池"＋"→熔断丝

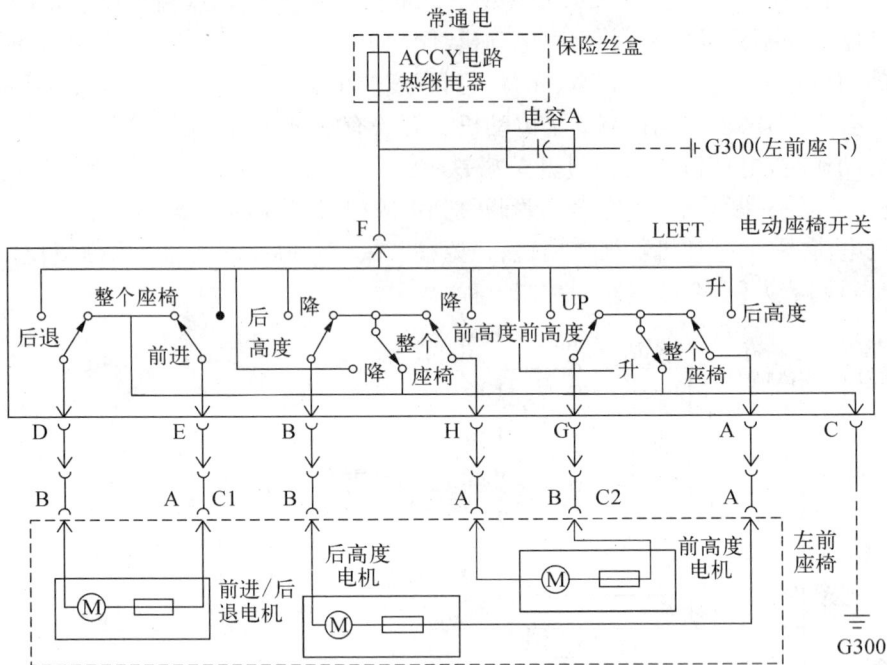

图 7-12 别克轿车驾驶员座椅控制电路

（发动机盖下熔断器/继电器盒）→电动座椅开关端子 F→前后调节开关"前进位"→电动座椅开关端子 E→前进/后退电机→电动座椅开关端子 D→电动座椅开关端子 C→搭铁→蓄电池"－"。前进/后退电机工作,座椅向前移动。

　　向后调节：将电动座椅开关拨到"后退"位置时,电路中的电流为：蓄电池"＋"→熔断丝（发动机盖下熔断器/继电器盒）→电动座椅开关端子 F→前后调节开关"后退位"→电动座椅开关端子 D→前进/后退电机→电动座椅开关端子 E→电动座椅开关端子 C→搭铁→蓄电池"－"。前进/后退电机工作,座椅向后移动。

## 二、相关技能

（一）电动座椅主要部件的检测

电动座椅的主要部件有：调节开关、调节电动机、位置传感器和电控单元（ECU）等。

### 1. 调节电动机的检测

对电动座椅调节电动机的检测应先将其从座椅上拆下来才能进行,其检测方法如下：

（1）当将电动座椅调节电动机处于某一种调节状态时,检测各端子与电源之间的连接情况应符合要求。

分别用导线将电动机插接器的相应两个端子与蓄电池的正、负极相连接,检查电动机工作情况。必须注意的是,当电动机通电后不转,或有异常响声,均应立即停止检测。

（2）如检测到某个调节电动机不运转或运转不平稳,则拔下该电动机上的两芯插接器,直接将蓄电池正、负极用导线与该电动机连接,进行通电检测。如此时电动机运转无问题,则为调节电动机两芯插座之间的导线可能有断路、接地或接触不良现象。

（3）如单独对电动机通电后仍不运转或运转不正常，说明该电动机有故障，则应更换新件。

2. 调节开关的检测

对电动机调节开关的检测，也应将其从驾驶员座椅处拆下。用万用表检测插接器各端子之间的导通状态，即可判断调节开关的好坏。

3. 位置传感器的检测

（1）拆下电动座椅 ECU。首先拆下驾驶员座椅，然后拆下前垂直调节器上的螺栓并将座垫略微抬高。座垫抬高后，可以从坐垫下面的固定处随插接器一起拆下电动座椅 ECU。

（2）位置传感器检查。将电动座椅 ECU 的端子 CHK 连接到车身（接地），使 ECU 进入检查状态。用示波器测量电动座椅 ECU 的端子 S 与车身接地之间的电压波形。当示波器显示如图 7-13(a) 所示电压波形时，表示"已准备好"了；然后接通电动座椅开关，用示波器检查座椅移动时的电压波形变化，如示波器显示如图 7-13(b) 所示电压波形，表示输入信号正常，相应的位置传感器无故障；如示波器显示如图 7-13(c) 所示电压波形，表示输入信号不正常，相应的位置传感器有故障，应更换位置传感器。

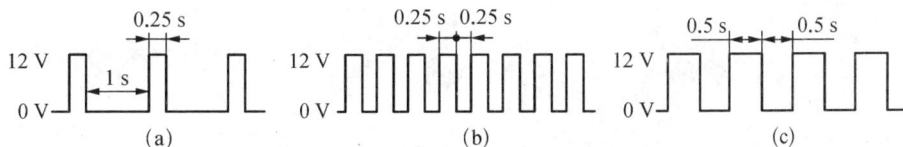

图 7-13　检测位置传感器的电压输出波形
(a)"准备好"时的波形；(b)正常波形；(c)不正常波形

在进行该项检查时，当座椅移动到极限位置时，电压波形从正常变为不正常，这属于正常现象。

4. ECU 的检测

汽车的电控单元一般很少出现故障。如果怀疑其有故障，通常采用测量其线束插接器相关端子间的电压或电阻，再与标准值进行比较的方法。其值应符合标准值，否则应进一步检查电路。但测量之前应首先检查电控单元外观有无明显的损坏，外围元件是否脱焊或变质。若一切完好，可对电控单元 ECU 进行检测。

（二）电动座椅无法调节故障的检修

电动座椅常见故障有座椅无法调节或某个方向不能动作。

主要原因有：熔断器熔断、线路断路、座椅开关故障、某个方向对应的电动机损坏、开关损坏、对应的线路断路等。

故障诊断步骤是：如果是座椅完全不能动作，应首先检查熔断器是否熔断，若熔断器良好，则应检查所在线路及其插接件是否正常，再检查开关；若是某个方向不能动作，可以先检查所在线路是否正常，再检查开关和电动机。

下面以 2003 款广州本田雅阁轿车为例介绍电动座椅的检测方法。

广州本田雅阁轿车电动座椅电路图如图 7-14 所示。

电动座椅调节开关的检测步骤如下：

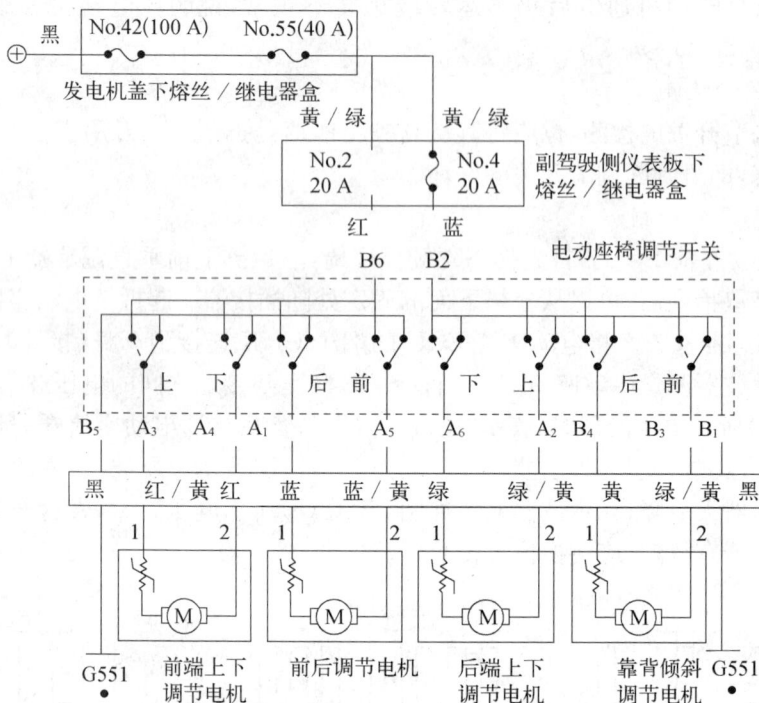

图 7-14　广州本田雅阁轿车电动座椅电路图

（1）拔出调节开关钮，然后从驾驶席座椅处拆下调节开关罩。

（2）拆开调节开关的两个 6 芯插头，如图 7-15 所示。再拆下该开关的 2 个固定螺钉，然后从开关罩上拆下调节开关。

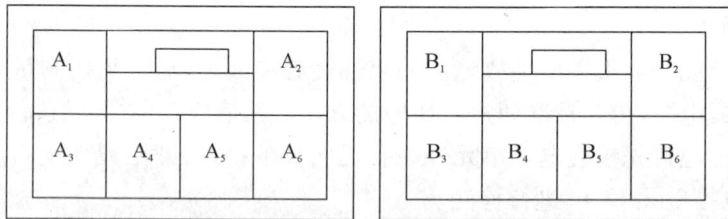

图 7-15　调节开关两端的两个 6 芯插头

（3）当调节开关处于各调节位置时，按表 7-1 所示检查两个 6 芯插头各端子之间的导通情况。如检查前端上下调节开关是否正常时，可先把开关掷于"向上"位置。由图 7-13 可知，此时开关上的 $A_3$ 端子和 $B_6$ 端子接通、$A_4$ 端子和 $B_5$ 端子接通。由表 7-1 上可知，前端上下调节开关的"向上"一行中 $A_3$ 与 $B_6$ 相连、$A_4$ 与 $B_5$ 相连。此时将万用表调至电阻档，将两个表笔分别与 $A_3$ 端子、$B_6$ 端子接触，如果阻值为零，则迅速把表笔移开，说明此处正常。同样方法再检查 $A_4$ 和 $B_5$ 端子，其阻值也应为零才说明其正常。之后，将此开关掷于"向下"位置。如果 $A_4$ 和 $B_6$ 端子之间、$A_3$ 和 $B_5$ 端子之间的阻值均为零，则说明此开关正常。用同样的方法再检查其他开关，当开关处在相应的位置时，表 7-1 中各个连线的端子间的阻值都应为零，说明整个调整开关正常，否则应进行修理或更换。

**表 7-1　检测调节开关对应表**

| 开关位置 | 端子 | A₁ | A₂ | A₃ | A₄ | A₅ | A₆ | B₁ | B₂ | B₃ | B₄ | B₅ | B₆ |
|---|---|---|---|---|---|---|---|---|---|---|---|---|---|
| 前端上下调节开关 | 向上 | | | • | | | | | | | | | • |
| | 向下 | | • | | • | | | | | | • | • | |
| 后端上下调节开关 | 向上 | | • | | | | • | • | | | | | |
| | 向下 | | • | | | • | • | | | | | | |
| 前后调节开关 | 向前 | • | | | | | | | | | • | | |
| | 向后 | • | | | • | | | | | | • | | |
| 靠背倾斜调节开关 | 向前 | | | | | | | • | • | • | | | |
| | 向后 | | | | | | | • | • | • | | | |

## 三、案例分析

**1. 广州本田雅阁 2.3L 轿车电动座椅所有调节开关无法调节**

**故障现象**：广州本田雅阁 2.3L 轿车驾驶员座椅为 8 种可调方式的电动座椅,该车电动座椅所有调节开关无法调节。

**故障诊断**：该车电动座椅电路原理如图 7-16 所示。

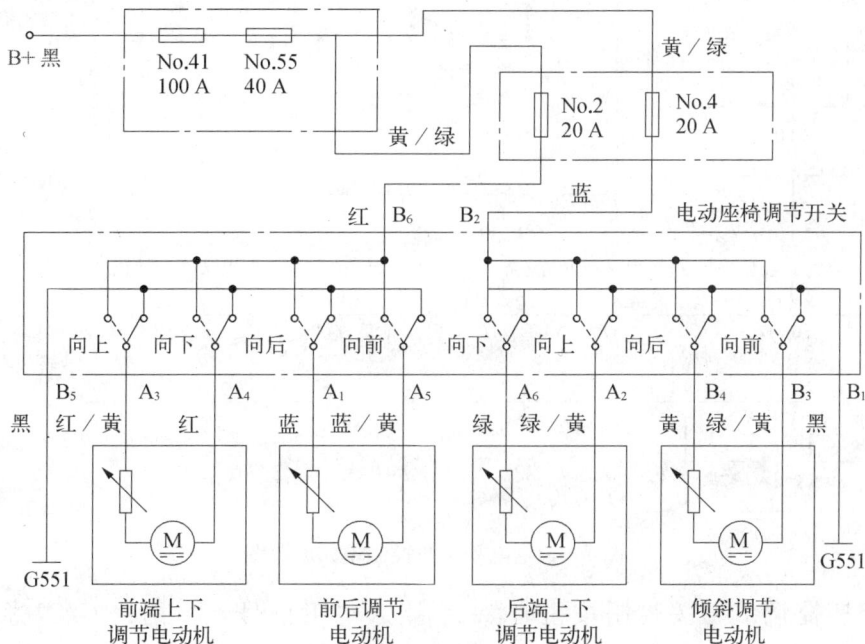

图 7-16　电动座椅电路原理图

其工作原理如下：

4 个双向调节电动机分别在正向和反向导通的情况下,共有 8 种可调节的方式,它们分别是前端上下、后端上下、前后移动和向前向后倾斜。

来自电源的正极线经发动机盖下熔丝/继电器盒中的第 41 号熔丝(100 A)和第 55 号熔丝(40 A),然后经过两条并列的电路,分别再经副驾驶员侧仪表板下熔丝/继电器盒中的第 2 号熔丝(20 A)和第 4 号熔丝(20 A),再经 B6、B2 进入电动座椅调节开关。当开关处于某种调节状态时,电流经开关触点流到相应的调节电动机,驱动电动机工作,实现调节,最后经 B5、B1 接地构成回路。经分析认为,故障是电动座椅控制系统无电源,先检查 40 A 熔丝,发现熔丝熔断。

**故障排除:**换上一只新的 40 A 熔丝,电动座椅控制系统调节工作正常,故障排除。

2. 克莱斯勒 300C 轿车电动座椅不能调节

**故障现象:**北京克莱斯勒 300C 轿车,其电动座椅不能调节。

**故障诊断:**该车电动座椅由电源分配中心 PDC 内的 25 A 熔丝提供蓄电池电压,以便电动座椅保持工作状态,而与点火开关所处的位置无关。当操作电动座椅开关时,座椅控制单元控制蓄电池电压通过座椅开关驱动一个或多个电动机动作,电动机通过驱动装置沿着设定的方向移动座椅,直到开关被松开或到达电动座椅调节滑轨的极限位置为止。该车座椅不能调节的可能原因是:座椅控制单元、座椅调节开关和相关电路有故障。

首先连接故障诊断仪 STARSCAN 对座椅控制单元 MSM 进行诊断,无故障码存储,查看网络拓扑图也未发现异常。座椅控制单元的电源和接地电路如图 7-17 所示,检测控制单元的线束插接器 C1 中的 8 号端子 B+电源 12 V 正常,10 号端子地线正常。

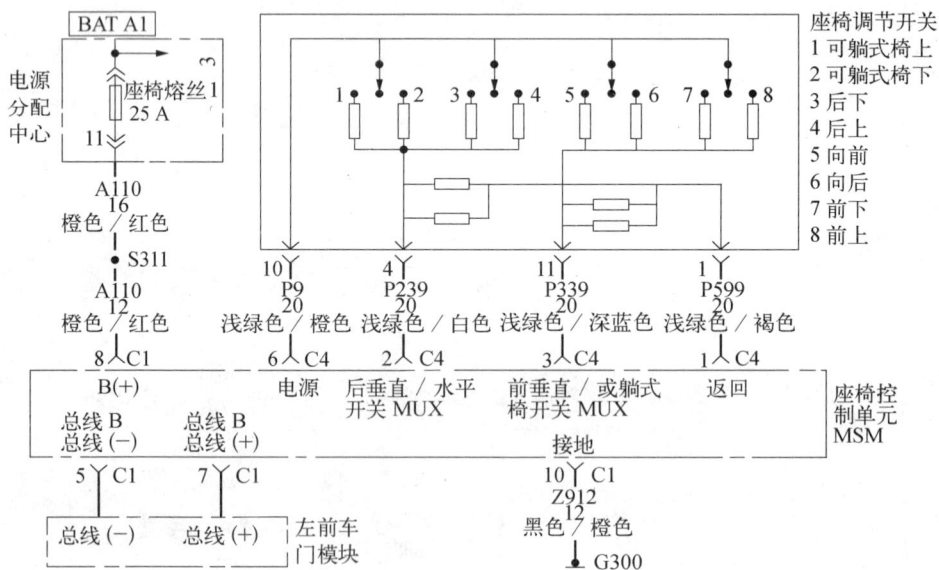

图 7-17 电动座椅控制单元电路图

当按下座椅调节开关控制按钮时,一个接入电阻信号经由网络 CAN 总线发送给 MSM,MSM 负责对电动座椅调节电动机提供 12 V 电压和接地。每个电动机都带有自我重新设置电路断路器,以避免电动机负荷过大,然而电路断路器连续或经常重新设置会导致电动机损坏。参考电路图,测量座椅调节开关各状态时的阻值。各端子之间的阻值如下:

座椅调节开关关闭位置:端子 10~4 之间为∞,端子 10~1 之间为∞,端子 1~4 之间为

47 Ω,端子 1～11 之间为 47 Ω;后倾向上:端子 10～11 之间为 169 Ω;水平向前:端子 10～11 之间为 43 Ω;水平向后:端子 10～11 之间为 100 Ω;垂直向上:端子 10～4 之间为 43 Ω;垂直向下:端子 10～4 之间为 10 Ω;前倾向上:端子 10～4 之间为 169 Ω;前倾向下:端子 10～4 之间为 76 Ω。经过上述的检测,可以看出座椅调节开关各阻值均正常,测量电路导通情况正常,从而说明是 MSM 有故障。

**故障排除:**使用故障诊断仪进行 MSM 刷新,故障依旧。更换新的 MSM,座椅可以正常调节,故障排除。

**维修小结:**MSM 损坏的常见原因是内部进水、电流过大而损坏或本身软硬件问题。该车的 MSM 没有发现进水现象,可能是座椅移动过程中受到较大的阻力而引起过载电流造成的损坏。

3. 别克新世纪电动座椅的所有功能都不工作

**故障现象:**2010 款别克新世纪电动座椅的所有功能都不工作。

**故障诊断:**

(1) 在不工作的座椅上,用测试灯,从电动座椅开关接头的背面,在端子＋A 和地线之间进行检查。如果测试灯变亮,进行下一步。如果测试灯不亮,转入步骤④。

(2) 用测试灯,从电动座椅开关接头的背面,在端子＋A(橙色导线)和＋D(黑色导线)之间进行检查。如果测试灯变亮,进行下一步。如果测试灯不亮,转入步骤⑤。

(3) 检查电动座椅开关上是否有连接不良的地方。如果连接良好,更换电动座椅开关。参见"拆卸与安装"中的"电动座椅开关"。重新检查系统的工作。

(4) 维修电动座椅开关和保险丝盒之间的橙色导线中连接不良或开路的地方。重新检查系统的工作。

(5) 维修电动座椅开关和地线之间的黑色导线中连接不良或开路的地方。重新检查系统的工作。

拓展学习

1. 座椅加热系统

座椅加热系统可以对驾驶员和乘客的座椅进行加热,使乘坐更加舒适。有些汽车座椅的加热速度可以调节,有些不可以调节,下面分别对其进行介绍。

(1) 加热速度不可调式座椅加热系统。图 7-18 为北京现代索纳塔轿车电动座椅加热电路图。该电路可以对驾驶员座椅和副驾驶员座椅同时进行加热,也可以分别加热。其中,座椅加热线圈和靠背加热线圈是串联连接。其工作过程如下:

① 若只需对驾驶员座椅进行加热,只关闭左前座椅加热开关。电路为:电源→熔断丝 15→端子 12→端子 M21→加热开关→端子 4→恒温器开关→座椅加热丝→靠背加热丝→搭铁。此时,只对驾驶员的座椅进行加热,同时驾驶员座椅加热指示灯(IND)点亮。单独对副驾驶员座椅加热时的电路分析是相同的。

② 若要对两个座椅同时加热,则两座椅的加热开关同时接通,此时,两座椅的座椅加热丝和靠背加热丝串联以后再并联,两指示灯同时点亮。

(2) 加热速度可调节座椅加热系统。图 7-19 为本田雅阁轿车座椅加热器开关和继电器的安装位置。

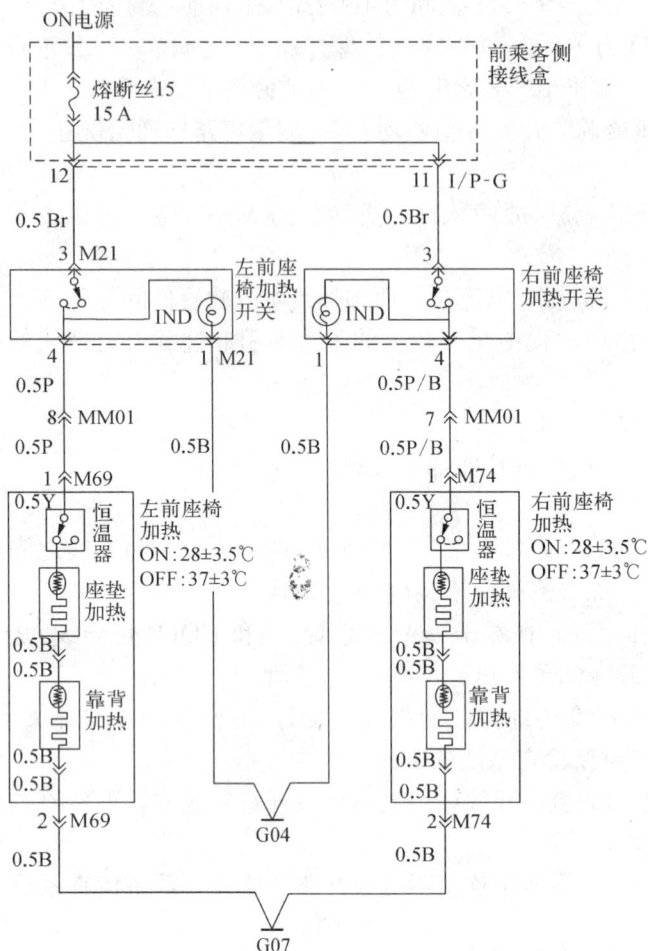

图 7-18    北京现代索纳塔轿车电动座椅加热电路

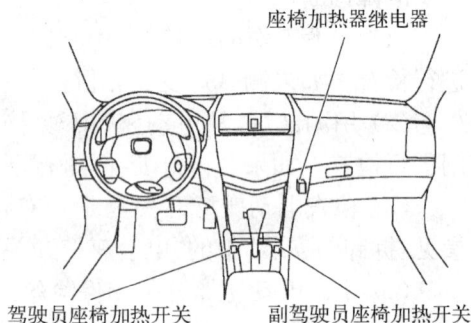

图 7-19    本田雅阁轿车加热器开关
和继电器的安装位置

图 7-20 为其电路,此座椅加热器的加热速度可以调节。驾驶员和副驾驶员座椅的加热器和加热控制开关相同。其中 HI 表示高位加热,LO 表示低位加热。该座椅加热系统可以单独对驾驶员侧或副驾驶员侧的座椅进行加热,也可以同时对两座椅进行加热。

下面以驾驶员侧的座椅加热器为例,分析其工作过程。

当加热器开关断开时,加热系统不工作。

当加热器开关处于"HI"位置时,电流首先经过点火开关给座椅加热器的继电器线圈通电,线圈产生磁场使继电器开关闭合。此时,加热器的电路为:

蓄电池"+"→熔断丝→继电器开关→加热器开关端子 5,然后电流分为三个支路:一路经指示灯→继电器端子 4→搭铁,指示灯亮;另一路经加热器开关端子 6→加热器端子 A1→节温器→断路器→靠背线圈→搭铁;还有一路经加热器开关端子 6→加热器端子 A1→节温器→断路器→座垫线圈→加热器端子 A2→加热器开关端子 3→加热器端子开关 4→搭铁。此时,靠背线圈和座垫线圈并联加热,加热速度较快。

当加热器开关处于"LO"位置时,电流流向为:蓄电池"+"→熔断丝→继电器开关端子 5,

笔记

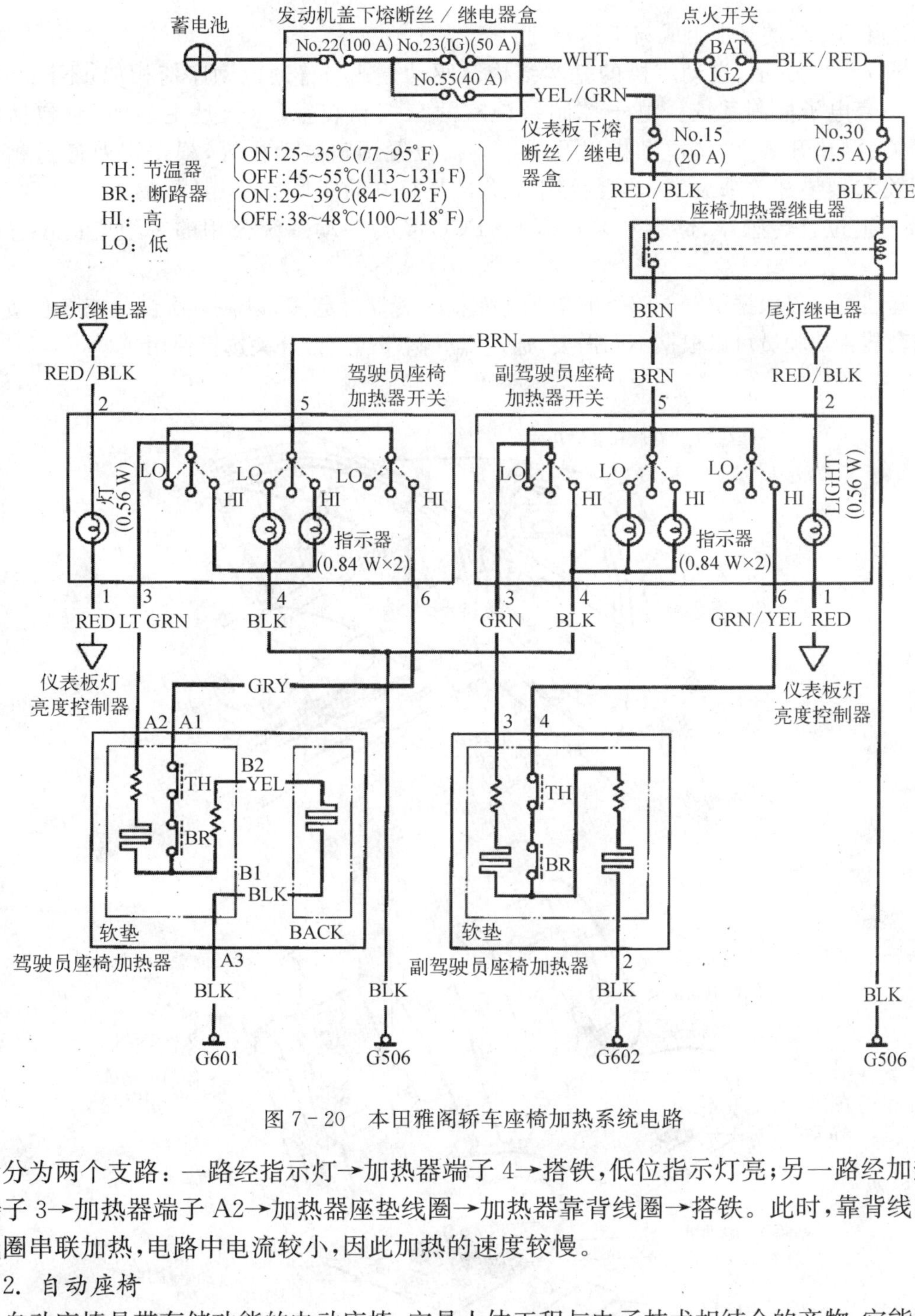

图 7-20　本田雅阁轿车座椅加热系统电路

然后分为两个支路:一路经指示灯→加热器端子 4→搭铁,低位指示灯亮;另一路经加热器开关端子 3→加热器端子 A2→加热器座垫线圈→加热器靠背线圈→搭铁。此时,靠背线圈和座垫线圈串联加热,电路中电流较小,因此加热的速度较慢。

　　2. 自动座椅

　　自动座椅是带存储功能的电动座椅,它是人体工程与电子技术相结合的产物,它能自动适应不同体型的乘员乘坐舒适性的要求。

　　该座椅的调整装置除能改变座椅的前后、高低、靠背倾斜及头枕等的位置外,还能存储座椅位置的若干个数据,只要乘员一按按钮,就能自动调出座椅的各个位置,如果此时不符合存储数据的乘员乘坐,汽车便发出蜂鸣声响信号,以示警告。自动座椅现已在中高档轿车中广泛采用。

（1）自动座椅的基本组成与工作原理。

如图 7-21 所示，自动座椅的基本结构及驱动方式与普通电动座椅相似，不同之处是附加了一套电子控制系统。电子控制系统有两套控制装置，一套是主动的，它包括电动座椅开关、腰垫开关、腰垫电动机以及一组座椅位置调整电动机等，根据需要通过相应的座椅开关和腰垫开关来调整，此套控制方式与普通电动座椅完全相同；另一套是自动的，它包括一组位置传感器、储存和复位开关、ECU 及与手动系统公用的一组座椅位置调整电动机。

此套装置可以根据位置传感器的信号将座椅位置储存起来，以备下次恢复座椅位置时使用。两套装置驾驶员可以根据不同需要，通过操纵储存与复位开关选择使用。

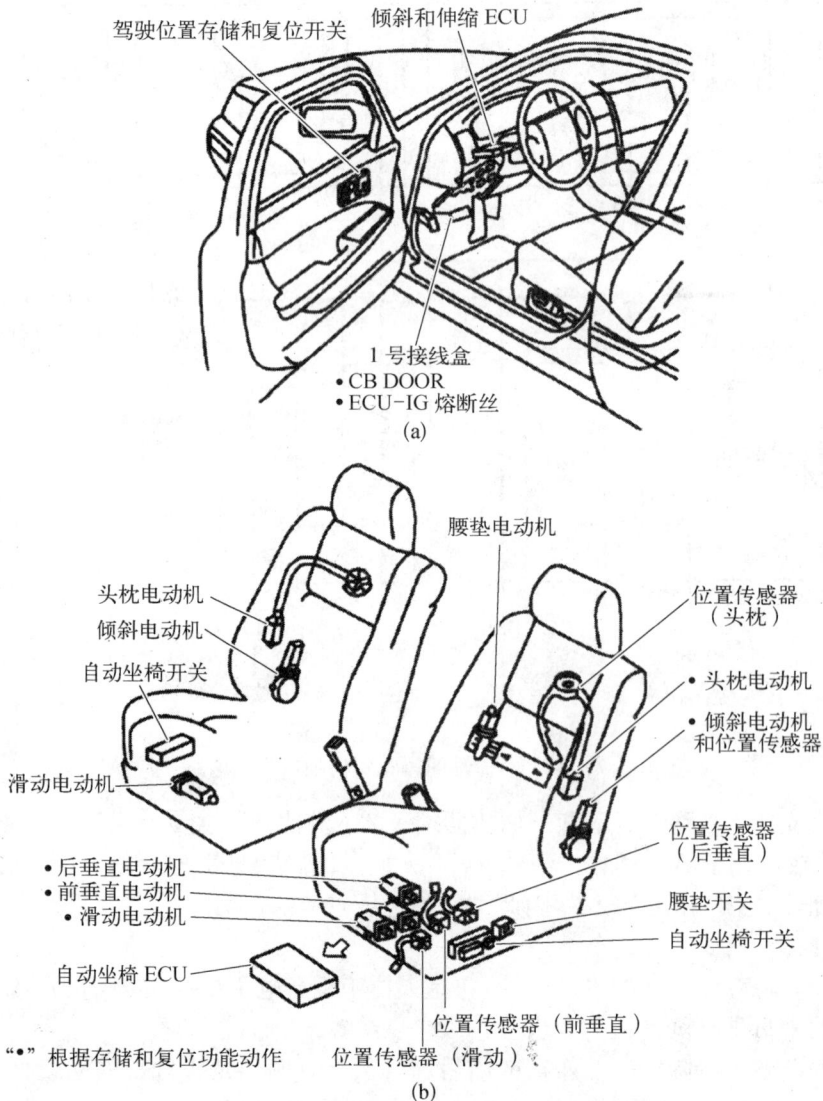

(a)

(b)

图 7-21　自动座椅控制装置在车上的布置

　　自动座椅的控制电路如图7-22所示,其动作方式有座椅前后滑动调节、座椅前部的上下调节、座椅后部的上下调节、靠背的倾斜调节、头枕的上下调节及腰垫的前后调节等。其中腰垫的前后调节是通过腰垫开关和腰垫电动机直接控制的,并无存储功能。驾驶员通过操纵电动座椅开关可以控制其余的五种调整。当座椅位置调好后,按下储存和复位开关,电控装置就把各位置传感器的信号储存起来,以备下次恢复座椅位置时再用。当下次使用时,只要一按位置储存和复位开关,座位ECU便驱动座椅电动机,将座椅调整到原来位置。控制系统中各装置的功能如表7-2所示。

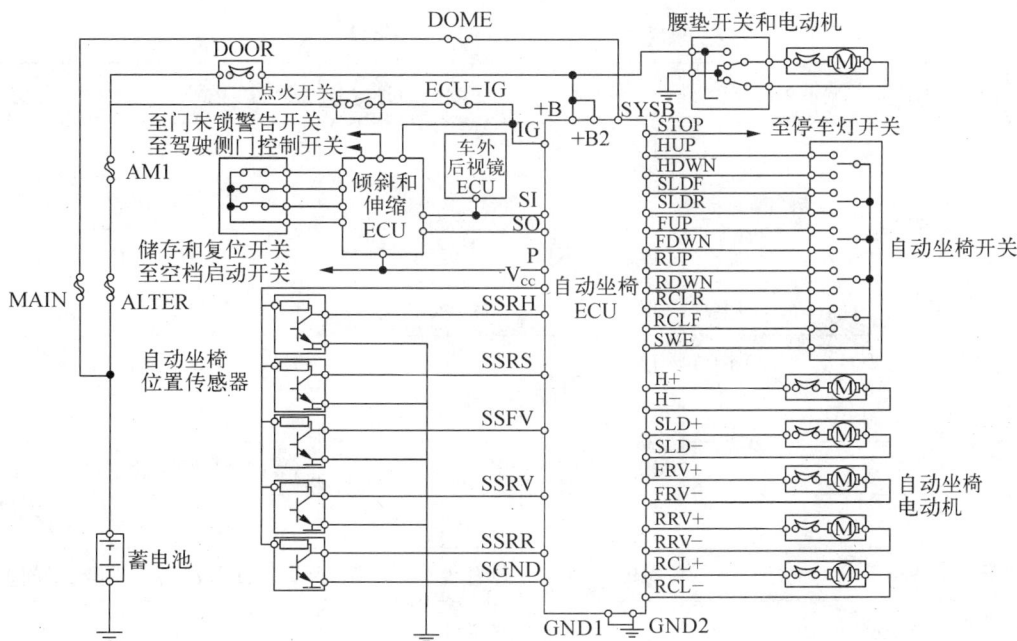

图7-22　自动座椅控制电路图

表7-2　自动座椅控制装置

| 装 置 名 称 | 功　　　　能 |
| --- | --- |
| ECU | 座椅ECU控制自动座椅的电流通断、存储执行和复位动作。当收到来自自动座椅开关的输入信号后,在ECU内部的继电器动作,控制自动座椅运动。座椅的存储和复位由电驱动的倾斜和伸缩ECU和座椅ECU之间的相互联系进行控制 |
| 自动座椅开关 | 该开关接通时向ECU输入滑动、前垂直、后垂直、倾斜或头枕位置信号 |
| 位置储存和复位开关 | 通过倾斜和伸缩ECU将记忆和复位信号输送给座椅ECU |
| 腰垫开关 | 该开关接受来自DOOR CB的电源。直接控制腰垫电动机的转向和电流的接通与关断。该开关不接至ECU,而且调整位置不能储存在复位用的存储器中 |
| 位置传感器 | 该传感器将每个电动机(滑动、前垂直、后垂直、倾斜和头枕)位置信号送至ECU,用做存储和复位 |
| 电动机 | 这些电动机由来自自动座椅ECU或腰垫开关的电流驱动,用来直接驱动座椅的各部分。每个电动机具有内设电路断路器 |

笔记

　　自动座椅 ECU 通过 A、B、C 三个连接器与外部相连，如图 7-23 所示，每个端子的名称如表 7-3 所示。

图 7-23　自动座椅控制电路图

表 7-3　座位 ECU 连接端子名称

| 编号 | 代号 | 端子名称 | 编号 | 代号 | 端子名称 | 编号 | 代号 | 端子名称 |
|---|---|---|---|---|---|---|---|---|
| A1 | GND | 搭铁 | B2 | SYSB | 电源 | B17 | SO | 串行通信 |
| A2 | H+ | 头枕电动机(向上) | B3 | — | — | B18 | SGND | 传感器搭铁 |
| A3 | SLD+ | 滑动电动机(向前) | B4 | SSRH | 头枕传感器 | C1 | HUP | 头枕开关(向上) |
| A4 | FRV+ | 前垂直电动机(向上) | B5 | — | — | C2 | SLDE | 滑动开关(向前) |
| A5 | RRV+ | 后垂直电动机(向上) | B6 | — | — | C3 | RCLR | 倾斜开关(向后) |
| A6 | +B | 电源 | B7 | — | — | C4 | FUP | 前垂直开关(向上) |
| A7 | GND2 | 搭铁 | B8 | SI | 串行通信 | C5 | RUP | 后垂直开关(向上) |
| A8 | H— | 头枕电动机(向下) | B9 | P | 空档起动开关 | C6 | SWE | 手动开关接地 |
| A9 | SLD— | 滑动电动机(向后) | B10 | VCC | 位置传感器电源 | C7 | HDWN | 头枕开关(向下) |
| A10 | BCL— | 倾斜电动机(向下) | B11 | IG | 点火开关 | C8 | SLDR | 滑动开关(向后) |
| A11 | RCL+ | 倾斜电动机(向上) | B12 | SSRR | 倾斜传感器 | C9 | RCLF | 倾斜开关(向前) |
| A12 | FRV— | 前垂直电动机(向下) | B13 | SSRV | 后垂直传感器 | C10 | — | — |
| A13 | RRV— | 后垂直电动机(向下) | B14 | SSFV | 前垂直传感器 | C11 | FDWN | 前垂直开关(向下) |
| A14 | +B2 | 电源 | B15 | SSRS | 滑动传感器 | C12 | RDWN | 前垂直开关(向下) |
| B1 | STOP | 停车灯 | B16 | — | — | | — | — |

　　具有 8 种功能的自动(调节)座椅如图 7-24 所示。多功能自动座椅的调节机构如图 7-25 所示。

　　自动座椅电子控制系统电路原理图如图 7-26 所示，它由座椅位置传感器、电子控制器 ECU 和执行机构的驱动电动机三大部分组成。传感器包括位置传感器、后视镜位置传感器、安全带扣环传感器以及方向盘倾斜传感器等；ECU 包括输入接口、微机 CPU 和输出处理电路等；执行机构主要包括执行座椅调整、后视镜调整、安全带扣环以及方向盘倾斜调整等微电机，而且这些电动机均可灵活地进行正、反转，以执行各种装置的调整功能。另外，该系统还备有手动开关，当手动操作此开关时，各驱动电动机电路也可接通，输出转矩而进行各种调整。

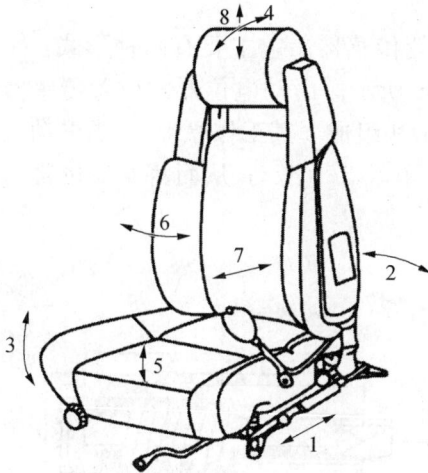

图 7 - 24　8 种功能的自动座椅

1—前后调节；2—靠背倾斜调节；3—上下调节；
4—头枕前后调节；5—座椅前部调节；
6—侧背支撑调节；7—腰椎支撑调节；
8—头枕上下调节

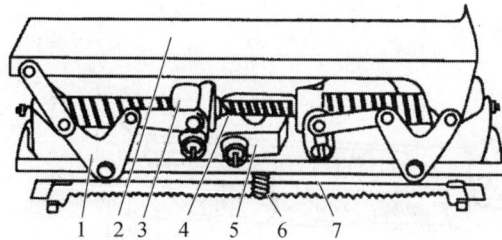

图 7 - 25　多功能自动座椅调节机构

1—连接板；2—固定托架；3—升降用啮合螺母；
4—升降用起重螺母；5—水平移动驱动器；
6—驱动器齿轮；7—齿条

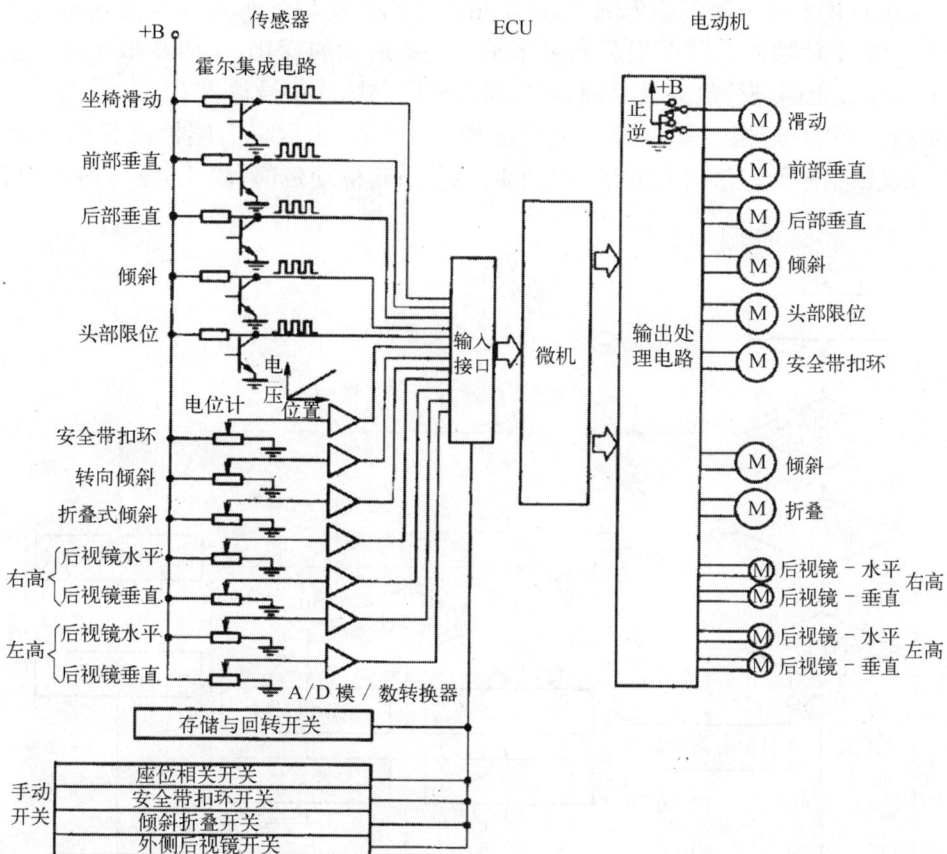

图 7 - 26　自动座椅电子控制系统电路原理图

（2）自动座椅的位置记忆与恢复。

要实现座椅位置的记忆与恢复,则必须有座椅位置传感器。它主要有两种形式:一是滑动电位器式,如图 7-27 所示;二是霍尔式,如图 7-28 所示。滑动电位器式位置传感器主要由座椅电动机驱动的齿轮、电阻丝以及在其上滑动的滑块组成。其工作原理是,当电动机驱动座椅的同时,也驱动齿轮 2 带动螺杆,驱动滑块 1 在电阻丝 3 上滑动,从而将座椅位置信号转变成电压信号输入给 ECU。

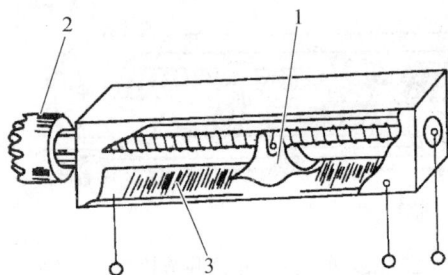

图 7-27　滑动电位器式自动座椅
位置传感器的结构图

1—滑块;2—齿轮(电动机驱动);3—电阻丝

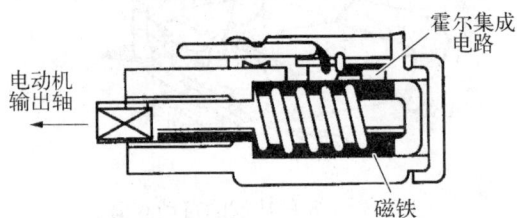

图 7-28　霍尔式自动座椅位置传感器的结构图

霍尔式位置传感器主要由永久磁铁、霍尔集成电路等组成。永久磁铁安装在由电动机驱动的转轴上,由于转轴的旋转而引起通过霍尔元件磁通量的变化,从而霍尔元件产生霍尔电压,再经霍尔集成电路进行放大并处理,然后取出旋转的脉冲信号输入 ECU。

自动座椅位置的记忆与复位控制流程图如图 7-29 所示。当座椅滑板的滑动量约为240 mm,位置传感器的霍尔集成电路对应于约 0.6 mm 滑动量时,输出 1 个脉冲。利用存储

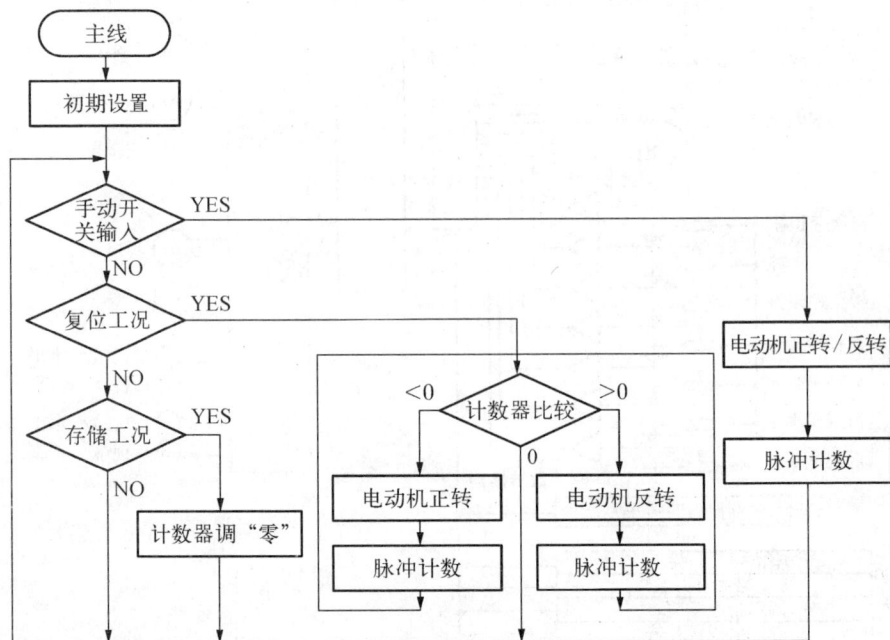

图 7-29　自动座椅位置记忆与复位控制流程图

与复位开关进行存储操作,若座椅位置调整好后,按下此开关,ECU 内存的脉冲计数器便调置为零,以此存储座椅状态,并作为座椅和传感器位置信号计数的基准,即座椅位置在此前,脉冲数大于 0,在此后,脉冲数小于 0。随后若未采用复位功能自动调节,而是从手动开关输入,电动机正转或反转,座椅在此基准位置上向前或向后移动,ECU 对位置传感器输出的脉冲进行计数。对于输出脉冲,当给电动机提供正转信号时脉冲加法计数,座椅前移,而反转时脉冲做减法计数,座椅后移。这样,就可以获知当前传感器滑动的位置和调置时座椅的相对位置,但只要不按下存储与复位开关,ECU 便将此位置脉冲数进行存储(若按下,调置为零。若下次仍是手动开关输入,ECU 便将内存的脉冲数进行加减计数运算,随后存储一个新的脉冲数作为当前内存)。

利用存储器与复位开关进行重复操作时,若 ECU 内存的脉冲数大于 0,则当前位置位于存储位置的前侧,所以电动机反转,座椅向后方移动,这一动作一直持续到 ECU 计数脉冲数为零时,即一直到达存储位置为止;若 ECU 内存的脉冲数小于 0,则座椅向前侧移动,直到 ECU 计数脉冲数为零,到达存储位置为止。

位置传感器采用电位计方式时,输出模拟电压,利用模/数转换器,进行数据变换处理。利用电位计可以检测实际移动的位置,所以,该计数器的比较电路与前述不同,但其控制流程相同。

## 思考与练习

### 一、填空题

1. 电动座椅主要由_____、_____、_____三大部分组成。
2. 普通电动座椅包括_____、_____、_____三个主要部分。
3. 电动座椅的传动机构主要由_____、_____、_____等组成。
4. 根据使用电动机的数量,电动座椅可分为_____、_____、_____、_____等。
5. 自动座椅位置传感器有_____和_____两种形式。

### 二、判断题

1. 位置传感器主要用来检测座椅的各种位置。(　　　)
2. 我们常说的动电座椅也是自动座椅。(　　　)
3. 单电动机式只能对电动座椅的前后两个方向进行调整,而双电动机式可以对电动座椅的两个方向进行调整。(　　　)
4. 对位置传感器检查时,当座椅移动到极限位置时,电压波形从正常变为不正常,这属于正常现象。(　　　)
5. 汽车座椅的加热速度可以调节,有些不可以调节。(　　　)

### 三、选择题

1. 电动座椅前后方向的调节量一般为(　　　)。
A. 50～100 mm　　　　B. 100～160 mm　　　　C. 50～100 cm　　　　D. 100～160 cm
2. 四向移动的座椅,一般有(　　　)个电动机。
A. 2　　　　　　　　　B. 4　　　　　　　　　C. 6　　　　　　　　　D. 8
3. 广州本田雅阁轿车驾驶员座椅有(　　　)可调方式。
A. 2 种　　　　　　　　B. 4 种　　　　　　　　C. 6 种　　　　　　　　D. 8 种

4. 三电动机式可以对电动座椅的(　　)个方向进行调整,即不仅能向前后两个方向移动,还可分别对座椅的前部和后部的高低进行调整。

A. 2　　　　　　　　B. 4　　　　　　　　C. 6　　　　　　　　D. 8

5. 要实现座椅位置的记忆与恢复,则必须有(　　)来采集座椅位置信号。

A. 座椅位置传感器　　　　　　　　　B. 电动座椅控制开关

C. 电动座椅传动机构　　　　　　　　D. 电动座椅 ECU

## 四、简答题

1. 电动座椅的作用是什么?

2. 简述电动座椅的调整方法。

3. 什么叫自动座椅?

4. 简述自动座椅位置记忆与复位的工作原理。

5. 简述座椅位置传感器的类型及其工作原理。

# ➡ 学习情境 8

# 中控门锁工作异常故障

## 学习任务 8 中控门锁工作异常故障的检修

### 学习目标

1. 掌握汽车电路检测及维修技巧;
2. 了解中控门锁的构造、工作原理;
3. 掌握中控门锁的拆装的安全流程;
4. 能对中控门锁的典型故障进行分析、检测、维修。

### 学习时间

12 学时

### 学习情境描述

2004 款桑塔纳轿车中央集控锁不工作。

**一、相关知识**

（一）汽车电路的检测及维修技巧

汽车电路常见故障主要有断路、短路、电器设备的损坏等。为了能迅速准确地诊断故障,下面介绍几种常见的电路检测及维修技巧。

1. 直观诊断法

汽车电路发生故障时,有时会出现冒烟、火花、异响、焦臭、发热等异常现象。这些现象可直接观察到,从而可以判断出故障所在部位。如检查继电器时,可对继电器线圈端子供电,正常会听到"喀哒"声,手摸会有振动感,如图 8-1 所示。

2. 断路法

汽车电路设备发生搭铁(短路)故障时,可用断路法判断,即将怀疑有搭铁故障的电路段断开后,观察电器设备中搭铁故障是否还存在,以此来判断电路搭铁的部位和原因。

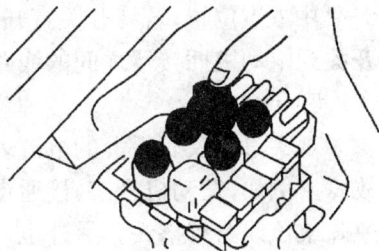
图 8-1 检查继电器

### 3. 短路法

汽车电路中出现断路故障,还可以用短路法判断,即用起子或导线将被怀疑有断路故障的电路短接,观察仪表指针变化或电器设备工作状况,从而判断出该电路中是否存在短路故障。

### 4. 试灯法

试灯法就是用一只汽车用灯泡作为试灯,检查电路中有无断路及短路故障。

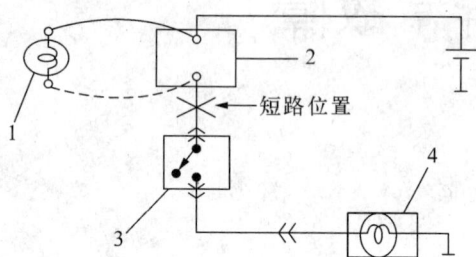

图 8-2　短路位置的检查
1—测试灯;2—熔丝;3—开关;4—前照灯

(1) 测试灯查找短路位置。如果熔丝已熔断,说明已发生过短路,这时可用测试灯进行检查。如图 8-2 所示,首先将开关打开,拆下熔断的熔丝,并将测试灯跨接到熔丝端子上,观察测试灯是否点亮。如果测试灯亮,说明熔丝盒与开关之间出现短路,应修理熔丝盒与开关之间的线束。如果测试灯不亮,再将开关闭合,并断开前照灯插接器,观察测试灯是否亮。如果灯亮,说明开关与插接器之间出现短路,应修理开关与插接器之间的线束;如果灯不亮,说明插接器与照明灯之间出现短路。修理照明灯与插接器之间的线束。

(2) 用自备电源测试灯检查开关导通性。用自备电源测试灯检查开关导通性时,接线方法如图 8-3 所示。当开关打开时,测试灯应不亮;当开关闭合时,测试灯应亮,否则开关有故障。

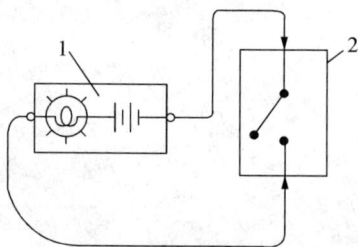

图 8-3　检查开关导通性
1—自备电源测试灯;2—开关

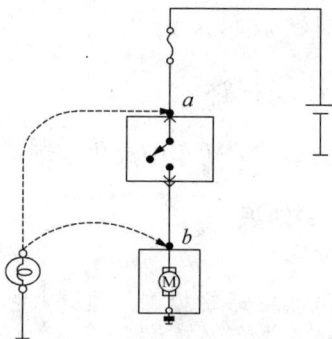

图 8-4　测试灯检查断路位置

(3) 测试灯查找断路位置。将测试灯的一根引线接地,另一根引线连接到开关插接器电源侧端子上,即图 8-4 中 $a$ 点位置,测试灯应点亮;然后将测试灯连接到电机插接器上,即图 8-4 中 $b$ 点位置,若将开关打开,测试灯不应点亮;若将开关闭合,测试灯应点亮,否则开关及开关到电动机插接器之间的线路断路。

### 5. 仪表法

观察汽车仪表板上的电流表、水温表、燃油表、机油压力表等的指示情况,判断电路中有无故障。例如,发动机冷态,接通点火开关时,水温表指示满刻度位置不动,说明水温表传感器有故障或该线路有搭铁。另外也可用万用表进行检测。

当怀疑某个元器件损坏时,可以用万用表测量其阻值。如怀疑熔丝断路,用万用表欧姆档检测熔丝的电阻,如图 8-5 所示。

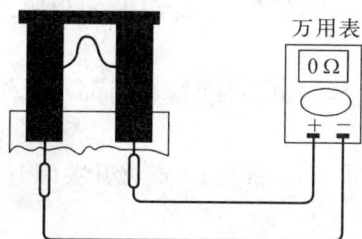

图 8-5  检测熔丝通断

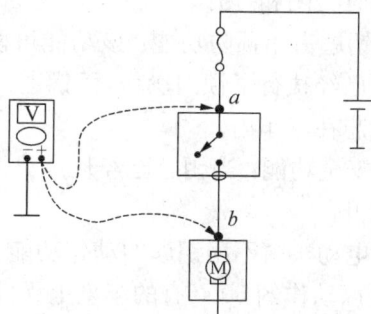

图 8-6  查找断路位置

当电路某处出现断路时,可以用万用表测量电压的方法,查找断路位置,如图 8-6 所示。

当电压表红表笔接在开关插接器电源侧端子上,即图 8-6 中 $a$ 点,应显示有电源电压。当电压表红表笔接在电机插接器端子上,即图 8-6 中 $b$ 点,若开关位于"OFF"档时,应显示无电源电压;若将开关旋至"ON"档时,应显示有电压,否则说明开关有故障。

**6. 备件替换法**

如果汽车在行驶过程中出现突发故障,可以通过简单的方法进行检查,解决一些问题。如汽车在行驶中,突然发现转向灯与转向指示灯均不亮,那么可能是熔丝故障,可更换新熔丝,或用跨接线将熔丝短时连接即可。

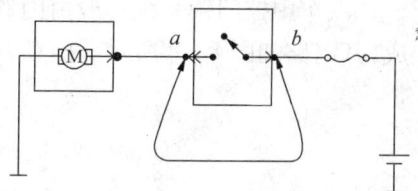

**7. 跨接线法**

当怀疑某条线路断路,如图 8-7 中的开关故障,用跨接线将开关的 $a$、$b$ 两端短接,若电动机工作,即可断定开关断路。

图 8-7  跨接线法检查断路

(二)中控门锁的功能及分类

**1. 中控门锁的功能**

汽车门锁的安全是汽车防盗的第一步。采用中控门锁控制系统的车辆,当驾驶员锁住驾驶员侧车门时,其他几个车门(包括后车门及行李箱门等)能同时自动锁住;当打开驾驶员侧车门时,其他几个车门能同时打开,并且仍可用各车门的机械或弹簧锁开关车门。

汽车电子门锁采用电子电路控制,以电磁铁、微型电动机和锁体或继电器作为执行机构的机电一体化装置。先进汽车的电子门锁大多采用中控门锁,它具有以下功能:

(1)中央控制:当驾驶员锁住车门时,其他车门均同时锁住;驾驶员也可通过门锁开关打开所有门锁。

(2)速度控制:当车速达到一定时,能自动将所有的车门锁锁定(有的车型上无此功能)。

(3)单独控制:为了方便,除中央控制外,乘员仍可利用车门的机械式弹簧锁开关车门。

(4)两级开锁功能:在钥匙联动开锁功能中,一级开锁操作只能以机械方法开钥匙插入的门,两级开锁操作则同时打开其他车门。一般来说,所有车门可以通过前右或前左侧门上的钥匙来同时关闭和打开。

(5)钥匙占用预防功能:该功能可防止钥匙插入点火开关时,在车外没有钥匙而将车门锁住。若已经执行了锁门操作,而钥匙仍然插在点火开关内,则所有的车门会自动打开,以防止钥匙遗忘在汽车内。

(6)安全功能:当钥匙已经从点火开关中拔出而且车门也锁住时,车门都不能用门锁控制开关打开。

(7)电动车窗不用钥匙的动作功能:驾驶员和乘客的车门都关上,点火开关断开后,电动车窗仍可以动作约 60 s(有的车型上无此功能)。

(8)自动功能:一些高级车辆中,在用钥匙或遥控器将门锁打开或锁上时,电动车窗会自动打开或关闭。

### 2. 中控门锁的分类

汽车中控门锁的分类方法有很多,既可以按照控制部分中主要元器件的不同进行分类,也可以按照编码方式的不同进行分类。按照发展过程一般可分为:普通中央控制电动门锁、电子式电动门锁、车速感应式电动门锁、遥控电动门锁。

### (三)中控门锁的结构与工作原理

汽车中控门锁系统一般由门锁主开关、门锁开关、门锁继电器及门锁电动机执行机构等组成,其电路如图 8-8 所示。门锁开关电流通路如图 8-9 所示。

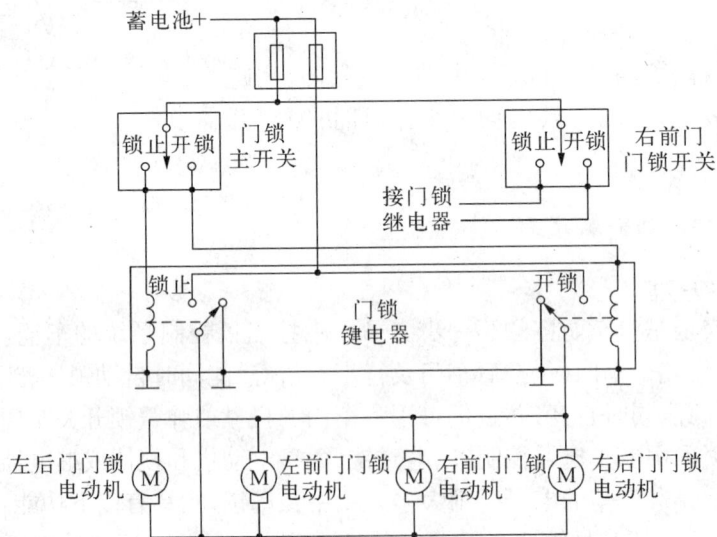

图 8-8　中控门锁控制电路

### 1. 控制开关

(1)门锁控制开关:安装在前左门和前右门的扶手上,将开关推向前门是锁门,推向后门是开门。

(2)钥匙开锁报警开关:用于探测点火钥匙是否插进钥匙门内。当钥匙在钥匙门内,钥匙开锁报警开关接通电路报警;当钥匙离开钥匙门时取消报警。

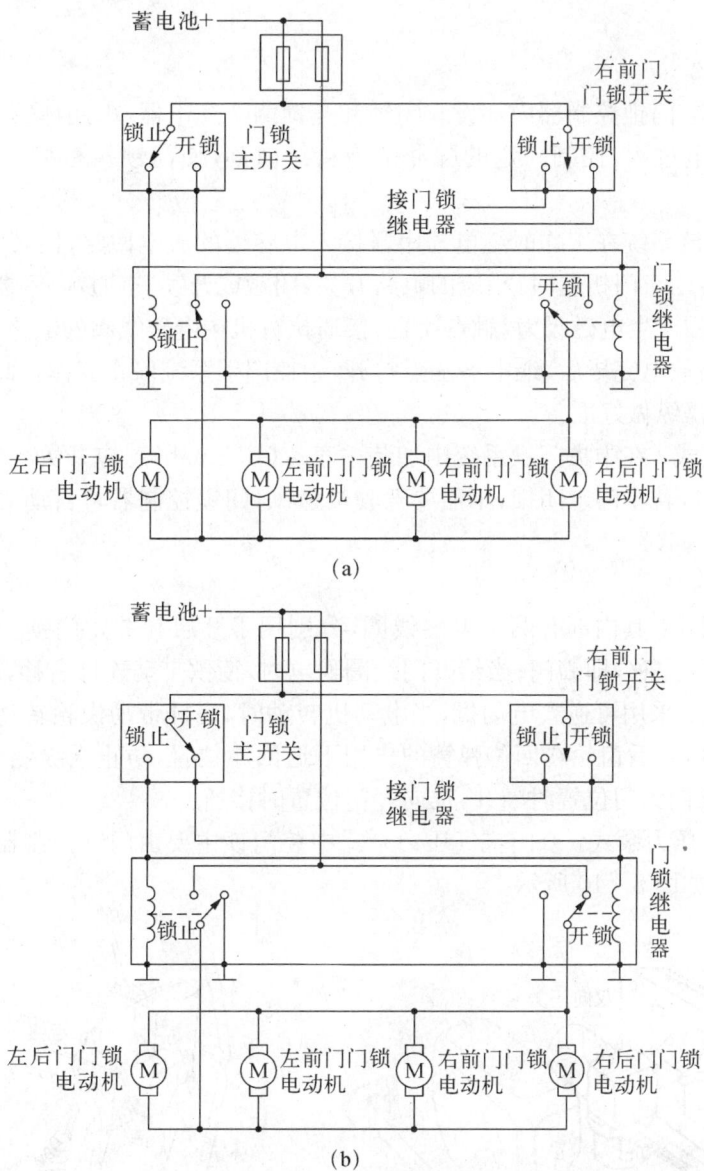

图8-9　门锁开关电流通路

(a)门锁开关锁止时；(b)门锁开关开锁时

（3）钥匙控制开关：安装在每个前门的钥匙门上，当从外面用钥匙开门和关门时，钥匙控制开关便发出开门或锁门的信号给门锁 ECU。

（4）行李箱门开启器开关：位于仪表板下面，拉动此开关便能打开行李箱门。钥匙门靠近行李箱门开启器，推压钥匙门，断开行李箱内主开关，此时再拉开启器开关不能打开行李箱门。将钥匙插进钥匙门内顺时针旋转打开钥匙门，当主开关再次接通，便可用行李箱门开启器打开行李箱。

（5）门控开关：用于探测车门的开闭情况。车门打开时，门控开关接通；车门关闭时，门控开关断开。

（6）门锁开关：用于检测车门的开闭情况。当车门关闭，门控开关断开；当车门开启，门控开关接通。

2. 门锁控制器

（1）晶体管式：门锁控制器内部设有闭锁和开锁两个继电器，由晶体管开关电路控制，利用电容器的充、放电过程，控制一定的脉冲电流持续时间，使门锁执行机构完成闭锁和开锁动作。

（2）电容式：该系统在工作时继电器串联接入电容器的放电回路，使其触点短时间闭合。当（正向或反向）转动车门钥匙时，相应的电路开关（闭锁或开锁）接通，电容器放电电流通过继电器线圈搭铁，线圈产生电磁吸力，触点闭合，接通执行机构电磁线圈的电路，完成闭锁或开锁的动作。当电容器放电完毕后，继电器触点打开，中控门锁系统停止工作。此时另一只电容器被充电，为下一次操纵做好准备。

（3）车速感应式：在中央门锁系统中加装一车速（10 km/h）感应开关，当汽车行驶速度达到 10 km/h 以上时，若车门未闭锁，不需要驾驶员操纵，门锁控制器将自动关闭。每个门可单独进行门锁开关。

3. 执行机构

（1）电磁线圈式：其内部有两个电磁线圈，分别用于开启和关闭门锁。当给锁门线圈通电时，衔铁带动连杆左移，即锁门；当给开门线圈通电时，衔铁带动连杆右移，即开锁。

（2）电动机式：采用可逆式电动机，当电动机转动时，蜗杆带动齿轮转动，齿轮推动锁杆，车门被锁上或打开，然后齿轮在回位弹簧的作用下返回原位置，防止操纵锁钮时电动机工作。位置开关当锁杆推向锁门位置时断开，推向开门位置时接通。

（3）双向空气压力泵式：双向空气压力泵式中控门锁主要由门锁控制器、机械装置、空气管路三部分组成，如图 8-10 所示。

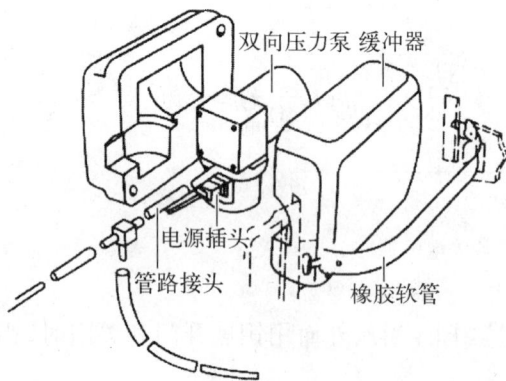

图 8-10　双向压力泵式中控门锁结构　　　　图 8-11　前门锁执行器结构

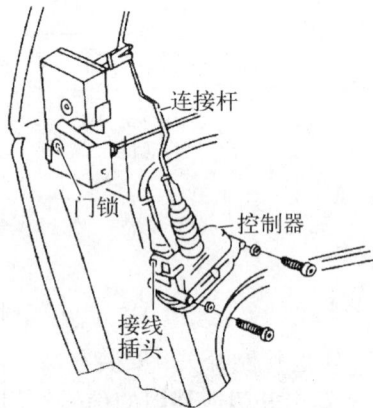

其基本原理是：利用双向空气压力泵产生压力或真空，通过膜盒来完成门锁的开、关动作。

前门锁控制电路如图 8-11 所示。

当用钥匙或用手拉起两前门的任一门锁扣来开门锁时，由于连接杆将锁扣与前车门门锁开关连接，此时连接杆被向上拉起，门锁开关内的开锁触点闭合，如图 8-12 所示。门锁控制器收到这一信号后，驱动双压力泵转动，压缩空气，使管路中的气体呈正压，气体进入 4 个车门及行李舱的执行器膜盒内,膜片推动连接杆向上运动将各门锁打开。当用钥匙或用手按下两前门的任一门锁扣来锁门时,连接杆被压下,门锁开关内的锁门触点闭合,如图 8-12 所示。门锁控制器收到这一信号后,驱动双压力泵反转,抽吸空气,管路中呈负压,各门锁执行器膜盒内呈现真空状态,膜片带动连接杆向下运动将门锁住。

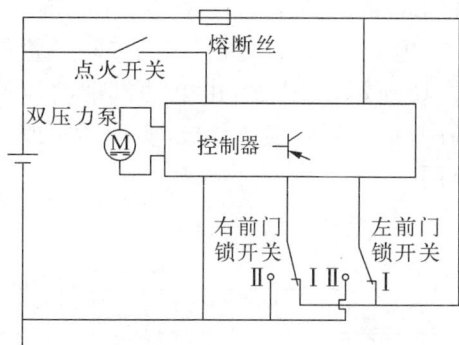

图 8-12　中控门锁控制电路

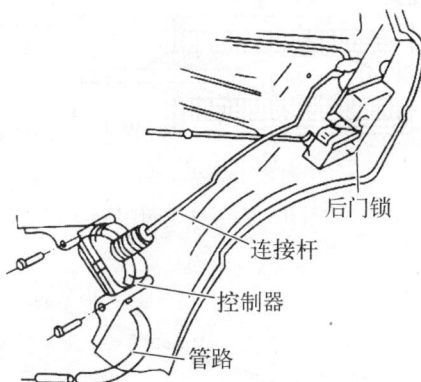

图 8-13　后门锁执行器结构

后车门及行李舱的门锁执行器如图 8-13 所示。它与前门不同,取消了门锁开关及接线,只有一个气动执行膜盒。双触点压力开关装在内装有控制器与双向压力泵的塑料盒内。当压力泵不转动时,两对触点都断开;当压力泵转动 3~7 s 后,无论是正压还是负压,都会有至少一对触点闭合,控制器收到这一信号后,使压力泵停止转动。若管路或膜盒漏气,压力泵虽然转动但建立不起正压或负压,触点不能闭合。控制器还具有压力泵强行保护功能,其内延迟电路每次只允许压力泵转动 30 s 便自动停机,防止因漏气压力泵长时间工作而被烧毁。放气阀安装在塑料盒内的系统管路上,压力泵停止转动后,放气阀打开,使系统中管路通大气,压力泵转动之前,放气阀关闭,使系统管路与大气隔离。

（四）汽车普通中控门锁

1. 基本结构

普通中控门锁系统由永磁型双向电动机、连杆操纵机构和门锁执行器等装置组成。

（1）门锁连杆操纵机构。如图 8-14 所示,当门锁电动机(或其他门锁执行器)运转时,通过门锁连杆操纵门锁锁定或开启。门锁电动机由控制电路控制。

（2）门锁执行器。驱动中控门锁机构动作的形式有电磁线圈式和直流电动机式两种。不论何种形式都是通过改变电流的方向达到锁止或开锁动作的。

门锁执行器通常使用电磁线圈、直流电动机或永磁型旋转电动机,它们的任务都是通过改变极性、转换运动方向来完成开、关动作。

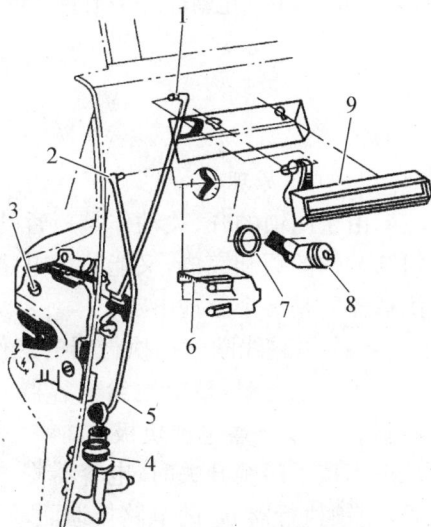

图 8-14　门锁连杆操纵机构

1—外门锁手把至门锁连杆;2—锁芯至门锁连杆;
3—门锁总成;4—门锁电动机;
5—电动机至门锁连杆;6—锁芯定位架;
7—垫圈;8—锁芯;9—外门锁手把

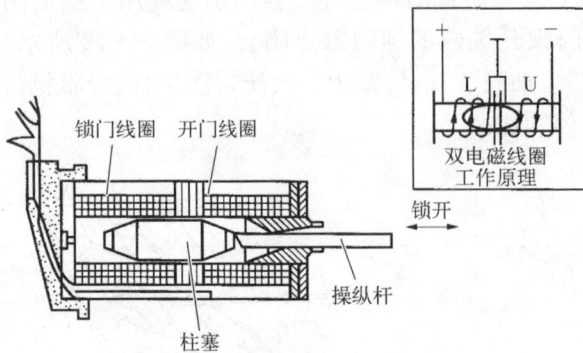

图 8-15　双线圈门锁执行器

双线圈门锁执行器如图 8-15 所示。它有两个电磁线圈，一个是锁门线圈，另一个是开门线圈。与门锁操纵机械相连的柱塞能在两个线圈中自由移动。当锁门线圈通电后，柱塞在电磁力的作用下左移，将门锁锁定；当开门线圈通电后，柱塞右移，将门锁开启。

电动机式门锁执行器的传动装置如图 8-16 所示，工作时，由电动机带动齿轮齿条副，进而驱动锁体总成，实现锁紧或开启车门。

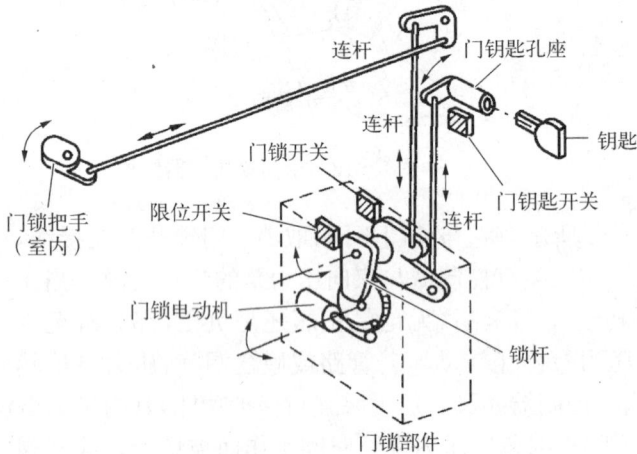

图 8-16　电动机式门锁执行器的传动装置

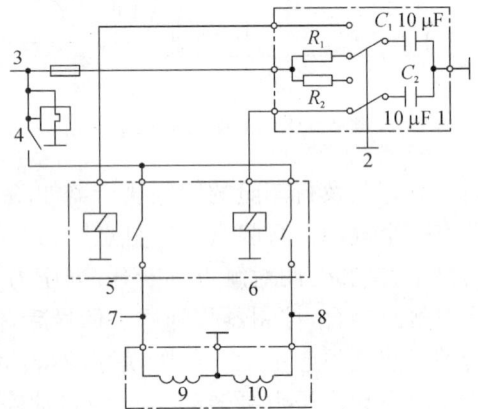

图 8-17　电磁线圈门锁执行器的控制电路

1—电容器；2—开关；3—接蓄电池；4—热敏断路器；
5—锁门继电器；6—开门继电器；7—接其他车门(锁)；
8—接其他车门(开)；9—锁门电磁线圈；
10—开门电磁线圈

## 2. 工作原理

由于门锁的开、关动作是短暂的，且门锁执行器在工作时要消耗大量的电能，为了既方便门锁动作的顺利完成，又能防止电路过载，门锁电路中都有定时装置，使控制电路输送给门锁执行器的是一个脉冲电流。

(1) 电磁线圈门锁执行器的工作原理如图 8-17 所示，其工作原理如下。

正常状态时，蓄电池给电容器 $C_1$ 充电。其电流通路为蓄电池→熔断器→电阻 $R_1$→电容器 $C_1$→搭铁→蓄电池负极。

当按下门锁开关时，电容器 $C_1$ 放电，使锁门继电器线圈有电流通过，继电器触点闭合；此时，门锁执行器 $L_1$ 的电路接通而动作，通过操纵机构将车门锁定。当电容器 $C_1$ 放电到一定程度时，锁门继电器线圈断电，门锁执行器的电路被切断。另外，当按下门锁开关时，电容器 $C_2$ 开始充电。

当门锁开关恢复原状后，电容器 $C_2$ 放电，使开门继电器线圈有电流通过，继电器触点闭合；此时，门锁执行器 $L_2$ 的电路接通而动作，通过操纵机构将车门开启。当电容器 $C_2$ 放电到一定程度时,开门继电器线圈断电,门锁执行器的电路被切断。另外,当门锁开关恢复原状时,电容器 $C_1$ 开始充电,回到原始状态。

（2）电动机门锁执行器的工作原理如图 8-18 所示,其工作原理如下。

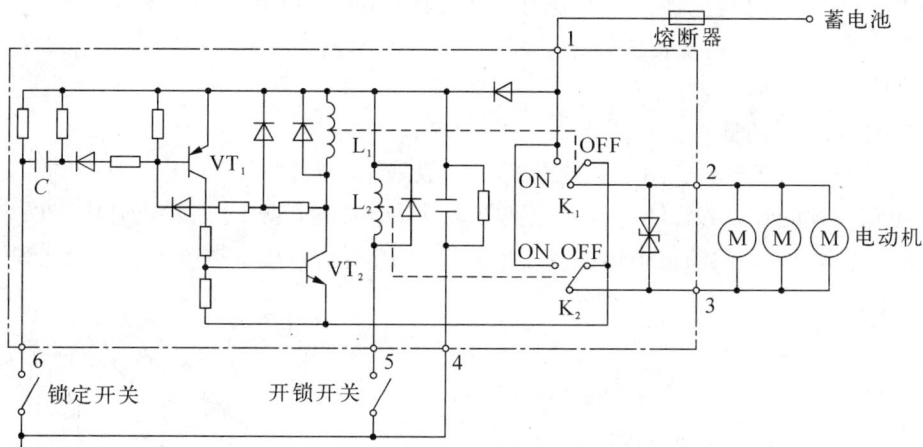

图 8-18　电动机门锁执行器的控制电路

当按下车门锁定开关时,电容器 $C$ 充电。晶体三极管 $VT_1$ 导通,$VT_2$ 也随之导通,锁门继电器的电磁线圈 RU 中有电流通过,产生吸力,使其常闭触点打开,常开触点闭合。此时,门锁执行器的电路接通而动作,通过操纵机构将车门锁定。当电容器 $C$ 充电到一定程度时,$VT_1$ 截止,$VT_2$ 也随之截止,锁门继电器的电磁线圈断电,门锁执行器的电路被切断。

当按下车门开锁开关后,开锁继电器的电磁线圈 $L_2$ 中有电流通过,使其常闭触点打开,常开触点闭合,门锁执行器的电路被接通,但其电流方向与锁定时相反,所以作用方向也相反,门锁打开。

（五）汽车电子式中控门锁

1. 基本结构

汽车电子式中控门锁通常由控制部分和执行机构组成。

（1）控制部分:包括编码器、输入器、存储器、鉴别器、驱动级、抗干扰电路、显示装置、保险装置和电源等。其中,编码器和鉴别器是整个控制部分的核心。

编码器实质上是人为设定的一组二进制或十进制数的密码。设定的原则是所编的密码不易被别人识破。对密码电路的要求是容量大,换码率高,保密性、可靠性好,换码操作简单。

经输入器输入一组密码,由存储器记忆后送到鉴别器。

鉴别器的作用是对来自输入器和编码器的 2 组密码进行比较,仅当 2 组密码完全相同时,鉴别器才输出电信号,经抗干扰处理后送至驱动级和显示装置。若用户有特殊要求,鉴别器还可以输出报警和封锁行车所需的电信号。

由于鉴别器送出的电信号通常很微弱,为了能带动执行机构的电磁铁产生动作,故设置驱动级。

为了抑制来自汽车内外的电磁波的干扰,保证电子门锁不会自行误动作而设置了抗干扰电路,

**笔记**

由此提高汽车电子门锁的可靠性和安全性。一般情况下采用延时和限幅方法来达到该目的。

显示器和报警器为电子门锁控制部分的附加电路,用于显示鉴别结果和报警,从而扩大了电子门锁的功能。

速度传感器和车门锁止器是汽车电子门锁的独特组成单元。当汽车运行超过一定时速时,车门锁止器根据来自速度传感器的信号将锁体锁止;若控制电路失灵,可通过紧急开启接口直接控制锁体的开启。

电源用以向电子门锁不断地供电。

(2) 执行机构:汽车电子门锁的执行机构一般采用电磁铁或微型电动机控制。

汽车电控门锁的开启和锁闭均由电磁铁驱动,其结构如图 8-19 所示。它内设两个线圈,分别用来开启、锁闭门锁。门锁集中操作按钮平时处于中间位置,用手按压即可开启或锁闭车门。

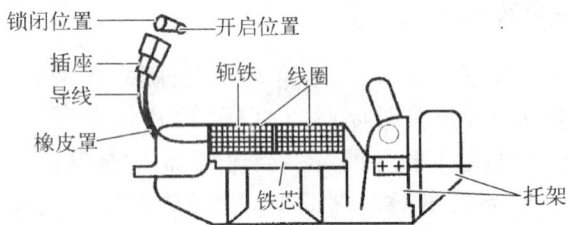

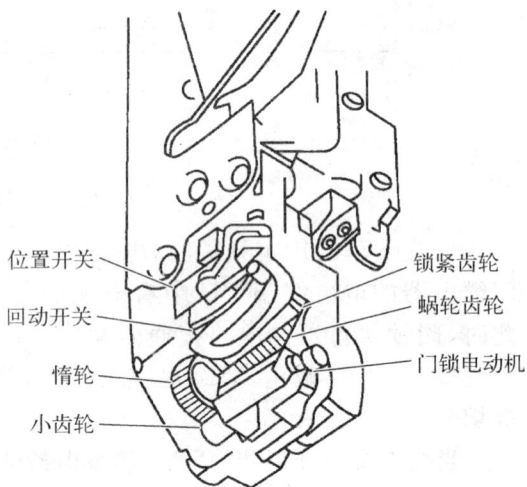

图 8-19 电磁铁结构图    图 8-20 直流电动机式车门锁传动装置

车门锁由可逆式直流电动机、传动装置及锁体总成构成。其工作原理为:由直流电动机带动齿轮齿条副或螺杆螺母副进而驱动锁体总成,驱动车门的锁闭或开启。其传动装置如图 8-20 所示。

2. 工作原理

电子式中控门锁的作用是通过电磁铁机构或电动机机构来打开及锁止车门锁。它由门锁执行机构及联动机构、门锁控制开关、门锁控制继电器等组成。

电动机式电子门锁控制电路如图 8-21 所示,其开锁与闭锁主要是对门锁电动机进行正转、反转的交替控制来实现的。为避免电动机通电时间过长而引起发热,通常利用定时器限制通电时间。

通过门钥匙开关或者门控制开关,触点在开锁侧时,驱动开锁定时器在约 0.2 s 时间内,使晶体管 $VT_1$ 成为 ON 状态。此时,所有门锁解除闭锁(开锁状态)。

图中的虚线部分为防止钥匙遗留在车内的电路。钥匙插在钥匙孔里时,若是打开驾驶员或助手席的门,操纵门锁把手,使门锁机构处于闭锁状态,则限位开关成为 OFF 状态;或用门控开关进行闭锁操作,驱动开锁定时器,将电动机驱动到开锁侧,不能成为闭锁状态,此时驾驶员就会发觉,必须把钥匙从发动机钥匙孔中拔出来后才能锁门。

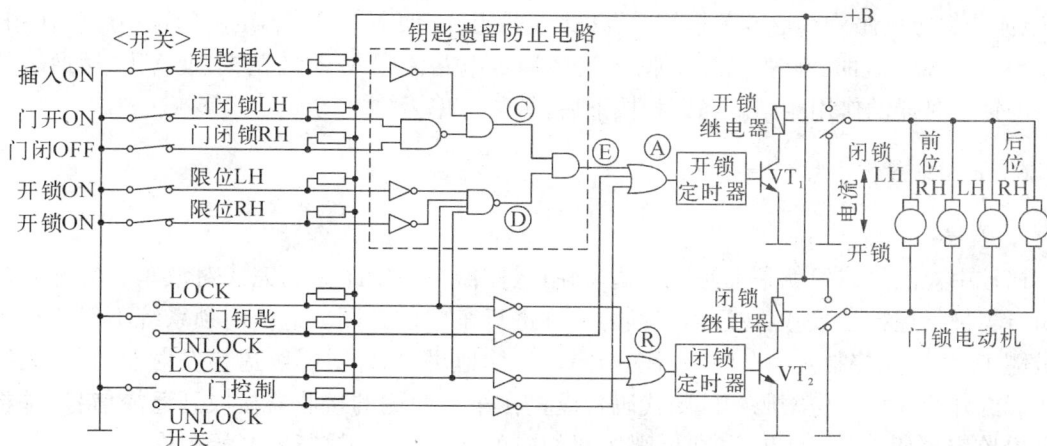

图 8-21　电动机式电子门锁控制电路

## （六）汽车车速感应式中控电动门锁

车速感应式门锁控制器是在中控门锁系统中加装一车速（10 km/h）感应开关。当汽车行驶速度达 10 km/h 以上时,若车门未闭锁,不需要驾驶员的操纵,门锁控制器将自动闭锁。每个车门可单独进行闭锁和开锁的操纵。

为了减少上、下车时逐一打开车门锁扣的麻烦,并防止汽车行驶时小孩等人误开车门而发生危险,特安装中控电动门锁。当驾驶座旁的车门锁扣打开或关闭时,其他 3 个车门的锁会自动锁定,以确保行车安全。

车速感应式中控电动门锁电路图如图 8-22 所示,其作用原理如下:钥匙开关打开,点火IC 继电器闭合,车门警告灯即点亮;当车速在 10 km/h 以下时,装在车速表内的车速开关接

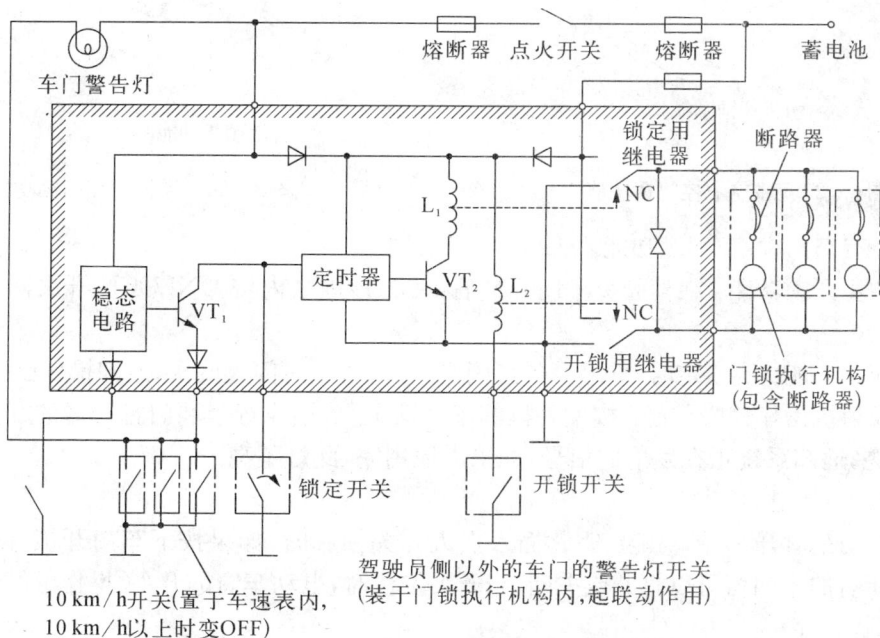

图 8-22　车速感应式中控电动门锁电路

通,电流经稳定电路到车速开关搭铁,$VT_1$无基极电流,使$VT_1$切断,电动门锁不产生作用;当车速超过 10 km/h 时,车速开关关掉,电流由稳定电路流到$VT_1$的基极,使$VT_1$接通后的动作与门锁定时器的作用相同。当锁扣按下后,警告灯熄灭。

### (七)汽车遥控中控门锁

#### 1. 概述

遥控中控门锁装置就是不使用钥匙,利用遥控器在一定距离内完成对汽车车门开闭装置的执行器进行遥控的装置,在远离车辆的地方进行车门的开闭。遥控门锁系统不但能控制驾驶员侧车门,还能控制其他车门和行李箱门。具体地讲,驾驶员操纵遥控发射器,利用无线电波或者红外线发出身份密码(开、闭代码),设置在车辆两侧的接收器接收到遥控信号,并将其与身份鉴定代码对比,两者一致时,则按照相应的功能代码,执行器开始工作,以便执行开闭功能。

#### 2. 系统功能(如图 8-23、图 8-24 所示)

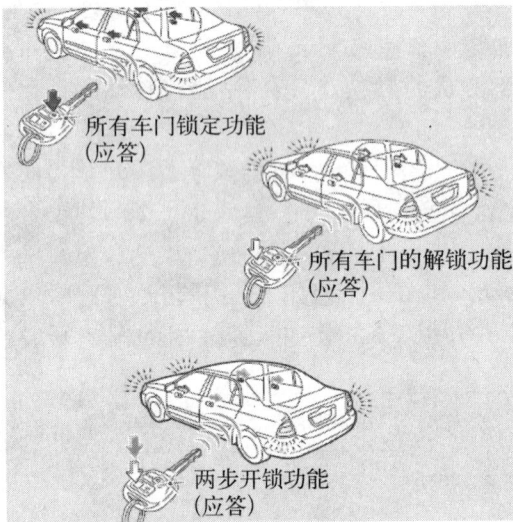

图 8-23 遥控中控门锁功能

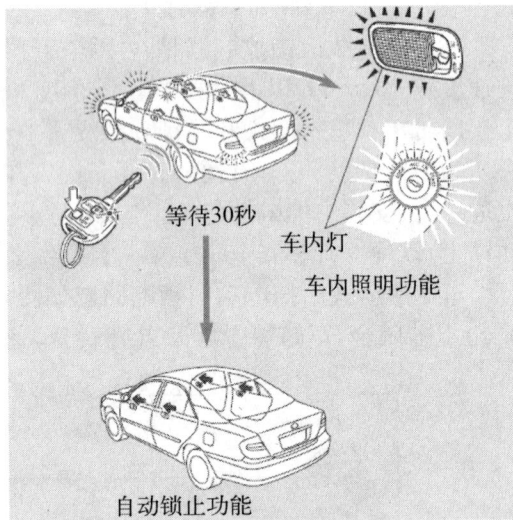

图 8-24 遥控中控门锁功能

(1)所有车门锁定/解锁功能。

(2)两步开锁功能:在驾驶员车门开锁后,在三秒钟之内按 UNLOCK 开关两次,打开所有车门。

(3)应答功能:当锁定时,危险警告灯闪光一次,解锁时闪光两次,通知操作已完成。

(4)发射机操作校验功能:按发射机的车门锁定/解锁或行李厢门打开器的开关时,操作指示灯点亮,通知系统正在发射此信号,如果电池用完,此灯不亮。

(5)行李厢门打开功能。

(6)电动车窗开/关的功能:钥匙插入点火开关锁芯时,如果按下车门开锁/锁止开关长于 2.5 s,所有的车门窗可以打开或关闭,当开关按住时,电动车窗的开/关操作继续进行,当开关不按时,操作停止。

(7)紧急警报功能:按住发射机的门锁或紧急开关长于约 2~3 s,将触发防盗系统。

（8）内部照明功能：在发射机对车门开锁时，内部灯光打开大约为 15 s。

（9）自动锁定功能：如果用发射机开锁后 30 s 之内，没有车门被打开，所有车门被锁止。

（10）重复功能：当发射机进行锁定操作时，如果某一车门没有锁上，组合继电器将 1 s 后输出一锁定信号。

（11）车门虚掩报警功能：如果有一车门开着或虚掩着，按发射机的门锁开关将致使无线电门锁蜂鸣器发声大约 10 s。

3. 汽车遥控中控门锁的组成

遥控中控门锁系统一般是在电子式控制门锁系统的基础上加上以下部件：手持遥控发射器、接收器、遥控门锁 ECU 等。无线遥控门锁系统零部件位置如图 8-25 所示。

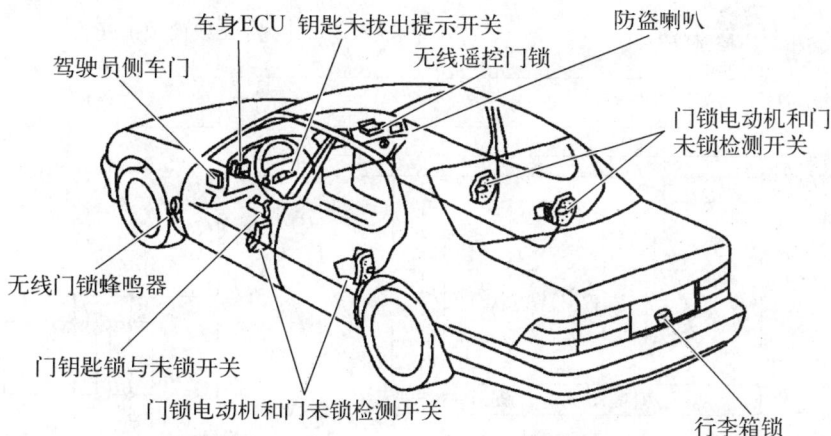

图 8-25　无线遥控门锁系统零部件位置图

（1）手持遥控发射器也称遥控器。其功用是利用发射开关规定代码的遥控信号，控制驾驶员侧车门、其他车门、行李箱门等的开启和锁闭，且具有寻车功能。遥控器分为分开型和组合型（发射器与点火钥匙合二为一）两种，如图 8-26 所示。

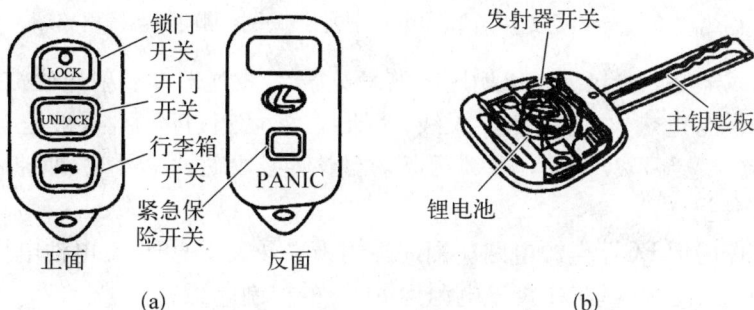

图 8-26　轿车防盗遥控器

(a) 分开型；(b) 组合型

遥控器按照遥控信号的载体可分为红外线式遥控器、无线电波式遥控器以及超声波式遥控器。其中红外线式遥控器和无线电波式遥控器应用较为广泛。

（2）接收器对接收的信号进行放大和调制，检查身份鉴定代码是否相符，当代码一致时，判别功能代码，并驱动相应的执行器。现代汽车广泛采用红外线式接收器和无线电波式接收器。

（3）钥匙开锁警告开关：钥匙开锁警告开关检测是否有钥匙插入点火开关锁芯中。

（4）点火开关。

（5）门控开关。

（6）门锁装置（内装门锁控制电机）。

4. 遥控中央控制门锁系统的工作原理

现以 LS400 轿车遥控中央控制门锁系统电路（见图 8-27）为例，说明遥控门锁系统的工作原理。

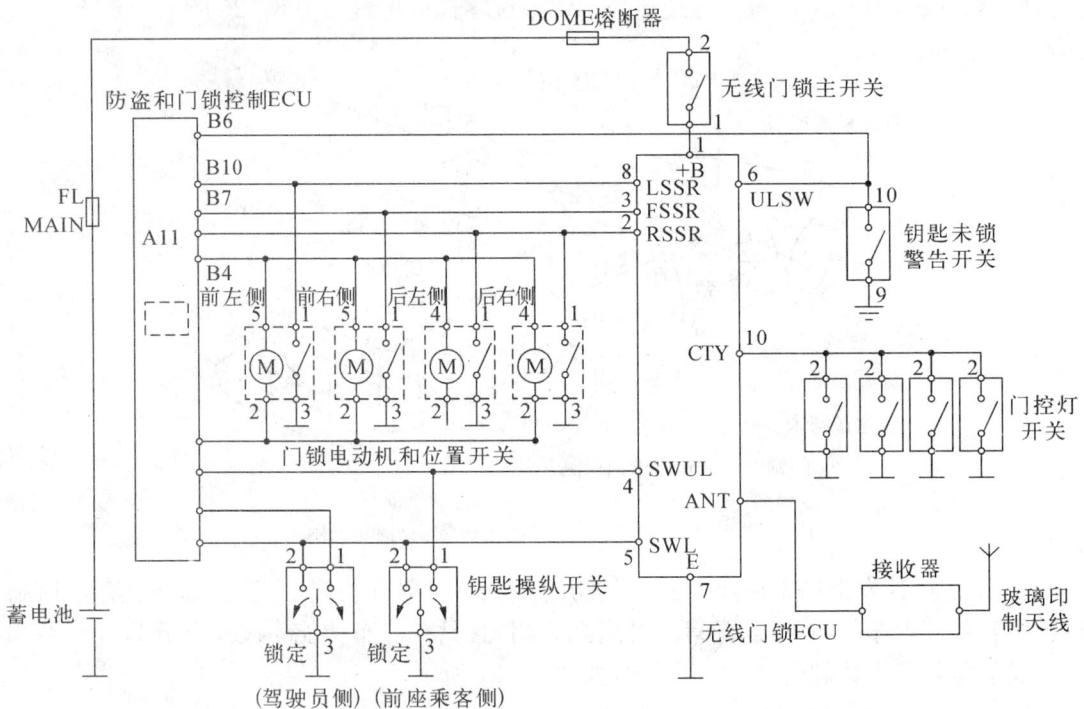

图 8-27　丰田雷克萨斯 LS400 轿车遥控中央控制门锁系统电路图

（1）遥控天线电路。当操纵点火钥匙上的发送器时，发送器即发射电磁波，该电磁波以汽车后窗玻璃上的除雾电热丝（有的车为天线）为天线，然后通过匹配器，被送至无线遥控门锁 ECU 的 ANT 端子。当 ECU 的 ANT 端子接收到该遥控电磁波信号时，即控制 4 个车门锁自动进行打开或锁住操作。

（2）遥控中控门锁 ECU 电源电路。当遥控门锁主开关接通时，蓄电池电压加到无线门锁 ECU 的 +B 端子上，使 ECU 工作。该电源为 ECU 的控制电源。

（3）车门位置开关电路。车门位置开关设在门锁电动机总成内。当车门锁按钮处于锁住位置时，开关断开；当车门锁按钮处于打开位置时，开关接通。无线门锁 ECU 的 LSSR、FSSR、RSSR 端子分别为左前门、右前门和后两门的车门位置开关端子。当 4 个车门的任一车门锁按钮处于锁住位置时，相对应的 ECU 端子的电压为蓄电池电压。相反，当按钮位于打开位置时，端子的电压为搭铁电压 0 V。

（4）钥匙操纵开关电路。钥匙操纵开关设在车门锁芯内。当车门钥匙转至锁住侧时，开关的锁住端子搭铁;当车门钥匙转至打开侧时,开关的打开端子搭铁。

当点火开关接通时,蓄电池电压通过防盗和门锁控制 ECU 加到无线门锁 ECU 的锁住端子 SWL 和打开端子 SWUL 上,即锁住端子 SWL 和打开端子 SWUL 的电压为 12 V。当钥匙操纵开关锁住端子搭铁时,无线门锁 ECU 的锁住端子 SWL 的电压为 0 V。当钥匙操纵开关打开端子搭铁时,无线门锁 ECU 的打开端子 SWUL 的电压为 0 V。

当无线门锁 ECU 的 ANT 端子接收到点火钥匙发送器发出的无线电波信号时,根据 SWL 端子和 SWUL 的电压信号,输出打开或锁住所有车门的信号,该信号通过两个 ECU 之间的通信线路 B7 - FSSR、B10 - LSSR、All - RSSR 给防盗 ECU,防盗和门锁控制 ECU 即控制门锁锁住或打开。

(5) 钥匙未锁警告开关电路。当钥匙插入点火开关锁芯时,钥匙未锁警告开关电路接通,无线门锁 ECU 的 ULSW 端子的电压为 0 V,ECU 执行钥匙禁闭预防功能;当钥匙未插入时,开关断开,ULSW 端子的电压为蓄电池电压,钥匙禁闭预防功能解除。

(6) 门控灯开关电路。门控灯开关在车门打开时接通,车门关闭时断开。当任一车门打开时,无线门锁 ECU 的 CTY 端子的电压为 0 V,当所有车门均关闭时,CTY 端子的电压为蓄电池电压。

### 二、相关技能

(一) 汽车中控门锁故障检修的注意事项

无论中控门锁系统出现什么故障,应先通过检查,使故障可能存在的部位缩小到一定范围以内,然后再拆下车门内饰,露出门锁机构。最好先将拨动门锁开关后的情况列出图表,然后和维修手册中的故障诊断图表相对照,以便分析故障原因和部位。

在测试电路前,应结合故障诊断图表,先弄清线路图,然后再试加蓄电池电压或用欧姆表测量。如果盲目地测试,就会损坏昂贵的电子元件。

(二) 汽车电动中控门锁故障的检查

(1) 电动中控门锁系统的常见故障有:操作门锁控制开关,所有门锁均不动作;操作门锁控制开关,不能开门(或锁门);操作门锁控制开关,个别车门锁不能动作;速度控制失灵(如果有速度控制)。

(2) 电动中控门锁系统的故障诊断:

① 操作门锁控制开关,所有门锁均不动作,这种故障一般发生在电源电路中。首先检查熔断器是否熔断,如熔断应予更换。若更换熔断器后又立即熔断,说明电源与门锁执行器之间的线路有搭铁或短路故障,用万用表查找出搭铁部位,即可排除。

若熔断器良好,检查线路接头是否松脱、搭铁是否可靠、导线是否折断。可在门锁控制开关电源接线柱和定时器或门锁继电器电源接线柱上测量该处的电压,判断输入电动门锁系统的电源线路是否良好。

② 操作门锁控制开关,不能开门(或锁门)。这种故障是由于开门(或锁门)继电器、门锁控制开关损坏所致,可能是继电器线圈烧断、触点接触不良、开关触点烧坏或导线接头松脱。

③ 操作门锁控制开关,个别车门锁不能动作。这种故障仅出在相应车门上,可能是连接

线路断路或松脱、门锁电动机(或电磁铁式执行器)损坏、门锁连杆操纵机构损坏等。

④ 速度控制失灵。当车速高于规定时,门锁不能自动锁定。故障原因是由于车速传感器损坏或车速控制电路出现故障。首先应检查电路中各接头是否接触良好,搭铁是否良好,电源线路是否有故障,然后检查车速传感器。车速传感器的检查可采用试验的方法进行;也可采用代换法,即以新传感器代换被检传感器。采用代换法时若故障消除,则说明旧传感器损坏;若故障仍存在,则应进一步检查速度控制电路中各个元器件是否损坏。

(三)电动中控门锁的检修

(1)门锁控制开关。用万用表测量开关在不同位置时的工作状态。首先应根据维修资料找到开关的接线端子,一般开关处于 LOCK 或 UNLOCK 位置时对应的接线端子间的电阻值应为 0,处于 OFF 位置时对应的接线端子间的电阻值应为∞。检测结果符合上述要求的开关是好的,只有一个符合要求,则表示开关损坏,一般直接更换即可。

(2)门锁控制继电器。它是由电子电路控制的继电器,包括控制电路和继电器两个部分,为门锁执行器提供脉冲工作电流,也称为门锁定时器。检测时测量其输出状态,从而判断是否有故障,然后作相应的处理。

(3)门锁执行器有电磁铁机构、直流电动机等。可以用直接通电的方法检查其是否有开锁和闭锁两种工作状态,判断其是否损坏。

(四)常见遥控电动中控门锁的故障现象及原因

常见遥控电动中控门锁故障现象及原因见表 8-1。

表 8-1 常见遥控电动中控门锁的故障现象及原因

| 故障现象 | 故障原因 | 故障现象 | 故障原因 |
|---|---|---|---|
| 门锁控制系统不工作(全部) | 门熔断器有故障<br>继电器有故障<br>配线有故障 | 车门锁锁止/开启故障(使用手动开关和钥匙) | 电动车窗主开关有故障<br>继电器有故障<br>配线有故障 |
| 车门锁锁止/开启故障(使用钥匙) | 驾驶员侧车门锁有故障<br>继电器有故障<br>配线有故障<br>门锁拉线断开 | 钥匙封闭防护运行故障 | 继电器有故障<br>车门开启检测开关有故障<br>门控开关有故障<br>配线有故障 |
| 仅有一个车门锁不工作 | 门锁电动机有故障<br>配线有故障<br>门闩或连杆有故障 | 无线门锁功能故障(虽然只有一个车门开启,但按下遥控器开关时,所有车门锁均开启) | 钥匙开启警告开关有故障<br>无线门锁控制接收器有故障<br>配线有故障 |
| 无线门锁遥控系统失效 | 门控灯开关有故障<br>车门钥匙锁止和开启开关有故障<br>钥匙开启警告开关有故障<br>无线门锁控制接收器有故障<br>车身控制系统有故障<br>配线有故障 | 车门锁不能开启 | 车门钥匙锁止和开启开关有故障<br>钥匙开启警告开关有故障<br>无线门锁控制接收器有故障<br>车身控制系统有故障<br>配线有故障 |

（续表）

| 故障现象 | 故障原因 | 故障现象 | 故障原因 |
|---|---|---|---|
| 车门锁不能锁止 | 车门钥匙锁止和开启开关有故障<br>无线门锁控制接收器有故障<br>配线有故障 | 只有钥匙封闭防护功能失效 | 钥匙开启警告开关有故障<br>无线门锁控制接收器有故障<br>配线有故障 |
| 每个车门都打开时，无线门锁功能也起作用，在所有车门开启30 s内打开任一车门，无线门锁控制系统自动锁止功能起作用 | 门控灯开关有故障<br>无线门锁控制接收器有故障<br>配线有故障 | 即使按下紧急手柄，警告操作系统不运行 | 无线门锁控制接收器有故障<br>配线有故障 |
| 门锁只有一种方式工作 | 继电器有故障<br>配线有故障<br>搭铁电路开路 | 门锁间歇工作 | 连接点松动<br>继电器有故障<br>开关故障 |
| 所有门锁只按一个开关工作 | 配线有故障<br>开关故障 | 门锁只在发动机运转时工作 | 连杆故障<br>蓄电池电压低 |

（五）发射机及发射机电池的更换

电池的更换如图8-28所示。
（1）使用精确螺丝刀拆卸盖,然后拆卸发射机电池。
（2）使正极侧朝上,将发射器电池安装在发射机中。

**三、案例剖析**

1. 桑塔纳轿车中控门锁不工作

**故障现象:** 2004款桑塔纳轿车中控门锁不工作。

**故障排除:** 接车后,更换中央集控继电器J53,后又对熔断器和线路做了检测,没有发现问题,可是第二天故障又重复出现。按拉左前门上保险钮(车门锁锁杆按钮),其余3个门保险钮都能同时跟着上下动作,但按拉次数一旦超过10次,其余3个门上仅仅有些抖动而无上下动作出现。稍等片刻后,一切又恢复正常。只要再试10次,抖动情况又重复发生。但在另一辆同类型车上,即使试上30次也无上述症状出现。

该车发生故障时,已经分别拆除了除左前门外其余3个车门闭锁器中的2个闭锁器电源插头,仅让其中1个车门闭锁器工作,故障依旧。而在进行这个试验的时候,在被试闭锁器输入脚上并接1只试灯,闭锁器不管工作或不工作,试灯都是亮的;再用电压表换下试灯,闭锁器无论工作或不工作,电压也

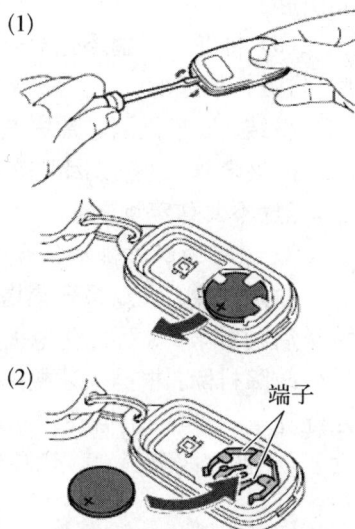
图8-28　发射机电池的更换

正常。

于是在中央集控系统线路完好情况下,在左后门闭锁器输入端分别接上一个功率稍大的试灯,同时并接上一只电压表。在中央集控系统正常工作时,稍大功率试灯工作和电压表读数被测定下来。当该闭锁器动作趋于僵死状态时,试灯工作和电压表读数似乎没有什么变化(应该指出的是,试灯工作和电压表指示值出现,都在瞬间发生,这是集控锁工作的特性)。

通过上述试验,首先排除了熔断器(系统中无热熔断器,不会因工作次数过多、散热不良发生断路现象)和 J53 中央集控继电器可能带来的故障,也排除了后续电能(如自我保护功能发生等)跟不上以及线路方面的原因。

换了左后门闭锁器后试车,没有出现抖动或卡滞现象。因为在左后门闭锁器表现正常情况下,右后门和右前门上保险钮依旧有抖动和卡滞,于是又把它们一起更换,故障排除。

2. 桑塔纳 3000 轿车正常熄火后,再次启动时着车 3 s 后即熄火

**故障现象:**该轿车正常熄火,再次启动时着车 3 s 后即熄火。

**故障排除:**

(1) 打开点火开关,检查防盗指示灯不停闪烁,说明防盗系统触发故障。

(2) 用 KT300 诊断电脑进入发动机系统,读取故障码为 17978,其含义为发动机控制单元锁死;再进入防盗系统读取故障码为 01176,其含义为钥匙信号电压太低,清除故障码后故障依旧。

(3) 重新对点火钥匙进行匹配,匹配后防盗指示灯熄灭,起动正常着车,但关闭点火开关后经过 5 min 再次起动时故障重现,并且防盗指示灯不停闪烁。

(4) 再次进入防盗系统,又出现 01176,怀疑识读线圈或钥匙芯片有损坏。

(5) 将仪表台下的饰板拆下,从防盗电脑盒处把识读线圈的两线插头拔下,测量识读线圈的电阻为 30 522 Ω,正常。检查识读线圈在点火开关上安装到位无松动,说明故障并非识读线圈引起。

(6) 将点火钥匙外壳抠开,小心取出芯片并将新的芯片装入,进入防盗系统进行钥匙匹配后,防盗指示灯熄灭并正常着车,故障排除了。

**小结:**该车是因芯片失效而触发防盗系统的。大众车系防盗系统使用的防盗芯片是一种小型的玻璃管,很容易因跌落、摔打和电磁辐射等造成失效,所以在使用完毕后一定要妥善保管,尽量不要拿着玩耍或与手机等电磁发射物品放在一起,否则将造成不必要的损坏。

3. 桑塔纳新秀轿车防盗告警灯长闪不停

**故障现象:**大众系列桑塔纳 99 新秀轿车,配置有"桑塔纳时代超人"同类型的防盗系统。该车启动着车 2 s 后自动熄火,仪表防盗警示灯长闪不停。

**故障排除:**根据上述故障现象,首先拆下防盗控制器读出密码,并焊装还原。用"修车王"匹配完毕,打电动机启动轿车,一下便着车,且怠速稳定,各项指示都正常。第二天车又不能启动了,先调取故障码,显示故障码为 01176。可能原因:转发器损坏,钥匙不匹配,读识线圈 D2 损坏。

重新进行匹配,输入密码,防盗指示灯灭,车子一切正常。第二天中午同样的故障又发生,更换了点火钥匙、读识线圈、防盗控制器总成,故障依旧,该车防盗警示灯正常熄灭、高压有火、汽油油压正常,分电盘霍尔传感器有信号,信号也能输入到主电脑 ECU 里,只有喷油器不动作,怀疑是主电脑 ECU 控制器有问题。随后用 8901B 型万用表模拟霍尔传感器信号输入电

脑 ECU 控制器,车子启动了 5 s 左右,不知从什么部位发出奇怪的声音,像刹车片或皮带盘打滑的响声。拆掉万用表,插回原霍尔传感器插头。

该车防盗控制器有 7 根线头(如图 8-29 所示),1、2 脚为钥匙读识线圈头,3～6 脚中 1 根为搭铁线,1 根为防盗器电源,1 根为防盗警示灯信号线头,1 根是和主电脑 ECU 进行通信联系的线头。在 3～6 号线的上边有 1 根 7 号线,为赤色带白股。把 7 号线剪断后,打了 2 次发动机没有反应;又把 7 号线接通,车子能启动,故障排除了。

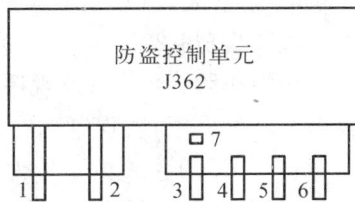
图 8-29　防盗控制器接线示意图

4. 桑塔纳时代超人轿车,着车后即刻熄火

**故障现象:**桑塔纳时代超人轿车,重新配了一把钥匙,起动和行驶正常,行驶一个月后突然熄火,再起动还是熄火,用原车的主钥匙也无法起动着车。

**故障排除:**根据上述故障现象,着车后即刻熄火,说明防盗器控制单元锁死。桑塔纳时代超人轿车的钥匙有脉冲转发器,它是一种不需要电池驱动的感应发射的元件。当点火开关打开时,识读线圈(位于点火锁周围)把能量用感应的方式传送给脉冲转发器,脉冲转发器接收感应能量后立即发射出程控代码,通过识读线圈把程控代码输送给防盗器控制单元。这时,脉冲转发器被激活,防盗器控制单元将输入的程控代码与先前存储的钥匙代码进行比较,然后,防盗器控制单元再核对发动机控制单元的代码是否正确。该代码是由发动机控制单元存储在防盗器控制单元中。每次起动发动机时,控制单元中的随机代码发生器都会产生一个可变的代码。如果核对后代码不一致,发动机在起动后 2 s 内就会熄火。

新桑塔纳钥匙的密码在钥匙牌上,上面被黑胶纸封住,剥去黑胶纸后可显示 4 位数密码。维修人员可用 VAG1552 输入地址后,从仪器显示屏上读出 14 位字符的识别码。

重新将原配钥匙密码输入到 VAG 1552 之前,必须先输入一个 0,否则防盗器的控制单元会锁死。

在输入了密码之后,防盗器控制单元可编制新的钥匙代码,如果不小心输错了密码,还可允许输入两次,两次输错后,即刻死机。但在点火开关打开的状态下,大约 30 mim 后,可以再试两次。

5. 奇瑞轿车中控锁会自动开锁

**故障现象:**2006 年产的奇瑞 A520 轿车,新车购回的第二天就出现了中控锁会自动开锁的情况。

**故障排除:**接车后进行验证,遥控器能正常操作,用故障检测仪进行检测,显示一切正常。根据该车的电路图得知,该车 4 门闭锁器是受 ISU(智能开关模块)控制的,其上的 D4 线(黄色)控制闭锁,D5 线(蓝色)控制解锁,因为遥控器能对 4 门进行正常闭锁、解锁操作,说明线路没问题。考虑到该车为新车,于是更换了 ISU。试车,中控锁均工作正常,可第二天故障再现。再次检测相关线路和电器,没发现异常问题。于是和车主一起试车,可试了 1 天车,上述故障一直没出现。晚上就将车停在车主昨晚的停放位置,就在半夜的时候,听到"咔哒"一声,车门锁打开了,车内照明灯同时也亮了。于是立即接通工作灯,发现二楼和三楼的空调水落在该车的前风窗玻璃上,而且水一直流到翼子板和 A 柱间,而两前门闭锁器线路刚好经过那里。于是拆开前门槛条和前轮挡板,拉出前门闭锁器线束,发现线束连接器上全是水珠。此时将 4 车门用遥控器锁上,然后向该线束连接器上浇水,发现"咔哒"一声车门锁又打开了。

将前门闭锁器线束连接器作防水处理后,故障排除。

### 6. 蒙迪欧2.0L豪华版轿车遥控器无法顺利开启门锁

**故障现象:**2004年产蒙迪欧2.0L豪华版轿车,遥控器无法顺利开启门锁。

**故障排除:**经检查发现遥控器电池需要更换。当地无法购买相应型号的电池。拆下遥控器电池仔细观察,发现电池外形和家用台式电脑的主板电池极为相似。

拆下D200主板的型号为2032的电池,详细查询相关参数,发现主板电池和遥控器电池均为可充电的SONY锂锰电池,额定电压均为3 V,于是决定进行替换试验。

把遥控器电池装在主板上,再把主板上的电池装在遥控器上。试着开启车门,遥控器电力充足,可以正常使用。打开电脑,主板电池也能够正常投入使用,遥控器完全能够正常工作。

**小结:**主板电池的拆除会改变电脑的时钟和BIOS设置参数,但只要稍微作调整即可,而对硬盘数据不会有任何影响。遥控器上换用了主板电池之后,电量充足的主板电池为遥控器提供电源,而可重复充电的原遥控器电池在被放置到主板上之后,也可以为主板正常提供电源。当遥控器上的主板电池电量即将耗尽时,还可以再次调换电源,这样就可以长期换用遥控器和主板的电池。

### 7. 广汽丰田凯美瑞无线遥控门锁的故障维修

**故障现象:**该车肇事后在保险公司指定汽车修理厂维修后许多功能未恢复,其中雨刮器的间隙功能不正常、无线遥控门锁不能工作、天窗运作不正常、自动空调温度不能调节等,车主又将车开到4S店进行检修。

**故障分析:**接车后将雨刮系统、天窗、空调系统恢复正常。接下来对无线门锁进行仔细检查,首先对遥控电池进行测量,结果正常。无线门锁正常运作有两个基本条件:其一,四门门灯开关及线路必须无短路、断路情况;其二,钥匙未锁警告开关及线路必须无短路、断路情况。按照这些要求分别对四门门灯开关及线路、钥匙未锁警告开关及线路都进行了仔细的检查和测量,结果一切正常,故障到底出在哪里呢? 参照维修手册提供的检修程序,使用无线遥控器的任何一个按钮开关时,可以测量无线门锁遥控接收器的反馈输出信号电压或波形,经测量,每按动一次遥控按钮,无线遥控接收器的反馈输出信号PDR就从1 V～6 V～1 V循环变化,然后再用示波器测试波形就更直观了。

系统该检查的都已检查,应该具备的条件都已基本具备,到底是哪个环节还有问题呢? 为了进一步确认遥控器与无线遥控接收器,又将该车的两个部件在另一台同型号的正常车上使用,情况十分正常,开锁与闭锁自如,这就怪了。此时将车暂放一下,去查阅资料重新整理检修思路,可能会有利于下一步的诊断。大约一小时后重新回到车旁准备检修,突然听见该车收音机还在播放音乐,心想不对呀,该车钥匙在我手中,而播放音乐使用音响及收音机必须需要将点火开关拧到ACC档,原来是车间两名学员在车内听音乐,我连忙叫学员出来,取出音响总成检查音响的供电电源情况,经查原来应该是ACC档供电的线束却变成了常火,也就是说是蓄电池直接供电。

该故障是否与此有关呢? 为了解开这个疑问,只好重新对仪表台下面的保险盒、各种接头、连接器进行地毯式仔细检查,也未发现线路改动的情况。最后当拔下点火开关座的插头线束时,偶尔发现插头上B+与ACC位置处有一根十分细小的短接铜丝,它将B+与ACC进行了短接,如果不仔细察看是看不出来的。将此短接铜丝拿掉,收音机ACC电源没有了,但旋转点火开关到ACC电源正常了,收音机也恢复正常,随手按动遥控器任一按钮,无线门锁恢复正常。但故障发生的基本原因是什么呢？又一次分析电路图，原来是无线遥控器电脑输出信号进入车身 ECU，再由车身 ECU 来控制每个车门锁电机工作，而车身 ECU 有一根来自 ACC 继电器的电源线束，当钥匙不在点火锁芯里面，可以使用无线遥控门锁，此线束无 12 V 电压，而只要钥匙在点火锁芯或者钥匙在 ACC 档，该线束就有 12 V 电压，此时无线遥控门锁就不起作用。总的说来还是车身 ECU 运作的条件不充足造成的故障，而恰恰一般情况下，此线束在外面没有测量点，它是由车身 ECU 与保险盒经过内部插片连接的。

**维修方案：**修复短路。

拓展学习

利用汽车解码器开启电控门锁

目前，汽车解码器的诊断软件都具有运行功能。因此，可利用汽车解码器开启电动控制门锁。

利用汽车解码器排除汽车门锁意外锁止的故障时，需要具备以下条件：

（1）车辆带电动中央控制门锁、安全气囊、ABS 或发动机电控系统。

（2）发动机罩盖锁是机械式的。

（3）安全气囊的信号线与 ABS 或发动机电控系统控制单元的信号线是相通的。

（4）ABS 或发动机电控系统控制单元的接头至少有一个在发动机室内，或者在更容易找到的地方。

现以上海大众帕萨特轿车和上海大众波罗轿车为例，介绍利用汽车解码器启动安全气囊的运行功能，在不损坏汽车的情况下顺利打开电动控制门锁的方法。

1. 测试系统组成

（1）测试车辆：车辆均带有电动中央控制门锁、安全气囊、ABS、发动机控制系统等电控系统。

（2）测试工具：测试中采用的测试工具为汽车解码器，型号为 VAS5051。该解码器由一条诊断线、一个标准接头和主机组成。主机内部存储有上海大众帕萨特轿车和上海大众波罗轿车的维修诊断功能，即具有读取故障码、清除故障码、读取数据流、运行、匹配等功能。

2. 测试方法及过程

（1）测试电路的连接：测试用汽车解码器配备 16 针脚的 OBD-Ⅱ标准接头，其中 4 号针脚为电源负极，6 号针脚为高电平数据总线，7 号针脚为信号线，15 号针脚为低电平数据总线，16 号针脚为电源正极。

帕萨特轿车 ABS 控制单元（J537）的接头有 26 个针脚，其中 8 号和 24 号针脚为电源负极，7 号针脚为信号线，9 号和 25 号针脚为电源正极，4 号针脚为 15 号线。

波罗轿车发动机控制单元的接头有 121 个针脚，其中 43 号针脚为信号线，1 号和 2 号针脚为电源负极，3 号针脚为电源正极，4 号针脚为 15 号线。

帕萨特轿车门锁开启连接线的连接方法为：汽车解码器的信号线 7 号脚与帕萨特轿车 ABS 控制单元接头的信号线 7 号脚相连；汽车解码器的电源负极 4 号脚与 ABS 控制单元接头的电源负极 8 号或 24 号脚相连；汽车解码器的电源正极 16 号脚与 ABS 控制单元接头的电源正极 9 号或 25 号脚相连；ABS 控制单元接头的 4 号脚与其 25 号脚相连，给诊断器电源。测试

**笔记**

系统端子连接如图 8-30 所示。

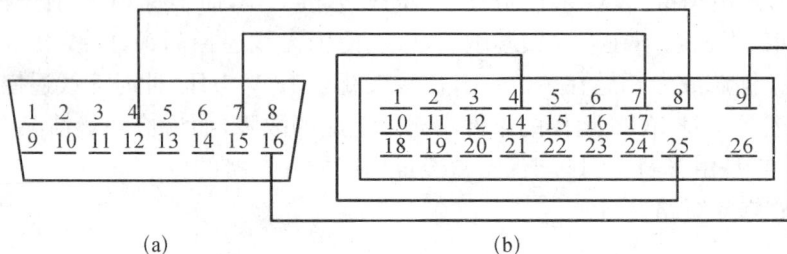

图 8-30 测试系统端子连接示意图

(a) OBD-Ⅲ标准接头针脚排列；(b) 帕萨特轿车 ABS 控制单元针脚排列
4—电源负极；7—信号线；8,24—电源负极；15—低电平数据总线；
16—电源正极；9,25—电源正极；4—15 号线

其他车型的连接方法与之类似，如波罗轿车，利用发动机控制单元开启门锁的连接方法为：汽车解码器的信号线 7 号脚与发动机控制单元接头的信号线 43 号脚相连；汽车解码器的电源负极 4 号脚与发动机控制单元接头的电源负极 1 号或 2 号脚相连；汽车解码器的电源正极 16 号脚与发动机控制单元接头的电源正极 3 号脚相连；发动机控制单元接头的 3 号脚与 4 号脚相连，给诊断器电源。

(2) 测试方法及过程：先拆下发动机前的中网，用带钩的硬铁丝钩开发动机罩盖锁（就目前来说，发动机罩盖锁大多是机械的，用带钩的硬铁丝能够钩开），拔下帕萨特轿车 ABS 的接头（或波罗轿车发动机控制单元的接头），按上述线路连接方法连接好电路，操作汽车解码器，进入安全气囊系统"15"，再运行功能"03"，安全气囊执行元件执行命令进行动作，打开应急灯、中央门锁、顶灯，断开汽油泵电路。

当然，执行安全气囊的运行功能不会引爆安全气囊。所以，通过汽车解码器进入安全气囊系统，执行其运行功能，为解决中央门锁意外锁止提供了可能。采用这种方法关键的问题是：找到与安全气囊相通的系统控制单元，如本测试中的帕萨特轿车，其 ABS 与安全气囊系统的信号是相通的；而对于波罗轿车，其发动机控制系统与安全气囊系统的信号是相通的。

**思考与练习**

**一、填空题**

1. 汽车电路常见故障主要有：_____、_____、_____等。

2. 门控开关用于探测车门的开闭情况。车门打开时，门控开关_____；车门关闭时，门控开关_____。

3. 汽车中控门锁系统一般由_____、_____、_____及门锁电动机执行机构等组成。

4. 汽车中控门锁按照发展过程一般可分为：_____、_____、_____、_____。

5. 车速感应式门锁控制器是在中控门锁系统中加装_____开关。

**二、判断题**

1. 汽车电路设备发生搭铁（短路）故障时，可用断路法判断。（　　　）

2. 汽车电路中出现断路故障，还可以用短路法判断。（　　　）

3. 在钥匙联动开锁功能中,一级开锁操作能同时打开其他车门。(　　)

4. 中控门锁装置当锁定时,危险警告灯闪光两次,解锁时闪光一次,通知操作已完成。(　　)

5. 中控门锁的速度控制是指当车速达到一定时,能自动将所有的车门锁锁定。(　　)

6. 双向空气压力泵式中控门锁其基本原理是:利用双向空气压力泵产生压力或真空,通过膜盒来完成门锁的开、关动作。(　　)

三、选择题

1. 桑塔纳 2000 轿车锁门时用遥控器锁,而开门时用钥匙开,起动发动机时不能起动,甲说点火系统故障,乙说电控系统有故障。请问谁是对的?(　　)。

A. 甲是对的　　　　B. 乙是对的　　　　C. 两人都不对　　　　D. 两人都对

2. 门锁只有一种方式工作,以下说法正确的是(　　)。

A. 继电器有故障　　B. 配线有故障　　C. 搭铁电路开路　　D. 以上都对

3. 门锁控制系统不工作(全部),以下说法正确的是(　　)。

A. 门熔断器有故障　　B. 继电器有故障　　C. 配线有故障　　D. 以上都对

4. 遥控器按照遥控信号的载体可分为红外线式遥控器、无线电波式遥控器以及超声波式遥控器。其中(　　)应用较为广泛。

A. 红外线式遥控器和无线电波式遥控器　　B. 红外线式遥控器和超声波式遥控器

C. 无线电波式遥控器和超声波式遥控器　　D. 超声波式遥控器

5. 一辆标志 307 轿车中控门锁熔断器连续几次插上就熔断,甲说应该换个大点的熔断器,乙说是线路短路。请问谁的说法是正确的?(　　)。

A. 甲是对的　　　　B. 乙是对的　　　　C. 两人都是对的　　　　D. 两人都不对

四、简答题

1. 简述中控门锁的功能。

2. 中控门锁工作异常的原因有哪些?

3. 中控门锁的控制开关包括哪些? 各自的功用又是什么?

4. 电动中控门锁系统的常见故障有哪些?

5. 电动中控门锁系统操作门锁控制开关,所有门锁均不动作,请对这一故障进行诊断。

6. 根据车速感应式中控电动门锁电路图简述其工作原理。

# 参 考 文 献

［1］刘文国.汽车电气系统检修［M］.北京：清华大学出版社,2010.

［2］王娜.汽车电器系统检修［M］.北京：北京大学出版社,2009.

［3］杨维俊,胡博浩.怎样维修汽车电器设备［M］.北京：机械工业出版社,2009.

［4］吴文琳,郭力伟.汽车防盗及中控门锁系统维修方法与实例［M］.北京：人民邮电出版社,2009.

［5］张宪辉.汽车电气系统检测与维修［M］.北京：化学工业出版社,2010.

［6］明光星,李培军.汽车电器实训教程［M］.北京：中国人民大学出版社,2010.

［7］邓斌.汽车电气设备构造与拆装［M］.北京：人民交通出版社,2011.

［8］中国汽车维修行业协会.《电器维修技术》［M］.北京：人民交通出版社,2008.

［9］张茂国.汽车电气设备与维修［M］.北京：机械工业出版社,2005.

［10］于明进,于广明.汽车电气设备构造与维修［M］.北京：高等教育出版社,2008.